全国高等学校外语教师丛书·理

多模态理论与外语教学中的多元能力培养

张德禄 刘 睿 雷 茜 著

Multimodality and Multiliteracies in Foreign Language Teaching

外语教学与研究出版社
FOREIGN LANGUAGE TEACHING AND RESEARCH PRESS
北京 BEIJING

图书在版编目 (CIP) 数据

多模态理论与外语教学中的多元能力培养 / 张德禄，刘睿，雷茜著. -- 北京：外语教学与研究出版社，2021.8（2025.5 重印）
（全国高等学校外语教师丛书. 理论指导系列）
ISBN 978-7-5213-2946-9

Ⅰ. ①多… Ⅱ. ①张… ②刘… ③雷… Ⅲ. ①外语教学 - 教学研究 - 高等学校
Ⅳ. ①H09

中国版本图书馆 CIP 数据核字 (2021) 第 174528 号

出 版 人　王　芳
选题策划　解碧琰
项目负责　解碧琰
责任编辑　秦启越
责任校对　段长城
装帧设计　彩奇风
出版发行　外语教学与研究出版社
社　　址　北京市西三环北路 19 号（100089）
网　　址　https://www.fltrp.com
印　　刷　河北虎彩印刷有限公司
开　　本　650×980　1/16
印　　张　27
版　　次　2021 年 10 月第 1 版　2025 年 5 月第 4 次印刷
书　　号　ISBN 978-7-5213-2946-9
定　　价　109.90 元

如有图书采购需求，图书内容或印刷装订等问题，侵权、盗版书籍等线索，请拨打以下电话或关注官方服务号：
客服电话：400 898 7008
官方服务号：微信搜索并关注公众号"外研社官方服务号"
外研社购书网址：https://fltrp.tmall.com

物料号：329460001

目　录

总　序

　　"全国高等学校外语教师丛书"是外语教学与研究出版社高等英语教育出版分社近期精心策划、隆重推出的系列丛书，包含理论指导、科研方法和教学研究三个子系列。本套丛书既包括学界专家精心挑选的国外引进著作，又有特邀国内学者执笔完成的"命题作文"。作为开放的系列丛书，该丛书还将根据外语教学与科研的发展不断增加新的专题，以便教师研修与提高。

　　笔者有幸参与了这套系列丛书的策划工作。在策划过程中，我们分析了高校英语教师面临的困难与挑战，考察了一线教师的需求，最终确立这套丛书选题的指导思想为：想外语教师所想，急外语教师所急，顺应广大教师的发展需求；确立这套丛书的写作特色为：突出科学性、可读性和操作性，做到举重若轻，条理清晰，例证丰富，深入浅出。

　　第一个子系列是"理论指导"。该系列力图为教师提供某学科或某领域的研究概貌，期盼读者能用较短的时间了解某领域的核心知识点与前沿研究课题。以《二语习得重点问题研究》一书为例。该书不求面面俱到，只求抓住二语习得研究领域中的热点、要点和富有争议的问题，动态展开叙述。每一章的写作以不同意见的争辩为出发点，对取向相左的理论、实证研究结果差异进行分析、梳理和评述，最后介绍或者展望国内外的最新发展趋势。全书阐述清晰，深入浅出，易读易懂。再比如《认知语言学与二语教学》一书，全书分为理论篇、教学篇与研究篇三个部分。理论篇阐述认知语言学视角下的语言观、教学观与学习观，以及与二语教学相关的认知语言学中的主要概念与理论；教学篇选用认知语言学领域比较成熟的理论，探讨应用到中国英语教学实践的可能性；教学研究篇包括国内外将认知语言学理论应用到教学实践中的研究综述、研究方法介绍以及对未来研究的展望。

　　第二个子系列是"科研方法"。该系列介绍了多种研究方法，通常是一本书介绍一种方法，例如问卷调查、个案研究、行动研究、有声思维、语料库研究、微变化研究和启动研究等。也有的书涉及多种方法，综合描述量化研究或者质化研究，例如：《应用语言学中的质性研究与分析》《应用语言学中的量化研究与分析》和《第二语言研究中的数据收集方法》等。凡入选本系列丛书的著作人，无论是国外著者还是国内著者，均有高度的读者意识，乐于为一线教师开展教学科研服务，力求做到帮助读者"排忧解难"。例如，澳大利亚安妮·伯恩斯教授撰写的《英语教学中的行动研究方法》一书，从一线教师的视角，讨论行动研究的各个环节，每章均有"反思时刻""行动时刻"等新颖形式设计。同时，全书运用了丰富例证来解释理论概念，便于读者理解、思考和消化所读内容。凡是应邀撰写研究方法系列的中国著作人均有博士学位，并对自己阐述的研究方法有着丰富的实践经验。他们有的运用了书中的研究方法完成了硕士、博士论文，有的是采用书中的研究方法从事过重大科研项目。以秦晓晴教授撰写的《外语教学问卷调查法》一书为例，该书著者将系统性与实用性有机结合，根据实施问卷调查法的流程，系统地介绍了问卷调查研究中问题的提出、问卷项目设计、问卷试测、问卷实施、问卷整理及数据准备、问卷评价以及问卷数据汇总及统计分析方法选择等环节。书中各个环节的描述都配有易于理解的研究实例。

　　第三个子系列是"教学研究"。该系列与前两个系列相比，有两点显著不同：第一，本系列侧重同步培养教师的教学能力与教学研究能力；第二，本系列所有著作的撰稿人主要为中国学者。有些著者虽然目前在海外工作和生活，但他们出国前曾在国内高校任教，也经常回国参与国内的教学与研究工作。本系列包括《英语听力教学与研究》《英语写作教学与研究》《英语阅读教学与研究》《英语口语教学与研究》《口译教学与研究》等。以《英语听力教学与研究》一书为例，著者王艳博士拥有十多年的听力教学经验，同时听力教学研究又是她博士论文的选题领域。《英语听力教学与研究》一书，浓缩了她多年来听力教学与听力教学研究的宝贵经验。全书分为两部分：教学篇与研究篇。教学篇中涉及了听力教学的各个重要环节以及学生在听力学习中可能碰到的困难与应对的办法，所选用的案例均来自著者课堂教学的真实活动。研究篇中既有著者的听力教学研究案例，也有著者从国内外文献中筛选出的符合中国国情的听力教学研究案例，综合在一起加以分析阐述。

　　教育大计，教师为本。"全国高等学校外语教师丛书"内容全面，出版及时，必将成为高校教师提升自我教学能力、研究能力与合作能力的良师益友。

笔者相信本套丛书的出版对高校外语教师个人专业能力的提高，对教师队伍整体素质的提高，必将起到积极的推动作用。

文秋芳

北京外国语大学中国外语教育研究中心

2011 年 7 月 3 日

前　言

自 20 世纪 70 年代末和 80 年代初开始，我国改革开放逐渐拉开大幕，由于对外交流的需要，国家急需大量的外语人才来打开与西方交流的大门。这个时期对人才的基本要求是具有较强的外语交际能力，即人才培养的重点是听力、口语、阅读、写作和翻译能力，以及跨文化交际能力。也就是说，只要能讲能写外语，就是很好的外语人才。教育部分别在 1989 年和 1990 年颁布了《高等学校英语专业基础阶段英语教学大纲》和《高等学校英语专业高年级英语教学大纲（试行本）》，两个大纲分别对应英语专业一、二年级和三、四年级的教学。无论是基础阶段的教学大纲，还是高年级阶段的教学大纲，重点描述的都是听、说、读、写、译等能力。

到了 90 年代末，随着我国经济的发展，人才市场向高端化发展，外语教学的形势也发生了很大变化，原有的教学大纲已经不能很好地适应新的形势。因此，2000 年，教育部又颁布了新的《高等学校英语专业英语教学大纲》。新教学大纲对我国高等学校英语专业人才的培养目标和规格的描述是："具有扎实的基本功、宽广的知识面、一定的相关专业知识、较强的能力和较高的素质。"2000 年教学大纲在 1990 年教学大纲的基础上增加了知识的要求，包括普通知识和专业知识，以及能力和素质的要求。从该教学大纲的颁布至今已有近21 年的时间，国际国内的形势又发生了巨大变化，培养的规格需要做进一步调整和优化。

从国际形势的变化来看，当今世界有三个突出特点：科技巨变、多元复杂化和相互依赖化。从科技巨变的角度讲，随着计算机网络的迅速发展和普及，信息科学和技术发生了巨大变化，高校培养的学生需要具有掌握最新科技发展，适应不断变化的新形势的科技能力，包括数字读写能力、媒体读写能力、工具操作能力等。同时，随着科技的变化和新媒体的出现，各种新的教学和学习模式不断涌现，如自主学习、慕课（MOOC）和翻转课堂（flipped classroom）等。从多元复杂化的角度讲，人类社会变得越来越多元化、多样化，多民族、多国籍、多层次、多区域相互交际的现象越来越普遍，新时期培养的学生要能够适应这种变化，发展跨文化交际能力和灵活应变能力。从相互依赖化的角度讲，世界的社会、经济、环境等问题，由于全球化的不断发展，已经远远超越了一个国家、民族、团体的边际，形成相互融合、渗透、影响的局面，高校培养的学生一定要有国际视野，要具备进行国际合作的能力。这些变化都直接融入和渗透到我国的教育体系中，对我国的教育事业的发展会产生直接和深远的影响（张德禄，2016）。

同时，我国的外语教育，特别是英语教育经过 30 年的发展有了很大的变化。第一，中学英语教育逐步趋于完整、正规化。随着"一带一路"倡议的实施，其他语种开始在中学布局，教育水平也不断提高，因此高校外语专业学生的入学层次大幅度提高，高校培养这些能力的压力大幅度降低，外语专业教学不再满足于使学生掌握这些基本技能，更要帮助他们向高校专业化、能力扩展、人文素养提升等方面发展。第二，外语专业学生的就业压力越来越大。随着各个非外语专业外语水平的大幅度提高，单纯以外语技能为基础的外语专业人才的需求量大幅度下降，社会更倾向于需要既外语水平高，又掌握一门或多门其他专业能力的人才。外语的相关能力倾向于与其他专业知识和能力融合为一体。第三，随着国际交流成为常态，人人都需要具备跨文化交际能力，能够自如地和相关国家的人员进行交流，外语（特别是英语）是人人应该具备的基本能力。第四，随着我国国际地位的不断提高，国家越来越需要大量能够从事国际事务、有凝聚力和团队精神、有领导能力的人才。

面对国际国内的新形势给我们提出的挑战，外语教育向哪个方向发展成为一个迫切需要回答的问题。

1. 研究问题

本研究选题的基本假设是：（1）现代科技和网络技术的发展不仅引起了交际媒体和交际方式的变化，同时还引起了社会模式和人类生活方式的变化，从而引起所需人才能力结构和规格的变化；因此，在全球化以及网络和计算机科技飞速发展的今天，外语专业大学生的能力结构应该扩展，除了语言能力外，还包括掌握现代科技交际手段的能力和新时期全能高素质外语人才应具备的多元能力；（2）多元能力的确定需要在借鉴国外研究成果的基础上根据中国外语教育的现状和新时期外语人才应该具备的素质、能力和责任来确定；（3）多元能力的培养涉及语言学、教育学、社会学、心理学等以及由多种模态系统所代表的诸多学科，如声学、艺术学、美术、电影、传媒等，从超学科的角度，以多元能力培养为主题进行研究更加有效。

外语教育的核心是把外语专业本科生培养成为适合 21 世纪需求的具有扎实的基本功，高水平的语言能力、跨文化和超文化交际能力，掌握一定的其他专业知识，具有较强的人文素养和综合素质的高级外语人才。据此，我们需要探索这类学生应该掌握哪些能力或能力结构，包括专业内的知识和能力、相关专业的知识和能力以及专业以外与人文素养、综合素质相关的能力。接着需要探讨的是基础理论和方法问题，即我们需要发展或者运用哪些理论和研究方法来探讨这些能力的培养。最后，我们还需要探讨根据所用的理论和方法，应该发展什么样的教学模式来培养这些能力。这样，本研究的研究问题可以概括为以下三个：

（1）根据新时期国际国内形势的需要，外语专业本科生应该发展哪些能力或能力结构？

（2）这些能力或能力结构需要通过什么理论和方法来培养？

（3）在课堂教学中，需要运用这些理论和方法发展什么样的教学模式来培养这些能力？

2. 核心概念

在本研究中，探讨以上列举的三个方面的问题需要围绕以下几个核心概念进行。它们分别是：（1）多元能力；（2）多元读写能力；（3）多模态话语；（4）超学科；（5）培养模式。下面分别论述。

1）多元能力　多元能力的英文是 multiple competence 或 multicompetence，指一组相互联系的能力。它们不是零散的，而是相互关联的、互补的。它们的关联性可以从三个方面来认识。

（1）整体性：它们组合在一起就是一个整体，每个能力在这个整体中占据一定的位置，可以有一定量的重叠性，但每个能力的核心部分不能相互重叠，要有区别性。例如，团队合作能力和领导能力有一定重叠，但它们的区别是十分明显的，后者需要有比较强的规划和引导能力，而前者没有这个要求。

（2）层次性：有些能力比较抽象，处在较高的层次上，而有些能力是它们的下义单位。例如，社交能力是一种比较抽象的能力，可以包括普通交际能力、维护公共权利的能力和行为标准化能力。前者是后者的上义词，后者是前者的下义词。

（3）概念与实践的联通性：即相关能力之间形成一个从抽象概念到实践能力的连续体。两者都是整体素质和综合能力的构建组成部分，抽象概念能力一般都要最终用于实践中，解决实践中的问题，对于外语专业本科生的能力更是如此，因为他们的能力更多地用于社会实践，从事实践类工作，而非研究类工作。

有关语言性质的知识类能力是抽象的能力，但它们一般要用于指导听、说、读、写、译的实践类能力或技能。这样，外语专业本科生的多元能力结构既是部分整体型的，同时也分为不同的层次，和理论、实践等不同的类别形成一个复杂的多元能力网络结构。

2）**多元读写能力**　多元读写能力译自英语的 multiliteracy。它起源于 literacy，即读写能力，或者说语言读写能力，特别是书面语读写能力。传统上，在我国，这是有文化的象征。但是随着全球化和多元化的发展，特别是现代科技的飞速发展，仅仅有书面语读写能力已经远远不能适应新形势的需求，人才培养需要向掌握多元读写能力上发展。1994 年 9 月，10 位语言学和英语教育专家，大多数是从事相同专业方向研究的同事和朋友，齐聚美国新罕布什尔州的新伦敦，用一周的时间探讨在语文教学中，在快速发展的将来，应该教什么，以及如何进行教学。

他们主要就两个问题进行了讨论。第一个是制造意义的模态在不断增加，并且不断融合，语篇不仅有文字，还有口语、手势、动作、图像、动画、声音、空间布局、面部表情等。这些在大众媒体中更加突出。文字模态成为由视觉、听觉和空间模式共同组成的多模态语篇的一个部分。第二个是由于全球化的发展，区域多元化与全球联通化的共同作用使英语既成为国际的通用语，同时又分化出无数的变体，这促使教授的英语的类型发生了很大变化，不能再仅仅局限于一种标准语，而是要根据地区和发展的需求教授不同类型、不同变体的英语等。这对学生的交际能力提出了更高的要求，要求他们不仅要会讲标准语，还要会讲不同的变体；不仅要求他们有很强的书面语读写能力，还要会使用现代科技、多媒体，以及合适的行为能力。据此，他们提出了多元读写能力的概念，并且把这些能力分为五大类型，分别是：语言成分，由语言体现的意义；视觉成分，由前景、背景、颜色等体现的意义；听觉成分，由声音、音乐等体现的意义；身势成分，由身体及各个部分的感觉、移动、位置、空间结构等体现的意义；空间布局，由空间环境、生态状况、建筑布局等体现的意义。

　　但这种分类只是在语言教育领域内进行的，在其他领域，会有不同的分类。如 Thwaites（2003）讨论了文科学生应该掌握的读写能力，认为它需要根据专业和当时的文化环境确定，而且根据能力的具体程度，可以分为不同的层次。他提出了科技读写能力、媒体读写能力、文化读写能力、政治读写能力、批评读写能力，以及经济读写能力、情感读写能力、社会读写能力、美学读写能力，等等。

　　3）多模态话语　在多模态话语中，多模态（multimodality）是关键概念。多模态概念最早用在医学、计算机科学和新修辞学（the new rhetoric）中，直到 1990 年代才开始在语言学中提出来，作为一个领域进行研究。多模态在不同的学科和领域中有不同的含义。在医学中，多模态的意思是用两种或两种以上的方法来对疾病进行治疗的方式，所以，模态在此是一种治疗方式。在计算机科学中，模态指表达某个思想的特定形式，或者指某个行动的方式。一个计算机系统如果支持人类用多种模态，如手势、书面语、口语等进行交际，这个计算机系统就是多模态的。在新修辞学研究中，模态指一种研究的视角或维度，所以多模态研究实际上是指多维度的研究。Janice M. Lauer（见 Enos & Brown，1992：x）认为，在写作教学中，需要使用三种模态（修辞模态、历史模态、经验模态），并将其作为基础来理解和教授写作。在语言学研究中有两种观点。一种以 Forceville（2009）、Gu（2006）和 O'Halloran（2005）等为代表，主要从生理、心理和认知的角度出发，把模态定义为感官感知形式，如听觉模态、视觉模态、触觉模态、味觉模态和嗅觉模态。以这种方式定义模态使我们发现，在多模态话语研究中，模态的数量受到限制，因为通过味觉和嗅觉获得或者发出的信息很有限，所以基本局限于听觉、视觉和触觉三个模态。但在每个模态的内部，会有无限多的次范畴。如视觉模态，不仅包括文字、图像、图表等，还包括无声动画、三维的建筑等。Kress（2010：79）、Kress & van Leeuwen（1996/2006：ix）等则从社会符号学的角度出发，倾向于把模态看作一个符号系统；Kress & van Leeuwen 实际上称它们为符号模态（semiotic modes）。Kress（2010：79）将模态明确定义为"在社会文化中形成的创造意义的符号资源"。任何模态（如图像、手势、音乐）都是完整的表意系统，跟语言一样具有表达层（expression plane）、词汇语法层（lexicogrammar）和语篇语义层（discourse semantics）。对模态的科学界定为准确描述多模态符号以及不同模态之间的关系奠定了基础。

纵观这五种定义，除了语言学的两种定义外，计算机科学对模态的定义与语言学特别是与社会符号学对模态的定义比较接近。在语言学内部，实际上，把模态作为感知形式和把模态作为社会符号具有一定互补性，可以结合起来研究，即研究某个感知形式中的某个模态。如果只是把模态作为感知形式，则不具体，相同模态内的次范畴太多，不利于讨论模态内次范畴的作用，以及它们之间的协同关系。而感知形式区别性比较大，如果不考虑，会忽视它们之间的区别造成的影响。

总之，在讨论多模态话语时，特别是借用其他专家的话语时，应该首先弄清楚所使用术语是否一致，某个专家使用的多模态术语与你自己的研究是否相同或相似，然后确定是否使用或借用该术语。

与此同时，多模态的引入也引起了话语（discourse）这个概念的意义的变化。话语最初的意义是指口头交际语言，社会语境中的语言，与语篇（text）相对，指语篇的词汇、语法和结构模式等。但随着话语分析理论的发展，这种区别越来越弱，而且话语分析并不局限于分析口语语篇，而是任何类型的语篇，特别是系统功能语言学从一开始就不区分语篇和话语，所以，它们在大多数情况下，是指在一定的情景语境中，交际者用语言体现或表达的意义。所以，它们都是意义概念。多模态话语分析理论产生以后，话语的意义由语言话语产生的意义扩展为所有模态共同产生的意义，这样多模态话语的意义就包括音乐、图像、舞蹈、电影等产生的意义。这样就使多模态话语分析理论成为一个多学科和跨学科的研究领域。

4）**超学科**　超学科概念首次由 Piaget（1972：144）使用，但他是为了统括多学科性和学科间性的概念而使用该词的，并没有形成具体的理论框架。Jantsch（1972）也使用该术语，建议用系统理论来研究如何对知识进行重组，使其成为具有分层目标导向的系统，这个协调框架理论的基础就是一般系统论和组织理论。"他把系统分为四个层次：目的层次（意义、价值），规范层次（社会系统的设计），实用层次（物理技术、自然生态、社会生态）和经验层次（物理无生命世界、物理有生命世界、人类心理世界）"（蒋逸民，2009：9）。这个大系统实际上可以囊括人类有目的活动的方方面面，但既然这些活动都是有目的的，而且还有不同层次的目的，那么，它们就需要在实现目的的范围内进行，所以是有边界的。在目的的驱动下，就可以打破学科的界限和壁垒，建立研究规范，重新建立团队，进行有目的的研究活动。超学科理论实际上为打破学科壁垒，建立超学科平台，进行跨学科、多学科研究奠定了基础。在系统功能语言学中，最早对超学科理论进行讨论的是 Halliday（1990，2003：140）。他认为超学科研究是超越学科的、主题式的，是按视角或观点定义的，旨在创建新的形式，解决现实问题（胡壮麟，2013）。这种观点的超学科概念，存在两个突出的方面：一是主题式的，是按视角或观点定义的；二是以解决现实问题为导向的。将两者相结合，就可以得出超学科研究的基本模式：为了解决某个现实问题，需要把不同学科根据一定的主题组织起来，形成一个大研究平台。这实际上正好描述了需要理工科学科平台建设的现状。

外语教学是一个非常复杂的活动。Halliday（2003：141）认为，作为语言教师，我们的教学实践更多地得益于相互矛盾的两个主题形成的互补视角——学习（learning）视角和表意（meaning）视角——而不是把从语言学得到的东西，与从心理学和社会学得到的东西放在一起。

从主题的角度看，它可以从学习的角度进行，探讨如何使学生学好外语，如二语习得研究；也可以从教的角度进行，如何教学生学好外语；还可以从用的角度进行，学外语用于将来工作中与外国人进行社会交际。它们完成的任务，或者解决的问题是一致的：让学生学好外语。首先，从老师教的角度探讨如何教好外语，围绕如何教好外语建立一个多学科平台，需要把教育学、心理学、社会学、语言学的学科知识相互融合，解决如何教的问题才能取得更好的效果。现在倡导通过多模态话语分析理论来进行教学研究，进一步扩大了这个研究平台，因为它不仅涉及语言本体，还包括其他的参与交际的模态，如图像、动画、空间布局、身势手势等。需要把这些因素一同纳入这个大平台中进行统筹设计，构建多模态课堂话语来教外语，提高学生的外语能力。

5) **培养模式** 模式在英语中有两个比较接近的对应词：model 和 pattern。model 指模型或典型，是大家经常照此做，或模拟做的事情。它强调其整体性特点，不一定必须有内容构成因素。Pattern 也是做事的模式或模型，但隐含有内部组成模式。从本研究来看，模式是指培养多元能力的教学模式，所以是必须有内部构成因素的。从这个角度看，本研究的主要目标是建立有利于培养外语专业本科生多元能力的教学模式。

另外，模式通常给人的印象是它是固定的、不变的。这是它之所以称为模式的本义。在本研究中，这个模式比较稳定，但不是不变的，而是可以根据教学目标的调整而发生变化。也就是说，这个概念本身既具有结构性特点，也具有系统性特点。从结构性上讲，这个模式是一个稳定的结构模式，在教学中可以按照模式规定的步骤一步步进行。从系统性上讲，这个模式实际上是一个结构潜势。在这个结构潜势中，有些结构成分是固定不变的，改变这个结构中的成分，就会改变整个结构所属的、受交际目的或目标支配的体裁类型。有些结构成分是可变的，可以根据课堂情景的变化而发生变化，即它们属于可变成分或可删除成分，可使教学步骤发生变化或者简单化。实际上，结构模式的系统性使它具有了无穷的生成性，可产生无数的相关和类似的结构。最后，这些结构模式也具有宏观与微观的区别。在一个宏观结构模式中，可以有许多固定的或可变的结构成分。这些结构成分本身可以是一个微观层次的体裁，即它可以具有自己的体裁结构，包括可变成分和固定的必要成分。例如，一个课程可以具有一个宏观结构模式，包括这个课程在不同阶段的课，每个这样的课既是一个宏观结构模式的成分，又具有这个课时的体裁结构，包括可变成分（教师可以随时调整的成分）和可选成分（教师可以删减的成分）。

本研究的教学模式也是如此。它首先指培养外语专业本科生的所有多元能力所需要的总的教学结构模式；同时，这个结构还可以派生出培养不同能力的教学模式，即在这个宏观结构模式的基础上根据要培养的能力类型选择出来的适用于培养这些特定能力的教学模式。

3. 研究价值和意义

本研究既具有很强的理论意义，也具有很强的应用价值。

从理论上讲，本研究首先致力于厘清我国新时期外语专业大学生多元能力的规格和类别及其之间的关系，使这类人才的培养目标更加明确，为大学生能力结构的研究提供一个范式和范例。同时，借鉴系统功能语言学的多模态话语分析理论，融合新伦敦小组（New London Group，1996/2000）的多元能力培养模式和系统功能语言学的体裁结构潜势理论，以及 Bernstein（1999）的知识结构理论和 Maton（2013）的合法化语码理论，在超学科平台上构建出一个新时期外语人才多元能力培养模式。这个模式具有跨学科性、跨课程性和灵活选择性。这个模式本身将会进一步扩展和完善新伦敦小组提出的多元能力培养框架，并使其适合中国外语人才培养的需要。

从实践上讲，首先，本研究将会为中国培养适应新时期需求的外语多能人才提供有效的培养模式。其次，这个模式也能为教学方法的改革提供有效的理论框架和实用模式，使教学方法的选择更具针对性、更加有效。最后，这个模式也使得教学方法的选择与教学目标和教学模式的选择紧密联系起来，更利于做出正确合理、快速有效的选择，提高教学设计的效率。

4. 主要内容、研究思路与研究方法

1）主要内容

本书来源于国家社科项目"外语本科生多元能力培养模式研究"（2014，14BYY075），重点探讨新时代外语专业本科生应具备的多元能力，以及这些能力的培养模式。本研究主要包括两个部分：理论研究部分和实践研究部分。

在理论研究部分，主要研究以下几个方面。

（1）结合新伦敦小组提出的多元能力理论和 Thwaites（2003）等提出的多元能力类型和模式，以及我国外语教学的实际，探讨我国新时期外语人才需求的基本特点、规格和组成模式，特别是随着全球化的扩展和计算机网络技术的发展所

引起的对人才培养规格的新要求，确定外语专业多能人才的主要能力类型和组成模式。

（2）结合新伦敦小组的培养模式和系统功能语言学的体裁结构潜势理论，探讨这些能力需要以什么样的教学模式、教学方式方法来进行培养，特别是哪些具体能力或组合能力需要哪些教学手段来培养，建立培养多元能力与相关教学方式和模式的系统联系。

（3）在此基础上，将新伦敦小组的多元能力培养模式、系统功能语言学的体裁结构潜势理论、社会教育学的合法化语码理论和多模态互动理论相结合，构建外语人才多元能力培养模式。

在实践研究部分，通过特定的研究方法探讨新培养模式的特点、有效性和可操作性，以及教学模式、教学方法选择和教学具体目标的关系，具体包括以下几个方面。

（1）征询意见：通过问卷调查的形式，在全国范围内征求外语教师对新的外语专业本科生多元能力结构的意见，提高外语专业本科生多元能力结构的可信度。

（2）实践研究：按照新的外语专业本科生多元能力结构的培养目标，进行教学实践，探讨运用什么样的教学模式才能提高培养外语多能人才的有效性，以及在哪些方面需要改进。

（3）完善模式：重新研究所建立的培养模式存在的问题和需要改进的方面，在此基础上，改进和完善培养模式。

2）研究思路

本研究以多模态话语分析理论、多元读写能力培养模式、合法化语码理论和体裁结构潜势理论为理论基础，尝试从超学科视角围绕外语多能人才的能力类型和培养模式这个主题，采用"理论－实践－理论"的基本思路进行研究。本研究主要有两个核心任务：一是建构中国的外语专业本科生多元能力结构模式；二是建构能够有效地培养这些能力的教学模式。具体思路包括以下几个方面。

（1）对现有的有关新时期多元能力类型和特点的研究进行综述和探讨，如新伦敦小组对新时期人才应具备的多元能力的研究以及其他相关研究，同时，

就我国新时期外语人才应具备的能力结构及其特点进行探讨，特别是由于现代
科技和网络技术的发展以及新时期外语人才应该担负的新的责任和使命而须具
备的能力，将两者相结合，从超学科视角确定中国外语人才的多元能力特点、
类型和组成模式。

（2）从超学科角度，研究多元能力中各个能力的特点和培养方式，建构多
元能力培养的综合方案；同时，对新伦敦小组的培养模式根据多元能力培养的
需要进行研究，探讨它的优势和不足，据此对它进行修改和完善，形成一个新
的综合培养方案；再结合系统功能语言学的体裁理论和中国外语教学的特点，
对它进行程序化处理，使其具有可操作性，建立起多元能力培养模式。

（3）这个培养模式首先以前人的理论模型和实践过程为基础设计，同时
又要在教学实践中进行检验，修正原来模型设计中的问题和不足，完善培养模
式。主要由课题组成员根据新的多元能力培养模式进行教学实践，以利于发现
培养模式中的问题和不足。

（4）模式完善：通过对教学录像等材料进行多模态话语分析，研究原培养
模式在教学设计、方法选择和模态选择等方面存在的问题，修订和完善该培养
模式；建立理论模式；研究外语多能人才的培养模式的理论建构问题，建立超
学科型外语多能人才培养模式的理论模型。

3）研究方法

本研究由于是综合性的研究，即探讨外语专业本科生在新时期应该具备的
综合能力，具有整体性和宏观性特点，所以以定性研究为主，在必要时辅以其
他方法，如定量研究、调查研究等。具体研究思路如下。

（1）在探讨前人研究的基础上，通过理论论证的方式进行研究，通过定性
方法探讨我国新时期外语专业本科生应该具备的能力，然后通过定量分析来探
讨其适用度和可信度。

（2）问卷调查：选择 211 以上学校和普通本科学校，每个学校 30 名外语
专业教师对所建立的模式通过问卷调查进行评价，初步确定教学模型，对培养
模式进行修订和完善。

（3）根据前人的研究，以及外语教学和语言教学理论的新发展，探讨所涉

及的相关理论的适用于本研究的理论框架，并用例证说明。这些理论包括新伦敦小组提出的多元读写能力理论、再符号化理论、体裁理论、Bernstein（1999）的知识结构理论、Maton（2013）的合法化语码理论、多模态互动理论等。

（4）根据新时期对外语人才的需要，包括对某些和某类能力的需要，以相关的理论为基础，借鉴在这个领域已有的研究，建构培养这类能力的培养模式，同时通过教学实例来说明。

（5）语料库研究：把课堂录像建成小型语料库，主要探讨课堂教学方式方法和模态的选择与培养目标的相关性，以及新培养模式在培养外语多能人才方面的优势和不足，为修订和完善教学模式提供实证材料。

5. 分工与致谢

本研究由以下人员完成：课题负责人张德禄负责整个项目的设计、研究程序的安排、主要理论和实践部分的研究等，完成前言及第一至十六章的主要研究任务；刘睿负责第十八、十九章的撰写任务；雷茜负责语料收集和第十七章的撰写任务。感谢朱永生教授在总体设计、咨询服务等方面的帮助；感谢张延君在语料收集和教学实验活动等方面的支持。

同时感谢陈一希、瞿桃、秦玖英、王正等四位博士做的一些基础工作和研究工作；感谢同济大大学文科处在项目管理、信息交流等方面的支持和帮助；感谢同济大学文科处和外语学院在经费和研究工作上的支持。

项目研究中的任何问题都由项目负责人和项目组成员共同负责。

张德禄
同济大学外国语学院
2020 年 6 月

第一部分　研究背景

相关理论国内外研究现状

中国外语教育的发展趋势

第一章　相关理论国内外研究现状

本研究以系统功能语言学的超学科理论、多模态话语分析理论、社会教育学的合法化语码理论和体裁理论为理论基础，探索中国新时期外语专业本科生应具备的多元能力以及这类外语人才的培养模式。所以，本研究首先对外语专业本科应具备的多元能力的研究，以及所涉及的理论做一个简单的概述。

1.1 外语专业本科生应具备的能力研究

在语言学领域，对能力的研究始于 Chomsky（1965）对理想的本族语讲话者的语言能力（competence）和语言行为（performance）的区分。语言能力指理想讲话者的语言系统，语言行为则指具体讲的话，包括他讲话中的语法错误及非语言特征等。语言学家只需要研究能力，而不必研究行为。

在 Chomsky 之后，有两种理论在他的基础上发展了他的"能力"概念，一是由 Hymes（1967，1972）发展的"交际能力"（communicative competence）理论，二是由 Cook（1991，1992，2012）发展的"多能力"（multicompetence）理论。

Hymes 认为，交际能力是在一定语境中，使交际者传达和解释信息，在人际间协商意义的能力。他认为交际能力可以从四个方面来考虑：（1）是否在形式上可能，即是否符合语法（grammaticality）；（2）是否有可行性（feasibility），即从心理上和记忆能力上是否可行；（3）是否有适切性（appropriateness），即从社会文化和语境上是否合适，或可接受；（4）实际用语言做的事是什么，产生了什么效果（Hymes，1972：282-286）。后来，Canale & Swain（1980）和 Canale（1983）对交际能力进行了进一步研究，认为它包含四个主要成分：（1）语法（grammatical）能力，指词汇、词素、句法、句法意义和音系方面的知识（Canale & Swain，1980：29）；（2）话语（discourse）能力，指把句子连接成篇，形成一个意义整体的能力；（3）社会语言学（sociolinguistic）能力，指有关语言和话语的社会文化规则的知识；（4）策略（strategic）能力，指用于补偿由于行为变异、能力不足而形成的交际中断，或提高交际效能而使用的语言或非语言策略（Swain，1985：189）。

Cook（1991，1992，2012）从第二语言学习者的角度探讨学习者应该具备的能力。Cook 认为，第二语言学习者不是在发展建立在本族语基础上的残缺不全的过渡语（interlanguage），而是发展了新的能力，因此，这样学习第二语言是发展了"多能力"。多能力的第一种解释是"具有两个语法的复合心智能力"（Cook，1991：111）。后来，多能力概念也用在多语社团（multilingual communities）上（Brutt-Griffler，2002），指"同一个语言或同一个社团的多于一个语言的知识"，"包括第一语言、过渡语和第二语言运用者心智的诸多方面"（Cook，2012）。外语学习者则既具有自己的母语、过渡中的外语，也有由此产生的心智的各个方面的变化。由此可见，多能力包括双语知识能力、双语思维能力和跨 / 超文化[1]交际能力。Hymes 的研究为本族语学习者发展能力结构提供了依据，而 Cook 的研究则为第二语言学习者（包括外语学习者）发展能力结构提供了依据。

但在全球化、科技化和多元化的世界中，仅仅掌握交际能力是不够的；在外语专业课堂中，还应该培养语言能力以外的其他本科生应该具备的能力，以及根据新的形势的需要增加的能力。

Frey & Ruppert（2013）把能力分为三个层次，分别是高层能力（competence）、中层能力（ability）和技能（skill），并且把人的高层能力分为四个类别，分别是专业能力、方法能力、社会能力和个人能力。这些高层能力由 34 个中层能力实现，中层能力又由众多的技能实现，三者都由行动来实现。它们之间的关系可用图 1.1 表示。

1　超文化能力在此指能够把相关的不同文化知识综合起来，发展一种既适合于自己的身份和母语文化特点，又能够适合于其他相关文化的国际性交际能力，从而发展一种融合、包容和可消除文化冲突的能力。

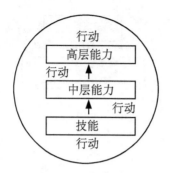

图 1.1 通过行动来发展高层能力、中层能力和技能（Frey & Ruppert, 2013）

Rychen & Salganik（2005）在研究语言能力时，致力于探讨关键能力，将其分为三个类别：（1）能在交流中有效运用工具；（2）能在多元社会和社团进行交际；（3）能自主行动。这三种能力既相互依存，又相互交叠，可以由图 1.2 表示。

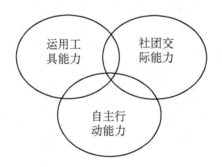

图 1.2 本科生应该掌握的关键能力（Rychen & Salganik, 2005）

这三种能力都有自己的次范畴（见图 1.3）（虚线表示能力之间的交叠现象）。在交流中，有效运用工具能力包括语言运用能力、知识信息运用能力和技术运用能力。在多元社会和社团进行交际的能力包括与人相处能力、团队合作能力和消除冲突能力。自主行动能力包括在大社团中行动的能力，制定个人计划、发展个人项目的个体发展能力，以及保护和凸显个人权利、兴趣、需要等的个性发展能力。

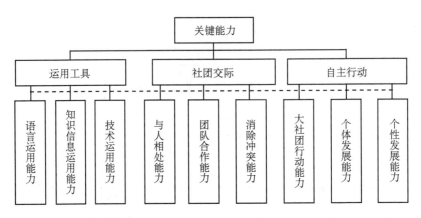

图 1.3　本科生应该掌握的关键能力及其次范畴（Rychen & Salganik, 2005）

在国内，这类研究还比较少。石中宝（1987）研究了英语专业本科生的能力结构，将其分为三个类别：个性心理特征，包括注意力、观察力、思维力、想象力和记忆力；专业和学科能力，包括听说读写译能力，书写和口头表达能力，查阅工具书、打字速记、使用计算机能力；综合及应用能力，包括自学能力、分析和解决问题能力、综合判断能力、适应能力、创新能力、社会活动能力。后来，王琪、李淑芝（2002）主要从语言能力的角度探讨了外语专业大学生应该具备的能力，包括三个方面：掌握语言规范能力（语音、词汇、语法，以及对新语法知识的感悟能力和再现能力）；外语思维能力（概念、判断、推理的思维方式，以及比较、分析和综合的思维过程）；外语语感能力（意义与语音、词汇、语法的关系，以及不同语言之间的关系）。

交际媒体的变化正在影响着读写能力本质的变化。新伦敦小组在探讨多元读写能力教学大纲时认为，意义生成的模态包括语言、视觉、声音、空间、手势语以及综合运用前五种模态的多模态（New London Group，1996/2000）。尽管读和写仍是课堂学习的主要模态，但其他模态在教学中的作用越来越大（Jewitt, 2005；Kress et al., 2005；Kress & van Leeuwen, 2001）。Thwaites（2003）认为，文科学生应该发展文化、历史、科学、媒体、政治、批评、经济等多种读写能力。张德禄、刘睿（2014）则提出，新时期的大学生除应该具备上面 Thwaites 所提到的文科生应该具备的能力外，还需要具备良好的跨文化、跨语言读写能力，很好的社会和道德读写能力，团队合作和领导能力。

外语专业本科生还需要发展普通本科生应具备的通识能力。Strijbos 等 (2015) 通过对已有研究的综述，研究了本科生应该掌握的基本能力。他们从 889 篇论文中选出 216 篇最相关的，并从其中剔除了 35 篇不合格的，用 181 篇相关论文对本科生应该具备的能力类型进行了研究。他们认为本科生需要掌握一定的知识、技能和能力，并从许多具体能力中筛选出 10 种本科生应该掌握的关键通识能力，分别是交际能力、创新能力、批评反思能力、思辨能力、信息处理能力、领导能力、终生学习能力、解决问题能力、社会承责能力和团队合作能力。每一种能力都有其自身的标准点、核心成分和特性标记 (见第三章图 3.1)。例如，领导能力的标准点是：个人功效高、建立人际功效、启动变化。这 10 种能力可以分为三组，分别是群体能力组：交际能力、团队合作能力、领导能力；个体能力组：终生学习能力、批评反思能力、社会承责能力；概念能力组：解决问题能力、思辨能力、创新能力、信息处理能力。在同一组内，不同能力可以存在不同程度的相互交叠现象（在图中由虚线连接表示），但在组与组之间交叠现象很少。已有的对能力的研究，可以给我们探讨我国现阶段外语专业本科生应该具备的多元能力的研究提供一定的启示和思路。

1.2 多模态话语分析

1.2.1 多模态话语分析理论不同视角的研究进展

随着科学技术，尤其是计算机科学和数字技术的发展，人类生活和交际模式发生了深刻变化。单一的语言媒介逐渐被由语言、图像、声音等构成的复杂媒介所取代。因此，对社会行为和意义表征的解读应包括非语言符号等所有表意资源 (Jewitt, 2009：1)。基于此认识，20 世纪 90 年代以来，社会符号学者以 Halliday (1994) 的系统功能语法为基础，为描述视觉图像 (Kress & van Leeuwen, 1996；O'Toole, 1994)、数学符号 (O'Halloran, 2005)、手势 (Martinec, 2000)、音乐 (van Leeuwen, 1999) 等符号建立了语法语义系统。

多模态研究虽然起始于系统功能语言学理论，但在系统功能语言学内部和外部，都产生了不同的研究视角。[1] Jewitt（2009）区分了多模态研究的三个视角：社会符号学分析（Kress & van Leeuwen，1996；van Leeuwen，2005）；系统功能语法分析（Baldry & Thibault，2006；O'Halloran，2005；O'Toole，1994）；社会互动分析（Norris，2004）。这三个视角虽然略有差别，但都属于社会功能分析（参见 Bateman & Schmidt，2012）。同时，Jewitt（2009）忽略了另外两个重要研究视角，即以 Lakoff & Johnson（1980）的认知隐喻理论为基础的多模态隐喻研究（El Refaie，2003；Forceville，1996），以及以语料库语言学为视角的多模态文本分析（Gu，2006）。

社会功能分析的进展主要包括两个方面：基本理论框架的成熟和研究对象的扩展。研究对象的扩展主要指从传统的图文语篇分析到对复杂的动态多模态语篇（Bateman & Schmidt，2012；Feng，2012；Tseng，2009）和新媒体语篇（Djonov，2005；Knox，2009；Tan，2011）的符号学阐释。在基本理论研究上主要解答多模态分析的两个核心问题："什么是模态"和"语言学理论应如何用于分析非语言模态"。Kress（2010：79）将模态明确定义为"在社会文化中形成的创造意义的符号资源"。任何模态（如图像、手势、音乐）都是完整的表意系统，跟语言一样具有形式层、词汇语法层和语篇语义层。对模态的科学界定为准确描述多模态符号以及不同模态之间的关系奠定了基础。在语言学理论的应用方面，是否能将语言学理论直接应用于非语言模态是个问题，因为图像、手势、电影等没有像语言那样的词汇与语法（Machin，2007）。对此，Bateman & Schmidt（2012）认为：（1）非语言符号没有语言那样的词汇语法，但有同样的语篇语义系统，因此多模态分析可采用语篇语义理论的方法；（2）根据 Halliday（1978）的社会符号学理论，语言与非语言符号都不能视为一成不变的语义编码系统，而是在一定语境下构建意义的资源。因此，Kress & van Leeuwen（1996）的视觉"语法"只是对图像表意资源的系统描述。这一问题的明确为使用语言学理论进行多模态分析与进一步建立多模态理论体系提供了有效的方法。

认知视角的多模态隐喻理论的发展，是近年多模态研究的重要成果。以 Forceville 为代表的认知学者认为，既然隐喻是一种思维和行为方式，那么

1　计算机科学中也有关于多模态文本处理、人机互动等内容的"多模态研究"，但本书主要关注人文科学视角的多模态"语篇分析"。其中，我们将介绍作为"语篇分析"方法的计算机技术。

它的体现形式既可以是语言，也可以是图像、手势、声音等其他交际媒介（Forceville，1996；Goatly，2007）。El Refaie（2003）首先将视觉隐喻这一概念从传媒艺术领域引入多模态语篇分析。Forceville（2009：24）明确界定了多模态隐喻，即"源域与目标域独占不同符号资源或在不同符号资源中占支配地位的隐喻映射"。同时，还有学者提出了适用于多模态隐喻的工作机制和认知特征。例如，Yus（2009）根据关联理论提出了理解语言隐喻和视觉隐喻的共同心理机制，即感知（perception）、异常指示（ad hoc pointer，读者察觉非常规要素）、视觉 – 思维界面（visual-conceptual interface，读者根据背景知识进行认知推理，建立关联）。对多模态隐喻本质和理解机制的探讨，使其成为隐喻研究和多模态研究中的独立理论体系。总之，近年来社会功能与认知隐喻视角的多模态研究，都在各自的理论框架内取得了重要进展。

1.2.2 多模态研究中的学科融合

在多模态语篇分析中，研究者除了应具备语言学与符号学知识外，还需要对所涉及的模态有深入的了解，使符号学分析基于该模态所属学科的理论并对其有所贡献（Forceville，2007）。因此，多模态研究具有"天然的跨学科性"（O'Halloran & Smith，2011：2）。另外，多模态研究不仅要从微观上对非语言符号提供详细的描述，更要从宏观上通过语篇分析系统阐释社会文化现象，解决社会问题（Jewitt，2009：26）。近年来，研究者开始注重阐释多模态分析的现实意义，例如：对新闻、广告等社会媒体领域进行批评话语分析研究；通过视觉图像、音乐等以隐蔽的形式表现意识形态与态度操控（O'Halloran et al.，2013）。Kress（2010）重点讨论多模态交际与社会文化互相改造的关系等。关于多模态分析的主观性问题，Kress & van Leeuwen（1998：218）在对报纸版面分析时早就指出："我们的问题是分析理据的缺失，比如，我们如何知道左侧代表已知信息而右侧代表新信息？"在多模态话语分析中附加认知和语料库方面的分析可以提高研究的客观性。例如，冯德正、邢春燕（2011）从认知的角度将空间位置和拍摄角度的符号学意义看成基于经验基础的隐喻映射，从而为 Kress & van Leeuwen（1996）的视觉语法建立了认知理据。多学科的融合成为多模态话语分析的一个趋势。

1.2.3　高科技研究方法的应用

随着对多模态现象认识的深入，研究者发现对非语言表意资源笼统的符号学描述有很多问题，而且远远不能阐释不同多模态语篇中复杂的表意机制。因此，近年来，多模态研究者开始应用技术性更强的数字技术对复杂多模态语篇进行注解和模拟（Lim，2011；O'Halloran et al.，2013）。科学技术在多模态语篇分析中的应用主要包括两个方面：（1）多模态语篇注解与可视化模拟；（2）多模态语篇心理实证研究。

首先，多模态研究者在使用 ELAN、Anvil 等注解软件的同时，也为多模态语篇分析开发专门的注解软件，如 O'Halloran 等（2013）研发的 Semiomix。Semiomix 的动态转录与缩放功能实现了转录单位的灵活性；它的注解界面包括视频与音频模块、视频播放器、系统目录浏览器、回放控制、功能按钮和注解区。它可以实现多模态语篇特征与意义发展的动态分析，具有脸部识别、镜头识别、搜索等功能。

软件的应用促进了多模态语料库的建立。在多模态研究领域，Anthony Baldry 建立了基于 XML 的在线多模态检索器 Multimodal Corpus Authoring（MCA）。该工具可以实现对多模态数据的搜索、注解、定量分析等（Baldry & Thibault，2008）。顾曰国建设的即席话语语料库及其提出的基于角色的建模（agent-oriented modeling，AOM），是近年来语料库视角的多模态研究的最显著进展（如 Gu，2009；顾曰国，2006）。

与计算机建模类似，研究者开始利用可视化软件模拟动态语篇的语义规律以及各模态之间的复杂关系。在近些年的研究中，自然科学与社会科学中的可视化软件被应用于动态多模态语篇分析。例如，Lim（2011）使用生物学领域的 Cytoscape 软件模拟了英语课堂中教师手势与身体移动的轨迹，同时，以 O'Halloran、Manovich 等为代表的学者致力于开发用于多模态分析的可视化软件。例如，Manovich（2011）用其所开发的软件 Visual Culture 对 1923 年至 2009 年的 4,535 期《时代》（*Time*）杂志封面的颜色、饱和度、亮度进行了可视化模拟。

1.2.4　多模态语篇心理实证研究

近年来，在多模态语篇符号学分析迅速发展的同时，认知心理学视角的实证研究也逐渐兴起，可以有效地解释和分析主观性问题。最新的研究成果是利用眼动实验（eye-tracking）考察读者对多模态视觉语篇的认知。Boeriis & Holsanova（2012）通过眼动实验考察了读者处理视觉图像的认知机制；Bucher & Niemann（2012）通过眼动实验、知识测试和访谈考察了观众对幻灯片演讲的注意力分配和理解与模态之间的关系；Gidlöf 等（2012）通过问卷调查、眼动实验和访谈分析了多模态网络广告对瑞典 15 岁少年的影响。任何教学活动实际上都是多模态的，所以，已有的有关多模态话语分析理论的研究可以为我们设计我国外语专业本科生多元能力培养模式以及具体的教学活动提供有力的理论框架和操作模式。

1.3　多模态教学研究

读写能力（literacy）在语言教育特别是母语教育中是一个人有文化的标志。然而，自从 20 世纪 90 年代开始，学界对读写能力的认识发生了很大变化，认为人们不仅通过语言，而且还通过其他手段进行交际，如手势、眼神、身势、图像、动画、动作等，同时其他交际手段在社会交际中的地位也越来越重要。这样，读写能力就逐步扩展为多元读写能力。

20 世纪 90 年代，新伦敦小组在《哈佛教育评论》（*Harvard Educational Review*）上发表了题为"多元读写教学：设计社会未来"（A pedagogy of multiliteracies: Designing social futures）的论文，在国际上引起广泛关注，其主要内容是针对学校的读写教学可选择的方向提出了一系列假设，以帮助学生在不久的将来适应社会急剧的变化，迎接经济全球化、语言文化多元化和交际技术多样化的挑战。他们把"设计"作为实现多元读写能力的一个重要理论概念，并提出了已有设计、设计过程和再设计的理论框架，还提出了实现多元读写能力的教学设计步骤，包括实景实践、明确教授、批评框定和转换实践。Kress 等（2001）在讨论理科课堂教学时，提出了多模态学习是在语境和学生个人兴趣的促动下构建符号转换行为的观点。教师的教学话语可作为学生在语篇生成过程中可利用的资源，与此同时，学生也利用来自其他方面的资源，如已学知识、课本知识等。其中学生兴趣被看作一个重要的生产新符号的动因，而学生语篇则被看作学习的结果。学生的学习过程是在已有资源中进行选择从而产出新语篇的过程。Kress（2003）对多元读写能力理论进行了比较全面的阐述，除了探讨教学媒体和模态的发展、模态的供用特征（affordance）外，还提出了一系列新的概念，并将其发展成为一个理论框架。Jewitt & Kress（2003）则用一系列实例来说明如何在多模态环境下培养多元读写能力。

Kalantzis & Cope（2004）还探讨了最利于学生学习的两种情况，分别是：（1）在学生有归属感的条件下，学生最想学习，他们感觉是在自己的地方、自己熟悉的环境中学习，同时是在为自己学习；（2）在能发生转换的条件下，使学生感到能够在学习中使他们从深度和广度两个方面进入一个新的领域，在新的世界里学习新的东西，并同时能够改变他们自己。Kalantzis & Cope（2004）还认为，设计学习可以发生在三个层面：教育层面、课程层面和教学法层面。从学校和教师的角度讲，这就需要在这三个层面为学生创造良好的学习条件，使他们乐于学习，有归属感，能学到新知识，提高自己。但从学生设计学习的角度讲，他们需要在这三个层面找到自己的归属，努力进取学习新知识、新事物。教育层面指教育机构和场所，如中学、大学等，一直延伸到社区。在这个层面上，学生要有在"家"的感觉，有安全感，参与积极的竞争。课程层面是个核心领域，包括教学内容、教学媒体和教学过程。在"转换型"课程模式中，学生首先要亲身经历要学的内容，掌握核心的理论和概念，对所学内容做出自己的评价，并能够把学到的东西创造性地应用到实践中，使它们发生转换，变为自己的知识和能力。其次，学生要能够利用好各种新的媒体资源，如网络资源、数据库资源、视频资源、多媒体教学资源等进行学习；最后，学生应该积极参与到教学过程中，明确学习目标，参与实践活动，探索知识和概念，多思考分析，把知识和概念与实践相结合，提高自己的能力。Kalantzis & Cope（2004）从五个方面来确定学习的过程，以及在这个过程中所要学的要素。（1）学习重点（learning focus），包括学习的知识领域，学什么专业；学习的范围，这个阶段学习任务；已有的水平，即已经掌握的设计资源，已有的知识、能力等。（2）知识目标（knowledge objectives），即具体要学什么、做什么，如要经历什么事、学什么知识、做什么分析、学会做什么事等。（3）知识过程（knowledge process），即实际学习的过程，包括参与交际事件、学习知识概念、分析评价、实际应用等。（4）知识结果（knowledge outcome），即对所学的东西掌握如何，可通过测试、评估手段确定。（5）学习者路径（learner's pathway），即如何从一个学习要素向另一个转移。

国内学者对这个理论的研究重点在介绍引进和实践应用上。朱永生（2008）对这个理论作了全面介绍，并用教学实例进行说明，同时还提出了改革的建议；韦琴红（2009，2010）则研究了多元读写能力的培养模式；葛俊丽、罗晓燕（2010），王惠萍（2010），张义君（2011）等进行了多元读写能力培养实证研究和在阅读中的应用研究。已有的有关多元读写能力培养模式的研究，可为本研究下一步构建外语专业本科生多元能力培养模式提供启示和理论支持。

1.4 合法化语码理论

教师话语分析始于 20 世纪 70 年代初期。研究者对教师话语分析的研究视角有许多种，如批评话语分析、多模态话语分析、中介话语分析、话语分析和互动分析等，这些视角分别以系统功能语言学理论、Vygotsky 社会文化理论和交际民俗学理论为基础，为课堂话语分析提供了丰富的理论支持。社会学家 Maton（2009）提出了"合法化语码理论"（legitimation code theory，简称 LCT），运用其中的"语义波"（semantic wave）对教师话语进行分析，着重分析教师话语的语义引力（semantic gravity，简称 SG）和语义密度（semantic density，简称 SD）。

Maton 通过继承与发展 Bernstein（1973，1999）的语码理论与知识结构理论，创立了合法化语码理论。合法化语码理论是用于分析社会文化行为的社会学理论，其实质是指实现社会文化行为合法化的组织原则。Maton（2011）提出了该理论的五条合法化原则："自主性"（autonomy）、"紧密性"（density）、"专门性"（specialization）、"时间性"（temporality）和"语义性"（semantics）。"自主性"涉及社会文化领域之间的关系，即某社会文化领域是否具备独立于外部干预与影响的自主能力；"紧密性"涉及社会文化领域内部的区别，主要由两个部分组成，即物质紧密性与道德紧密性，前者指社会文化领域各组成部分包含的单位数量，后者指社会文化领域各组成部分拥有的构成原则数量；"专门性"指将社会文化领域中的参与者和话语建构为特殊的、与众不同的或是独一无二的并由此获得荣耀与地位的方法；"时间性"指时间的划分与取向在建构合法化社会文化行为中的作用；"语义性"指语义密度与语义引力在实现合法知识建构行为中的作用（汤斌，2014）。

合法化语码理论中的语义性原则由语义引力和语义密度组成（Maton，2013）。语义引力指意义与其语境的关联程度；语义引力的连续变化可以用强（+）或弱（−）来表示。语义引力越强（SG+），意义与语境关联程度越大；语义引力越弱（SG−），意义与语境关联程度越小。其实所有的意义与语境都有某种程度上的相关性。语义引力的强度与研究中的具体事物有关。例如，生物学中某一具体的植物或历史学中某一具体事件包含的语义引力要强于某类植物或某种历史事件。将概括或抽象概念移到具体语境中，意义依赖语境，从而语义引力增强（SG↑）；将具体的或特别的案例进行概括和抽象，意义就较少依赖语境，从而语义引力减弱（SG↓）。

语义密度指社会文化行为中意义的浓缩程度；语义密度的连续变化也可以用强（+）或弱（−）来表示。语义密度越强（SD+），符号蕴含的意义越多；语义密度越弱（SD−），符号蕴含的意义越少。也就是说，将一个蕴含少量意义的符号或术语移入蕴含较多意义的符号或术语中，语义密度增强（SG↑）。例如，在历史学科术语 Mycenaean Greece 中，将一系列地点、时间、风俗习惯、概念、信念等糅合在一起，就增强了语义密度。反之，将蕴含较多意义的符号或术语移到蕴含较少意义的符号或术语中，语义密度减弱（SG↓）。例如，在书面的学术资料中，研究者在解释复杂的专业术语时运用蕴含意义数量有限的较简单的术语，因此在解释过程中减少了意义所包含的范围，削弱了语义密度。

在知识建构中，当概念从具体的语境或事例中抽象出来时，SG 是减弱的，而当抽象的概念被具体化时，SG 是增强的；当复杂的描述被浓缩为一个术语时，SD 是升高的，而使用具体的细节去丰富抽象的概念时，SD 是降低的（Maton，2011：66）。当 SG 增强时，意义与语境的关联度增强，意义变得具体，所以对应的 SD 也随之降低；当 SG 减弱时，意义与语境的关联度减弱，意义变得抽象、浓缩，所以对应的 SD 也随之升高。

语义引力和语义密度的相对强度既不是定义好的也不是不可更改的。强弱程度采取的形式依赖语境。语义引力和语义密度本身不是二分法，而是具有以下四个主要代码。根茎语码（rhizomatic code）（SG−，SD+）：独立于语境，生成高度复杂的意义。平凡语码（prosaic code）（SG+，SD−）：依赖语境，生成较简单的意义。主题语码（motif code）（SG−，SD−）：独立于语境，生成相对简单的意义。比喻语码（figurative code）（SG+，SD+）：依赖语境，生成浓缩多样化意义（见图 1.4）。

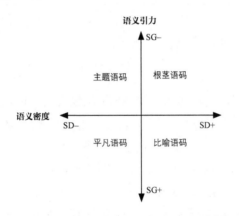

图 1.4 语义层的语码图（Maton，2014a）

Maton（2013）认为，语义性与累积式知识建构（cumulative knowledge-building）之间存在密切的关联。累积式知识建构指让学生能够以先前的理解与认识为基础把学到的知识迁移到今后的语境之中。然而，在现实中，不同学科领域的知识与其语境的关联有时过于紧密以至于知识只有在其具体的语境之中才有意义（Christie & Macken-Horarik，2007；Wheelahan，2012）。因此，Maton（2013）提出用 SG、SD 两个概念来揭示累积式知识建构的模式，从而为教学提供指导。

语义引力和语义密度的强弱是相对独立变化的，产生的语义语码（SG+/−，SD+/−）抽象成一系列实践组织原则。所有实践都带有语义引力和语义密度的特征，而实证研究中关注的是它们的强度。语义语码合并了类型学和拓扑学，包含"都/和"的关系而非"或者/或者"关系。在增强和削弱语义引力、语义密度（SG ↑↓，SD ↑↓）的概念化过程中，可以通过时间追踪知识在实践中的语义变化，形成语义波图（见图 1.5）。

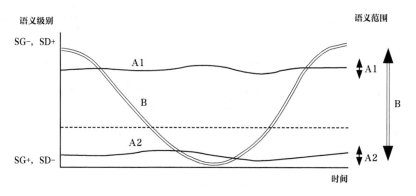

SG = 语义引力；SD = 语义密度；+=强；−=弱

图 1.5 语义波图

图 1.5 显示，知识建构是在一定的时间范围内进行的，其中 A1、A2、B 分别代表三种知识建构模式。纵轴为语义引力和语义密度强弱的语义级别，横轴为时间。在 A1 与 A2 的语义轮廓中，它们各自的语义变化幅度很小。A1 是语义较高的平线，SG 较低，SD 较高，说明虽然知识达到了一定的抽象程度，但它已完全脱离了语境。A2 是语义较低的平线，SG 较高，SD 较低，说明知识完全依赖特定的语境，还没有从现实语境中抽象与概括出来。B 为语义波线，与 A1、A2 相比，B 的语言轮廓中语义变化幅度最大，说明知识在建构过程中，既能通过再语境化从高度抽象的概念演绎到具体的事物或现象中去，又能通过再语境化将知识从具体的语境中抽取出来，形成高度抽象的概念。

从上图可以看出，语义波是实现累积式知识建构的途径，语义引力与语义密度的变化是语义波形成的关键。在课堂教学中，语义波体现为教师在知识传授过程中将高度抽象、高度技术性的概念进行"意义解包"（unpacking），利用具体事例与语境建构知识，然后再将知识"重新打包"（repacking），把抽象的概念从具体事例与语境中再次提取出来（Maton，2013）。从图 1.5 也可以看出，所谓语义波，是指知识既能够从抽象的概念层面演绎到具体的客观世界中去，也要能够从具体的客观世界中归纳出来。演绎与归纳缺一不可，否则就会缺乏"合理化"的知识建构行为并最终导致累积式知识建构的失败。合法化语码理论可以为我们在教学中设计理论学习和实践活动的方式提供理论依据和计算方式。

1.5 再符号化

有时，我们需要将一种语境中产生的多模态话语的意义转移到另一种语境中去，这就是多模态话语中的"转译"（translation），或称"再符号化"（resemiotization）现象（Kress，2010）。例如，将小说改编成电影，把课本上的知识在课堂上传授，或者将照片画成图像，这些都是转译。Kress（2010）根据意义转移时使用的模态，将转译分为两种：转换（transformation）和联通（transduction）。转换是指意义的转移发生在同一模态内，由模态要素的重新排列组合而实现转译的现象（Kress，2010）；例如，教师用自己的话改写（paraphrase）课本中的句子，就是意义在书面语言这个模态内的转移，是由语言成分的重新排列组合实现的。联通是指意义在不同的模态之间发生转移，加入新模态来实现转译的现象（Kress，2010）；例如，根据小说改编电影的过程，就是意义从语言模态向语言、声音、动作、表情等多种模态的转移过程。Kress（2000；2010）还指出，无论是同一模态内还是不同模态间，转译都是可能的，同一文化背景下的转译有一定难度，而在不同的文化背景下，转译则是非常困难的，并且必然会导致意义的改变。

Newfield（2014）从 Kress 的社会符号多模态理论出发，深入地研究了转换、联通和转模态时刻（transmodal moment）。基于非洲学生使用不同模态来转译原话语的实例，她分析了模态的再设计与意义转换的关系、转模态时刻的时空特征和具体性，以及它与学习的关系、模态选择中的主体性等。Stein（2003）调查了南非一所叫 Olifantsvlei 的小学。在其课堂上，学生们使用语言和图像创作故事人物形象，并将其制作成为 3D 玩具人物，再使用对话和戏剧等形式为此玩具人物创作故事，最后用语言模态完成任务。Stein 研究了其中的联通现象，符号在语境中的变化，以及多模态教学对学生的影响。

Iedema（2001）研究了意义在不同符号模态间的转移。他使用"再符号化"这个术语来描述意义从一种模态向另一种或多种模态的转移，其研究重点在意义转移的过程和社会场所的改变对再符号化的影响。Iedema（2003）认为，将再符号化研究引入多模态话语分析十分必要，能扩展话语分析的范围。他指出，再符号化研究要分析两大方面：一是追踪在社会活动进程中，符号是如何从一种形式被再符号化成另一种形式的；二是解释在特定时期，特定符号被选择来实现特定目的的原因（Iedema，2003）。他的研究结果表明，再符号化使意义更具有持久性，同时使意义和关系具体化。Iedema 对再符号化研究有开拓性的贡献，可是他的研究不够系统和全面，只指出了变化的某些方面。

Semali（2002）也研究了学生用不同模态来"转译"原话语的现象。他着重于媒介转换，使用 transmediation（转媒介）来描述这种现象。Semali 的研究主要是在教育领域，研究学生的符号模态使用，希望通过对不同模态的使用来帮助学生更好地理解和掌握符号系统，也更深刻地理解原话语。

此外，还有学者使用"转模态"（transmodal）这个术语来专门描述不同模态间的意义转移的联通现象。Pennycook（2007）对嘻哈文化中的歌词、音乐、身体舞动进行了转模态研究。Goodwin & Alim（2010）研究了年轻女孩如何通过个性化的转模态过程来进行自我和他人身份的构建。在研究数字读写能力时，Wyatt-Smith & Kimber（2009）使用了"转模态操作"（transmodal operation）这个概念来描述意义生产者在创作数字语篇时穿梭和跨越模态与平台的现象。Bannon（2009）指出，在制作电影字幕时，人们可能会使用转模态方式来联通电影中的符号模态。再符号化或转译理论可以为我们探讨如何运用教材从事课堂教学活动，以及采用不同的教学方式进行同一或相似内容的教学提供有力的理论支持。

1.6 体裁研究

从 20 世纪下半叶开始，不仅语言学和文学关心体裁的研究，其他许多领域也把体裁作为其研究对象。这些领域包括民间故事研究、语言人类学、交际人种学（ethnography of communication）、会话分析、修辞学、社会学等。各个领域和学科都根据自己的特点和研究的需要提出了体裁研究的理论，有的还提出了体裁研究的理论框架。

目前建立的体裁分析框架大部分是在系统功能语言学内部。首先，Hasan（见 Halliday & Hasan，1989）在从事语篇衔接理论研究的同时，研究了语篇的语义结构，提出了体裁结构潜势理论。体裁结构潜势是在同一个体裁中语篇结构的潜势。也就是说，属于同一个体裁的语篇的结构都应该是从这个体裁结构潜势中进行选择的结果。

Hasan 认为（Halliday & Hasan，1989：108），体裁包括以下特点。（1）体裁是由与其相联系的意义得以识别的。（2）体裁与语境构型有逻辑关系，是它的语言表达形式。（3）体裁和语境一样也有精密度的区别。（4）属于同一体裁的语篇的结构是可以变化的，但其不能变化的一个方面是必要成分和其位置，它们的变化会引起体裁的变化；这样，一个语篇由必要成分、可选成分和重复成分及其顺序组成。体裁结构潜势决定：什么成分一定出现；什么成分可能出现；它们一定出现在什么地方；它们可能出现在什么地方；它们出现的概率多大（Halliday & Hasan，1985/1989：56）。

Ventola（1988：52-57）对 Hasan 的理论进行了比较详细的评价，认为后者的体裁分析框架是线性的，而线性框架存在以下几个问题：（1）线性框架所规定的成分顺序似乎不总是和实际语篇的顺序相符合；（2）实际语篇成分的重复更加复杂；（3）有些成分实际体现为非语言特征。另外，如果必要成分是决定体裁的，那么这种成分可由任何一个情景因素的变化而引起变化，所以会产生无数新体裁。

由此，Ventola 提出了新的体裁分析框架。她同意 Martin（2008）的观点，把体裁和语域分开，在 Halliday 理论的基础上重新定义，使语域成为一个体现体裁的层次。她的分析框架包括三个层次：体裁、语域和语言（形式）。各个层次都有自己相应的结构。体裁在语域之上，是决定语域的；而语篇则作为一个形式和实体混合的层次，用以体现语域和体裁。这与 Halliday 一直强调的语篇是一个意义单位的思路是不同的。同时，她的这个框架没有表明语义是在哪个层次上，即她没有把语义作为一个层次明确表示出来。Ventola 还倾向于把体裁看作一个动态范畴，提出了她的流程图理论，对"服务交流"体裁的交际过程勾画出了十分详细的流程图。

Martin（1992：507）借用 Bakhtin 的术语，在体裁之上又加了一个"观念形态"（ideology）层次，"是组成文化的以编码取向的系统"。从动态的角度讲，则涉及权力的再分配。Martin 在其分析模式中区分了四个层次：观念形态、体裁、语域、语言，而他的语言层次包括语义层次，语域实际上是 Halliday 的情景语境，而体裁则是文化语境中的组成部分，是一种话语范围、话语基调和话语方式的组合模式（Martin & Rose，2008）。Martin & Rose（2008）探讨了语篇中不同结构之间在体裁结构中的相互关系，同时也探讨了不同体裁之间的关系，特别是它们和文化的关系，把文化看作体裁系统，即由无数体裁组成的系统。这样，就直接把体裁与多模态联系起来，因为如果把文化看作体裁系统，那么体裁就必然是多模态的：人类交换的意义是由多种模态体现的（Martin & Rose，2008：44-45）。每个模态在体裁构建中作一定的结构成分，有一定的功能。Bateman（2008）还专门通过对多模态文件的分析探讨了体裁和多模态的关系，以及通过语言学和修辞学建立多模态体裁的问题。

非系统功能语言学体裁研究的重点倾向于放在语言之外，区分更多的层次。这些层次之间不完全由一个标准定义。例如，Miller（1984）、Frentz & Farrell（1976）和 Pearce & Conklin（1979）分别提出了自己的分析框架。与系统功能语言学的分析框架相比，他们的分析框架在文化之上又加了一个层次：人类性质（原型），它是主导人类文化的人类本性。而所划分的几个层次有的是按类别区分的，如生活形式和体裁，有的则是按整体与部分关系区分的，如体裁与情节。这样，层次本身的意义也不统一。

Paltridge（1997:101）在总结前人研究成果的基础上，参考 Fillmore（1982）的"框架理论"（the frame theory），根据其研究科研报告体裁的结果，提出了他自己的体裁确认分析框架。他的这个框架在体裁层次之上包括文化和语境两个因素，在体裁层次之下包括情景成分，如交际框架、作者、听众、信息形式、渠道、语码、话题、场景等，还包括概念成分，如认知或概念框架、情节、角色、话语成分、语义关系等。已有的体裁结构理论可以为本研究在设计外语专业本科生多元能力培养模式中，设计课堂程序和不同阶段的教学提供有力的理论支持。

1.7 多模态互动分析

近年来多模态互动分析方法发展迅速，其代表人物为 Norris（2002，2004，2007，2009，2011a，2011b；Norris & Maier，2014）。她的代表作《多模态互动分析：一个方法框架》（*Analyzing Multimodal Interaction: A Methodological Framework*）初步构建了多模态互动分析的基本理论框架。此后，Norris（2011a）进一步从理论方法和实践应用方面完善了多模态互动分析模式。多模态互动分析作为多模态的研究视角之一，已经在学术界得到较为广泛的认可。Jewitt（2009：28-39）认为，多模态互动分析、社会符号学分析、系统功能语言学的多模态话语分析共同组成了多模态研究的三种主要方法。Djonov & Zhao（2014：2-5）也认为，多模态互动分析方法是和社会符号学方法并立的多模态研究方法之一。但国内尚未见到对这一分析方法的深入探讨，只有少数评介类文章涉及这一方法并做了简单介绍（辛志英，2008；张佐成、陈瑜敏，2011）。

多模态互动分析的主要理论基础是 Scollon（1998，2001；Scollon & Schollon，2004）关于中介话语和实践节点分析的研究，以及互动社会语言学和社会符号学的多模态相关研究。与传统的以语言为中心的话语分析不同，多模态互动分析属于整体分析（holistic analysis），以中介活动（mediated action）为基本分析单位，认为语言只是实际交流过程中起作用的一种模态。多模态互动分析的基本研究框架包括下面几个方面。（1）活动（action）：活动是多模态互动分析的基本单位。Norris 把活动分为高层活动（higher-level action）、低层活动（lower-level action）和凝固活动（frozen action）三种。（2）注意度或意识度（level of attention/awareness）：在实际的交际活动中，活动者通常同时进行几种高层活动，但给予每种高层活动的注意程度不同。（3）手段（means）：手段的功能是组织和衔接前景高层活动，同时控制某一高层活动进入活动者的注意中心。手段包括指示性手段和节律性手段。（4）介入点（site of engagement）：介入点是社会实践和中介手段交互作用使社会活动得以发生的具体的社会时间地点（social-time-place），是一个通过社会实践和中介手段的交集打开的一个真实时间的窗口（Norris，2011a：45）。介入点使活动（高层、低层和凝固活动）得以发生，同时这些活动又是介入点的组成部分。（5）模态（mode）：活动由一种或多种模态体现。确定一种模态是否承载了交流意义的标准是：模态传递的意义被参与互动的活动者感知。（6）模态密度（modal density）：模态密度可以体现为模态强度（modal intensity）和模态复杂度（modal complexity）两种形式。模态强度是指一种模态在互动过程中的重要性或权重。模态复杂度是指多种模态相互作用共同完成活动，一种模态的变化不会引起活动的突然改变。（7）模态结构配置（modal configuration）：社会活动通常都是由几种模态共同完成的，每种模态所起的作用是不同的。模态配置表示各种模态在高层活动中的层级体系或重要程度。（8）媒介（medium）：任何活动都是中介性的，是通过一系列的媒介实现的。媒介分为身体媒介和非身体媒介两大类。身体媒介是指任何与身体相连的媒介，包括口语、手势、肢体运动、面部表情、头部运动等，非身体媒介是指身体以外的所有媒介，例如文字、音乐、布局以及各种物体。多模态互动理论可以为本研究设计课堂活动和活动之间的关系提供一定的理论依据。

1.8 小结

本章重点探讨本研究所涉及的研究领域和理论的已有研究，首先探讨了外语专业本科生在新世纪应该具备的能力，包括外语的基本技能、跨文化交际能力、掌握其他学科知识的能力，以及进行全球化交际所涉及的能力。然后，重点探讨了本研究在探讨外语专业本科生多元能力培养模式，及其在外语学生能力培养方面的应用所涉及的理论，包括多模态话语分析理论、再符号化理论、多元读写能力理论、体裁分析理论、合法化语码理论、多模态互动理论等。对于已有的对外语专业本科生应具备的各种能力，及多元能力的培养模式的研究，我们将在第十章及其后的章节根据每章所培养的多元能力的类型分别进行综述，以便将已有的研究与当前的研究密切联系起来。

第二章　中国外语教育的发展趋势

2.1 引言

中国的外语教育始于19世纪初。当时，由外国传教士开办的教会学校以英语教学为主，而这些教会学校主要集中于上海、宁波、福州、厦门、广州等几个沿海通商口岸（周岩厦，2008）。1862年，京师同文馆在北京创办，标志着外语教育在中国正式开始。19世纪末20世纪初出现了中等学堂和高等学堂的外语教育，同时，教会学校也得到了迅速发展。民国时期，外语教育的体制逐步形成。1949年中华人民共和国成立后，教育受到应有的重视，外语教育取得了突飞猛进的发展。与以往相比，这一时期外语教育的突出特点是办学规模大，教学质量高，教学理论和方法的研究进展迅速。"文革"时期，我国外语教育大幅度下滑（李昕辉，2001）。

20世纪80年代，随着我国改革开放的不断深入，外语教育迅猛发展，外语专业成为最热门的专业之一，外语教育步入正轨。教育部分别在1989年和1990年颁布了《高等学校英语专业基础阶段英语教学大纲》和《高等学校英语专业高年级英语教学大纲（试行本）》，两个大纲分别对应英语专业一、二年级和三、四年级的教学。到了90年代末，随着我国经济的发展，人才市场向高端化发展，外语教学的形势也发生了很多变化，原有的教学大纲已经不能很好地适应新的形势，因此，2000年，教育部又颁布了新的《高等学校英语专业英语教学大纲》。当前，国际国内的形势又发生了很大变化，培养的规格需要做进一步调整和优化。从国际形势的变化来看，当今世界有三个突出特点：科技巨变、多元复杂化和相互依赖化。这些变化都直接融入和渗透到我国的教育体系中，对我国教育事业的发展产生了直接和深远的影响。

同时，我国的外语教育经过改革开放后40多年的发展有了很大的变化。首先，中学外语教育逐步趋于完整、正规化，教育水平不断提高，听、说、读、写、译等基本技能大幅度提高，因此高校外语专业学生的入学层次大幅度提高，高校培养这些能力的压力大幅度降低，学生也不仅仅满足于掌握这些基本技能，人才培养向高级专业化、人文素养、能力扩展等方面发展。这也同时带动其他语种的教育向类似的方向发展，特别是双语（英法、英德、英日、英西、英韩）教育和外语加其他专业的教育成为热门专业。

其次，就业压力越来越大。随着各个非外语专业毕业生外语水平的大幅度提高，单纯以外语技能为基础的外语专业人才的需求量大幅度下降，社会更倾向于需要既外语水平高，又掌握一门或多门其他专业的人才。外语的相关能力倾向于与其他专业知识和能力融合为一体。

再次，随着国际交流成为常态，人人都需要具备跨文化交际能力，能够自如地和相关国家的人员进行交流，外语特别是英语是人人应该具备的基本能力。

最后，随着我国国际地位的不断提高，越来越需要大量能够从事国际事务，有凝聚力和团队精神以及领导能力的人才。

面对国际国内的新形势向我们提出的挑战，外语教育向哪个方向发展成为一个迫切需要回答的问题。

2.2 英语的地位和外语教育的现状及问题

2.2.1 英语的地位

随着全球化的不断发展，英语由一些国家，特别是英、美、加、澳等发达国家的母语，逐步发展为一种世界通用语。作为一种世界通用语，它在语言教育中有着特殊的地位。首先，它是几乎所有国际交流的载体：无论是到国外参加国际交流，还是在国内从事国际交流都主要通过英语进行。其次，最新的人文、社科、理工科等的研究成果要推介出去，得到国际认可，也需要通过英语进行。英语教育的发展又带动了整个外语界的改革和发展。所以，要解决外语教育向何方发展的问题，首先要认识英语在世界语言中的地位，以及它在国际交流中的作用，然后从这个角度看外语教育的现状和存在的问题。

传统上，我们把不属于我国 56 个民族的母语的语言都称为"外语"，即外国人讲的语言。所以，在专业定位上英语一直被作为外语对待，区别在于它是"大语种"，而几乎其他的所有外语都属于"小语种"。正是因为把英语作为和其他语种不一样的外语来对待，所以就产生了英语在我国教育体系中地位过高、占据资源太多、耗费时间过多，甚至挤占其他专业的学习时间的问题。因此，围绕"英语退出高考""降低英语中、高考分值"等政策的讨论使外语教育再次成为社会关注的焦点，同时也引起了外语教育界人士极大的关注甚至担忧。一些人士认为，"学生在英语学习上花的时间太多，影响其他学科的学习，甚至影响整个教育的质量，因此建议给英语教育'降温'。这样的言论在国内外媒体上披露以后，得到了很多人的响应"（程晓堂，2014）。还有人认为，多次考试可以解决"一考定终身"的问题。问题是为什么其他学科可以"一次定终身"，而英语却不能？这些意见实际上都是把英语仅仅看作一门和其他语种一样的外语，并且与母语相对，认为它不应该占据这么重要的地位而产生的。

　　然而，英语在世界语言和国际交流中的地位已经远远超出一门外语的地位。它不仅是许多发达国家的母语，也是许多英联邦国家的官方语言，而且是任何国际交流场合的必选语言之一。英语实际上已经在全世界大多数国家的正式场合、国际交流场合中使用。

　　Kachru（1988）用三个环来区分英语的使用者。内环（the inner circle），包括英国、美国、加拿大、澳大利亚和新西兰等国家作为母语而使用的英语，约有3.2—3.8亿人；外环（the outer circle），包括印度、新加坡、菲律宾、南非等国作为第二语言或官方语言而使用的英语，约有3—5亿人，以及扩展环（the expanding circle），包括中国、日本、波兰、俄罗斯等国家，约有5—10亿人。在前两环里，英语曾经发生过或仍然有影响的约有75个地区。从这个角度看，英语不仅仅是一门外语，而且是一种用于国际间交流的"桥梁"语言，即国际通用语（lingua franca），也称为"全球语"（global language）或"世界语"（world language）。正如高一虹（2015：7）所说："当今的英语已经在很大程度上'去领土化'，成为国际交流的共同语（English as a lingua franca）。在全球范围，英语教育的标准已经放弃'本族语者中心'，做出各种调整，例如以创造性的交流效能（capability）而非符合本族语者文化传统的交际能力（competence）作为培养目标（Widdowson，2013）。"

　　国际通用语与外国语的功能不同，在国民义务教育中所处的地位也不一样。国民义务教育的一个重要原则是，教育内容应当对每个人都有用（陈国华，

2010）。全球化是一个持续不断、加速发展的进程。会外语的人在职业的选择上也由于其外语水平的高低获得了大小不同的好处。即使是从事中国绘画研究或中国音乐研究，如果考研究生，做研究，也需要读文献，包括外语文献，也得学外语，这和任何其他学科没有两样，因为他的研究需要与国际学术接轨。高等教育的各学科都要与国际学术接轨，只要接受高等教育，就有必要学英语（陈国华，2010）。所有这些认识导致教师必须首先考虑按照特定环境要求来教英语这个科目，而不是考虑英语是否为学习者本族语的问题：这样一来，我们所关注的是英语作为一种国际通用语的问题。"我们既要熟悉目标语，但又要和它保持一定距离，针对学习者情况来组织教学"（桂诗春，2015）。

另外，英语作为一种语言，承载着英语母语者的文化和思维，也是交流和学习的工具。我们掌握了这种语言，就可以在生活、工作和学习中使用它。"外语学习之有用"除了包括外语本身的有用之外，还包括学习外语的过程的作用。比如，学习外语可以促进心智和思维能力的发展，可以促进跨文化意识的培养，可以增进学生对世界多样性的了解和理解，所谓外语的人文性就体现在此。把外语视为工具的观点，只看到了外语本身作为交流工具的作用，而没有看到外语学习在开启学生心智、培养学生思维能力和开阔学生视野等多方面的作用（程晓堂，2014）。这种观点实际上是极其片面的一种认识。

随着"一带一路"倡议的提出和推广，英语以外的其他语种需求量激增，对外语人才的要求在不断提高，而且需要的能力也不断扩展，不仅需要外语的交际能力，同时还需要跨文化、跨专业、全球化能力。

2.2.2 当前外语教育的现状及存在的问题

2.2.2.1 外语教育的本质

作为语言教育，外语教育具有语言和教育两方面的本质特征。一方面，它能将语言学研究的成果应用到语言教育之中，通过语言知识和交际技能的传授和训练，培养听、说、读、写、译等多种语言能力和跨文化交际能力的专门外语人才；另一方面，它也是哲学、心理学、教育学、社会学、人类学等各学科的载体。专业知识传授可以使教育对象成为具有较好人文素养的专业人才。这样，语言教育研究就成为一门集实用性、多学科综合性为一体的独立学科，它不仅研究语言教育自身的现象、规律、原理、内容、模式和方法，还把研究范围推及它与多方位、多元化、多层次、多维度的社会背景之间的互动关系。这是任何一个文明的主要表现形式和载体的特性所决定的。

中国文化要走出去，除了尽量吸引部分外国人学习汉语和中国文化外，主要还是通过中国文化的外译和对外口头及网络交流来实现，显然，也主要通过英语来进行。当然，我们也在努力扩大母语的作用，但这是需要时间和精力的。

2.2.2.2 外语教育的现状

由于全球化的不断发展和深化，大多数有知识的人最终都有可能直接与外国人进行某种交流。国家教育政策的制定者把外语作为国民教育的一项基本内容，特别是把外语能力作为学生的一种基本素质来培养是正确的决策。在过去的 20 多年里，对外交往的规模急速扩大，外语的重要作用已毋庸置疑，教育者和受教育者对外语的投入也日益加大，外语教育的成就有目共睹，主要表现为中学生和大学生的外语能力整体上逐步有所提高（陈国华，2008）。

在从改革开放至今 40 多年的时间里，我国的外语教育事业得到了很大的发展，从一开始很少有学校开设外语专业，到现在几乎所有的有本科专业的学校都开设了外语专业，特别是英语，其中有很多学校有外语语言文学或外国语言学及应用语言学硕士点，或外国语言文学硕士点一级学科。戴炜栋（2009）把我国外语教育取得的成就总结为六个方面。（1）师资教育水平明显提升。在 20 世纪 80 年代和 90 年代初，外语专业本科毕业生可以直接上讲台，但现在取得博士学位才有可能到大学申请做外语教师。（2）制定了外语专业和大学英语教学大纲。从一开始没有教学大纲到制定了完整系统的教学大纲，并进行了多次修订和完善。（3）教材建设不断升级。外语教材建设突飞猛进、成果斐然，"一纲多本"成为最显著的特点，并编写了国家规划教材。（4）教学方法不断改善。从一开始主要运用语法翻译法和模式训练法等，到交际法、任务法，以及综合教学法等。（5）教育手段实现多元化。高科技手段、多媒体、计算机网络开始用于外语教学，改善了教学条件。（6）测试手段实现多样化。通过设计科学的测试工具，公正、准确、客观地评价学习者的语言能力，使其产生正反拨作用（positive backwash effect）。

由此可见，在过去的 40 多年里，外语教育为国家培养了大批高层次的外语人才。正是由于这些成就的获得，才大大缓解了外语人才的需求。在外语人才的数量和层次的需求不断提高的情况下，供求关系的矛盾逐步缓解，有时还会产生过剩现象。

2.2.2.3 外语教育中的问题

随着外语专业人才供求关系的逐步缓解，特别是出现了过剩现象以后，又出现了一些批评的声音，认为外语教育投入高，产出低，得不偿失；此外外语课冲击了其他科目的教学。这一方面是因为外语专业人才不再是紧俏人才，外语专业学生毕业后不太好找工作；另一方面是因为我们的外语教育确实存在问题（陈国华，2008）。戴炜栋（2009）认为，我国的外语教育总体上存在以下三个方面的问题：（1）在基础理论研究方面，外语语言学理论研究还缺乏突破性的、具有国际影响的标志性成果；（2）在教学实践方面，外语教学偏重语言知识的传授，轻语言交际能力的培养，长期以来的"费时低效""哑巴外语"等问题依然没得到彻底解决；（3）在人才培养模式方面，不少外语人才知识面过窄、技能单一、社会适应性不强等等。同时，他指出了我国高校外语专业存在的三个问题：（1）招生数量过大，师资相对不足，影响教学质量；（2）没有建立外语专业的教学规范；（3）地区差异不断扩大。王银泉（2013）则提出了我国外语教育存在的 10 个问题：（1）全民学外语未能获得理想的效果；（2）教材缺乏实用性和针对性；（3）教学模式过分依赖语言知识传授，忽视人文综合素质培养；（4）课堂教学缺乏大量的真实有效输入和语言实践；（5）外语教学缺乏对学生进行创新型思维能力的培养；（6）外语教学仍然受制于以外语语言文学为主导；（7）大学外语教学改革中，高科技的介入充其量只是现代技术发展的必然反映；（8）外语教育教学研究与外语教学实践脱节；（9）翻译人才培养明显落后于社会对翻译的期望和实际需求；（10）"懂外语就能做翻译"的认识误区严重影响了我国的国际软实力竞争。

纵观以上问题，笔者认为，其中大部分都是以列举现象为主。我们还需要从中国文化的特点与中国外语教学和学习的环境上来考虑如何发展中国的外语教育，特别是英语教育。这些问题，以及其他一些没有列举出来的问题，可以归纳为以下几个方面。

第一，在理论方面，我们没有在借鉴国外语言教学和学习理论的基础上，发展出一种适合中国文化与外语环境的语言教学和学习理论。自从改革开放以来，由于我国传统外语教学方法存在弊端，我们一直热衷于引进新的理论。每当一种理论在国外兴起，我们理论界就会直接把它推介给我国的外语教师在课堂上使用，没有考虑它是否适合中国的外语教学环境。外国的理论通常是在母语或二语教学环境中发展起来的，而我国缺乏外语母语的社会交际环境。

我们都清楚，儿童出生后，主要是靠观察父母和其他人的交际，以及参与这些人的交际而发展和习得语言的，他所学的东西都可以通过语言交际的环境进行验证和修正，甚至借此创造新的表达方式。同时，根据系统功能语言学理论（Halliday & Hasan，1989），语言的交际和使用都是在文化语境中的特定情景的促动下进行的：根据话语范围表达相应的内容；根据话语基调表达相应的态度、情感、礼貌等；根据话语方式选择相应的交际媒介、渠道、体裁等。失去了这些环境因素，语言的输入和输出也就失去了渠道。我们的外语教学理论应该探讨在这种环境下，我们可以用什么方法来获得最佳效果，才能接近或达到具有第一语言和第二语言环境的教学效果。

第二，在方法方面，我们没有根据中国的外语语言使用环境，建立起一套适合中国国情的教学和学习的方法、模式及策略。在中国的外语教学环境中，学生主要在课堂上每节不到一个小时的时间内学习外语，课堂外则没有外语交际的环境。学生在课堂上学的东西无法在实际的交际中运用，不知道自己学的东西是不是可用的，不能到实际的交际环境中去验证，所以就把所学的东西作为知识和规则储存起来、积累起来，不然，则可能最后一无所获。这样，当引入一种新的教学方法时，就应该考虑它在中国的外语环境中如何才能取得最佳教学效果。例如，翻转课堂是一种有效的教学方法，可以最大限度地调动学生的积极性，把有限的课堂教学时间用在外语交际上，而不是用在讲语法知识和理论上。但如何翻转是需要认真思考的。一是给学生留出可以自学的时间，应该有具体的时间安排；二是如何保证在这些时间内学生是在自主学习，而不是做其他事情；三是如何指导学生在这段时间内能够以最有效的方式学习。

第三，以应试为主要目标和动力的外语教学及学习在较大程度上阻碍了外语教学理论和教学实践的发展，影响了外语教学的效果。应试性教学模式一是缩小了教学和学习的目标，教师和学生不敢扩展教学和学习内容，使语言输入严重不足，他们怕精力集中不够，影响考试成绩；二是缩短了教学和学习目标，使教师和学生只顾眼前的考试目标，而无暇顾及将来走向社会需要哪些知识和能力；三是偏离了真正的教学和学习目标，使教学和学习的目标不是发展和提高用外语在国际事务中进行交际的能力，特别是发展超文化、跨学科交际能力，而是为了考试取得好的成绩。这显然需要我们改革测试的内容和方式，使其有利于发展学生的超文化、跨学科外语交际能力，提高学生的整体素质。

第四，由于学科的分割，外语教学主要注重语言知识和能力的培养，而很少注重学生整体人文素养的培养。这和我们一直强调外语专业的培养目标主要是听、说、读、写、译，包括一定的语言学和文学的知识，而没有把外语学习和整体人的发展联系起来有直接的关系。这在学生入学层次低、语言基本技能培养任务重的时期，如 20 世纪 80 年代，是可以理解的。但现在形势发生了很大变化，学生的入学层次大幅度提高，人文素养在人才培养中的比重越来越大，这就需要我们在规划与设计外语课程和教学模式时注重提高人文素养。

2.3 外语教育的发展目标

我国外语教育的发展目标的建立，要从适应新形势的发展和主动进取两个方面来考虑。从适应新形势的角度讲，21 世纪是一个充满激烈竞争的时代，其主要特点是知识经济化、经济全球化和社会信息化（李霄翔、杨豫，2005）。在全球化趋势日益加速和我国社会经济发展迅猛的背景下，外语教育的目的自然需要顺应时代进步的总趋势，主要表现在以下几个方面。

1）适应国际社会全球化迅速发展的需要。随着全球化迅猛发展，锁国闭门办外语教育的时代已经过去，随之而来的是外语教育必须建立在适应全球化发展的基础上。也就是说，外语教育的规划要具备全球化特点，应该立足于培养能够在国际事务和国际交流中发挥主导作用，能够在国际舞台上竞争的人才。

2）适应我国改革开放不断深入和现代化不断发展的需要。随着我国改革开放和现代化进程的不断深化，对外语人才的要求也在不断提高。他们不仅要能够讲外语、做翻译，而且要能够在国际交流中发挥重要作用，甚至是领导作用；要能够处理复杂的国际关系，调解由不同的文化和意识形态引起的各种冲突；还要能够在不同的专业领域和行业中发挥信息传播和交流的作用，在学科之间架起信息交流的"桥梁"。

3）适应学生本身的实际语言水平和他们未来个人发展的需要，把他们培养成为新时代具有广阔的国际视野，在国际舞台上掌握文化话语权和掌握现代科学技术的有竞争力的世界人。

4）适应英语作为国际通用语的地位，努力在全球交往和国际事务中占据主动。英语作为一种国际通用语的地位已经被广泛认同。据统计，全球讲英语的人口达 17 亿；全世界半数以上的科技书刊和译著都用英语作为载体；全球开设国际广播电台国家有 86 个，只有 8 个没有英语广播；互联网上 80% 以上的网页使用英文；学习者无论是申请到各类国外学校深造、参加国际交流，还是出国旅游、经商或者阅读原版文献、看原版影像资料等，均需要掌握英语（戴炜栋，2014）。这样，如果我们想在国际事务中掌握主动权，就需要很好地掌握英语这个国际交流的工具。

从主动进取的角度讲，经济实力不断增强，国际地位不断提高，参与国际重大事务和决策的机会越来越多，我们会面临越来越多的挑战。要想在这些挑战中取胜，最主要的是提升我们的综合国力，其中包括我们在国际事务中的话语交际能力，以及处理涉及语言问题的能力。

国际地位的提高和话语权的提升的一个重要标志是我们在国际交流活动、事务和组织中成为领导者，或者领导者之一。现在我们在国际事务组织中已经在很多领域成为领导者之一，这是我国的经济和综合实力使然，但在许多其他国际组织中，例如大多数国际学术组织中，我们还没有能够进入领导层。这一方面与我们的实际实力不足有关，因为自改革开放以来，我们一直处在追赶中；另一方面，也与我们的实际外语能力不足有关。因此，我国外语教育应主动服务于国家现代化发展的需要。

从这个角度讲，外语教育的主要目的除了提高听、说、读、写、译等语言技能以外，更重要的是引导和激励学生发展获取多种知识、了解多种文明成果的兴趣和能力，跨学科（及超学科）能力，提高学生的多维认知水平，帮助学生构建适应全球化环境的多重文化心理和跨文化交流的能力。

与此同时，中国的语言和文化与外语教育不是对立的，而是相辅相成的。一个真正具备国际视野和超学科、超文化交际能力的人，必然是一个既能够把中国的语言和文化融会贯通、深入骨髓，又精通西方文明，能够将两者融合，消弭裂痕和冲突，在国际交流中显示优秀的中国文化，推广和传播优秀的中华文明的使者。他是中国文化的代表，而不是西方文化的代表，所以是有利于中国语言和文化的发展及传播的。

2.4 人才培养的规格

以上根据国际国内形势的发展，从全球化和现代化、实现中国梦等方面探讨了中国外语教育的发展目标。而外语教育的核心是培养什么样的人，以及这个人应该具备什么样的能力。所以，这里涉及整体人的培养，以及人的具体能力的培养。

从整体人的培养的角度讲，根据以上探讨可见，外语教育培养的人应该具有献身现代化事业的精神，具备扎实的专业科学知识、较高的语言应用能力，才能满足在全球化的背景下实现现代化所要求的沟通信息、传播和应用知识、创造物质和精神财富，并最终实现社会进步和发展的需要（李霄翔、杨豫，2005）。

根据系统功能语言学理论，外语教学的目标是发展学生的"意义潜势"（meaning potential）（Halliday，2008：46），即能够掌握目标语的所有意义系统，能够在一定的语境中选择合适的意义进行社会交际。具体到个人则是能够发展个体的意义系统或意义潜势，Bernstein 称其为"个库"（repertoire）（Martin，2012），即每一个个体的人所特有的意义潜势。

然而，实际上，中国人作为非本族语者学习外语总是和汉语、中国文化联系在一起。例如，英语作为国际通用语不是英美文化独占的语言，而是可以融合多种文化，也可以为某个语言社团如新加坡英语、印度英语所独占，明显表现出与英国英语和美国英语的不同。当它作为中国人的语言做国际通用语时，则它应该主要表现中国文化的特点。另外，他本人的身份不是一个英美人，他的文化、种族、社会表象不能完全像英美人，不然会失去个人身份；同时，也不会得到外语本族语者的身份，从而落在不伦不类的中间地带。

外语学习者比较合适的角色是一方面要发展好本族语文化，发展好中国语言文化的意义潜势；同时，在外语学习中也要发展外语的意义潜势，特别是在较低的层次，如语音、词汇、语法层次上，尽量向本族语的语言特点靠拢。而在较高的层次上，需要做到以下几个方面：（1）能够比较好地掌握外语的意义潜势，熟悉英美文化特点及其表达方式；（2）能够很好地把握中国文化的特点，发展好中国文化的意义潜势，并能够学会自如地用外语来表达中国文化；（3）能够在中国文化和西方文化之间架起一座"桥梁"，使自己成为双方沟通和交流的连接点，即建立起所谓"第三文化"(the third culture) (Kramsch，2009)；（4）能够在这个过程中，时刻认识到自己是中国文化的代表和使者，利用这个过程来维护、传播和交流优秀的中华文明。

这个模式可以由图 2.1 表示。

图 2.1　个库意义系统的组成模式

图 2.1 中的个体意义潜势就是所谓"第三文化"的主要组成部分。个库的意义系统由目标语意义系统和母语意义系统共同组成，所以它兼有两个文化的意义系统；两个实箭头表示两个意义系统都对个库意义系统提供资源，虚箭头 --▶ 表示，除此之外，母语意义系统还对学习者的个人身份认证、态度和目标产生作用。个库的词汇语法系统则主要由目标语组成，其中，也有一部分（由虚箭头⋯▶表示）表现母语文化特色的词汇语法特征会进入学习者的意义系统中（这不包括由于负迁移引起的用词和语法错误，即过渡语 [interlanguage]）。粗实箭头则表示个库的词汇语法系统和音系字系统主要由目标语的组成，特别是音系字系统全部是由目标语组成的。

这个模式显示了外语学习者的双语、双文化的优势，说明了他的身份定位和特性，同时也说明了个库意义系统的独特特点。即在上面的意义层，母语意义系统似乎占据更大的位置；而在下面层次上，目标语系统则占据主导地位。

按这种思路培养的人才应该具备以下多重身份。

1）中华文明的文化使者：能够在各种国际交流场合中交流和传播中华文化，

捍卫中国文化的精粹，同时也可以把目标语文化中的精粹引入中华文化中。

2）超文化交际者：能够自如地在多文化的国际环境中进行沟通和交流，自如地应付各种文化混合所引起的新情况、新局面。

3）文化连接者：能够把目标语文化和母语文化连接起来，特别是使目标语的本族语者理解和认识自己的母语文化，使双方能够交流，使两种文化能够对接。

4）文化冲突调解者：能够消除文化偏见和冲突，深刻认识两种文化的异同、优劣，找到合适的连接点，使交际冲突化解。

5）批评性评判者：具有比较敏锐的目光，能够从浩瀚的信息中鉴别优劣，判断是否有用，做出合适选择；能够比较清晰地判断政治观点、背后的交际目的等。

6）创新性实践者：有独立的思想和见解，有独创精神和创新意识，不墨守成规，能够根据新的形势、新的环境创造新的理论、思路、方法等。

整体的人是由具体的能力来体现的，所以，根据以上探讨，外语学习者应该发展的能力，包括以下八个类别。

1）外语交际能力。这里应该包括 Hymes（1972：282-286）所提出的几个具体的能力：（1）形式上符合语法（grammaticality），主要是外语的词汇语法系统；（2）心理、记忆上有可行性（feasibility）；（3）语境上有适切性（appropriateness），即在社会文化和语境上合适或可接受；（4）行动上做了合适的事，达到了预期的效果。

2）专业综合能力。一方面，外语学习者应该在掌握语言基本技能的基础上，掌握一定的专业知识，包括语言学、文学方面的知识；另一方面，外语学习者应该具备超专业能力，即掌握不同专业的共性特征，以利于为某个专业或不同专业服务（如做翻译等）。

3）跨专业能力。外语学习者应该精通一门专业，可以是外国语言文学专业，也可以是其他专业，如商务、经济、法律等，以利于将来在某个岗位上发挥更大的作用；另外，他还需要具备学科融合能力，利用多学科来完成共同的任务。外语学习者实际上更容易在超学科平台上发挥作用。

4）知识处理能力。在知识经济和知识爆炸的时代，外语学习者更易于获得知识；但如何获得有用的知识，剔除无用的、有害的知识，用知识来解决问题，并且创造新知识是外语学习者应该具备的主要能力之一。

5）文化综合能力。外语学习者实际上不仅要掌握母语文化和目标语文化，还要具备综合各种文化的能力，因为外语虽然以英美文化为主，但已经不代表一种文化，而是各种相关文化的综合。所以，他应该在掌握和融合中国文化和英美文化的同时，在多种文化中找到共性特征及相关的处理方式，具备超文化交际能力。也就是说，在外语学习者的个库中发展多元语言体系（plurilingualism），并进一步将其发展为多元文化体系（pluriculturalism）。"从这个角度看，语言教育的目的已经被深刻地修正，它再不是'掌握'一、二甚至三种语言，每一种都是孤立的、以'理想的 NS'作为最终目标的模型；而是发展一个所有语言能力都包括在其中的语言库（linguistic repertory）"（桂诗春，2015）。

6）新媒体多模态操作能力。能够适应新科技、网络化、多模态化的时代特点，一方面能够运用现代新媒体技术进行有效交际，同时能够掌握各种模态的表意优势和特点，有效运用多模态进行交流和交际。

7）批评反思能力。外语学习者应该坚持终生学习，具备批评判断能力和自我反思能力，对于信息、观点和情感做出合适的判断和选择，适应不断变化的形势，并且能够根据新的需要不断创新，适应社会的发展。

8）社会交往能力。人是社会的人，在人与人的交际中才能成为真正的社会人。而要成为一个社会人，首先要遵守社会道德标准和社会规范，遵纪守法；要有强烈的责任感，勇于承担社会责任，为社会的健康发展做出自己应有的贡献；政治上要有自己的思想和见解，寻求政治上的正确性；要有团队合作精神，具备团队合作的能力，特别是能够发展团队领导能力、独立决策能力等。

2.5 发展的思路和策略

2.5.1 科学规划

根据我国外语教育的现状和以上培养目标，如何才能培养出我国的现代化建设所需要的人才呢？笔者认为，首先应该深刻认识我国外语教育的特点，精心研究，科学规划，组织实施。如上所述，我国的外语教育已经取得了突出的成就，但在外语教育理论建设上、教学方法上、实施过程中仍然存在一些突出的问题。同时，在外语教育的定位上，我们要清醒地认识到，我国的外语教育不是第一语言教育，也不是第二语言教育，而是没有本族语交际环境的外语教育，缺乏对语言学习十分关键的大量输入和合适的输出环境，缺乏实际运用外语的自然条件。在这种情况下，如何运用西方舶来的教育理念、教育理论和教学方法来服务我们的外语教学，需要我们认真研究它们的适用度，研究如何对它们进行改造，才能用于我国的外语教学中。

因此，我们需要根据我国外语教育的环境和存在的不足来认真探讨，如何规划我们的外语教育才能达到以上提出的外语教育目标。也就是说，我们需要认真探讨，在缺乏自然语言运用环境的条件下，我们需要发展什么样的教育理论、教育理念，进而发展相应的教学方法、创设合适的教育环境来提高我国外语教育的水平和质量。例如，交际教学法在外语作为第一语言和第二语言的环境中是很有效的，但在我国目标语作为外语的环境中，我们首先需要确定是否需要对它进行改造，使学生不是在知其然，但不知其所以然的情况下就通过语言交际提高水平，而是在知其然，也知其所以然的情况下进行交际训练。这主要是因为，在没有自然语言环境的情况下，学生可以通过自我意识、自我控制，通过一定的知识来避免或减少错误。

另外，外语水平的测试如何设计才能避免考试与学习内容和培养的能力脱节，出现学生只集中学习考试内容的现象。我们是否可借鉴一些西方的考试方法，如雅思（IELTS）的考试方法，或者经过改造，增加一些中国特色的内容可以改善现状。针对在外语教学中增加人文素养内容的问题，则需要进行培养目标、培养方式、课程设置、教学过程等全方位的改革。

与此同时，对于科学规划来说，它不仅是力图解决眼前存在的问题，而且是根据国家现代化进程发展的需要规划新的目标，在解决现存问题的前提下，提出总体的发展计划和方案。

2.5.2 精心实施

在科学规划的前提下，笔者认为可以从以下几个方面进行改革，为实现培养目标打好基础。

2.5.2.1 外语教育学科化

外语教育应该由培养技能为主向学科性发展（王守仁，2001）。在改革开放的初期，由于很多中小学没有开设外语，或者开设的时间短，教师水平低，很多中小学教师培训几个月就上岗教外语，所以高校外语专业学生入学水平低。这样，大学仍然以培养学生的基本技能为主，外语学习似乎就是学习听、说、读、写、译，失去了外语语言文学作为一个学科存在的特性。但随着外语教育的大发展，经过40多年的努力，中小学都开设了外语课，学生的入学层次大幅度提高，在中学阶段很多学生都已经具备了比较强的听、说、读、写、译能力，外语教育不再局限于培养基本技能，而是需要向专业化、学科化、人文化发展。

从专业化的角度讲，学生不仅要掌握听、说、读、写、译的基本技能，还必须精通某个专业的知识，包括语言学、文学，以及商务、经济、法律等。从学科化的角度讲，外语专业要真正办得像一个学科，也就是说，学生一定要学好语言学、文学等学科知识。同时，学生要根据学科培养的要求发展人文情怀，提高人文素养。学生的基本能力可以向多元化、素质化发展。

2.5.2.2 外语教育的工具性

把外语教育学科化，强化外语的学科性，实际上并没有弱化外语的工具性，而是在更高的层次上强化了外语的工具性，因为外语的工具性需要外语的学科性来提高它的层次，使它适应新的形势。也就是说，中国的现代化需要提高使用工具的人的素质，包括他的人文素养、学科知识水平、国际化视野等。

从这个角度讲，处理好外语工具性和学科性的关系是一个关键问题。在目前的形势下，外语的工具性宜于在外语专业教育的前期达到基本要求，如在层次较高的院校在第一年达到基本要求，而在一些普通院校，则可以在第二年达到基本要求。在其后的时间里，宜于继续提高外语水平，并且用于实践，同时，更重要的是正式进入学科性，提高学科水平和人文素养。

达到什么水平才算外语的工具性过关呢？这显然需要一个规范，即要建立一个考核标准，达到了就可以说是达到了要求，符合了规范。以什么作为规范？如上所述，我国被划在英语的扩展环之内，所以很难自己建立规范，需要借助内环的标准进行。另外，英语作为世界通用语，它本身是由许多不同的变体组成，适用于不同的地域，如美国、澳大利亚、加拿大、印度、新加坡等。这样，处于内环中心的英国英语或美国英语更加适合于作为规范，"比一个历史上复杂而又受多种语言影响的变体（如印度英语）要好。这个规范较符合我国实际"（桂诗春，2015）。

但也不应该完全照搬英国英语或美国英语的所有规范。在意义层面，在涉及文化和语境的层次，则需要在学习英美文化的同时，不要忘记把它们与中国文化对接，确定自己的身份、定位和立场，寻找连接两种文化，或者说中国文化与多种文化的融合点，建立起自己的"第三文化"，寻求履行好自己的角色。在词汇语法层面，需要主要以英美英语的词汇语法作为规范，但同时要注意有中国文化特色的意义的表达方式，以此作为中国英语的基本特色表征。而在音系层面，则需要完全借鉴英美英语的规范。

2.5.2.3 师资队伍建设

外语教育需要教师来实施，所以需要很强的师资力量。师资队伍建设一方面可以通过培养或引进高学历、高层次的人才进行，另一方面，要发挥他们的作用也需要通过教师教育培训来获得。这里主要强调后者。要教好外语，达到我们上面描述的目标，需要教师本人的专业水平和教学能力达到较高标准，并且能够选择合适的角色和教学方法。对于中国的外语教育来说，教师既需要自己有很高的外语水平，掌握本学科的知识和基本能力，具备相当高的人文素养，又要能够扮演好自己的角色。其中，教师应具备的双语言、双文化、双思维，甚至双生命方式是每个外语教师应该达到的基本标准。Seidlhofer（1999）提出的四个双标准基本上描述了这种要求。这四双分别是：双代理（double agents）、双语式（double talk）、双思考（double think）、双生命（double life）（桂诗春，2015）。

双代理指非外语本族语教师既熟悉自己本民族的语言和文化，和学生具有相同的本族语，也了解目标语的语言和文化。这样，教师可充分发挥了解自己学生的需要、学习策略和语言使用特点的优势，有针对性地进行教学设计和活动。例如，在使用外语原版教材时碰到一些文化冲突，他们可以根据自己的理解和思路，以及懂得目标语文化的优势把冲突化解掉。这样，他们既是另一种语言和文化的促进者，又是传统文化视阈下受人尊敬的导师。

双语式指教师一方面要教授"真实的"外语，另一方面又必须运用适当的教学话语来使学习者的学习过程做到真实，帮助学习者在课堂上学到"真实的"语言，应用于实际环境。这样，他一方面需要熟练掌握目标语及其文化，另一方面他也需要熟练地掌握教学的理论、策略和方法，能够设计合适语境来使学生学到在实际语境中运用的语言。也就是说，他需要既是一个能讲近似外语本族语的人，也是外语教育教学的专家。他要时刻注意这两种语式的不同，把自己讲好和使学生讲好平衡起来。

双思考指教师需要思考外语教学的两个方面：教什么和如何教。一方面，把外语作为一门外语和把外语作为第一语言根本不同，因此教师必须具有协调两者的双思考，在语言／语用能力和教学能力之间取得平衡；另一方面，现代科技和网络的发展，以及全球化的深化也使以前一些标准和界限分明的区别发生了变化。从教什么的角度讲，语料库语言学的发展使我们发现，以前作为标准和规则的东西通过语料库检验并不正确，如何教学生要做出选择；另外，是把标准英式或美式英语作为标准，还是把语境所需要的英语变体作为标准，需要教师做出决定，或者协调好两者的关系，这就包括我们上面谈到的外语学习者的个库的双文化和"第三文化"的问题。从如何教的角度讲，现代科技使教学方式和方法发生了翻天覆地的变化，多模态教学、慕课、翻转课堂等新方法不断出现。如何组织教学才能达到最佳效果，也需要教师做出合适的选择。

双生命指教师一方面自己要学好外语，尽量达到本族语者的水平，并教学生这样学，另一方面还要注意自己的本族语和目标语的不同，认识外语的"外性"表现在哪里，从而可以使学生通过本族语更快地学习外语。从前者的角度讲，教师可以不考虑母语和目标语的区别，直接参与目标语的交际，尽量接近目标语。但从后者的角度讲，他需要通过翻译、对比等手段帮助学生认识母语和目标语的不同；通过抄写、记忆、重复等最不时髦的手段来帮助学生记忆目标语的词汇语法特点。外语教师需要在这两种角色和生活中找到平衡，既要认识自己和学生的现状，根据具体情况安排和设计教学活动，也要尽力让学生学到尽可能接近内圈核心区域的外语。

2.5.2.4 课程与教学

课程设置：正规外语教育需要通过课程来进行，因此课程设置要适应新形势的需要，重新进行设计和布局。语言教育可以通过两种思路进行：一是语言驱动的，根据语言项目的难易程度和系统特征来安排教学顺序，使语言基础越来越深厚；二是内容驱动的，由学习内容来提高外语水平，即在学习百科知识或专业学科知识的同时学习外语。但实际上，外语教学总是两者的结合。在外语学习的初级阶段，前者占主导地位；而在外语学习的高级阶段，则是在学习学科知识和发展专业能力的同时学习外语，此阶段的外语即谓学术外语。

开放课堂：参考新伦敦小组的多元读写能力培养模式，建立"实践－讲授－反思－应用（创新）"一体化的教学模式。中国的外语学习者倾向于把语言作为知识学习，所以习惯于积累大量知识，而不能将其运用于实践中。建立这个新模式可以从归纳或者演绎两个角度进行实践：或者首先进行实践，然后处理实践中得来的知识；或者首先进行概括、反思、理论化，然后再进行实践创新。具体的教学过程可以描述为：在课前或课堂的实践阶段给学生设定题目，提出问题，布置任务，让学生通过实践应用知识，解决问题，同时提出问题。在讲授阶段，教师一方面给学生讲他们自己不容易学会的东西，包括高层次的知识、元语言知识、学科知识等，同时解答学生提出的疑难问题，并引导学生通过讨论、小组活动来提高认识，通过反思与批评认识事物的本质，将它们变成规律和规则。最后，再把这些知识应用到实践中去，用于实现交际目的，创造新的知识和价值。

学习自主化：利用现代技术和网络辅助课堂教学，例如用 PPT 创设真实的语言交际环境来使学生在真实的环境中进行实践。或者建立自主化学习平台，例如网上提供资源、要学习的语言和专业知识，让学生自学，教师进行课堂答疑。

多维评价：评价方式很容易成为教学和学习的指挥棒，因此评价方式的选择需要认真研究。一般来讲，评价的次数越少，评价模式越单一和固定，它就越容易成为教学和学习的指挥棒。这就需要增加评价的次数和评价项目的多样性，尽量使它与学习的目标相一致。这样，多维性评价会收到好的效果。据此，评价需要针对不同的学科知识和技能，即评价不同内容。此外，还需要对学习过程中取得的进步做出评价，以阶段性学习目标为主，属于过程性评价，评价内容包括学生的课堂表现、研究项目、课外自主学习等三项内容，可以将教师评价与学生互评相结合。课程结束后，要进行最终的期末或年末考试。为了杜绝考试成为指挥棒，则需要采用期末考试与平时小型评价相结合的方式。

2.6 小结

综上所述，中国外语教育已经取得了引人注目的成就，外语人才不足的局面也得到了实质性的改变。同时，我们也要清醒地认识到，中国外语教育还存在一些需要解决的问题。(1)中国外语教育需要继续发展。虽然现在急需的应用型外语人才已经不再缺乏，但英语已经成为世界通用语，全球化和中国地位的上升需要更多的国际化、跨文化交际人才。(2)中国外语教育需要继续改革。虽然全球化和中国国际地位的提高需要更多的高层次外语人才，但这些人才的类型和规格发生了很大的变化；现在需要的是高层次、专业化、国际化、高素质人才，需要改革培养目标、培养方式和培养过程来达到目标。(3)中国外语教育需要认真规划。通过认真规划解决在数量和层次上盲目发展，培养模式不符合人才需求的问题，以及教学理念、教学理论和方法达不到要求的问题。(4)中国外语教育需要认真实施。有了思路、定了规划就要按照计划组织实施，不要只停留在纸面上和口头上，而要落实到行动上，用实际行动来完成它。中国外语教育的前途是光明的。

第二部分 多元能力研究

第三章 我国外语专业本科生多元能力结构

3.1 引言

随着全球化深入发展与科技进步日新月异，高校培养的学生需要具备掌握最新科学技术，并适应不断变化的新形势的能力。同时，人类社会变得越来越多元化、多样化，多民族、多国籍、多层次、多区域相互交际的现象越来越普遍，高校培养的学生要能够适应这种变化，发展跨文化交际能力和应变能力。另外，全球社会、经济、环境等问题已经远远超越了一个国家、民族、团体的边际，形成相互融合、渗透、影响的局面，高校培养的学生一定要具备国际视野，以及进行国际合作的能力。这些变化都直接融入和渗透到我国的教育体系中，对我国教育事业的发展产生了直接的影响。

如前所述，我国的外语教育经过改革开放后40多年的发展有了很大的变化。首先，中学外语教育逐步趋于完整、正规化，教育水平不断提高，这样就直接导致高校外语专业，特别是英语专业学生的入学层次大幅度提高，听、说、读、写、译等技能的培养压力大幅度降低，人才培养向高级专业化、人文素养、能力扩展等方面发展。其次，外语专业，特别是英语专业毕业生的就业压力越来越大。随着各个非英语专业毕业生英语水平的大幅度提高，以英语技能为基础的英语专业人才的需求量大幅度下降，社会更倾向于需要既英语水平高，又掌握一门或多门其他专业，具有多元能力的人才，要求他们具有跨文化交际能力，能够自如地和相关国家的人员进行交流，有凝聚力、团队精神和领导能力。

面对国际国内的新形势向我们提出的挑战，我们需要认真考虑我们将来培养的外语人才需要具备什么样的能力，以及这个能力的性质和特点。本章重点探讨能力与多元能力，以及我国外语专业本科生应具备的多元能力。

3.2 能力及多元能力研究

一般来讲，能力是指完成目标或者任务所体现出来的特质。对于相同的任务，人们可以表现出不同的特质，以不同的方式、速度完成；也就是说，人们具有不同的能力。能力除了有大小之分外，还有不同的类型，表现在不同的方面，处在不同的层次。在英语中，有许多词都可以在汉语中译为"能力"，如 ability、competence（competency）、capacity、aptitude、talent、proficiency、skill 等。其中，ability 是最中性的表达能力的术语，是人天生的，或习得的可成功完成任务或工作所具备的特质。根据 Chomsky 的观点，competence 是指本族语者的大脑中有关母语的静态的知识（Llurda，2000）；而在其他用法中，如在社会语言学和应用语言学中，则指一个人在更广泛的语境中完成某些任务所表现出来的特性。所以，它包括一系列具体的能力（abilities），如在 communicative competence 中，则指用语言在社会语境中进行交际的能力（Hymes，1972）。而 competency 是这些能力之一，是一个范围小、与具体标准相联系的能力（Morris et al.，2013）。capacity 也是更加具体的 ability，是可以从质和量上进行衡量的具体能力。aptitude 则是在某个领域或学科中的学习能力，是可以通过测试衡量的。proficiency 是根据标准衡量得出的能力，Llurda（2000）还把它与 competence 相对应，指可以把语言知识应用于实践的技能。talent 是一种在某个领域的超强能力。skill 则是一种具体的操作能力，一种技巧。它们之间的关系可以由表 3.1 表示。

表 3.1 能力类型

	总体	具体	个体
普通	competence	ability	capacity
		competency	
专业	aptitude/proficiency		
技能	skill		

语言学领域对能力的研究，参见本书 1.1 小节，此处不再赘述。

随着数字通信技术迅速发展，人们的交际空间从现实的物质世界扩展到虚拟的网络平台。交际不再仅由语言完成，还可运用图片、声音、视频等交际媒体进行。literacy 传统上指书面语的读写能力，是"有文化"的标志。但随着计算机网络和数字技术的发展，literacy 被赋予了新的意义，指"学生在各种题材领域提出问题、解决问题和解释问题时有效地进行分析、推理和交际的能力"（Rychen & Salganik，2005）（见图 3.1）。这就为多元读写能力的提出奠定了基础。

交际媒体的变化正在影响着读写能力本质的变化。新伦敦小组在探讨多元读写能力教学大纲时认为，意义生成的模态包括语言、视觉、声音、空间、手势语以及综合运用前五种模态的多模态。尽管读和写仍是课堂学习的主要模态，但其他模态在教学中的作用越来越大（Jewitt，2005；Kress & van Leeuwen，2001；Kress et al.，2005）。Thwaites（2003：14-29）认为，文科学生应该发展文化、历史、科学、媒体、政治、批评、经济等多种读写能力。张德禄、刘睿（2014）则提出，中国的外语人才除了应该具备上面 Thwaites 所提到的文科生应该具备的能力外，还需要具备良好的跨文化、跨语言读写能力，很好的社会和道德读写能力、组织和领导能力。新时期外语专业大学生应该具备的多元读写能力可由表 3.2 表示。

表 3.2 新时期中国大学生多元读写能力模式（张德禄、刘睿，2014）

能力类型	素质		专业			技术		操作	
多元读写能力	道德读写能力	社会交往读写能力	创新改革读写能力	语言和非语言读写能力	跨语言、跨文化读写能力	媒体技术读写能力	模态模式读写能力	选择和搜索能力	组织和领导能力

其中，多元读写能力中的核心能力是媒体技术读写能力、模态模式读写能力、选择和搜索能力。其他能力与语言交际能力和整体素质的提高是融为一体的。

Strijbos 等（2015）通过对已有研究的综述，研究了本科生应该掌握的基本能力。他们从 889 篇相关论文中选出 216 篇最相关的，从中剔除 35 篇不合格的，然后用此 181 篇论文对本科生应该具备的能力类型进行研究。他们认为本科生需要掌握一定的知识、技能和能力，并从许多具体能力中筛选出 10

种本科生应该掌握的关键通识能力：交际能力（communication），创新能力（creativity）、批评反思能力（critical reflection）、思辨能力（thinking skills）、信息处理能力（information processing）、领导能力（leadership）、终生学习能力（lifelong learning）、解决问题能力（problem solving）、社会承责能力（social responsibility）和团队合作能力（teamwork），分为三组。在同一组内，不同能力可以存在不同程度的相互交叠现象（在图中由虚线连接表示），但在组与组之间交叠现象很少。它们之间的关系可由图 3.1 表示。

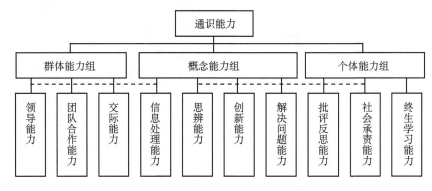

图 3.1 能力组及其之间的关系

每一种能力都有其自身的标准点、核心成分和特性标记。例如，领导能力的标准点是：个人功效、建立人际功效、启动变化。标准点和核心成分是对每一种能力进行衡量的标准，即对于每一种能力都需要研究它的标准点和核心成分是什么，以及每个标准点和核心成分的高度或价值是什么。这为衡量某种能力的范围、核心成分和大小提供了标准（见图 3.2）。

在本科生整体能力和专业能力的关系上，Berestneva 等（2015）提出了如图 3.3 的模式。从此模式可见，本科生应共有的能力占据主要部分，其专业能力只是其中的一个部分。其他的都与以上研究的能力相似。

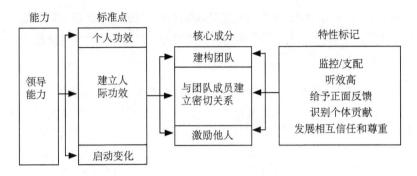

图 3.2 确定领导能力的标准点、核心成分和特性标记（Strijbos et al., 2015）

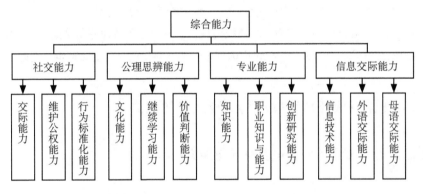

图 3.3 本科生综合能力（Berestneva et al., 2015）

通过以上研究可见，外语专业本科生的能力可主要由三个部分组成：（1）与语言相关的能力，包括 Hymes 的交际能力和 Cook 的多能力；（2）由现代科技的发展、形势的变化所引起的应培养的新能力；（3）普通本科生应该具备的除以上能力之外的通识能力。具体可由图 3.4 表示。

语言	交际能力		语法（语言知识）能力	话语能力	社会语言学能力	交际策略能力		
	多能力		双语言知识能力	双语思维能力		跨/超文化交际能力		

技术	媒体技术读写能力		模态模式读写能力	转换创新能力		适应能力		

普通	社会交际能力	创新能力	批评反思能力	职业知识与能力	信息处理能力	解决问题能力	循德守法能力	团队合作能力	领导能力	终生学习能力	社会承责能力

图 3.4 当代外语专业本科生应具备的能力组

以上三个类别的能力组可以通过归纳和合并，组成六个宏观层面的高层能力：交际能力、知识能力、思维能力、操作能力、职业能力和综合能力，包括 19 种具体的中层能力（见表 3.3）。

表 3.3 根据已有研究总结出的英语专业本科生能力结构

交际能力			知识能力			思维能力			操作能力			职业能力			综合能力			
社会交际能力	跨文化交际能力	交际策略能力	双语知识能力	话语构建能力	职业知识能力	双语思维能力	批评反思能力	转换创新能力	口头书面表达能力	媒体模态操作能力	解决问题能力	团队合作能力	终生学习能力	信息处理能力	循德守法能力	社会承责能力	领导能力	适应能力

以上研究从国际到国内、从传统到现代、从专业到普通等角度探讨了大学生应该具备的能力，为我们探讨中国外语专业本科生的多元能力奠定了基础。

3.3 我国当代外语专业本科生应具备的能力

3.3.1 外语专业本科生培养目标与能力结构

从我国的英语专业本科生教育来看，《高等学校英语专业英语教学大纲》（以下简称《大纲》）规定英语专业本科生的培养目标是："具有扎实的语言基本功、宽广的知识面、一定的相关专业知识、较强的能力和较高的素质"（高等学校外语专业教学指导委员会英语组，2000）。根据《大纲》对培养目标的描述，可以得出表 3.4 中的英语专业本科生能力。

表 3.4 英语专业英语教学大纲（2000）培养目标及相关能力

培养目标	扎实的语言基本功				宽广的知识面		复合专业知识		知识处理				综合素养			
能力	语言知识能力	话语构建能力	社会交往能力	交际策略能力	跨/超专业能力	文化综合能力	非英语专业能力	学科融合能力	获取知识能力	应用知识能力	解决问题能力	知识创新能力	循德守法能力	跨文化交际能力	批评反思能力	政治正确能力

1）扎实的语言基本功具体到英语专业则是外语的交际能力。根据 Hymes（1972）的交际能力理论，它包括语法和语言知识能力，运用语言知识构建话语的能力，在社会交际中运用话语的能力，以及为提高交际效率而采用相应的交际策略的能力。

2）宽广的知识面表示应该具备语言知识和专业知识以外的相关知识，包括外语专业本科生必需的英语文化和跨文化综合能力，以及跨专业能力。

3）复合专业知识是扩展学生的专业能力，包括某个或几个非英语专业的能力，以及把不同学科融会贯通的能力。

4）知识处理能力对于新时期的大学生特别重要。他们需要具备在网络传播的浩瀚知识中选择、评价、应用和创新的能力，包括获取知识的能力、应用知识的能力、用知识解决实际问题的能力和根据需要创造新知识的能力。

5）综合素养是在知识和专业之外大学生还应该具备的能力，是做一个守法、有道德、有水平的合格好公民所具备的能力，包括循德守法、批评反思、政治正确、跨文化交际等能力。显然，这些能力不是由外语专业的教师独立来培养的，但外语教师也应该把培养这些能力融入专业教学中。

另外，随着现代技术的发展，社会的多元化和全球化的发展，以上能力已经不能完全适应新形势的变化，人才的培养需要达到高端化、多元化和技术化的水平。

从高端化的角度讲，学生将来要能够在国际事务和活动中起主导作用，学术上要达到一流，不仅可以自如地与国际学术界对话，还要有主导国际交流的能力，同时要掌握国际交际规则，在国际事务中有组织领导能力。从多元化的角度讲，学生要具备全球化能力和超文化交际能力，即能够认识各种不同文化的规则和特点，并能在文化之间找到很好的结合点，进行跨文化交际，处理文化间的冲突和矛盾。从技术化的角度讲，学生要具备操作和使用新媒体的能力，能够用新媒体创作语篇，还能够识别、解读和选择模态，自如地创造和解读多模态语篇。

我们的英语专业本科生的能力既要根据《大纲》规定的目标，同时也要参考国际前沿的研究来制定。把我们的教学目标和时代的发展所需要的能力与国际前沿的研究成果相比较，就可以得出我国英语专业本科生应该具备的能力。然后，再探讨这些能力的基本特征，以及实现它们的具体操作技能。

哈佛大学前校长 Bok（2006）提出了哈佛的八大培养目标，即：交际能力（the ability to communicate）、批评思辨（critical thinking）、道德鉴别（moral reasoning）、公民承责（preparing citizens）、多元化生活（living with diversity）、全球化生存（living in a more global society）、广泛兴趣（a breadth of interest）和就业准备（preparing for work）。这八大培养目标可以具化为相关的能力（见表3.5）。每一种能力都包含一系列表现它的特征，用以确定是否属于这个能力。

表 3.5 Bok (2006) 提出的八大培养目标及相关能力

培养目标	交际能力		批评思辨		道德鉴别		公民承责		多元化生活		全球化生存		广泛兴趣		就业准备		
能力	社会交际能力	跨文化交际能力	批评能力	创新能力	道德辨别能力	维护道德能力	公民责任能力	公民维权能力	适应能力	解决问题能力	多语交际能力	全球能力	开拓能力	发展新兴兴趣能力	技术能力	模态设计能力	实施操作能力

与 Bok 的培养目标相比，《大纲》的培养目标缺乏公民承责、就业准备和在全球化、多元化的社会中生活的能力。

与当前国际通用的本科生应具备的通识能力（见图 3.1）相比，表 3.4 所示的我国英语专业本科生能力缺少四项：领导能力、终生学习能力、社会承责能力和团队合作能力；它们是我国的学生走向世界、融入世界所必需的能力，所以应该加入我国外语专业本科生能力结构中。同时，本能力组中的"语言知识能力"包括"双语知识能力"。

外语专业本科生需要培养的能力根据培养目标确定。形势的变化引发培养目标的变化，进而引发培养能力的变化。因此，在研究制定外语专业本科生应该具备的能力结构时，还须结合经济全球化、我国在国际事务中的地位不断提升等综合因素，考虑我国当前及将来的人才需求、人才特质以及外语专业本科生在教育、就业方面面临的挑战。

除了上述《大纲》规定的五方面能力，外语专业人才培养的规格须达到高端化和多元化水平。从高端化角度讲，学生将来要能够在国际事务和活动中起主导作用，学术水平要达到一流，不仅能够自如地与国际学术界对话，还要掌握国际交际规则，在国际事务中展现组织领导能力。从多元化角度讲，学生要具备全球化能力及超文化交际能力，即能够认识不同文化的规则和特质，并能找到不同文化之间最佳结合点进行跨文化交际，处理文化冲突和矛盾。

随着科技和传播媒体的发展，学生还须具备操作和使用新媒体的能力、创作和解读新媒体语篇的能力，并具备识别、选择、使用模态及多模态语篇的能力。

全球化、多元化、网络化和大数据时代要求学生发展批评反思能力，即适应不断变化的新形势的能力、辨别信息资料精华和糟粕的能力、在复杂情境中做出正确选择的能力，以及 Strijbos 等（2015）提出的终生学习能力。

由此，我们最终确定了外语专业本科生应该具备的多元能力，分为高层能力和中层能力两个层级，各项能力如表 3.6 所示。其中，跨专业能力、文化综合能力、社会交往能力等外语专业教师并不能独立培养，但他们也应把这些能力的培养融入专业教学中。

表 3.6 外语专业本科生培养目标及相关能力模式

高层能力	外语交际能力					专业综合能力	跨专业能力			知识处理能力				文化综合能力		媒体模态操作能力		批评反思能力					社会交往能力				
中层能力	（双）语言知识能力	话语构建能力	社会交往能力	交际策略能力	跨文化交际能力	超专业能力	相关知识能力	非外语专业能力	学科融合能力	获取知识能力	应用知识能力	解决问题能力	知识创新能力	全球化能力	超文化交际能力	新媒体读写能力	模态设计能力	信息搜索选择能力	批评性思维能力	正确选择能力	适应能力	终生学习能力	政治正确能力	循德守法能力	社会承责能力	领导能力	团队合作能力

表 3.6 中的每一种能力都表示在一定方面和范围内具有实现目标和完成任务的潜力，因此它由一组特征或标准点组成。例如，根据 Strijbos 等（2015）的观点，领导能力主要由三个基本标准点组成：个人功效、建立人际功效、启动变化。同时，这些特征可以被不同的相关能力所共有，从而形成能力之间的交叠现象（见图 3.5）。

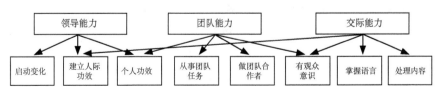

图 3.5 能力与其标准点之间的关系

同时，每一种能力都需要由一至多项具体的技能或能力来体现。例如，领导能力需要具有组织团队能力、凝聚团队成员能力和激发他人能力。每种能力都具有哪些特征，都由哪些具体技能体现，以及能力之间的依赖、重叠、先后等关系如何确定，还需要进一步探讨。

3.3.2 能力结构的分类视角

首先，从不同的角度进行分类会得出不同的结果。单纯从专业教育的培养目标角度讲，要培养的关键能力数量要少，能力单一性强，如听说读写译的技能只注重英语技能的培养，即使是包括专业知识和创新能力，也局限于语言能力的范畴。但如果从本科毕业生要在将来的国家建设中发挥作用，做栋梁之材的角度讲，则所培养的能力的范围将会大幅度增加。本研究采用后者的视角，因为这更符合我国英语专业本科生培养目标的实际。

其次，对于某个专业的学生，要培养的能力应该有核心和外围之分，大小之分，以及宏观微观之分。从核心和外围的角度讲，培养的重点显然是核心能力，包括专业能力，以及根据社会的需求所确定的关键能力。从大小的角度讲，对于每种能力，应该制定一定的标准，说明达到什么高度才算是合格的能力（这一点暂不在本研究的范围之内）。从宏观和微观的角度讲，宏观能力是必须认识的，而微观能力则需要根据理论和实际的需要决定取舍。

最后，在对能力分类时，要考虑标准的一致性，主要包括以下几个方面。(1) 要有区别性：虽然能力之间可以共享一些特征，但是它们必须有至少一个特征是不共享的，一般多于一个，甚至没有共享特征。(2) 要大致在同一个层次上：它们是在同一个抽象层上定义的、意义特别相近的能力，相互之间不能有包含关系。(3) 能力的范围是可以控制的：不能无限大，无法定义。

从以上几个方面来衡量，本研究所确定的能力类型都基本符合标准。它们是基于培养目标确定的，而培养目标则是基于对国际国内形势和要求的分析确定的；所确定的能力虽然相互之间的距离不同，但都具有区别性，大致处在相同的层次上，其范围是可以确定的。对于每种能力的标准点、核心成分以及大小的衡量，则需要做进一步的研究。

3.4 外语专业本科生多元能力培养构想

认识外语专业本科生应具备的能力结构，是人才培养最初级、最基本的一个步骤。更重要的问题是如何培养这些能力，特别是如何在外语教学过程中不仅培养外语专业能力，而且培养其他相关能力。

3.4.1 教学内容

虽然从外语专业本科生成才的角度讲，新媒体和模态设计能力、批评反思能力、社会交往能力等将起到决定性作用，但是从外语专业的角度讲，首要的还是培养好本专业的核心能力，包括专业能力、跨学科能力、跨/超文化交际能力等。这些能力是外语专业需要直接培养的能力，也是其他能力能够发挥作用的基础。也就是说，在培养核心能力的基础上，需要间接培养其他能力，将两大类能力的培养融为一体，而不能将它们割裂开来分别培养（学校为了培养学生的整体素质而开设的课程或开展的各种活动除外）。据此，应采用综合教学设计方案。在设计整个教学程序过程中，要突出所教授的知识和培养的能力，同时兼顾其他相关能力。例如，在教授语言技能课时，教师要设计一些跨文化交际的实践活动、解决外语专业领域或相关专业领域实际问题的实践活动、多模态交际活动、小组和多人合作活动，提出一些有深度的问题让学生思考和讨论，并在知识、程序、方法等方面给予学生引导、明示和启发。

3.4.2 教学模式和评价

目前流行的任务教学法、协商教学法等将在教学中起到重要作用，但在此我们着重推荐新伦敦小组提出的设计学习和培养多元读写能力的教学模式。

新伦敦小组把任何制造意义的过程都视为设计行为，学生通过设计进行学习。设计包含三个部分：（1）已有资源，即"可用设计"，是可选择的符号资源和常规，如话语形式、体裁和方言；（2）设计过程，即将符号资源转变成学生自己的声音，将老材料用作新用途等，读和听、写和说是设计的实例，每个学生可根据各自的兴趣和经验，将读到和听到的材料转化成意义；（3）再设计，即由设计过程产生的资源或重新产生的意义又可成为一种新的可用设计，是具有制造意义潜力的新的资源。这个设计过程是循环上升的过程，学生通过新旧资源的使用不断丰富知识，通过实践不断提高能力。

新伦敦小组提倡的教学模式包含四个模块：（1）实景实践，教师指导学生在实际语境中进行实践；（2）明确教授，教师传授学生相关知识，特别是学生自己掌握不了的知识和元语言，并提供指导；（3）批评框定（思辨），学生掌握和社会、历史、政治、思想等相关的知识，重新把知识陌生化，变成客观的知识；（4）转换实践，学生将在实践、教师讲授和自我反思中得到的知识用于实践，解决自己的问题。四个模块组成一个循环圈：实景实践→明确教授→批评框定→转换实践→实景实践，也可改变具体顺序以适应不同教学需要。这个教学模式和设计学习相互配合使用，通过讲授、实践和反思将旧知识用作新用途，学习新知识，然后又将知识创造性地应用于新的实践。尤其重要的是，这个模式避免了以往教学法只注重和强调一种或少数几种能力而忽略其他能力的问题，拓宽了知识和实践范围，改变了知识学习和实践的方式，为外语专业本科生的各种能力培养提供了有效途径。

就能力评价而言，需要制定合适的标准。具体可根据 Strijbos 等（2015）提出的方法，为每一种能力制定相关的标准点和核心成分。标准点是不可或缺的能力特征，表示在哪些方面表现出这种能力；而核心成分则表示它们是这种能力最关键的组成部分。此外，还须指定另一个标准，即能力大小检测标准。这个标准的制定看起来简单，但实际上涉及复杂的过程，需要借助一系列测试程序才能确定。

3.5 小结

本章首先依据的是国际国内环境的变化，特别是全球化和科技化的发展对本科生能力的需求，以 Cook 的多能力理论和 Hymes 的交际能力理论为基础来探讨能力的意义和结构问题。研究的基本思路是：全球化、科技化和多元化的发展，以及国内英语教学形势和学生就业形势的变化，急需我们重新思考我们的外语专业本科生的培养目标。根据新的培养目标，我们需要重新考虑我国的外语专业本科生的能力。我们培养的外语专业本科生的能力一方面需要和国际接轨，另一方面还要突出我国外语专业的特色，因此，在探讨国际二语学习者应该具备的能力的同时，还要探讨在中国的环境下，外语专业本科生应该具备的能力。同时，外语专业本科生应该具备所有本科生所具备的通识能力。因此，本研究首先探讨外语语言文学的专业能力，然后融入普通本科生应该具备的通识能力，最终形成了中国外语专业本科生在新时期应该具备的能力，提出了外语专业本科专业高、中层能力模式。

本研究由于主要是用文献研读、形势分析和推理的方式进行的定性研究，因此还是初步的，还有许多认识上的问题需要证实和厘清，权作抛砖引玉，以引起大家对这个领域的重视。

第四章 外语专业本科生多元能力结构实证研究

4.1 多元能力结构模式构建的动因探索

外语专业本科生要培养的能力众多，它们属于不同的类型，表现为不同的形式，出现在学生能力结构的不同阶段。因此，在设计培养模式时，也应该考虑哪些能力是要培养的核心能力，哪些是随机培养的；哪些能力是应该在基础阶段培养的，哪些是应该在高级阶段培养的；哪些能力是在另一些能力之前培养的，哪些是建立在另一些能力基础之上的。

从中心到外围的角度讲，听、说、读、写、译等基本技能和相关的语言知识（词汇语法、音系语音知识）当然是要培养的核心能力的成分，但不能像以前那样，把它们作为全部的核心成分来对待，似乎学外语就是学好听、说、读、写、译等基本技能和词汇语法、音系语音等基本知识。在发展外语基本技能的同时，还需要同时发展与这些能力一样在交际中发挥作用的其他能力，包括适应能力，根据语境选择合适的语言的能力，媒体模态设计能力，学会恰当地利用各种语言和非语言交际手段从事交际的能力，以及跨文化交际能力。以此为基础，在第二个层次上，是要发展专业能力和跨专业、跨学科能力，即一方面要发展相关的语言学和文学知识能力，同时要发展跨学科、跨专业的知识能力，发展复合型能力。在第三个层次上，是要发展与培养学生的整体素养相关的能力，包括思辨能力、创新能力、情感能力，以及政治、道德和守法能力。

在第三章中，我们探讨了这种多元能力结构的构建，归纳出外语专业本科生应该具备的八种高层能力和27种中层能力。同时，论证了它们出现的合理性，主要包括三个方面的动因和证据。

1）全球化发展趋势对人才能力的需求，以及国内外语专业本科生就业形势的发展对人才能力的需求。从全球化的角度看，随着数字技术和计算机技术的发展，"地球村"现象逐步形成，人类逐步向多元化和多样化的趋势发展，多民族、多国籍、多层次、多区域相互交融的现象越来越普遍，跨文化交际能力和应变能力成为外语专业本科生必备的能力，同时全球社会、经济、环境等问题形成国际国内相互融合、相互影响的局面，要求高校学生具有国际视野、国际合作与竞争的能力，这些都需要外语专业本科生具备比以前更多的相互交融的能力。从国内的外语专业本科生就业形势来看，随着我国中学英语教育逐步趋于正规化、全面化，英语教育水平不断提高，直接带动高校英语专业本科生的入学层次大幅提高，人才培养方向朝专业知识、人文素养、综合能力等领域拓展。另外，从外部环境来看，随着我国国际地位的不断提高，国际高端外语人才需求量越来越大；同时，既有较高英语水平，又掌握一门或多门其他专业的多元能力人才更受青睐。

2）前人的研究成果。前人在这个领域也做了大量研究，取得了比较突出的成果。例如，Frey & Ruppert（2013）把能力分为三个层次：高层能力、中层能力和技能，并且把高层能力又分为四个类别：专业能力、方法能力、社会能力和个人能力。张德禄、刘睿（2014）提出，新时期外语专业本科生应该具备的多元读写能力模式包括四个大类，分别为：整体素质、专业能力、技术能力和操作能力。Strijbos 等（2015）通过对已有研究的综述，探讨了本科生应该掌握的基本能力。他们从很多具体能力中筛选出 10 种本科生应该掌握的关键通识能力，并把这些能力归入群体能力组、概念能力组和个体能力组。在同一组内，不同能力可以存在不同程度的相互交叠现象，但在组与组之间交叠现象很少。每一种能力都有其自身的标准点、核心成分和特性标记。哈佛大学前校长 Bok（2006）提出了哈佛的八大培养目标，与本研究提出的八个类型的宏观能力有较多重叠。这八大培养目标可以具化为相关的高、中层能力；每一种能力都包含一系列表现它的特征，用以确定是否属于这种能力。这些前期研究是我们构建的外语专业本科生多元能力结构模式的基础。我们需要做的是归纳和总结前人的研究成果，将它们融入我国外语专业本科生在新时期所需的能力结构中，使其更加适合我国外语专业本科生需具备的能力结构。

3）国际国内语言教学模式的发展趋势。我国从改革开放开始到 21 世纪初，基本上都是以培养具有外语基本能力的人才为主。我国外语教育与国际上语言教学方法的发展接轨，也经历了三个阶段的变迁，可以称为"语言知识型阶段""语言技能型阶段"和"交际能力阶段"。

另外，随着我国外语教育形势发生了巨大变化和全球化深入发展，高校学生需要适应不断变化的形势，发展跨文化交际能力和应变能力，应具有国际视野、国际合作与竞争的能力。这些主客观因素都直接作用于我国教育体系，对我国教育事业产生了深刻、长远的影响。这样，又出现了两个阶段的人才培养模型："专业化阶段"和"综合素养阶段"。

这五个阶段的划分使我们清楚了外语人才模式培养的变迁，同时也使我们认识到时代的变迁将会引起学生能力结构的变化。这五个阶段实际上反映了外语专业学生所重点培养的能力结构类型，可以分为：知识型、技能型、交际型、专业型和素质型，每个类型突出外语本科专业学生应该具备的能力的某个突出方面。其中，素质型即多元能力型，需要发展多种类型的能力，并且将它们融合为一体，成为学生的整体素质。

虽然我们建构的外语专业本科生多元能力培养模式已经得到了以上三个方面的支持，但还有一个关键方面没有进行研究，这就是外语专业学生及教师的认可和接受。所以，本章重点通过问卷和非正式访谈征求部分学生和教师的意见，用以进一步支持本外语专业本科生能力结构模式。本研究的目标是探讨外语专业本科生及教师对这个模式的接受度和认可度。相关的研究问题是：所构建的这个外语本科生能力结构，是否切实可行？还有哪些能力需要补充，哪些能力需要减缩？

4.2 研究思路和方法

本研究的基本思路是：从不同类型的学校选择一定数量的学生和教师进行问卷调查，对调查的结果进行统计研究和对比研究；对于得出的结果，通过对部分学生和教师进行访谈，以及对国际国内环境的需求进行考察，找出结果背后的动因。

4.2.1 问卷设计

本研究的问卷调查主要围绕学生和教师对新时期需要培养外语专业本科生多元能力的基本认识而展开，涉及多元能力的合适性、必要性、重要性、有效性等，以及能力的类型。据此，本研究从总体上包括三大版块：

1) 调查学生和教师对新时期需要培养外语专业本科生多元能力有什么认识，共包括 12 个问题，分别探讨是否需要在培养学生的外语专业知识和能力的基础上，同时培养学生的整体素养；有些通识性的能力，如创新能力、团队合作能力、适应能力等是否也适合英语专业本科生；外语之外其他学科的知识是否也需要培养；文学和语言学在外语能力培养中的关系；现代科技媒体的操作技术和技能是否有必要学好；跨文化和超文化交际能力是否是必须培养的；思辨能力和创新意识是否是必需的；在学习掌握外语交际能力的同时，再掌握哪门或哪几门专业最好。

2) 调查学生和教师对外语专业本科生需要掌握的能力类型及其范围的认识。这些能力被分为七大类别，包括掌握专业基本知识和技能，掌握超学科、超文化知识，掌握跨学科知识，掌握知识处理能力，适应全球化、多元化能力，适应新技术化能力，具备综合素养能力。主要调查这些大类的划分是否合理，是否还有其他能力没有被包括在内；每个类型的能力还应该包含哪些具体能力；现在确定的具体能力是应该增加，还是应该减少；等等。

3) 调查某种具体能力是否应该包含在外语专业本科生能力结构中，共包括 27 种能力（见表 3.6）。对于这些能力分别鉴别它们各自是核心能力、主要能力、一般能力、外围能力，还是可有可无的能力。

调查问卷（见本章附录 4.1）开始是总体介绍，说明当前国际国内形势迫切需要培养外语专业本科生的多元能力，同时说明设计这个调查问卷的动因，以及应该坚持的原则。然后，分五个部分进行问卷调查：第一部分是个人信息，用以分析不同的参与者是否会对调查结果产生一定影响，以及产生这种影响的原因；第二部分对某些比较新颖的术语做了解释；第三到五部分分别是对外语专业本科生多元能力结构的总体认识，对宏观能力类型的认识和对具体能力的认识。

4.2.2 非正式访谈设计

设计访谈（见附录 4.2）的主要目的是用来解释问卷调查中出现的问题，包括不同参与者对相同对象的不同意见，以及一些无法直接解释的问题。这些问题涉及外语专业本科生是应该以学习外语基本知识，发展外语基本能力为主，还是应该在此基础上同时发展与发挥这些能力的潜力和作用，适应新时期对外语能力的需求；是否需要区分核心能力、一般能力、外围能力等；外语之外的能力是否需要通过外语课程培养；教师（或学生）本身的背景，如性别、年龄、教学和学习经历、坚持的教学和学习模式，以及他本人的外语基础能力是否对他接受多元能力结构模式产生影响等。访谈的基本体裁结构包括两个主要部分：（1）对访谈的目标、原因和方式进行简单说明；（2）八个相关的问题。

4.2.3 调查的实施方式

本研究有以上讨论的四个方面（国际上全球化的发展趋势对人才能力的需求和国内外语专业毕业生就业形势的发展对人才能力的需求；前人的研究成果；《高等学校英语专业英语教学大纲》规定的培养目的和目标；中国与世界外语教学总体的发展趋势）的支持，所以不必要进行大规模的实证研究；而是选取211 以上学校的 50 名以上的学生，30 名以上的教师，以及 50 名普通本科学生作为问卷对象。所有问卷均采用 Likert 五分量表法，把问题分为五个量级，从最小到最大。在问卷调查的结果出来以后，对于师生之间和不同类型的学生之间出现的差异，一些特殊现象，以及难以解释的问题，则主要通过非正式访谈的方式来寻找答案。

4.2.4 研究方法

本研究主要采用数量统计和比较的方式来探讨所构建的外语专业本科生多元能力结构模式在学生和教师中的接受程度，主要的研究方法如下。

1）问卷调查法：设计对所构建的外语专业本科生多元能力结构模式的合适性、可靠性、重要性等进行调查的问卷，进行问卷调查。

2）量化统计法：在对问卷统计分析基础上，通过表示肯定本结构模式的值与总值的比率的高低，来判断本外语专业本科生多元能力结构模式的可接受度。

3）对比分析法：在对问卷统计分析基础上，得出不同类型的问卷的表示肯定本结构模式的值与总值的百分比，然后将它们进行对比，通过百分比的差异看本外语专业本科生多元能力结构模式在不同类型的参与者中的可接受度。具体来讲，需要：（1）对比不同层次的学校的学生对外语专业本科生多元能力结构模式的接受度；（2）对比教师和学生对外语专业本科生多元能力结构模式的接受度。

4）访谈调查法：根据对问卷的结果的统计和分析，发现差异和问题，再通过非正式方式访谈部分问卷调查参与者，来帮助探索这些差异和问题产生的原因。

4.2.5 实施步骤

本研究采用的研究步骤是：

1）根据第三章所构建的外语专业本科生多元能力结构模式设计合适的问卷，分为教师版和学生版，二者对象不同，内容相同；

2）选择不同类型的学校适当数量的学生和教师进行问卷调查活动；

3）对学生和教师完成的符合标准和要求的问卷进行统计分析，计算出相关的数据和百分比；

4）对得出的数据进行分析，特别是对比分析，通过数值的对比发现不同类型的学生，以及学生和教师之间对外语专业本科生多元能力结构模式的不同意见；

5）对问卷中出现的意料之外的特殊数据和现象进行收集、归纳和解释，把它们和上面的分析发现的差异一起作为问题归纳出来；

6）对无法直接解释的问题和差异，设计访谈问题；

7）根据访谈的结果和当前的形势及环境，解释问题和差异出现的原因；

8）归纳研究结果，对外语专业本科生多元能力结构模式在学生和教师中的接受度做出结论性意见。

4.3 研究结果

本研究共包括三组调查问卷：针对普通学校学生的问卷，称为"学问卷1"；针对211以上学校学生的问卷，称为"学问卷2"；针对教师的问卷，称为"教问卷"。

学问卷1共发出问卷90份，收回86份，有效问卷86份。调查问卷的统计结果以学生对每个项目的意见为主，辅以单个学生对各个项目的意见。问卷分为三个部分，分别为：（1）"总体认识"，即调查参与者对发展外语专业本科生多元能力结构的总体认识；（2）"能力类型"，即调查参与者对外语专业本科生多元能力类型的认识；（3）"具体能力"，即调查参与者对外语专业本科生具体能力类型的认识。

4.3.1 数据统计

学问卷1A的调查结果如表4.1至4.2所示。

表 4.1 学问卷 1A：单项得分

编号	A01	A02	A03	A04	A05	A06	A07	A08	A09	A10	A11
得分	354	387	401	354	107	368	361	376	363	369	353
%	82%	90%	93%	82%	25%	86%	84%	87%	84%	86%	82%

（说明：百分比不留小数点，四舍五入，下同）

首先是单项得分，总得分为3,793分，占总分（4,730分）的80%。其中最高分为401分，占单项总分（430分）的93%；最低分为107分，占单项总分的25%。

学问卷1A的个体得分最高分为51分，占个人对各个项目意见总分（55分）的93%；最低分为34分，占个人对各个项目意见总分的62%。低于个体总分60%的人数为0（见附录4.3，下同）。

表 4.2 学问卷 1A.12

选择专业名称	法学	金融	商务管理	经济	其他
个数	6	21	36	22	2

学问卷 1A.12 中选择商务管理的最多，共 36 人；而选择法学的仅 6 人。

学问卷 1B 的调查结果如表 4.3 所示。

表 4.3 学问卷 1B：单项得分

编号	B01	B02	B03	B04	B05	B06	B07	B08
得分	364	374	356	370	381	363	358	371
%	85%	87%	83%	86%	89%	84%	83%	86%

（说明：原问卷表格中数值根据对本研究的外语专业本科生多元能力结构模式的支持度，修改分数如下：1=5；3=5；2=4；4=2；5=1。下同）

学问卷 1B 的总得分是 2,937 分，占总分（3,440 分）的 85%。其中单项得分的最高分是 381 分，占单项总分（430 分）的 89%；最低分是 356 分，占单项总分的 83%。没有低于占单项总分 60% 的得分。

学问卷 1B 的个体得分最高分为 40 分，占个体总分的 100%；最低分为 16 分，占个体总分的 40%；个体得分不到个体总分 60% 的有 2 人。

学问卷 1C 的调查结果如表 4.4 所示。

表 4.4 学问卷 1C：单项得分

编号	C01	C02	C03	C04	C05	C06	C07	C08	C09	C10	C11	C12	C13	C14
得分	368	355	330	327	299	264	311	255	286	347	361	343	320	300
%	86%	83%	77%	76%	70%	61%	72%	59%	67%	81%	84%	80%	74%	70%

编号	C15	C16	C17	C18	C19	C20	C21	C22	C23	C24	C25	C26	C27
得分	287	295	275	304	315	291	320	328	327	283	313	332	318
%	67%	69%	64%	71%	73%	68%	74%	76%	76%	66%	73%	77%	74%

学问卷 1C 总得分为 8,454 分，占总分（11,610 分）的 73%；学问卷 1C 单项得分最高分为 368 分，占单项总分（430 分）的 86%；最低分为 255 分，占单项总分的 59%；不足 60% 者，为 1 人。

学问卷 1C 的个体得分最高分为 132 分，占个体总分（135 分）的 98%；最低分为 68 分，占个体总分的 50%；不足总分 60% 者，为 8 人。

学问卷 2 共发出问卷 55 份，收回 51 份，有效问卷 51 份。其他与学问卷 1 相同。学问卷 2A 的调查结果如表 4.5 至表 4.6 所示。

表 4.5 学问卷 2A：单项得分

编号	A01	A02	A03	A04	A05	A06	A07	A08	A09	A10	A11
得分	180	213	221	184	233	194	217	216	221	208	200
%	71%	84%	87%	72%	91%	76%	85%	85%	87%	82%	78%

学问卷 2A 的总得分为 2,287 分，占总分（2,805 分）的 82%；单项得分的最高分为 233 分，占单项总分（255 分）的 91%；最低分为 180 分，占单项总分的 71%；低于单项总分 60% 的为 0 人。

学问卷 2A 最高得分为 55 分，占个体总分（55 分）的 100%；最低分为 29 分，占总分的 53%；低于个体得分总分 60% 的人数为 2。

表 4.6 学问卷 2A.12

专业名称	法学	金融	商务管理	经济	其他
个数	7	6	14	21	6

学问卷 2A.12 中选择复合人才培养的经济专业的最多，为 21 人，选择金融的最少，为 6 人。

学问卷 2B 的调查结果由表 4.7 表示。

表 4.7 学问卷 2B：单项得分

编号	B01	B02	B03	B04	B05	B06	B07	B08
得分	216	232	234	225	217	227	209	229
%	85%	91%	92%	88%	85%	89%	82%	90%

学问卷 2B 总得分为 1,789 分，占总分（2,040 分）的 88%；单项最高分为 234 分，占单项总分（255 分）的 92%；最低分为 209 分，占单项总分的 82%；低于总分 60% 的人数为 0。

学问卷 2B 的个体得分最高分为 40 分，占个体总分（40 分）的 100%；最低分为 16 分，占个体得分总分的 40%；低于个体得分总分 60% 的人数为 2。

学问卷 2B 中，选项 2B1 是选择需要在外语专业本科生多元能力结构模式中增加新的能力。在该项选择中，需要增加的能力分别为：阅读能力、社会实践能力、软件应用能力、语料库应用能力、心理学、发现问题能力、科技能力、抗压能力、运用知识能力、使用工具能力、全球视野能力、执行能力。

学问卷 2C 的调查结构由表 4.8 表示。

表 4.8 学问卷 2C：单项得分

编号	C01	C02	C03	C04	C05	C06	C07	C08	C09	C10	C11	C12	C13	C14
得分	220	207	198	188	204	167	197	155	164	209	215	204	179	191
%	86%	81%	78%	74%	80%	65%	77%	61%	64%	82%	84%	80%	70%	75%

编号	C15	C16	C17	C18	C19	C20	C21	C22	C23	C24	C25	C26	C27
得分	188	181	153	185	180	171	199	196	185	148	174	213	187
%	74%	71%	60%	73%	71%	67%	78%	77%	73%	58%	68%	84%	73%

学问卷 2C 的总得分是 5,058 分，是总分（6,885 分）的 73%。单项得分最高分为 220 分，占单项总分（255 分）的 86%；最低分为 148 分，占单项总分的 58%；低于单项总分 60% 的人数为 1。

学问卷 2C 的个体得分最高分为 135 分，占总分（135 分）的 100%；最低分为 76 分，占个体总分的 56%；低于个体总分 60% 的人数为 3。

教问卷共发出问卷 30 分，收回 22 份，有效问卷 22 份。其他与学问卷 1 相同。教问卷 A 的调查结果如表 4.9 至表 4.10 所示。

表 4.9 教问卷 A: 单项得分

编号	A01	A02	A03	A04	A05	A06	A07	A08	A09	A10	A11
得分	95	99	109	97	110	88	94	94	105	104	85
%	86%	90%	99%	88%	100%	80%	85%	85%	95%	95%	77%

教问卷 A 总得分为 1,080 分,占总分(1,210 分)的 89%。单项得分最高的为 110 分,占单项总分(110 分)的 100%;最低分为 85 分,占单项总分的 77%;低于单项总分 60% 的人数为 0。

教问卷 A 的个体最高得分是 55 分,占个体总分(55 分)的 100%;最低分为 40 分,占个体得分总分的 73%;低于个体得分总分 60% 的人数为 0。

表 4.10 教问卷 A12

专业名称	法学	金融	商务管理	经济	其他
数量	5	1	6	2	8(中文、教育、人力资源)

教问卷 A12 选择最多的专业是商务管理,为 6 人,最少的为金融,为 1 人。另外,选择其他的为 8 人。

教问卷 B 的调查结果如表 4.11 所示。

表 4.11 教问卷 B: 单项得分

编号	B01	B02	B03	B04	B05	B06	B07	B08
得分	88	95	91	87	98	93	83	71
%	80%	86%	83%	79%	89%	85%	75%	65%

教问卷 B 总得分为 706 分,占总分(880 分)的 80%;单项得分最高分为 98 分,占单项总分(110 分)的 89%;最低分为 71 分,占单项总分的 65%;低于单项总分 60% 的人数为 0。

教问卷 B 个体得分最高分为 40 分,占个体总分(40 分)的 100 %;最低分为 20 分,占总分的 50%;低于总分 60% 的人数为 2。

教问卷 C 的调查结果如表 4.12 所示。

表 4.12 教问卷 C：单项得分

编号	C01	C02	C03	C04	C05	C06	C07	C08	C09	C10	C11	C12	C13	C14
得分	103	90	83	77	92	65	84	58	69	93	94	91	80	73
%	94%	82%	75%	70%	84%	59%	76%	53%	63%	85%	85%	83%	73%	66%

编号	C15	C16	C17	C18	C19	C20	C21	C22	C23	C24	C25	C26	C27
得分	84	74	61	84	44	68	91	86	77	55	75	89	78
%	76%	67%	55%	76%	40%	62%	83%	78%	70%	50%	68%	81%	71%

教问卷 C 总得分为 2,118 分，占总分（2,970 分）的 71%；单项得分最高分为 94 分，占单项总分（110 分）的 85%；最低分为 44 分，占单项总分的 40%；低于单项总分 60% 的人数为 5。

教问卷 C 的最高得分为 122 分，占个体总分（135 分）的 90%；最低分为 65 分，占个体总分的 48%；低于个体总分 60% 的人数为 3。

4.3.2　统计分析

以上我们通过学问卷 1、学问卷 2 和教问卷三份问卷，对第三章构建的外语专业本科生多元能力结构模式从总体认识、宏观能力的类别和范围，以及中观能力的类型几个方面进行了统计研究。对于问卷调查的结果，我们首先从宏观上进行讨论，总体上看学生和教师对这个结构模式是什么态度，是否认可和接受，以及认可和接受程度是多大。

从非 211 学校外语专业学生的问卷情况来看，三个方面的总体得分是 15,184 分，占总分（19,780 分）的 77%；所以，大体上讲，这个层次的学生大多数是支持和接受这个多元能力结构模式的。从 211 学校外语专业学生的问卷情况来看，这三个方面的总得分是 9,156 分，占总分（11,730 分）的 78%；所以，这个层次的学生也是大多数支持和接受这个多元能力结构模式的。最后，从教师的角度看，这三个方面的总得分是 3,914 分，占总分（5,060 分）的 77%；所以，从总体上看，外语专业教师也是大多数支持这个多元能力结构模式的。从总体上讲，这三个问卷的总得分是 28,254 分，占总分（36,570 分）的 77%，接近 80%；从这个角度看，不同层次的学生和教师都支持和接受这个多元能力结构模式。统计结果见表 4.13。

表 4.13 不同层次的学生和教师对外语专业本科生多元能力结构模式的接受度

卷类	学问卷 1				学问卷 2				教问卷				累计
分项	总体认识	宏观能力	中观能力	合计	总体认识	宏观能力	中观能力	合计	总体认识	宏观能力	中观能力	合计	
总得分	3,793	2,937	8,454	15,184	2,287	1,789	5,080	9,156	1,080	706	2,128	3,914	28,254
总分	4,730	3,440	11,610	19,780	2,805	2,040	6,885	11,730	1,210	880	2,970	5,060	36,570
%	80%	85%	73%	77%	82%	88%	74%	78%	89%	80%	72%	77%	77%

4.3.3 对比分析

首先对比的是非 211 学校的学生与 211 学校的学生对外语专业本科生多元能力结构模式的接受度和认可度。从总体比较来看，学问卷 2 比学问卷 1 得分只高出一个百分点，但在宏观认识和需要培养的具体的中观能力方面，学问卷 2 都比学问卷 1 得分高，只是在宏观能力的类型和范围的认识上，学问卷 1 比学问卷 2 得分高一些。所以，这也反映了一个大体的趋势：外语专业的学生无论需要培养多少类型的能力，都需要以外语的基本知识和技能为基础，发展好外语交际能力，并在此基础上扩展自己的其他能力，特别是把这些基本能力付诸实践，实现社会工作、生活和交际目标。学校的层次越高，学生掌握的外语能力越强，就越需要扩大自己的能力范围。

令人惊讶的是，从总体数据上看，学生和教师表现出惊人的一致性，他们对外语专业本科生多元能力结构模式的接受度都是 77% 左右。这说明，从总体上看，有接近 80% 的学生和教师同意发展这个外语专业本科生多元能力结构模式；但他们都有 20% 多的保留度，或者不是十分同意这个能力结构模式。

其背后的原因还需要通过其他方式进行探讨。

从三个方面的比较来看，对于所有学生和教师来说，对于总体认识和宏观能力的认可度高出对于具体的中观能力类型的认可度（80%—89%，71%—73%）大约 6 个百分点。这说明，对于要培养的具体能力的类型，还有一定的争议，需要认真进行进一步的探讨和确认。

学生或教师个体的选择是否表现出一致性也是需要考虑的，虽然它主要起辅助作用。例如，如果最高分和最低分之间的差距接近极性，则需要做特殊的解释，因为所形成的比率不能真实表示实际的认可度或接受度。由于数据分布的均衡性的制约，只要控制了最低段，就可以确定整体数据分布的基本均衡，从而保证所得到的比率反映真实的本多元能力结构模式的认可度或接受度。

在对总体认识的选项中，学问卷 1 和教问卷没有选择低于总分 60% 的个体，而且学问卷 2 中只有两个选择低于总分 60% 的个体。在对宏观能力的选择中，三个问卷都各有两个人选择了低于总分 60% 的选项。在对具体的中观能力的评价中，学问卷 1 中有 8 个人选择的分数不足总数的 60%，而另外两个问卷中都有两个选择低于总分 60% 的个体。总括起来，共有 19 例选择低于总分 60% 的选项。每个人可同时在三个方面做出选择，所以，从总体上看，选择总分 60% 以下的实际人数是：19/3 = 6.33。而参加三个问卷的人数是：86 + 51 + 22 = 159 人。这样，选择低于总分 60% 以下的人的比例是：6.33/159 = 4%，不足以对统计数据的可靠性产生影响（见表 4.14）。

表 4.14 三个问卷各项个体得分汇总

卷类	分项	最高			最低			低于总分 60% 人数
		分数	总分	%	最低分	总分	%	
学问卷 1	A	51	55	93%	34	55	62%	0
	B	40	40	100%	16	40	40%	2
	C	132	135	98%	68	135	50%	8
学问卷 2	A	55	55	100%	29	55	53%	2
	B	40	40	100%	16	40	40%	2
	C	135	135	100%	76	135	56%	3
教问卷	A	55	55	100%	40	55	73%	0
	B	40	40	100%	20	40	50%	2
	C	122	135	90%	65	135	48%	2

4.3.4 具体事例分析

我们在上个章节对几乎所有数据进行了统计和分析，并且探讨了它们的意义和价值，基本证实了本研究所构建的外语专业本科生多元能力结构模式是可行的，但还有两个具体方面没有得到解释。

1）三个问卷的 A12 都是关于培养超学科复合型人才的。在学问卷 1 中，选择商务管理的最多，选择法学的最少；在学问卷 2 中，选择经济的最多，选择金融的最少。这是偶然现象，还是和他们的外语水平相关，还不是很清楚。另外，在教问卷中，同样，选择商务管理的最多，选择金融的最少。由此可见，综合来看，商务管理是学生和教师的首选，其次是经济。这可能一方面和当前的就业形势有关，一方面和学生对专业学习的难易程度的判断有关。将三个问卷中对这个选项的结果进行汇总，可以得到如下结果（见表 4.15）。有趣的是，法学是改革开放初期最受欢迎的专业，现在则处在四个专业选项的最后一位。

表 4.15　1A.12 专业选择

选择专业名称	法学	金融	商务管理	经济	其他
个数	18	28	56	45	16

2）在三个问卷的第二部分，每个题的第一个选项都是是否需要增加新能力，第五个选项是是否需要减少需要培养的能力。本研究在学问卷 2 和教问卷中，统计了学生和教师的选择。在两个问卷中，共建议增加 19 种能力，减少 7 种能力（见表 4.16）。

表 4.16 建议增加和减少的能力

建议增加的能力																			建议减少的能力						
阅读能力	社会实践能力	软件应用能力	语料库应用能力	心理学	发现问题能力	抗压能力	运用知识能力	使用工具能力	全球视野能力	执行能力	科技能力	组织管理能力	审美能力	价值判断能力	与人合作能力	与人沟通能力	心理自我调节能力	编程能力	非外语专业能力	全球化能力	模态设计能力	循德守法能力	社会承责能力	跨学科能力	领导能力

在这 19 种建议增加的能力中，大部分能力都可以包含在我们建构的外语专业本科生多元能力结构模式的中观能力中（见表 4.17）；只有审美能力是个例外，但这种能力是外语专业学生的一般能力，在外国文学等课程中是主要培养目标。

表 4.17 建议增加的能力与多元能力结构模式中已有的能力比较

阅读能力	社会实践能力	软件应用能力	语料库应用能力	心理学	发现问题能力	抗压能力	运用知识能力	使用工具能力	全球视野能力	执行能力	科技能力	组织管理能力	审美能力	价值判断能力	与人合作能力	与人沟通能力	心理自我调节能力	编程能力
话语构建能力	解决问题能力	新媒体读写能力	新媒体读写能力	批评反思能力	批评性思维能力	社会承责能力	应用知识能力	新媒体读写能力	全球化能力	社会化能力、领导能力	学科融合能力	领导能力		循德守法能力	团队合作能力	社会交往能力	适应能力	新媒体读写能力

在建议减少的能力中，十分有趣的是，大部分也是建议增加的能力，虽然它们实际上已经存在于已建构的外语专业本科生多元能力结构模式中（见表4.18）。这表明了教师或学生个体的不同意见和见解。

表 4.18 建议减少的能力与建议增加的能力的比较

建议减少的能力	非外语专业能力	全球化能力	模态设计能力	循德守法能力	社会承责能力	跨学科能力	领导能力
与其对应的建议增加的能力	外语交际能力之外的其他能力	全球视野能力	使用工具能力	价值判断能力	（无）	科技能力	组织管理能力

从以上研究可见，本书第三章建构的外语专业本科生多元能力结构模式是外语专业学生和教师都认可和接受的，不需要做大的调整。但对于超过20%的不认可或不接受现象也需要做出解释。这个问题主要通过非正式访谈来获得相关信息，以及根据当前国内外语教育的现状来解释。

此外，原问卷 B 部分的表格中数值根据对本研究的外语专业本科生多元能力结构模式的认可度做了修改，修改分数如下：1=5；3=5；2=4，4=2，5=1。这主要是因为，在问卷设计阶段，第三章设计的外语专业本科生多元能力结构模式还处在探索阶段，因此问卷也具有探索性，即不仅要通过问卷来证实所设计的外语专业本科生多元能力结构模式是被教师和学生认可的，同时，也想探讨这个模式是否还需要修改、完善；所列举的能力类型是否还需要增加或减少。所以，所涉及的问题探索性强些，从而影响了实证性。现在的统计和研究的主要目标是实证性的，所以需要以是否接受和认可该多元能力结构模式为主要衡量标准，因此需要调整数值和顺序，以实现全卷的统一性。

4.4 分析与讨论

通过非正式访谈，记录要点时得到以下几个方面的答案。

1）传统外语教学理念和思想仍然对改革有一定限制。这里包括对外语能力的涵盖范围的认识和对外语教学内容、目标和方法的认识。从前者的角度讲，如果认为其他能力不是外语专业教学应该考虑的，或者对外语教学没有实质性的作用，则学生和教师都不会努力提高这类能力。从后者的角度讲，恪守传统的教学内容、目标和方法也会把其他可在外语课堂上随机培养的能力排除在外。因此，实施多元能力结构模式需要教师和学生进一步提高认识，解放思想，扩大视野。

2）学生实际语言能力的局限性。这是一个实际存在的问题。如果学生的外语语言基本能力，如听、说、读、写、译等方面的能力不过关，达不到进行社会交际的水平，则其他能力也不能发挥作用。我们提倡发展学生的多元能力也是基于学生实际外语水平的提高而提出的。如果某些学生入学时外语的实际水平达不到发展多元能力应该具有的水平，则需要把主要目标集中在发展学生的外语基本能力上，包括一般技能和跨文化交际能力。这个矛盾会在一定程度上影响学生的多元能力结构的发展，同时也影响他们将来的外语能力的发挥，但比外语基本能力差要好得多。

3）增加教学难度所引起的教师的恐惧和抵触情绪。这也是外语教育改革难以推进的一个重要原因。进行多元读写能力培养，教师和学生都要转变思想和观念，学习新的理论和方法，增加相关的知识，提高相关的能力。同时，在课堂教学中增加新的项目也会增加备课和教学的难度。这些都会使许多教师，特别是年龄大的教师产生恐惧感，使其望而却步。

4）教师知识结构和能力的不足所引起的抵触情绪。这一点和上面一点是相互联系的。培养学生的多元能力提高了教学内容和方法的难度，这会使许多教师难以招架，即使是努力实施新的改革方案，也可能力不从心，从而使教学效果大打折扣，无法达到预期的目标。在这种焦虑和恐惧心理影响下，教师产生抵触情绪和行为是难以避免的。

5）外语专业和其他专业在学生培养目标上的分工问题。这也是一个需要考虑的实际问题。外语专业教师会认为这些能力不在自己的培养目标范围内，从而忽略它们，其他的课程也难以补上需要和外语基本知识及能力相结合的能力，产生所谓"两张皮"现象，这样显然会影响学生的整体素质的提高，特别是影响前几年一直讨论的外语专业学生的思辨能力、创新能力，以及在全球化和国际化的环境中进行超文化交际的多种能力。

对于以上问题，除了需要有清醒的认识以外，还需要采取一定的措施来解决。第一个问题看似简单，但实际上解决难度十分大。它不仅涉及教师有意识地理解和认识相关问题，也需要他们在专业知识和能力上同步提高，是一个长期、渐变的过程，而且需要教师不断努力。

对于第二个问题，主要是要求学生尽快弥补自己外语能力方面的不足，同时要不断进行社会实践，同步发展其他能力，尽量不掉队，提高自己的整体素质。

第三和第四个问题是关键问题。一个涉及内因，即教师自身的知识和能力；一个涉及外因，新的外部需求，即外语专业本科生整体素质和能力需要大幅度提高，要求进行外语教学改革。在此，解决问题的关键在于教师在四个方面的发展和提高。一是思想转变。教师的思想观念首先要转变，要认识到随着形势的变化和外语人才规格的改变，改革是必需的、不以个人的意志为转移的，从而积极投入教学改革中。二是教师需要根据新的人才培养规格的变化努力学习，形成终生学习的习惯，不断补充新的知识。三是教学能力的提高。新的教学方法层出不穷，需要教师不断掌握新的教学方法和思想，不能墨守成规。同时，还需要根据新的人才培养规格的要求，不断创新，不能跟在西方人的后面亦步亦趋地进行中国的外语教学。教师自己的教学能力和教学水平不提高，教学改革的目标就不能实现。第四，也是最重要的一点，是教师本人的不断努力，知识的学习和能力的提高都需要教师以不断努力为前提。每一项任务的完成都是以不断的进取为前提的。

最后，以上五个方面的问题解决的标准是，能够借此培养出优秀的高层次外语人才。而这些人才的定位不是国家当前对人才的需求，而是在五到十年，甚至更长时间内国家对人才的需求。这样，所设计的外语专业本科生多元能力结构模式要有预测性和前瞻性，而且越准确越好。同时，要立足本土、俯瞰世界，使构建的多元能力结构模式既具有前瞻性，又具有可操作性，而且从现在到将来要能够和谐过渡。这项工作任重而道远。

4.5 小结

本章对第三章构建的外语专业本科生多元能力结构模式进行实证研究。首先，本章概述了上一章探讨的支持本多元能力结构模式的三个动因，分别是：（1）全球化发展趋势对人才能力的需求，以及国内外语专业毕业生就业形势的发展对人才能力的需求；（2）前人的研究成果；（3）国际国内语言教学模式的发展趋势。其次，本章概述了本研究的研究方法，特别是本研究采用的问卷调查法，包括问卷和访谈的设计、实施方法、具体研究方法和实施步骤。再次，本章对研究结果进行了描述，包括数据统计、数据分析、对比分析和具体事例分析。最后，对研究结果进行了分析和讨论。本章证实了所建构的外语专业本科生多元能力结构模式的可接受性和在师生中的认可度，并且通过非正式访谈和对当前国家对外语人才规格的要求的论述，探讨了这种结果产生的原因，最后还提出了实施本外语专业本科生多元能力结构模式的思路、方法和措施。

附录 4.1 英语专业本科生能力结构调查问卷

各位老师（同学），您好！由于全球化不断发展，当今世界正在发生三个方面的变化。(1) 科技化：现代科技的飞速发展，促使交际模式产生了根本性变化。(2) 多元化：多民族、多国籍、多层次、多区域相互交际的现象越来越普遍。(3) 相互依赖化：全球社会、经济、环境等问题已经远远超越了一个国家、民族、团体的边际，形成相互融合、渗透、影响的局面。而在国内，社会对英语专业本科生的要求越来越高，向高层次、复合型发展。鉴于此，英语专业本科生的能力结构需要有一个质的飞跃，从主要以英语技能为主，向国际化、超文化交际、专业化、多能化发展。我们的培养目标，以及与此相关的英语专业本科生能力结构都需要有很大的变化。我们设计了如下问卷，想就英语专业本科生应该具备的能力结构征求各位老师（同学）的意见。问卷所得资料只限学术研究使用，我们将遵守保密原则，不会公开问卷内容。您提供的信息对于此项研究十分重要，请认真填写。谢谢您的支持与合作！请在适合您情况的括号内打√。

第一部分：个人信息

性别：男（　）女（　）　学院：＿＿＿＿＿＿＿＿＿　系（所）：＿＿＿＿＿＿
所授（学）主要课程：＿＿＿＿＿＿＿＿＿＿＿＿＿＿＿＿＿＿＿＿＿＿

第二部分：部分术语说明

超学科：超，即超越、跨越，指跨越学科界限，（以自己的学科为主）掌握多个学科的知识，融汇多个学科的知识。

超文化：指立足自己的民族文化，跨越文化的界限，能自如地在不同文化间进行交际，具有国际视野。

超专业：指跨越专业界限，（以自己的专业为主）掌握多个专业的知识，融汇多个专业的知识。

多模态交际能力：可通过多个交际系统，如语言、图像、手势身势、动作等进行交际的能力。

　　话语构建能力：可根据语境和自己的交际目的，产出合适的话语的能力。

　　模态设计能力：在多模态交际中，具有根据交流的意义调用和合理搭配不同的模态，如口语和手势、口语和图像等，用于交际的能力。

　　新媒体读写能力：当新媒体出现时，能够识读媒体传播的信息，有效地利用媒体传播信息的能力。

　　知识处理能力：能够有效地选择知识，整理知识，合适地运用知识的能力。

第三部分：总体认识

1. 您认为英语专业培养方案只须专注英语专业知识和能力，还是需要注意学生整体素质的提高？

　　（1）只关注英语专业　　　　（2）以英语专业为主，兼顾其他能力

　　（3）没有意见　　　　　　　（4）都关注，但侧重英语专业知识和能力

　　（5）既注重英语专业知识和能力，也关注学生整体素质的提高

2. 您认为一般本科生应具备的基本能力，如创新能力、团队合作能力、适应能力等也适用于英语专业本科生吗？

　　（1）不适用　（2）不太适用　（3）有些适用　（4）基本适用　（5）适用

3. 您认为英语专业本科生只要英语讲得好，其他能力都无所谓吗？

　　（1）不同意　（2）不太同意　（3）没意见　（4）基本同意　（5）同意

4. 您认为英语专业本科生学好语言学和文学知识对于其专业能力的提高和将来的工作重要吗？

　　（1）不重要　（2）不太重要　（3）有些重要　（4）比较重要　（5）重要

5. 您认为提高语言基本技能与学习语言学和文学知识是相互矛盾的，还是相互促进的？

　　（1）相互矛盾　（2）有些冲突　（3）没关系　（4）有些互补　（5）相互促进

6. 您认为现代科技交际媒体的知识和操作能力对于英语专业本科生的整体素质的提高很重要吗？

　　（1）重要　（2）比较重要　（3）有些重要　（4）不太重要　（5）不重要

7. 您认为通过多媒体进行多模态交际，比单模态交际从总体上讲更加有效吗？

　　（1）无效　（2）不太有效　（3）有些有效　（4）比较有效　（5）有效

8. 您认为掌握电子、网络科技能力，对于英语学习更加有效吗？

(1) 无效 (2) 不太有效 (3) 有些有效 (4) 比较有效 (5) 有效

9. 您认为要真正学好英语，成为高水平、高素质的英语专业本科生，高水平的跨文化或超文化交际知识和能力是必需的吗？

(1) 不需要 (2) 不太需要 (3) 有些需要 (4) 需要 (5) 必需

10. 您认为英语专业本科生的创新意识、创新能力和科研能力对学生将来的发展很重要吗？

(1) 不重要 (2) 不太重要 (3) 有些重要 (4) 比较重要 (5) 重要

11. 您认为英语专业本科生除了应该掌握好英语技能和知识，是否还需要掌握一门或多门其他专业的知识和技能？

(1) 不需要 (2) 不太需要 (3) 有些需要 (4) 需要 (5) 必须

12. 您认为如果英语专业本科生还需要掌握其他专业的知识，哪一门专业最好？

(1) 法学 (2) 金融 (3) 商务管理 (4) 经济 (5) 其他（请注明）

第四部分：能力类型

1. 英语专业本科生总体能力包括以下八个板块：外语交际能力；专业综合能力；跨专业能力；知识处理能力；文化综合能力；媒体模态操作能力；批评反思能力；社会交往能力。您认为是否合适？

(1) 还应该包括：_____

(2) 基本可行

(3) 可行

(4) 应该去除一些基本能力，包括：_____

(5) 应该去除一些类别，包括：_____

2. 外语交际能力应包括以下能力：(双) 语言知识能力；话语构建能力；社会交往能力；交际策略能力；跨文化交际能力。

(1) 还应该包括：_____

(2) 基本可行

(3) 可行

(4) 可适当减少

(5) 应该去除部分能力，包括：_____

3. 专业综合能力应包括以下能力：超专业能力；相关知识能力。

    （1）还应该包括：＿＿＿＿＿＿＿＿＿＿

    （2）基本可行

    （3）可行

    （4）还可减少一种能力

    （5）应该去除其中一种能力，即：＿＿＿＿＿＿＿＿＿＿

4. 跨专业能力应包括以下能力：非外语专业能力；学科融合能力。

    （1）还应该包括：＿＿＿＿＿＿＿＿＿＿

    （2）基本可行

    （3）可行

    （4）还可减少一种能力

    （5）应该去除其中一种能力，即：＿＿＿＿＿＿＿＿＿＿

5. 知识处理能力应包括以下能力：获取知识能力；应用知识能力；解决问题能力；知识创新能力。

    （1）还应该包括：＿＿＿＿＿＿＿＿＿＿

    （2）基本可行

    （3）可行

    （4）还可减少一种能力

    （5）应该去除部分能力，包括：＿＿＿＿＿＿＿＿＿＿

6. 文化综合能力应包括以下能力：全球化能力；超文化交际能力。

    （1）还应该包括：＿＿＿＿＿＿＿＿＿＿

    （2）基本可行

    （3）可行

    （4）还可减少一种能力

    （5）应该去除其中一种能力，即：＿＿＿＿＿＿＿＿＿＿

7. 媒体模态操作能力应包括以下能力：新媒体读写能力；模态设计能力；信息搜索选择能力。

    （1）还应该包括：＿＿＿＿＿＿＿＿＿＿

    （2）基本可行

    （3）可行

（4）可适当减少

（5）应该去除部分能力，包括：_____

8. 批评反思能力应包括以下能力：批评性思维能力；正确选择能力；适应能力；终生学习能力。

　　（1）还应该包括：

　　（2）基本可行

　　（3）可行

　　（4）可适当减少

　　（5）应该去除部分能力，包括：_____

9. 社会交往能力应包括以下能力：政治正确能力；循德守法能力；社会承责能力；领导能力；团队合作能力。

　　（1）还应该包括：_____

　　（2）基本可行

　　（3）可行

　　（4）可适当减少

　　（5）应该去除部分能力，包括：_____

第五部分：具体能力

1. （双）语言（英语和母语）知识能力是英语专业本科生应该具备的：

　　（1）可有可无能力 （2）外围能力 （3）一般能力 （4）主要能力

　　（5）核心能力

2. 话语构建能力是英语专业本科生应该具备的：

　　（1）可有可无能力 （2）外围能力 （3）一般能力 （4）主要能力

　　（5）核心能力

3. 社会交往能力是英语专业本科生应该具备的：

　　（1）可有可无能力 （2）外围能力 （3）一般能力 （4）主要能力

　　（5）核心能力

4. 交际策略能力是英语专业本科生应该具备的：

　　（1）可有可无能力 （2）外围能力 （3）一般能力 （4）主要能力

　　（5）核心能力

5. 跨文化交际能力是英语专业本科生应该具备的：

　　（1）可有可无能力（2）外围能力（3）一般能力（4）主要能力

　　（5）核心能力

6. 超专业能力是英语专业本科生应该具备的：

　　（1）可有可无能力（2）外围能力（3）一般能力（4）主要能力

　　（5）核心能力

7. 相关知识能力是英语专业本科生应该具备的：

　　（1）可有可无能力（2）外围能力（3）一般能力（4）主要能力

　　（5）核心能力

8. 非外语专业能力是英语专业本科生应该具备的：

　　（1）可有可无能力（2）外围能力（3）一般能力（4）主要能力

　　（5）核心能力

9. 学科融合能力是英语专业本科生应该具备的：

　　（1）可有可无能力（2）外围能力（3）一般能力（4）主要能力

　　（5）核心能力

10. 获取知识能力是英语专业本科生应该具备的：

　　（1）可有可无能力（2）外围能力（3）一般能力（4）主要能力

　　（5）核心能力

11. 应用知识能力是英语专业本科生应该具备的：

　　（1）可有可无能力（2）外围能力（3）一般能力（4）主要能力

　　（5）核心能力

12. 解决问题能力是英语专业本科生应该具备的：

　　（1）可有可无能力（2）外围能力（3）一般能力（4）主要能力

　　（5）核心能力

13. 知识创新能力是英语专业本科生应该具备的：

　　（1）可有可无能力（2）外围能力（3）一般能力（4）主要能力

　　（5）核心能力

14. 全球化能力是英语专业本科生应该具备的：

　　（1）可有可无能力（2）外围能力（3）一般能力（4）主要能力

　　（5）核心能力

15. 超文化交际能力是英语专业本科生应该具备的：

    （1）可有可无能力（2）外围能力（3）一般能力（4）主要能力
    （5）核心能力

16. 新媒体读写能力是英语专业本科生应该具备的：

    （1）可有可无能力（2）外围能力（3）一般能力（4）主要能力
    （5）核心能力

17. 模态设计能力是英语专业本科生应该具备的：

    （1）可有可无能力（2）外围能力（3）一般能力（4）主要能力
    （5）核心能力

18. 信息搜索选择能力是英语专业本科生应该具备的：

    （1）可有可无能力（2）外围能力（3）一般能力（4）主要能力
    （5）核心能力

19. 批评性思维能力是英语专业本科生应该具备的：

    （1）核心能力（2）主要能力（3）一般能力（4）外围能力
    （5）可有可无能力

20. 正确选择能力是英语专业本科生应该具备的：

    （1）可有可无能力（2）外围能力（3）一般能力（4）主要能力
    （5）核心能力

21. 适应能力是英语专业本科生应该具备的：

    （1）可有可无能力（2）外围能力（3）一般能力（4）主要能力
    （5）核心能力

22. 终生学习能力是英语专业本科生应该具备的：

    （1）可有可无能力（2）外围能力（3）一般能力（4）主要能力
    （5）核心能力

23. 政治正确能力是英语专业本科生应该具备的：

    （1）可有可无能力（2）外围能力（3）一般能力（4）主要能力
    （5）核心能力

24. 循德守法能力是英语专业本科生应该具备的：

    （1）可有可无能力（2）外围能力（3）一般能力（4）主要能力
    （5）核心能力

25. 社会承责能力是英语专业本科生应该具备的：

(1) 可有可无能力 (2) 外围能力 (3) 一般能力 (4) 主要能力

(5) 核心能力

26. 领导能力是英语专业本科生应该具备的：

(1) 可有可无能力 (2) 外围能力 (3) 一般能力 (4) 主要能力

(5) 核心能力

27. 团队合作能力是英语专业本科生应该具备的：

(1) 可有可无能力 (2) 外围能力 (3) 一般能力 (4) 主要能力

(5) 核心能力

附录 4.2 外语专业本科生能力结构调查访谈

1. 非正式访谈

老师（同学），您好！前一段时间，我们对新时期外语专业本科生应该具备的能力结构的相关问题进行了问卷调查，您也参加了这个活动，在此，特表示诚挚的谢意。在对问卷的结果进行统计和分析后，我们发现了一些差异和问题。现在，想就这些差异和问题征求一下您的意见和建议。

1) 有的老师（同学）认为，外语专业本科生的首要任务是学好外语，掌握外语的基本知识和交际能力，其他的能力应该通过其他专业或课程培养。您认为这种认识对吗？谈谈您的看法。

2) 有的老师（同学）认为，外语的基本知识和交际能力以外的其他能力是外围能力，不是核心能力，不应该占用很多时间和精力培养。您认为这种认识对吗？谈谈您的看法。

3) 您认为学生本身的外语基础能力会对他接受多元能力培养产生影响吗？为什么？

4) 您认为老师本身的业务基本功会对他接受多元能力教学模式产生影响吗？为什么？

5) 您认为老师的知识结构、教学经验和经历，以及他本身学习外语的经历会对他接受多元能力培养模式产生影响吗？谈谈您的看法。

6) 您认为外语基本知识和交际能力之外的其他能力是外语整体素质的一个组

成部分，还是可有可无的能力？为什么？

7）有人认为，外语基本知识和交际能力之外的其他能力需要通过其他课程和专业培养，外语专业只培养外语能力即可。这种认识对吗？谈谈您的看法。

8）老师和学生的性别、年龄等是否对他接受外语专业本科生多元能力结构的培养产生影响？为什么？

2. 访谈方式：随机随遇谈话，随后回忆和记录

3. 访谈核心内容

序号	核心问题	答语的核心内容
1	学好基本知识、掌握交际能力是否为首要任务	1. 是首要任务，其他知识和能力可通过其他课程培养 2. 是首要任务，无须学习或掌握其他的 3. 在学好基本知识和发展交际能力的同时，也要发展其他知识和能力
2	其他能力是否为外围能力	1. 是外围能力 2. 是外围能力，但对于将来发挥学生的作用很重要 3. 知识、技能和实践及应用能力同等重要，应该同步发展
3	学生本身的外语基础能力是否有影响	1. 没有影响，取决于个人的兴趣 2. 有一定影响，基础差会对发展其他能力没有信心 3. 有影响，基础差会集中精力发展外语能力，忽视其他
4	老师的业务基本功是否有影响	1. 没有影响，取决于老师的眼界和事业心 2. 有一定影响，发展学生多元能力会增加教学的工作量和难度，老师会有畏难情绪
5	老师的经验和经历是否有影响	1. 没有影响，取决于老师的性格、兴趣和眼界 2. 有影响，老师习惯于传统的教学模式，不愿改革 3. 有影响，老师的经验和经历会使他认为新的思路和模式无法实施，或者离经叛道
6	其他能力是否为外语素质的一部分	1. 不是，其他能力是外语能力外的能力 2. 是，但不是核心能力 3. 是，其他能力是和外语基本能力同等重要的能力

（待续）

（续表）

序号	核心问题	答语的核心内容
7	其他能力是否可通过其他课程培养	1. 是的，不需要在外语课中培养 2. 是的，但也需要在外语基础课中培养，因为两类能力在一起才能真正发挥作用 3. 是的，需要同时在外语课中培养，分离开就不是真正的整体外语素质
8	性别和年龄是否有影响	1. 没有影响 2. 会有一定影响，但不是关键因素

附录 4.3 个体单项得分情况统计表

1.1 学问卷 1A：单项得分

编号	1	2	3	4	5	6	7	8	9	10	11	12	13	14	15	16	17	18	19	20
得分	43	44	47	34	51	47	44	40	46	43	49	44	45	48	38	39	50	39	47	48
%	78%	80%	85%	62%	93%	85%	80%	73%	84%	78%	89%	80%	82%	87%	69%	71%	91%	71%	85%	87%

编号	21	22	23	24	25	26	27	28	29	30	31	32	33	34	35	36	37	38	39	40
得分	40	41	41	48	44	44	37	46	36	38	48	44	49	46	41	47	47	45	43	42
%	73%	75%	75%	87%	80%	80%	67%	84%	65%	69%	87%	80%	89%	84%	75%	85%	85%	82%	78%	76%

编号	41	42	43	44	45	46	47	48	49	50	51	52	53	54	55	56	57	58	59	60
得分	44	43	51	51	49	39	49	45	41	44	42	42	38	46	42	42	45	46	34	49
%	80%	78%	93%	93%	89%	71%	89%	82%	75%	80%	78%	76%	69%	84%	76%	76%	82%	84%	62%	89%

编号	61	62	63	64	65	66	67	68	69	70	71	72	73	74	75	76	77	78	79	80
得分	41	42	50	43	43	50	50	49	46	39	46	51	47	50	42	41	46	41	48	41
%	75%	76%	91%	78%	78%	91%	91%	89%	84%	71%	84%	93%	85%	91%	76%	75%	84%	75%	87%	75%

编号	81	82	83	84	85	86
得分	45	48	39	43	41	36
%	82%	87%	69%	78%	75%	65%

1.2 学问卷 1B：单项得分

编号	1	2	3	4	5	6	7	8	9	10	11	12	13	14	15	16	17	18	19	20
得分	35	25	37	35	39	39	29	34	33	40	40	27	40	35	32	31	32	36	38	33
%	88%	63%	93%	88%	98%	98%	73%	85%	83%	100%	100%	68%	100%	88%	80%	78%	80%	90%	95%	83%

编号	21	22	23	24	25	26	27	28	29	30	31	32	33	34	35	36	37	38	39	40
得分	34	30	35	22	39	34	34	32	32	32	40	32	40	32	31	30	38	36	34	29
%	85%	75%	88%	55%	98%	85%	85%	80%	80%	80%	100%	80%	100%	80%	78%	75%	95%	90%	85%	73%

编号	41	42	43	44	45	46	47	48	49	50	51	52	53	54	55	56	57	58	59	60
得分	32	29	33	33	16	34	40	40	37	35	34	28	36	34	35	34	37	34	36	32
%	80%	73%	83%	83%	40%	85%	100%	100%	93%	88%	85%	70%	90%	85%	88%	85%	93%	80%	90%	80%

编号	61	62	63	64	65	66	67	68	69	70	71	72	73	74	75	76	77	78	79	80
得分	34	32	40	33	37	40	34	33	38	33	33	36	32	33	32	37	37	37	36	34
%	85%	80%	100%	83%	93%	100%	85%	83%	95%	83%	83%	90%	80%	83%	80%	93%	93%	93%	90%	85%

编号	81	82	83	84	85	86
得分	35	32	32	32	34	32
%	88%	80%	80%	80%	85%	80%

1.3 学问卷 1C：单项得分

编号	1	2	3	4	5	6	7	8	9	10	11	12	13	14	15	16	17	18	19	20	21	22	23	24	25	26
得分	90	115	105	93	112	109	93	90	105	96	68	85	113	86	76	83	107	78	119	87	94	92	99	93	85	103
%	67%	85%	78%	69%	83%	81%	69%	67%	78%	71%	50%	63%	84%	64%	56%	61%	79%	58%	88%	64%	70%	68%	73%	69%	63%	76%

编号	27	28	29	30	31	32	33	34	35	36	37	38	39	40	41	42	43	44	45	46	47	48	49	50	51	52
得分	102	98	100	80	124	108	120	104	105	84	94	105	96	92	80	97	129	105	97	86	98	104	112	97	92	93
%	76%	73%	74%	59%	92%	80%	89%	77%	78%	62%	70%	78%	71%	68%	59%	72%	96%	78%	72%	64%	73%	77%	83%	72%	68%	69%

编号	53	54	55	56	57	58	59	60	61	62	63	64	65	66	67	68	69	70	71	72	73	74	75	76	77	78
得分	93	97	110	92	101	76	83	132	85	93	110	115	100	123	113	83	100	89	95	102	92	92	103	108	115	109
%	69%	72%	81%	68%	75%	56%	61%	98%	63%	69%	81%	85%	74%	91%	84%	61%	74%	70%	70%	76%	68%	68%	76%	80%	85%	81%

编号	79	80	81	82	83	84	85	86
得分	100	80	102	86	113	108	77	99
%	74%	59%	76%	64%	84%	80%	57%	73%

2.1 学问卷 2A：单项得分

编号	1	2	3	4	5	6	7	8	9	10	11	12	13	14	15	16	17	18	19	20	21	22	23	24	25	26
得分	44	51	47	55	48	54	40	48	45	47	52	36	55	42	42	48	41	50	43	40	32	40	49	38	52	
%	80%	93%	85%	100%	87%	98%	73%	87%	82%	85%	95%	65%	100%	76%	76%	87%	75%	91%	78%	73%	58%	73%	75%	89%	69%	95%

编号	27	28	29	30	31	32	33	34	35	36	37	38	39	40	41	42	43	44	45	46	47	48	49	50	51
得分	55	29	45	47	43	45	40	47	51	50	51	47	47	44	33	36	42	39	45	45	53	37	39	53	44
%	100%	53%	82%	85%	78%	82%	73%	85%	93%	91%	93%	85%	85%	80%	60%	65%	76%	71%	82%	82%	96%	67%	71%	96%	80%

2.2 学问卷 2B：单项得分

编号	1	2	3	4	5	6	7	8	9	10	11	12	13	14	15	16	17	18	19	20	21	22	23	24	25	26
得分	33	38	34	32	36	40	33	33	39	33	35	26	32	40	35	40	16	40	40	40	35	35	35	32	37	40
%	83%	95%	85%	80%	90%	100%	83%	83%	98%	83%	83%	65%	80%	100%	88%	100%	40%	100%	100%	100%	88%	88%	88%	80%	93%	100%

编号	27	28	29	30	31	32	33	34	35	36	37	38	39	40	41	42	43	44	45	46	47	48	49	50	51
得分	40	23	40	36	40	36	34	30	30	33	31	30	38	40	36	35	33	37	35	35	33	40	40	40	36
%	100%	58%	98%	100%	90%	100%	90%	85%	75%	75%	83%	78%	75%	95%	100%	90%	88%	83%	93%	88%	88%	83%	100%	100%	90%

2.3 学问卷 2C：单项得分

编号	1	2	3	4	5	6	7	8	9	10	11	12	13	14	15	16	17	18	19	20	21	22	23	24	25	26
得分	123	99	101	116	81	104	80	105	99	93	94	89	70	96	88	96	104	103	79	79	115	115	103	102	107	108
%	91%	73%	75%	86%	60%	77%	60%	78%	73%	69%	70%	66%	70%	71%	65%	71%	77%	76%	59%	59%	85%	85%	76%	76%	79%	80%

编号	27	28	29	30	31	32	33	34	35	36	37	38	39	40	41	42	43	44	45	46	47	48	49	50	51
得分	135	81	76	108	93	108	96	89	93	120	108	88	110	109	91	93	104	105	89	108	108	94	90	112	101
%	100%	60%	56%	80%	69%	80%	71%	666%	69%	89%	80%	65%	81%	81%	67%	69%	77%	78%	66%	80%	80%	70%	67%	83%	75%

3.1 教问卷 A：单项得分

编号	1	2	3	4	5	6	7	8	9	10	11	12	13	14	15	16	17	18	19	20	21	22
得分	55	51	54	53	52	53	43	53	49	46	54	51	40	54	44	45	44	45	54	44	51	45
%	100%	93%	98%	96%	95%	96%	78.%	96%	89%	84%	98%	93%	73%	98%	80%	82%	80%	82%	98%	80%	93%	82%

3.2 教问卷 B：单项得分

编号	1	2	3	4	5	6	7	8	9	10	11	12	13	14	15	16	17	18	19	20	21	22
得分	40	20	37	34	33	40	36	40	23	29	26	27	29	32	34	35	37	21	25	40	35	33
%	100%	50%	93%	85%	83%	100%	90%	100%	58%	73%	65%	68%	73%	80%	85%	88%	93%	53%	63%	100%	88%	83%

3.3 教问卷 C：单项得分

编号	1	2	3	4	5	6	7	8	9	10	11	12	13	14	15	16	17	18	19	20	21	22
得分	65	70	109	103	86	115	107	115	104	99	100	96	108	92	80	90	88	84	117	81	122	87
%	48%	52%	82%	76%	64%	85%	79%	85%	77%	73%	74%	71%	80%	68%	59%	67%	65%	62%	87%	60%	90%	64%

第三部分 多模态相关理论及其在外语教学中的作用

多模态话语分析与多元读写能力培养

多模态话语中的再符号化

合法化语码理论中的语义波理论

多模态体裁结构理论

多模态互动分析框架

第五章 多模态话语分析与多元读写能力培养

5.1 引言

自 20 世纪 90 年代开始，多模态话语分析理论如火如荼地发展起来。这一理论的产生和迅速发展既有理论上的原因，又是社会现实的需要。从理论上讲，多模态话语分析理论可以说是话语分析理论发展的一个历史阶段。人们发现，话语的意义很大部分是由非语言特征实现的，因此仅从语言的角度研究话语是不够的。从社会发展的现实情况看，科技发展日新月异，多媒体和网络迅速发展，人类的交际过程需要听觉、视觉、触觉并用，人类话语越来越多模态化；在一些领域，交际的主模态已经由语言转为图像或其他模态，如网页、电影、画展等。多媒体和网络的发展促进了多模态话语的研究。

实际上，人类话语交际的多模态是人类交际的普遍现象。可以说，人类的交际过程基本上都是多模态的。但从研究的角度讲，以前我们的研究重点放在语言上，其他模态如手势、动作、面部表情等没有受到研究者的重视。在语言学研究中，交际中出现的其他模态通常被看作非语言特征或伴随语言特征，被作为语言的一种辅助表达系统，而非意义表达模态来研究。现在，在多模态话语分析理论中，交际中的非语言特征被作为同语言一样的符号系统，即一种模态来进行研究，特别是研究它们之间在社会交际中的相互协同和合作关系。

多模态话语分析理论的研究现状和发展，我们已经在第二章做了简单的综述，这里不再赘述。下面重点探讨多模态话语分析理论如何用于外语教学中，作为探讨培养外语专业本科生多元能力的理论基础。多模态话语分析需要研究的问题包括：

1）在人类社会交际中，通常有哪些模态用于社会交际？这些模态系统的特点是什么？

2）在每个模态中，都是哪些关键因素在体现意义？

3）它们在多模态语篇中有什么作用？可以形成什么模式？

4）如何对一个多模态语篇进行编码或者解读？

5）在多模态语篇的意义建构中，模态之间的关系是怎样的？

6）可以从哪些理论视角来探讨多模态话语？

5.2 符号资源

我们首先探讨在人类社会交际中，通常有哪些模态用于社会交际，以及这些模态系统的特点是什么。一谈到人类交际，我们首先想到的是语言，因为它是人类运用最广泛，也是专门用于人类交际的符号资源。两千年前，就诞生了语言学，学者们开始研究语法、修辞等。然而，人类交际除了用语言之外，还会同时运用其他许多模态，特别是和人的身体相关的模态，如手势、身势、面部表情、头部的运动、口气、腔调、语调等。与此同时，人们还可以运用其他工具性的模态，如图像、动画、字形等，以及环境中可用于交际的物体，如空间布局、距离、环境中的物品等。

每一个这样的模态都是一个符号系统，或者称为符号资源（semiotic resource）。一种实体变成媒介，成为一种模态，首先是交际的需要使然；但只有当这种需要成为一种常态，具有习惯上的复现性，它才能被整体言语社团的成员认可，从而成为一种符号。所以，模态是一个言语社团中可以被识别、复现率高的符号系统。这样，人们在交际中就可以基于这种可识别性和复现性进行选择，同时也可以根据语境的需要进行一定创新。所以，Lemke（1993）说，人们通过可识别的、多半是习惯性的（有时是原创的）方法从这些资源中选择，就可以进行有意义的活动。Kress（1997）认为，所有的模态（视觉的、姿态的、动作的），像语言一样，在社会使用过程中共同形成社会资源的模态。

根据模态系统之间的关系，模态可以有多种分类的方法。例如，根据其他模态与语言模态之间的距离，模态可以分为语言模态，如口语、书面语、盲语、手语等；伴语言模态，如口气、强调等；非语言模态，如图像、音乐、空间布局等。根据模态的可移动性特点，可以分为动态模态和静态模态。根据模态的维度，可以分为线性模态、平面模态、三维模态、四维模态等。

新伦敦小组把与培养多元读写能力相关的模态分为五个类别：语言模态、视觉模态、听觉模态、身势模态、空间模态。每一种模态都由不同的模态成分组成。语言模态成分包括表达方式、词汇、隐喻、及物性、过程的规范性、信息结构、微观连贯关系、宏观连贯关系等；视觉模态成分包括颜色、视角、矢量、前景化、背景化等；听觉模态成分包括音乐、音响效果等；身势模态成分包括行为、身体形状、手势、感觉、情感、身体动作、空间关系等；空间模态成分包括生态系统、地理位置、建筑意义等。五个模态类型成分之间的相互协同和合作形成多模态。

这个模态分类的主要问题是：（1）它的模态不是以符号系统来定义的，而是以感觉系统来定义的，这样就无法用符号系统的概念来讨论模态；（2）在这个系统中，符号与符号的成分和特征混为一谈，这样就不容易从社会符号理论的角度来研究它。因此，本研究仍以 Kress 等（Kress，2005；Kress & van Leeuwen，1996，2001）对模态的定义为准，把模态与符号系统联系起来。这样，我们可以根据语言教学课堂的基本特点，参考新伦敦小组的分类标准和张德禄（2010）的研究，把多元读写能力培养模式中可调用模态的类型归纳为以下类别。

语言模态：口语、书面语、口音、声调、口气腔调、大小写、斜体、黑体、颜色体

肢体模态：手势、身体移动、头的移动、表情、眼神、朝向

视觉模态：图像、文字、动画、舞蹈、衣着、颜色

听觉模态：音乐、歌唱、节奏、韵律

环境模态：教室布局、空间距离、身体距离

这个分类方法把语言类模态凸显出来，一方面是强调语言作为一个可体现各种意义资源，其供用特征几乎无所不包；另一方面，在语言教学中，应该把语言放在中心的位置来考虑。其他的模态也都是在语言教学中常出现的符号系统。

从社会符号学的角度看，每一个模态都是一个独立的符号系统。它之所以成为符号系统，是因为它具有在社会交际中组成话语（多模态话语）用于交际的功能。它本身的实体是没有什么理论意义的。但随着科技的发展，大家逐步认识到，体现模态的实体实际上具有决定它的表意潜势的作用，具有其自身特定的供用特征（Gibson，1977），也称为"新唯物主义"（neo-materialism）

(Thibault, 1991: 189)。例如，是否使用 PPT 不仅在于是否用相关模态表达意义，还涉及是否可以用科技手段来体现特殊的意义，某些意义适合用特定的模态来体现，而缺少这些模态的技术实体实际上是缺少了交际的资源，特别是高科技资源。所以，模态的科技性使得某些模态具有特别的交际价值。

从模态所具有的表意功能和表意范围上讲，有些模态的使用范围十分有限，仅局限于某些特殊的领域，如交通信号系统；而有的则可用于几乎所有的领域，如语言。有的只能以单独的符号来组成语篇，如儿童早期的话语符号；有的则可以组成更复杂的符号结构后组成话语语篇，如语言。它们分别称为两个层次的符号系统和三个层次的符号系统（Eggins，2004）。

两个层次的符号系统是简单符号系统。在这个符号系统中，符号能指和所指一一对应，即符号的媒体、形式和意义都一一对应，不用通过词汇语法系统。例如，交通信号系统是两个层次的符号系统（见表 5.1）。

表 5.1 交通信号符号系统中符号媒介与意义的关系

类别	层次	项目
交通信号系统	意义	停、等、行
	符号	红、黄、绿

在表 5.1 中，共有三个符号：红、黄、绿三种颜色，分别指停、等、行的意义。符号之间不能组成更大的符号，如红绿、红黄、黄绿、红黄绿等。这就限定了交通信号只能在交叉路口指挥交通，不能脱离这个语境起作用，也不能增加或减少意义。

还有些符号系统更加复杂，系统中的每个符号都可以和其他符号结合形成新的符号，这样，符号的可结合性可以产生无数新的符号。这种符号系统的特点是，它的意义和媒介不是一一对应的，而是要经过一个中间层次的重新分配表意功能和重构，用以体现意义，组成语篇。这个中间层次就是词汇语法系统。它使得这个符号系统具有双分性、多产性等特点，其用途也更加广泛，适用于更多的交际领域。人类语言属于这个类别的符号系统。这种系统各层次之间的关系可用表 5.2 表示。

表 5.2　三个层次的符号系统意义、词汇语法和媒介的关系

类别	层次	目录
语言	意义	概念、人际、语篇
	词汇语法	词汇系统、语法系统
	媒介	音系系统

从系统的角度讲，两个层次的系统一般为单层系统，即无论意义还是媒介只通过一个系统就可以表示其全部特征。三个层次的符号系统则会十分复杂，形成多系统相互联系、相互依存的关系，产生系统网络，而且每个层次都可以具有自己的系统网络。这种复杂的系统网络就可以生成用于各种目的的语篇。

5.3　多模态与词汇语法和语篇

5.3.1　词汇语法

在多模态语篇中，模态之间的协同和配合主要应该从哪个层次上进行探讨是多模态语篇分析的一个核心问题。总体来说，可以有两个不同的方法：(1) 从词汇语法层次上探讨模态之间的协同和配合；(2) 从语篇层次上探讨模态之间的协同关系。

每个三个层次的符号系统都有一个语法系统，但由于前人没有研究过这类符号系统的语法，如何描述就成为一个问题，如哪是词汇，哪是语法。在这方面，Kress & van Leeuwen（1996）为我们提供了一个可选择的描述方法。

根据系统功能语言学理论（Halliday，1973），语言要同时体现三种元功能——概念功能、人际功能、谋篇功能。Kress & van Leeuwen（1996）把多元功能的思想延伸到图像上，提出视觉语法的概念，建立了一个图像分析的社会符号学框架。他们模拟系统功能语言学中功能语法的及物性系统，把图像体现概念意义（表现意义）的语法系统分为叙事类和概念类。在叙事类中，有行动

过程、反应过程和心理与言语过程。行动过程表示图像所表现的动作和行为，由动作者和一个矢量，再加情景成分组成。反应过程也是由矢量组成的，是由一个或多个图像中参与者的目光的方向构成的。心理与言语过程矢量是由言语和思维形成的，在图像中通常由言语泡或思维泡组成。

图像的概念类过程实际上表达语言的关系过程的主要内容，分为分类过程和分析过程。分类过程表示一组相似的参与者，其个体特征、距离和等级相同，共同从属于一个更高层次的参与者，它可以是显性的，也可以是隐性的。分析过程实际上表示整体与部分，即整体可以分析为部分。其关系是整体与部分关系。此外，他们还区分了穷尽的和包含的、类型学和拓扑学的分析过程。

与此同时，他们还讨论了体现人际（交流）意义的特征，包括距离、凝视、视点和情态。距离分为长距、中距、短距，通常分别象征人际关系的距离、情感距离、参与者之间的社会关系。凝视包括正视、斜视、无视，表示与谁交流，是求取还是命令。视点表示角度，分为高、平、低等多种视角，可表示友好平等关系、权力关系等。情态由颜色的深浅度等因素体现，表示对描述对象的判断是真实的还是虚假的，有可能还是没有可能，等等。

体现语篇（组篇）意义的特征包括三大类别：信息值（information value）、定框（framing）和凸显（saliency）。信息值是对图像所表现的信息的描述，通常左边为已知信息，右边为新信息；上端为理想信息，下端为现实信息；中间为核心信息，四周为外围信息。

定框表示可对图像整体切分的方式。属于成分分析类的，整体图像可切割为几个部分，每个部分的边界是什么，图像之间是平行平等的关系，还是从属关系，或者包含关系。

凸显实际上是对信息值的一种补充，表示哪些信息是突出的，哪些是不突出的，以及突出的程度如何。它可以由多种形式体现，如处于前景的是凸显的，而处于背景的是非凸显的；大的部分是凸显的，而小的部分是不凸显的；图像中两个部分形成对比的是凸显的，其他不形成对比的部分是不凸显的。

这个语法描述是功能性的，不是形式的。许多形式特征的识别仍然是有待研究的课题。Kress & van Leeuwen（1996）自己就说，多模态语法不能像语言语法那样研究，非要找出句子、小句、名词或动词不可，而是要研究它们作为一个整体如何起作用。也就是说，在研究其他符号系统的词汇语法时，我们很难像研究语言那样在语篇中找到可明确界定的、复现性的语法单位。这是研究其他符号系统的难题，因为我们还不了解它们的形式特性，以及它们和意义的关系。但 Kress & van Leeuwen（1996）的研究为我们提供了一个很好的范例，可以步步深入地进行研究。

在对单个符号系统的词汇语法进行描述的基础上，还需要探讨不同类型的符号系统的词汇语法是否可以组成所谓"多模态语法"，即多种模态共同建构一种语法结构。鉴于不同符号系统的形式特征表现出较大的差异，这种多模态协同模式也是可能的（见图 5.1）。

这是因为有些符号系统在形成语篇时，自己不能单独成为一个语法结构，即像句子那样的语法结构，而是需要补充其他模态中的成分才能变得完整。图5.1 是一个多模态语篇，同时也是一个多模态句子。从平面图形上看，整个地图形状是由六个部分、以一定的结构位置组合而成的，相当于语言语法中的一个小句；在分析过程中，一个上位成分（superordinate）统领下面的六个下位成分（subordinate），形成了澳大利亚的地图图形。但这个图形的意义并不确定，不知它的用途是什么。只有当它被标上文字信息时，其意义才能得到确认。

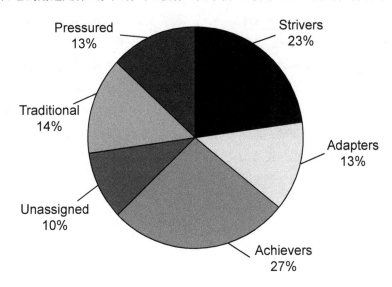

图 5.1 澳大利亚：人口组成比例 (*Bulletin*, 10 January 1989) (Kress & van Leeuwen, 1996)

在图 5.1 中，文字部分没有形成自己单独的语篇，而是与图形部分融为一体，用于形成整个多模态语篇：澳大利亚地图被切割为六个部分，每个部分占据一定的比例，代表一个类型的人。从视觉语法的角度看，它是一个体现表现（representational）意义的分析过程，是一个小句；而每个文字部分都被添加到每个下位成分的末端，表示这个成分的类型和占据的比例。具体可由图 5.2 表示。

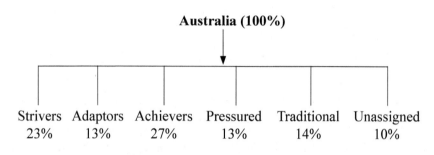

图 5.2 分析过程中澳大利亚人的类别

而这些在图像结构中做次级成分的文字部分，则在语言语篇中被视为关系小句，具有"标记 –（关系过程）– 价值"的结构，如"The strivers（标记）–（make up）（识别关系过程）– 23%（of the total）（价值）"。

这个多模态语篇可以视为由一个图像语篇和六个语言片段组成，每个片段都是一个单独的语言单位。每个语篇片段首先单独和图像语篇的一个成分相联系，然后片段之间形成相互衔接关系（见图 5.3）。这样，语言文字部分可以通过分类法组成一个小语篇，即澳大利亚人可以分为六个类别，每个类别占据总体的一部分。但当它们与图像语篇融合时，它们成为图像语法中的分析过程的一部分，整体被切割为六个片段。

从总体上看，图像语篇是多模态语篇的主体，由一个分析小句体现。而语言部分首先是不相联系的六个片段，每个都由一个识别关系过程体现，直接和图像的一个成分相关。由此可见，一个二维图像语篇的意义，相当于语篇中的一系列小句的总和。因为语言是线性的，是二维空间的一部分，所以二维平面图像的一部分就是语言单位的一个整体。这说明，不同的符号系统有不同的语法模式：语言有线性语法，而图像则有二维语法。

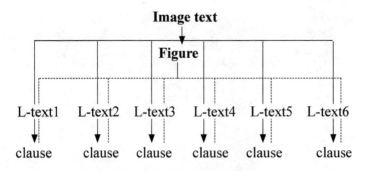

图 5.3 澳大利亚人分类中的词汇语法和语篇

5.3.2 语篇

当我们谈论视觉语法时，我们会假设不同的模态共同组成语法单位，体现多模态语篇的意义；上面我们也探讨了如何在语法层面，不同模态协同形成语篇单位的情况。但我们在分析大多数多模态语篇时会发现，实际上，在大多数多模态语篇中模态之间不是在语法层面进行互动或协同，而是在每个模态体现的语篇片段之间进行互动或协同（见图 5.4）。

图 5.4 所示的多模态语篇是 Vittel 纯净水的一则广告。作为广告，它当然产生于一定的情景语境，涉及情景语境的三个变项。（1）话语范围：推销纯净水。（2）话语基调：推销员和潜在的消费者，他们之间的关系是距离大，相互不熟悉。（3）话语方式：报纸中可读可看的书面语；视觉图像和空间布局；几种模态相互协同，形成多模态语篇。

然而，使情景语境起作用的主要文化因素之一是体裁：推销纯净水是设计这则广告的主要动因。水的作用，除了解渴以外，还要使喝水者健康；健康的水是纯净的，含有对健康有益的矿物质；水是大多数人都要买的。这样就可以吸引读者的购买欲望。由此可见，鼓吹水的纯净、健康和适合大众是推销的主要手段。

图 5.4 Vittel 广告 (*New Idea*, 5 December 1987)

(Kress & van Leeuwen, 1996)

　　从语篇的组成上看，语篇的整体广告效应是由整个图像体现出来的。而图像实际上包含三个小语篇：一个书面语篇；两个图画语篇，分别是在水池喝水的图画和水瓶的整体图像。它们由一定的逻辑关系相互关联。在图画部分，男人似乎在喝池子里的水，同时女人在微笑地看着他。但这个图画并没有表明水是从哪里来的，是不是可以喝的，这个事件是在什么地方发生的，等等。但在书面语篇中，首先突出的大标题"纯活力"可以提示水的来源和含有的成分：水是纯净的，含有健康的矿物质。水瓶图画可以形成一个独立的"单词"语篇，因为它表示一个实在的物体。但实际上，它并不这么简单。瓶子表面还印着商标和对水的介绍。它们是内嵌的语篇，包含在瓶子语篇中。这样，这三个语篇片段共同组合为一个多模态语篇，其中每个小语篇在整体语篇中都作为一个体裁结构成分，具有自己的功能。水瓶语篇表明广告推销的物品；书面语篇和喝水的图画语篇共同表明产品的质量和功能，所以它们的作用是修饰水瓶语篇。水的图画语篇利用水的来源和质量激发读者的购买力，而书面语篇则通过提供更加具体的有关其质量和来源的信息来补充这个图画语篇。所以，这三个语篇和标题之间的关系可由图 5.5 表示。

图 5.5　多模态纯净水广告语篇中各成分之间的关系

从词汇语法上看，书面语篇有五个小句；喝水图画语篇也相当于两个小句。语篇的语法之间也有使其相互联系的逻辑关系，但这种逻辑关系从属于语篇之间的关系。

多模态语篇中模态之间的关系是很复杂的。它们大多数是在语篇层面建立关系，即每个模态体现一个小语篇；然后，这个小语篇与其他模态体现的小语篇相互协同，共同构建多模态语篇整体。从这个角度看，真正的多模态语法无法起作用。但在某些多模态语篇中，由于模态之间的形式结构特征差别很大，一些模态的语法结构成分可以在另一个模态的语法结构成分中充当一定的成分，从而形成所谓"多模态语法结构"。但这类结构是否可以认定为多模态语法结构，还需要更多专家的认可。

5.4　多模态设计

设计概念没有出现在语言学理论框架中，主要是因为以前的语言交际基本上都是单模态的，或者是口语，或者是书面语；即使涉及多模态交际，通常也是把其他模态作为辅助手段，例如为一首诗歌配上一幅画，把字体做成图画，等等。

随着现代科技的发展，多模态交际成为一种常态，当不同的模态同时参与交际过程时，设计就成为一个关键因素和关键阶段。首先，在信息传递的方式上，以前的交际是书面语占统治地位，写作主要是通过书写纸承载的，写作的逻辑决定页面的顺序和整本书的布局。文字写作是线性的，确定了起点和书写方向，页面的设计就完成了（Kress，2003：1），所以不需要耗费精力和时间进行设计。随着计算机和网络的产生，交际越来越屏幕化，占统治地位的媒介是屏幕，因此屏幕的逻辑决定新的顺序和对屏幕的安排。虽然文字可以出现在屏幕上，而且其书写的顺序也没有明显的变化，但它经常从属于图像。

其次，过去信息交际是"写作者的市场"。他们的主要任务是产出高质量的产品，不必对产品进行精美的包装。而当今世界是"读者的市场"，随着交际媒体的现代化和无限发达，一般的语篇很容易淹没在浩瀚的信息流中。这样，设计者需要采用各种手段来"推销"自己的"产品"（语篇），所以，设计者根据符号特殊的修辞目的，用各种招式来劝诱那些有机会接触该信息的人们来识读语篇，接受该信息。这样，页面/网址的设计者的作用就是集中材料，将其加工为访问者可提取的"信息"，此时需要考虑访问者的兴趣。

最后，从职业的角度讲，以前人们的职业大部分是单模态的，例如音乐家主要是编写歌词和谱曲，画家的工作是绘画。各人从事自己的工作，一般互不干涉。现在单模态行业渐渐淡出，不断被多种模态并用的行业所替代。模态的层级性趋向"扁平化"，各种不同的模态被作为资源同时进行交际，不再区分层次和地位。所以，现在进入了一个设计时代，是多种模态组合利用的时代。

在多模态话语分析中，设计具有特殊的含义。从设计所涉及的交际因素来看，设计是运用所有的符号系统或符号组合作为符号资源，产出新的多模态话语的过程，是在某个交际语境中实现话语的方式。在设计的过程中除了使用已有资源外，也增加了新的东西，即它们体现了把社会构建的知识转化为行动或互动的交际情景。Kress & van Leeuwen（2001：50）用一个比喻的方法，把设计比作图纸，设计的对象比作房子，设计就是把要发出的话语变成图纸；与建筑相似，多模态话语分析中的设计就是把已有的资源组织起来组成一个框架，作为产出的图纸。

设计是在语境的促动下对模态选择的操作过程。社会交际是在社会文化语境中进行的，交际的行为和内容都要受到语境的制约和激发。从系统功能语言学的角度看，交际者要根据所处的文化环境和情景语境来选择意义，然后在语言或其他模态中选择相应的词汇语法特征来体现意义。所以，选择什么模态不全是自然的，或者即兴的，而要经过语境的促动而进行设计。所以，设计处于意义和模态选择之间。Kress & van Leeuwen（2001：5）说："设计处于内容和表达的中间，是表达的概念面，概念的表达面。"对意义选择的结果是语篇，即社会交际中所要表达和传播的主要内容。从这个角度讲，设计不属于语言或其他模态的一个层次，而是一个操作过程，即意义经过这个操作过程而体现为模态。这个操作过程也是一个体现过程。

设计是一个从意义到模态表达形式的过程。Kress & van Leeuwen（2001：4）认为，"话语是在社会中创造的现实知识"。话语是在具体的社会语境中发展的，即话语要符合这些语境中的社会参与者的利益。话语是在语境的推动下，在讲话者头脑中产生意义的过程。而设计被明确定位在内容与表达之间。它是对符号资源的运用，使用所有或任何符号资源，可以是模态资源，也可以是多模态资源。设计就是从符号资源选择合适模态来体现讲话者在语境的推动下要表达的意义的过程。这个过程不仅选择了合适的模态，同时也增加了新的意义。表现方式变了，其交际效果也会发生变化。例如，选择多模态会增加交际过程的欣赏性，会加深读者的印象，提高其记忆力，等等。

设计是从系统选择到语篇实例的过程。其他符号系统与语言系统一样也分为不同的层次，它体现意义，受语境因素的制约，由媒体体现。在每个层次上都有系统、次级系统和实例形成的连续体（Halliday & Matthiessen，2004：28）。系统即模态的系统潜势，包括这个模态系统的所有子系统和可选择特征。次级系统指可典型地体现某个机构和领域的意义的模态或模态组合，它受某个类型的语境的制约，由某个媒体系统或系统组合体现。实例则是实际从模态系统中选择出的模态或模态组合，用以体现语篇的意义。

设计过程是语篇意义的生成过程，在层次之间都有表达层次之间关系的体现规则，在实际交际中则表现为操作过程。所以，从这个意义上讲，各系统之间是体现与被体现的关系，表现为一系列的规则和联系；而在实例中，各层次之间则表现为行动和实际操作过程。意义是由语境促动的，但意义在人的大脑中是无法实现的，需要通过模态或多模态结构体现。这样，就需要从不同的模态系统中选择合适的模态或模态组合来体现意义。在意义和模态之间是一种设计操作过程，即交际者根据选择的意义选择合适的模态或模态组合结构来体现它。设计在多模态语篇选择过程中的作用可以用图 5.6 表示。

系统到实例 层次	系统		实例
	系统整体	次系统	
语境	文化语境：意识形态、体裁系统、规约等	情景语境：范围、基调、方式，包括对体裁的选择	情景语境的一个实例，选择一个语篇的结构
↕	话语意义与文化的关系	话语意义与某个情景语境（情景类型）的关系	话语 ↕
意义	意义潜势	语域	语篇
↕	意义到模态系统体现规则	语域到相关模态系统体现规则	设计 ↕
模态	模态系统	体现某个语域的模态系统	模态整合体

图 5.6 模态系统的层次及其在各个层次的次系统、实例和层次之间的关系

在多模态信息传递中，设计是一个关键因素。如果表达和塑造信息时有多种方法，在选择设计方案时应该考虑的问题是：哪一种模态对于表达相应的意义最有效？哪一种模态在塑造所传播的信息时最能符合设计者的兴趣？设计者的听众或他自己最喜爱哪一种媒体？所有这些都需要交际者做出抉择。依靠交际者传递信息时对环境的估计做出选择。

设计既是产出过程也是识读过程。在以上的讨论中，我们把研究的重点放在设计的产出过程上，似乎设计只是以合适的模态来体现意义的过程。但实际上，根据 Kress & van Leeuwen（2001：8）的观点，设计也涉及解释和识读。解释者或识读者也需要认识设计通过什么模态体现了哪些意义。

5.5 模态间的关系

要研究多模态话语中模态之间的关系，第一个需要回答的问题是：为什么要用多模态？如果一种模态能够很好地完成交际任务，就没有必要运用更多的模态。这是交际中的"省力原则"（the least effort principle）。这就说明，使用多模态必然有一定的理由。当一种模态不足以表达要交流的意义并很好地完成交际任务时，就需要用其他模态来辅助它完成任务。这样，多模态交际的总原则应该是：当一种模态不足以表达清楚交际者的意义时，就用另一种或多种模态来强化、补充、调节、协同它，做到更加充分，或尽量充分地表达意义，让听话者理解话语的目的。在这一总原则下，模态之间可以呈现出多种关系。但这些关系可以表现为一种关系：互补关系（complementarity），即用另一种模态来补充这个模态的不足，达到充分表达讲话者意义，圆满完成交际任务的目的。

最先提出互补关系的是 Royce（2007）。他认为，模态之间可以在各个意义成分上进行互补。例如，在概念意义上，可以通过模态之间成分表达的意义的重复、同义、反义、上下义、整体部分义、搭配等关系形成互补；在人际意义上，可以通过模态之间形成的称呼的相互强化、态度的一致性、语气和情态的相互支持，甚至态度的对抗性来表示交流关系、社会角色和权力关系、态度和情感关系等；在组篇意义上，可以通过不同模态表达的信息值、凸显的一致性、成分框定的程度、阅读路线等表达语篇的布局、信息的组织等。

然而，在实际的多模态语篇中，并不是所有的模态之间都是互补性的，还有些交叠、内包等现象可能造成信息的冗余和累赘。所以，张德禄（2009a）区分了互补和非互补关系。

在互补关系中，我们还需要区分强化关系与非强化关系。所谓强化关系，是指一种模态是主要的交际形式，而另一种或多种形式是对它的强化或补充。例如，如果语言是主要的交际形式，那么手势、身势等交际形式就只是起强化作用。反之，在主要以其他方式如图画、舞蹈为交际形式时，语言可能只是辅助的、起强化作用的。

非强化关系表示两种交际模态缺一不可、互为补充的关系，特别是听觉和视觉的结合。在非强化关系中，我们可以区分协调、联合和交叉几种形式。在协调关系中，不同的模态共同表达交际者的整体意义，缺乏任何一种模态将不完整。例如，在播放录像画面时同时播放声音，图像和声音都是必需的。这是一种典型的相互协调模式。在同一种模态中，不同类型的媒体可以形成联合关系，共同来体现意义。例如，在录像这种多模态话语形式中，与动画相匹配的声音和解说的声音联合体现听觉所实现的意义。还有一种交叉体现意义的现象，例如交际者可以在工作的同时，讲解他做此工作的原因，从而形成两种模态交叉体现整体意义的现象。这样，非强化关系可以归结为协调、联合和交叉关系。

非互补关系表示第二种模态对第一种模态在意义的体现上并没有明显的贡

献，但仍然作为一种模态而出现。这种关系一般体现为以下几种形式：交叠、内包和语境交互。交叠现象是两种或多种模态同时出现，但它们之间并没有相互强化关系。模态之间也可以形成相互排斥和相互抵消的关系。这种交叠常常不是有意的、积极的，而是被动的，或者是不可抗拒的，例如阅读时周围出现的噪声或歌声。这样一种模态的话语对另一种起到抵消作用。还有一种情况是两种模态水火不相容。例如，当你正在思考问题时，有人找你说话。触觉与听觉，视觉和听觉形成矛盾模态，从而形成相互排斥的关系。

某些情景成分可以作为模态直接参与交际过程。如果你在和朋友谈论天如何下雪以及雪的大小、下雪的方式时，下雪的过程、方式和现状都会直接参与到你表达的整体意义中，你的话语就表现出很强的情景依赖性，你的话语的意义很大部分是由情景体现的，虽然情景并没有主动参与到你的话语交际中。所以，情景依赖性强的话语交际具有多模态的特性。例如，上例的后一种情况具有听觉模态和视觉模态共同实现交际意义的多模态特点。

模态之间的关系还可以通过不同模态的成分之间形成的逻辑语义关系来探讨。在这里，Halliday（1994）在功能语法研究中提出的复句内部成分之间的逻辑语义关系，被延伸到不同模态之间的关系来探讨。Martinec & Salway（2005）把模态间的逻辑语义关系和它们相互的地位关系结合起来，用以描述模态间的关系。地位可分为平等地位和不平等地位；逻辑语义关系可分为扩展和投射。扩展包括详述、延展和修饰；投射包括投射话语和投射思想（见图5.7）。

van Leeuwen（2005）通过探讨定框来看不同模态成分之间的组篇布局。以杂志广告语篇为例，首先确定模态之间的成分是有联系的，还是没有联系的；在没有联系的模态间区分视觉韵律和视觉对比，同时区分隔离还是分离；在有联系的模态之间区分图像整合，还是语篇整合（见图5.8）。

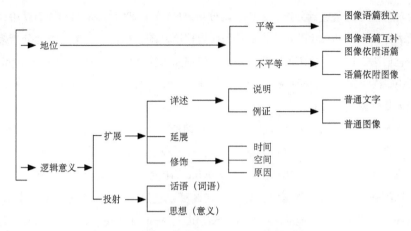

图 5.7 模态之间逻辑语义关系和地位关系

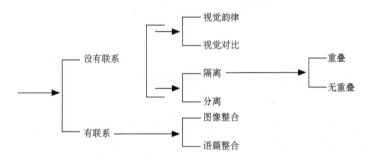

图 5.8 杂志广告语篇中模态之间的定框关系

5.6 多模态话语理论的研究

多模态话语分析理论主要是以系统功能语言学为基础发展起来的，具体而言，是根据 Halliday 的"语言是社会符号"的观点发展起来的。此后，这一理论逐渐延伸到通过其他角度进行研究。例如，Jewitt（2009）区分了多模态研究的三个视角：社会符号学分析（Kress & van Leeuwen，1996；van Leeuwen，2005），在此基础上发展了视觉语法；系统功能语法分析（Baldry & Thibault，2006；O'Halloran，2005；O'Toole，1994），研究者严格按系统功能语言学框架对多模态话语进行分析；社会互动分析（Norris，2004），是 Norris 等以中介话语分析（mediated discourse analysis）为理论基础，从行为层次的角度分析多模态话语。这三个视角虽然略有差别，但都属于社会功能分析（socio-functional analysis）（参见 Bateman & Schmidt，2012），都是以系统功能语言学的基本思想为基础发展起来的。

另一个重要的研究视角是以认知隐喻理论（Lakoff & Johnson，1980）为基础的多模态隐喻研究（El Refaie，2003；Forceville，1996，2009；冯德正、邢春燕，2011；赵秀凤，2011）。以 Forceville 为代表的学者认为，既然隐喻是一种思维和行为方式，那么它的体现形式既可以是语言，也可以是图像、手势、声音、空间布局等其他交际媒介（Forceville，1996；Goatly，2007）。就基本理论而言，Forceville（2009：24）明确界定了多模态隐喻，即"源域与目标域独占不同符号资源或在不同符号资源中占支配地位的隐喻映射"。同时，他还提出了适用于多模态隐喻的工作机制和认知特征。

5.7 多模态话语分析理论在教学中的应用

如上所述，在教学中，选择更多的模态用于教学要有一定的理由。那么，教师如何知道选择多模态可以提高教学效果呢？这就意味着他的选择也要受到语境的促动和制约。在教学中，模态选择的基本程序是：在文化语境中，受意识形态的支配和体裁系统的制约，根据具体的情景语境，选择要表达的意义，包括概念意义、人际意义和语篇意义；然后根据所选择的意义选择合适的模态把它表达出来。例如，即时的交流就选择口语；在安静的环境如考试中，需要用手势和面部表情；在噪声很大的环境中，则需要在选择口语的同时加上手势和面部表情等。我们在选择中所要考虑的关键因素是，在一定的情景中如何选择合适的模态来有效地表达所要传达的意义。

在多模态话语交际框架下，模态选择可以从三个角度进行：（1）多模态教学作为工具，为外语教学提供教学情景和便利条件；（2）多模态教学作为助手，为外语教学提供辅助条件；（3）多模态教学作为补充，为多模态话语交际提供多通道话语意义表达方式（张德禄，2009b）。

作为工具 发展现代多媒体技术的一个最基本的理念是，多模态交际可以使受话者通过多通道获得信息，比单模态话语更容易使受话者理解和记忆。多媒体技术的发展实际上为提供尽可能真实的语境提供了便利条件，例如可以使用 PPT 提供文字、语音、图形、图像、录像。利用从真实交际场合中得到的录像材料作为：（1）学习材料，通过多模态形式，让学生了解和认识真实语境的实际情况，使获得的语境知识更加具体；（2）背景信息，通过多模态形式，让学生与录像中的交际者在录像提供的语境中进行交际。

作为助手 为教师提供条件，使他的工作容易进行。现代技术还可以从内部提供动力，激发 Kress 等（2001：5）所一直强调的"兴趣"，使教师和学生从内心愿意从事这种活动，把外因转化为内因。什么可以引起学生的兴趣呢？（1）特殊的东西、大的东西、色彩鲜艳或浓重的东西更能吸引人们的注意力，这就是突出所表现的事物，把事物前景化。例如，在教学中 PPT 画面采用艺术体、黑体、大字体，可以使文字突出；将文字配上图片更能引起学生的注意。（2）美丽的东西、怪诞的东西、幽默的东西更能引起人们的兴趣，提高学生的参与度。所以，在教学中用现代技术提供美丽的图片、幽默的简笔画、美丽的环境介绍能使学生积极参与，注意力集中。（3）有挑战性的环境、对抗的环境、幽默的环境，能够激发人们参与的热情，例如提供一些有一定难度的破解题、谜题，描述一个对抗的语境，或者提供一项交际任务。

作为补充 模态的选择要以增加正效应为原则，具体可以包括互相强化、互相协调、前景背景、整体与部分（抽象与具体）等关系。

1）强化关系。即用一种模态来强化另一种模态要体现的意义：用 PPT 显示句子 Peter was killed in a traffic accident. 时可同时读出这个句子，在 PPT 画面上配上彼得发生车祸的照片，或者放一段发生车祸的录像，配上发生车祸时的声音等。这就是 Royce（2007）所提出的重复。在一般的信息表达中，重复是一种信息冗余现象；但在教学中，重复能够增强记忆，是教学中常用的手段。

2）协调关系。即利用多模态之间的协调性，还原人类社会交际的本来面目，即由一种媒体不能单独完成的交际任务可以由其他媒体来补充。例如，在讲包括下面一段对话的故事时，如果没有图画，我们会不知所云。

例 5.1 **Big Nutbrown Hare**: "I love you as high as I can reach."

Little Nutbrown Hare: "That is quite high. I wish I had arms like that."

但是如果我们配上图画就很容易理解了，而且还很幽默（见图 5.9）。

图 5.9 语言与图像的协调搭配关系

3）前景背景。在外语教学中，语言交际显然都是处在前景中，由其他模态提供背景。例如，在戏剧的开始，首先出现一个布景，提供事件发生的时间、地点、环境，还可以包括人物。

4）整体与部分（抽象与具体）。在多媒体时代，教师可以通过选择合适的媒体来提供具体的信息，从而使学生能更清楚地理解所教的内容。例如，当你介绍一种新奇的动物或植物时，假如你首先提供名称，然后做些简单的讲解，但学生仍然不知所云；这时如果你提供一张照片，或提供一段有关这种动物或植物的录像，就会使学生一目了然。

5.8 多模态设计学习

5.8.1 何谓设计学习

设计学习理论首先由新伦敦小组提出，包括三个部分：已有设计，即已有意义资源；设计过程，即在符号过程中利用已有资源所做的工作；再设计，即通过设计过程再生和转换的资源。已有设计是设计的资源，包括各种符号系统的"语法"（语言语法、图像语法等）；也包括话语文体、话语体裁、方言、话语声音以及互文语境，即设计过程中所遇到的以前经历的话语。设计过程涉及重新表现和重新语境化，即把已有设计中的资源重新表现出来，置于新的语境中。但实际上，设计过程并非对已有设计资源的重复表现，而是涉及对已有意义资源的转换（transformation）和联通（transduction）。这一过程包括读、看、听等过程，是通过已有资源中各种模态的词汇语法体现语言的三个元功能的过程，从而产出新的结构和对现实的呈现方式，成为转换的设计，即再设计。再设计是意义制造者对意义的重新制造，是一种新意义。虽然它很大程度上利用已有设计资源，但它不是对已有设计的重新实例化或重新结合，而是具有创造性和新产性。它以历史和文化积淀的意义模式为基础；同时，它也是人类的特殊产物，通过设计过程，意义设计者也改造了自己，重新构造和协商自己的身份、能力和素质。可以说，设计过程就是学习过程，是通过设计学习的过程。再设计又成为已有设计，成为新的意义制造资源。

5.8.2 设计学习理论的优点

以设计理论为基础的设计学习比普通学习概念有了很多新发展。（1）传统上，学习过程被认为是一个被动接受过程，即教师提供什么知识，学生就学什么知识。而在新的设计理论中，学生不是被动地执行和接受，而是通过设计学习，积极地达到学习目标，成为积极的意义创造者。在这个过程中，学生既实现了交际任务，又改变了自己。（2）设计学习改变了以前的单模态学习方式，把多种资源综合起来，发挥各种资源的优势，提高了学习效率。（3）设计学习把知识学习和能力发展结合起来，学生首先了解各种模态的意义潜势，然后学会如何"做好"意义的制造工作，即有效地选择合适的模态组合，实现要表达的意义。（4）学生的超学科学习能力增强。人类学习的基本特点是超学科的，为了有效地掌控知识才划分了不同的学科，让不同学科的学生专攻本学科的知识，这在一定程度上限制了学生的发展。但在设计学习中，学生必须充分利用各个学科的相关知识，选择各种模态来实现意义的交流，这有利于学生发展对多学科知识的驾驭能力，提高综合素质。（5）学生需要发展更强的分析评价能力和思辨能力。当更多的模态成为可选择的意义体现方式时，学生需要发展选择的能力，分清优劣，选择最有效的交际方式来创造意义。(6) 在设计学习中，创新成为一种常态。虽然设计学习也利用已有资源，但总是把这些资源用于新的语境中，来实现新的交际任务，还要进行新的组合，从而创造新的意义，使已有设计成为转换的设计，从而成为新的已有设计。

5.8.3 模态的整合利用

多模态出现的动因是多模态协同会产生比单模态更加优异的效果。其隐含假设是每个模态都具有不同的意义潜势，或者说供用特征 (Kress，2003：35)，一方面它们可用在不同语境中实现不同目的，另一方面它们可结合起来实现单模态所无法实现的效果。例如，电影是视、听、说同时进行的，哪种单模态都无法达到这种效果。每个模态独特的供用特征也暗示着模态的专业化 (modal specialization) (Kress，2003：36)，即某模态用到某专业领域会发挥更大的作用。如在书面写作中用书面语，在记录真实场景中用图像、录像。这也表明不同模态在多模态语篇中有不同的"功能负荷"(functional load)，即它们承载不同类型的意义。在模态体现意义中，由于新的语境的需要，它在使用过程中改变了它惯常承载的意义，发生了模态意义的转换，特别是某个类型的模态被用作另一个类型的模态，还会发生模态意义的联通。

5.8.4 设计学习的条件

设计学习是一种正规的学习，有意识的学习，是按照一定的计划和规划，有组织、有步骤地学习的过程。其中，学习的内容、使用的媒介、教学的环境和方法是否适合学生学习就成为一个关键问题。Kalantzis & Cope (2004) 提出，最利于学生学习的条件有两个：(1) 在有归属感的条件下，当学生感到是在自己熟悉的环境中学习，是在为自己学习时，最想学习；(2) 在最能发生转换的条件下，当学生感到在学习中能够从深度和广度上进入一个新的领域或世界，同时能够改变自己时，最想学习。这比 Kress 等 (2001：22) 提出的简单的一个"兴趣"更深刻，也更有说服力。Kalantzis & Cope (2004) 认为，设计学习可以发生在教育、课程和教学法三个层面上。从校方和教师的角度讲，这就需要他们在这三个层面为学生创造良好的学习条件，使学生乐于学习，有归属感，能够学到新知识，提升自己。

5.9　多元读写能力培养模式

除了学生要主动学习之外，教师在发展学生的多元读写能力方面的作用是关键因素。对此，新伦敦小组提出了四个方面的教学方式：实景实践、明确教授、批评框定、转换实践。建立在语境、交际、知识、形式、功能、认知等基础上的教学方法有很多，为什么新伦敦小组会提出这些方面呢？这四者之间又是什么关系呢？按照新伦敦小组的观点，它们之间没有先后关系，也不存在复杂的关系，难以以一种模式来固定。

实际上，这四个方面就每个方面而言，都不是新的概念，是任何语言学习都会涉及的过程；只是在以前的教学方法中，每个发展起来的新的语言教学方法通常只强调其中某个方面，而忽略其他。例如，语法翻译法等强调知识学习的重要性，把一切看作知识，而忽视了实践能力；而交际教学法、情景教学法、任务教学法等则强调实践的重要性，而忽视其他；反思教学法强调它在培养思辨能力方面的作用。下面我们对这四个方面的具体内涵做简单的探讨。

5.9.1　实景实践

实景实践的关键因素是完全投入到实践的交际过程中，以学习者已经有的经历和已经掌握的知识为基础来发展某些基本技能或者获取某些知识。这个过程也需要把学习者的文化或次文化态度考虑在内，而不是把学习者当作训练的对象。这是个设计过程，学生需要运用一系列话语来浸入实际的训练中；也就是说，学生需要通过真正的社会实践来学习。在这个过程中，可以有教师的指导。新伦敦小组所推崇的实践教学方法是浸入法（immersion method），即学生需要完全进入实际社会交际中来提高多元读写能力，所以，交际教学法、任务教学法、商谈教学法都是直接用语言及相关模态进行交际，可以在多模态教学中发挥作用。

完全实现实景实践难度很大，这也是外语教学中一个固有的难题。原因是：（1）多元读写能力包括多种能力，在实践中同时发展这些能力难度很大；（2）在多模态话语时代，要学习的符号资源不仅是语言，而且是很多其他模态，有些在课堂这个空间和环境中很难实施，如需要在现场的实践活动；（3）可以进行浸入式学习的环境更是有限，不仅受时空的影响，而且受到科技等多种条件的影响。所以，从这个角度讲，我们需要采取一定措施来进行实景实践。一是减少需要学习的模态类型，强化主模态，剔除无意识模态，淡化辅助模态。二是为浸入式教学提供可替代的教学模式，例如用科技手段创造虚拟语境。

5.9.2 明确教授

明确教授也是设计过程的一个组成部分，其主要目的是发展学生的已有资源。学生学习是学自己以前没有掌握的东西，所以，必然涉及学习新的知识、技能、能力等。教师的作用是把学生引入到这些新的知识和能力中。这个过程中的一个重要步骤是要给学生明确教授知识，包括指导他们进行活动，以及教师如何指导他们等。知识教授的范围如下。（1）元语言，即用以论述和讨论这个领域的语言，以使学生能够对相关领域进行思辨、讨论、概括、推理等。（2）模态的系统特征，如在现代社会交际中主要有哪些模态在起作用；语言作为主要的教学对象的系统特征，包括媒体（音系、字系）、词汇语法和语义系统；以及除语言之外的其他主要模态系统的媒体、词汇语法和语义系统，和语言与其他模态之间的关系等；（3）模态在社会交际中的基本模式和功能，包括模态选择的基本规则和模式；不同模态的专用性、意义范围、供用特征、功能负荷等；语言及相关模态所体现的领域的相关知识。

实景实践和明确教授是语言教学的主要方式和步骤。它们形成一个整体，相互依存，而不是相互排斥。同时，它们出现的顺序也无法分孰先孰后，需要根据具体情况确定。在不需要明确教授和指导即可进行的学习活动如口译活动、商务活动、法庭辩论中，可以首先进行实景实践，然后补充相关理论知识、注意事项、最佳活动程序等。而在不经过指导则无法进行的学习活动中，则需要教师首先给予明确的教授指导，然后学生再进行实践活动。

5.9.3 批评框定

批评框定是使学习者能够整理他们在实践中已经学过的东西，有意识地控制与理解知识系统和社会实践之间的历史、文化、社会、政治、意识形态、价值方面的关系；能够把学习者在自然状态下学习的知识陌生化，把它从原生态提取出来，成为可以进行研究、讨论、评价、改编、总结、概括、抽象的东西。它可以把语言和其他模态从行为者和解读者两个方面进行解释，把产出的话语放到社会文化和语境中进行解释。通过批评框定，学生能够以一定个人或社会距离客观地看待自己学习的东西，能够建设性地评价、解释它在整个文化中的位置，创造性地延伸和应用它，并最后能够在此基础上进行创造性的工作。

批评框定实际上出现在整个教学过程中，教师时刻在培养学生的思辨意识和看问题的角度和层次。与此同时，教师也应该专门设计教学环节来提高学生的创新能力，包括以下方法：（1）设计问题，就相关内容发表自己的观点，包括使用相关的模态；（2）阅读相关领域的多模态语篇，并就其内容的某个方面写出自己的看法和观点；（3）设计相关的题目，让学生就这些题目创作多模态语篇。批评框定也是设计过程的一个方面，是从设计向再设计过渡的过程。

5.9.4 转换实践

转换实践是批评思辨性活动的结果，是建立在循环课程和建构主义教学实践的基础之上的。它属于再设计。学生对所学的东西从设计和实践上进行反思和思辨，把他学到的构建意义的能力在不同的语境中用于实践。对学生的理论知识和实践能力的测试，就把学生的这种能力作为主要测试对象。这个阶段可以把实践中得到的知识和经历内化，使知识进入学习者的知识结构中。

教学实践的目标不是为了实践而实践，而是为了使学生掌握相关的知识，提高多元读写能力。新伦敦小组所推崇的另一个教学方法是重复和循环教学法，即对已经学过的内容要通过一定的方式进行重现，使其循环式上升。在设计中，要把已有的资源与新的学习内容结合起来，在前后知识上建立通道，使其不断深入、固化，成为学习者的知识和能力。这四个教学阶段的关系和顺序是：转换实践是以上三个设计过程的结果，显然是在以上三个过程之后，但这个过程不是终结，因为许多知识和能力是要经过反复实践来获得的。转换实践可以在需要时转化为实景实践，形成一个循环模式。新伦敦小组认为这四个部分不分先后，可以以任何顺序进行，所以，他们没有设计出一个教学程序。Kalantzis 等（2005：73；2016：76）根据新伦敦小组的观点设计了多元读写能力自学的模式。我们把这个模态与多元读写能力培养模式相结合，设计为图5.10 所示的模式。

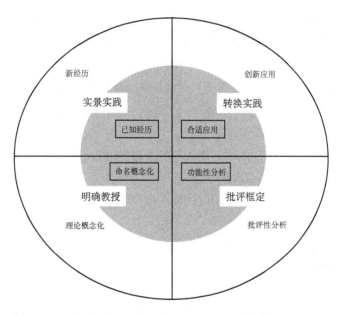

图 5.10 多元读写能力和设计学习循环圈

设计学习的过程是在情景语境和文化语境中进行的。文化语境在教育领域设计教育制度、教育机构、管理模式和交际模式等；情景语境则涉及学习焦点，如专业、话题等；涉及教师及教学风格；涉及教学设施、教学空间等。各种学习方式会对设计学习的方式产生一定影响，如支撑性学习、指导性学习、合作学习和独立学习等。学习过程也是意义交流过程，涉及概念意义、人际意义和语篇意义的转换；还涉及不同能力的培养、模态的选择和媒体的选择等。张德禄、张时倩（2014）将设计学习的综合框架用图5.11 表示。

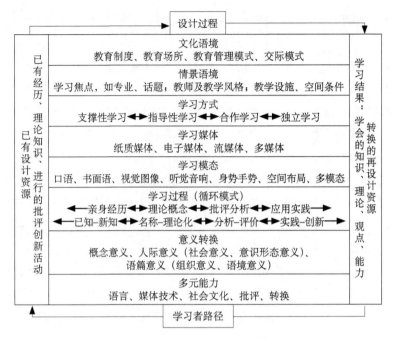

图 5.11 设计学习与多元读写能力综合模式

这个模态还需要与教学方法和模态的选择联系起来，最终形成设计学习型多元读写能力培养模式教学模态选择系统（见图 5.12）。

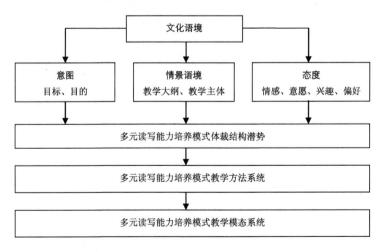

图 5.12 设计学习型多元读写能力培养模式教学模态选择系统

5.10 小结

从上面的研究可见，多模态话语分析理论为多元能力的培养奠定了坚实的理论基础。在多模态话语分析中，首先，是对模态系统意义潜势的描述，包括描述其词汇语法、媒介、意义系统，以及系统和实际语篇的关系；其次，厘清了在多模态话语分析中，模态之间的协同是在语篇层面还是在语法层面，还是两者兼而有之。再次，探讨了设计概念和设计多模态语篇所涉及的因素，以及对模态间关系的研究；最后，探讨了多模态话语分析理论在外语教学中的作用。在多模态话语分析理论的基础上，新伦敦小组提出了设计学习理论和多元读写能力培养模式理论，两者直接为培养外语多元能力人才提供了有效的培养模式，包括教学和学习两个方面。从教学的角度讲，设计学习是核心，涉及学生如何学才能发展自己的多元能力。但教是学的主要手段，所以，多元读写能力教学模式为多元能力培养提供了有效的教学模式，而多模态话语分析理论则为在教学中实施这个模式提供了具体的方式和措施。

第六章 多模态话语中的再符号化

6.1 引言

交际具有多模态特征，是语言、图像、声音、空间等多种模态共同作用的结果（张德禄，2009a）。交际时使用的多模态话语都是在一定的语境下设计、产生、传播和解读的。有时由于交际需要，人们将一种语境中产生的多模态话语的意义转移到另一种语境中去，这就是多模态话语中的再符号化，亦称转译现象（Kress，2010），属于 Jakobson（1959）所称的"符际翻译"（inter-semiotic translation or transmutation）。例如，将小说改编成电影，把课本上的知识在课堂上传授，或者将照片画成图像，这些都是再符号化。再符号化的本质是符号的再设计。根据社会符号学理论，符号设计是符号使用者利用在一定文化社会背景下长期形成的模态资源，在一定语境下根据自己的兴趣和需要设计符号，并依赖特定的媒介生成话语，用以满足交际需要的活动（van Leeuwen，2005）。在意义从一种语境向另一种语境再符号化的过程中，由于两个语境中的社会文化背景，模态，媒介，设计者的兴趣、需要和交际目的不同，再符号化必然要求将形式和意义进行相应的转变。而再符号化过程中形式和意义如何转变，转变给具体的交际活动带来什么效果，以及再符号化的依据和原因是什么，这些问题都是值得我们研究的。

本书所说的再符号化现象是从社会符号学视角出发，探讨模态、媒介和意义的转变，与文学中的通感以及心理学中的通感都不同。文学中的通感虽然是视觉、听觉、触觉、嗅觉、味觉彼此打通的文学描写，但它触发的只是语言机制，使用的只是语言这一种符号模态（褚孝泉，1997），没有非语言符号模态和媒介的转变，所以文学中的通感与本书所讨论的再符号化现象有很大不同。心理学意义上的通感症（synaesthesia）是指人的五官功能相互混淆，如"听"到某种颜色，"看"到某种声音（褚孝泉，1997）。它是从人的感官功能出发的感官体验的转换，而不是从符号出发的模态、媒介和意义的转变，所以也不属于本书所关注的再符号化现象。

再符号化现象近年来受到越来越多国外学者的重视，出现了一些有关再符号化的研究。但到目前为止，关于再符号化的研究基本围绕再符号化的过程、模态或媒介的变化展开，有关再符号化的意义转变方面的系统研究很少。本章以系统功能语言学的社会符号学理论为基础，以从大学英语课本到英语课堂教学的再符号化为实例，分析再符号化在形式和意义方面的转变及其对教学效果的影响，最后讨论再符号化对大学英语教学的启示。

有关再符号化研究现状的综述，详见本书 1.5 小节。

再符号化现象是多模态话语研究中的一个重要方面，虽然不同的学者使用的术语有所不同，但不可否认的是各个学科领域都意识到了它的重要性。从现有的研究可以看出，学者们的研究大多集中在联通这种方式上，在转换研究方面还有很大的空间。再符号化研究有两方面的不足：一是实例研究较多，理论研究较少；二是研究大多停留在再符号化的形式变化上，对意义转变缺乏系统研究。本书对再符号化过程中的形式和意义变化都进行探讨，并在意义、模态、媒介三个层次上，构建再符号化的理论框架。

6.2 再符号化的理论基础

再符号化的理论基础是系统功能语言学的社会符号学理论。该理论把语言视为一种社会符号和意义潜势，而其他符号系统与语言一样，也是意义的源泉，也能表达意义（朱永生，2007）。所以，一种语境中由特定模态表达的意义也可以由相同或不同的模态在另一种语境中表征；也就是说，无论是转换还是联通形式的再符号化，从理论上来说都是可能的。

再符号化的本质是符号再设计，是将原话语在新语境下进行再设计，达到意义转移的目的。根据社会符号学理论，符号设计是符号使用者在特定的社会文化和情景语境下，根据自己的兴趣、需要和交际目的，使用特定社会长时间塑造形成的用于表征和交流意义的模态资源设计、生产和传播符号以满足交际目的的活动（Kress，2010）。再符号化是符号设计的一种，影响它的语境因素也主要是社会文化，模态，媒介，设计者的兴趣、需要和交际目的，等等。

　　通过符号再设计，再符号化推动着符号活动和交际的发展。交际活动是一种符号活动，因为人们通过符号的设计、生成、传播、解读和再设计来完成交际活动（Kress & van Leeuwen，2001）。每一个新的符号都是在已有的旧符号基础上生成的，而新生成的符号又会成为下一个新符号生成的基础，即是相对下一个新符号来说的旧符号。如此不断推进，像环环相扣的符号链条（semiosis chain），链条中新旧符号的属性和关系可由图6.1表示。从模态上说，新旧符号既可以是单模态的也可以是多模态的。从符号的意义上说，新旧符号间可以是意义的交换（exchange），也可以是意义的再符号化。交换物可以是信息（information），也可以是物品和服务（goods and services）（Halliday & Matthiessen，2014）。本章主要讨论旧符号的意义被再符号化到新符号中，再符号化的过程可能涉及模态数量和种类的变化。

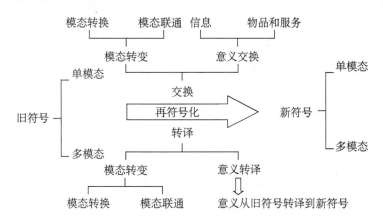

图 6.1　从旧符号到新符号：模态与意义

　　符号活动是在语境中进行的，受到各种语境因素的影响。由于再符号化过程中语境发生了变化，符号也会相应地发生变化。又由于符号是形式和意义的统一体，所以再符号化可能会引起形式和意义两方面的变化。形式上主要是模态的转变，因为新语境中的可用模态不一样，符号使用者可能根据自己的兴趣、需要和交际目的，选择与原话语相同或不同的模态。意义上，由于包括语言在内的各种符号系统都会实现三大意义——概念意义、人际意义和语篇意义（Halliday & Matthiessen，2014），所以再符号化也会引起概念、人际和语篇三种意义的变化。下面，我们以从大学英语课本到英语课堂教学的再符号化为例，着重分析再符号化的影响因素以及再符号化引起的变化和效果，以期探讨再符号化研究在外语教学中的作用。

6.3 实例分析

众所周知，我国各高校的大学英语教学一般会选用一本或多本教材，教师的课堂讲解通常要基于教材内容。我们探讨了我国高校大学英语教学使用较多的《全新版大学英语综合教程》（第二版）和《新视野大学英语读写教程》（第二版），重点分析了前者的第一册第四单元和后者的第三册第八单元，以及相应的课堂教学录像。录像来源于国家精品课程资源网，为国内两所高校的授课现场视频。

6.3.1 课本与课堂语境对比

从大学英语教材到大学英语课堂教学，课本上的内容要由教师在课堂中讲解，也就是说会发生从课本到课堂的意义再符号化现象。但是课本和课堂是两个不同的语境，它们在社会文化背景，模态，媒介，设计者的兴趣、需要和交际目的等方面都可能有差异。这些差异的存在决定再符号化的过程必须进行符号再设计，对原话语的形式和意义进行相应的变化以适应新的语境。

1）从课本到课堂的再符号化可能是跨社会文化语境的。我们调查的两套教材中的很多课文都选自欧美等英语国家的报纸、杂志或书籍，所以原话语的社会文化语境是欧美社会文化。而课堂上教师和学生的交际与互动都是在中国的社会文化语境中进行的。

2）课本和课堂的可用模态不同。课堂教学的可用模态明显多于课本，特别是课堂中拥有口语和声音等听觉类模态，以及表情、动作、目光、运动等与人体和物体运动相关的模态（见表6.1）。

表 6.1　课本和课堂的主要可用模态与媒介

体裁	模态						媒介
课本	书面语	图像	布局	颜色	字体		书本
	声音						光盘
课堂	口语	表情	动作	移动	目光		肢体
	书面语	图像	布局	颜色	字体		黑板
	书面语	图像	布局	颜色	字体	动画	投影屏
	声音						音响设备
	空间布局						教室

　　3）课本和课堂教学所用的主模态和有意识选择模态不同（张德禄等，2015：193）。在课本中，主模态是书面语，主要的知识、活动指导等都是由书面语实现的，而且所用的所有模态都是有意识选择模态。而在课堂教学中，主模态主要是口语，特别是教师的口头话语，只有在特殊情况下，活动（模拟交际活动）和动画（看录像、电影等）等才可能成为主模态；而且在课堂教学中，还可能出现很多自动出现的无意识选择模态，如无意识的手势、身势、表情等。

　　4）课本和课堂教学中的符号媒介不同。课本的符号媒介主要是纸质的书本；虽然两套教材都有附送的光盘，但是提供的声音符号有限，主要是课程的听力材料和单词朗读等。课堂的符号媒介主要是说话发出的声音，纸质的书本，随时可供书写的黑板，呈现电子课件的投影屏幕，播放声音的声响设备，以及展示表情、动作等的人的肢体（见表 6.1）。

　　5）课本和课堂在设计者的兴趣、需要和交际目的方面也有所不同。从设计者的兴趣和需要上讲，虽然两者都是为了给学生传授知识，以及培养他们的能力，但课本的设计者针对的是全国甚至全世界的学生，必然会考虑更广泛的读者群；而教师教授的只是自己班上的学生，针对性更强，对学生的英语基础和学习兴趣以及难点的把握也更精准，所以会在教学中根据这些因素来设计教学。从交际目的上讲，书本主要是传授知识，以及提供能力培养的指导、步骤和措施，与读者是单向交流；而课堂教学是双向的，教师在传授英语知识的同时，也注重学生交际能力的培养，使用交际教学法，师生互动性更强。

6.3.2 典型再符号化实例及分析

我们在分析中发现，转换和联通两种再符号化方式都经常出现。教师频繁使用这两种方式来传授课本知识，并附加了自己的理解和阐释。

1）转换实例

Para 4　　Why would anyone want to clone a human being in the first place?

Para 5　　The human cloning situations that experts consider most frequently fall into two broad **categories**: 1) parents who want to clone a child, either to provide **transplants** for a dying child or to replace that child, and 2) adults who for a variety of reasons might want to clone themselves. 20

图 6.2 《新视野大学英语读写教程》（第二版）第三册第八单元课文话语片段

在英语课堂教学中，教师常用的"改写"教学方法，就是典型的转换现象。为了讲解书中的某些语句，教师常常对原句进行切分，或者选用一些较为简单的词汇和结构来改写原句，以便学生更容易理解原句的意义。在改写过程中，教师如果使用与书本同样的书面语模态，就属于我们所说的转换现象。例如，教师将《新视野大学英语读写教程》（第二版）第三册第八单元的文字（见图 6.2），转换为 PPT 上另外的文字（见图 6.3）。从中我们可以发现，在课堂中，教师选用了与原话语相同的书面语模态，但是对原文进行了改写，同时配有其他模态如字形、颜色等；另外，PPT 还设计了动画，先显示问题部分的文字，再点击鼠标显示答案部分。

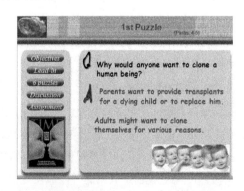

图 6.3 与图 6.2 对应的 PPT 话语

从书本到课堂，符号的设计和使用的语境发生了改变。根据 Halliday & Matthiessen（2004）的系统功能语言学理论，语言的使用受到语境的影响和制约。所以文字从书本上再符号化到课堂的 PPT 上时，教师对其进行了改写。在上例中，教师在课堂中仍然选取与课本相同的书面语模态，主要是基于模态的供用特征。知识的传播多依赖书面语已经成为一种符号偏好，这是因为书面语不但可以清楚地传达符号使用者的意义，而且有利于长久保存，方便读者随时随地阅读和学习。所以，无论是课本还是课堂上的 PPT，书面语都是主要模态。但从上例中我们也可以看出，从课本到课堂，教师对原话语进行了转换，这主要是出于媒介的特征，符号设计者的兴趣、需要以及交际目的等考虑。符号都由一定的媒介承载，媒介是符号的物质实体。课本上的文字由纸质书本承载，主要用于近距离阅读；而 PPT 上的文字由投影屏承载，用于远距离阅读，所以上面的字号会设计得比较大，且根据设计者的兴趣和需要设计字体和颜色等。从交际目的来说，PPT 上的动画是为了方便教师利用 PPT 上的文字与学生进行问答互动。

2）联通实例

我们在分析中发现，联通在从课本到课堂的再符号化中被频繁使用，其频率远大于转换。因此，我们在这里举两个典型的联通实例。

联通实例 A：从书面语到口语的联通。在课堂教学中，由于很多课本知识都是由教师用口语模态说出来的，所以口语模态的加入导致联通再符号化现象频频发生。比如课本上的单词和语句是用书面文字书写的，当教师想在课堂上讲解时，通常会用声音将其说出来，这就形成了模态的联通现象。之所以出现这种现象，主要是出于模态的供用特征和交际目的的考虑。英语教学的目的是帮助学生学习英语，而目前我们的大学英语教学注重听说能力的培养。要达到此目的，口语模态当然是最佳的选择。而课本苦于纸质书本的限制，只能靠光盘来提供少量的口语录音。但当语境转换到课堂以后，口语成为主模态，教师必然会更多地选择这种模态。

联通实例 B：从书面语模态到口语、动作、表情和目光等多种模态的联通。在课文里出现了 mow the lawn 这个短语，在这段课文的左边，编者用书面语解释了 mow 和 lawn 这两个词的意思（见图 6.4）。而在课堂教学中，教师在解释 mow the lawn 的含义时，同时使用了口语、动作、表情、目光等多种模态（见

图 6.5）。教师首先问："Do you know how…What's the meaning? Mow the lawn."
没有学生回答，教师微笑、侧身并做出手持割草机前后晃动割草的动作，同时
口中说："Yeah. Mow the lawn."做完动作以后，转身正面直视学生等待他们的
回答。此时学生回答："剪草。"老师做出肯定："Yeah，剪，剪草。Yeah，在修
剪草坪，mow the lawn。"

图 6.4　课本中关于 mow the lawn 的解释

图 6.5　课堂教学中关于 mow the lawn 的解释之 ELAN 模态分析

　　教师之所以使用动作模态进行联通再符号化，是与文化语境息息相关的。
中国学生学习英语本身就是一种跨文化现象。英语书面语作为一种模态，是
在特定社会文化中长时间塑造形成的，用于表征和交流意义的资源（Kress，
2010）。可以说，英语是英语社会文化的产物，是说英语的人群创造、使用和
发展的符号资源，带有强烈的英美文化特性。当它被带到中国，被从小生长于
中华文化下的中国学生使用时，必然就存在跨文化现象。跨文化现象可能导致
在英语文化中人所共知的一些词汇在中国文化中却难以理解。上例课本中的文
章节选自英国人所写的作品，其中的 mow the lawn 在英语国家是司空见惯的一
种现象，这些词汇也不难理解。但是在中国，这种现象却不是很常见的，学生
理解起来可能会有难度，因此课文中用中文"割草"进行了解释。但因为书面
语带有文化性，中文"割"这个字在中国文化里很容易让人联想到用镰刀这样
的工具来割草，而不是英语国家中用割草机割草。正是出于这个考虑，教师做
出用割草机割草的动作，来帮助学生更好地理解 mow the lawn 的含义。在教师
所使用的口语模态里，虽然他用的词是"剪草"，但他的动作不会让学生误解
为用镰刀剪草。所以，这里出现从书面语模态到动作模态的转变，是受到文化
语境的影响。

教师之所以选择用多种模态共同表达意义，是由于各种模态的供用特征和局限性。根据社会符号学的多模态理论，在话语建构中，每个模态都有自身独特的功能，即每个符号系统都具有它们自身合适的意义类型和范围，这被称为符号的"专业化"（Kress, 2003）。符号的供用特征与表现和交际的需要相联系，这样就会形成符号供用特征的专业化，是符号意义潜势的重要组成部分。同时，供用特征的专业化导致模态也具有局限性，即在其他非专业领域，它可能完成不了意义的表征或者没法最好地实现意义。这个时候，它就需要转为其他模态，或者与其他模态共同合作，形成多模态话语。在上例中，教师运用动作模态模拟用割草机割草的动作，但仅用动作又无法明确 mow the lawn 的具体含义，所以他同时使用了口语模态，说出"割草"这个词。此外，为了达到与学生互动、启发学生思考的交际目的，教师又同时使用了表情、目光等模态，鼓励学生思考并与学生进行眼神沟通。从此例可以看出，在意义的再符号化过程中，符号使用者会根据模态的供用特征、局限性和交际的目的来改变、增加、减少或者变换模态，因此也会造成模态联通现象。

6.4　再符号化引起的变化和效果

再符号化是意义在两个语境间的转移，由于两个语境中的社会文化背景，模态，媒介，设计者的兴趣、需要和交际目的不同，因此再符号化会产生两种变化：一是形式变化，二是意义变化。而形式又可分为模态和媒介两个方面，所以我们从模态、媒介和意义三方面构建了再符号化变化理论框架（见图6.6）。

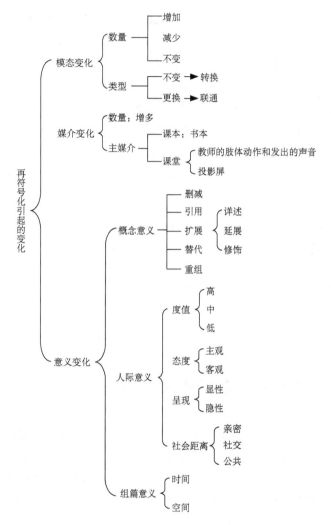

图 6.6 再符号化变化理论框架

6.4.1 再符号化的形式变化

从形式上看，再符号化可引起模态以及体现它的媒介的变化。从课本到课堂，源语境和再符号化语境中可用模态的数量和类型有所不同（见表6.1）。从数量上说，再符号化可能会引起模态数量的增加或减少。例如，教师在引入

"美国梦"这一话题时，相比课本，会增加一些自己精选的图片在投影屏上展示。这样的联通再符号化能够使教学更加生动形象，增强教学的趣味性，也更能引发学生的兴趣。从类型上说，再符号化可能导致模态类型的更换，也可能在保持模态类型不变的情况下，对模态成分进行重新排列组合或适当调整。例如上述的转换实例，虽然 PPT 话语使用的是与课本话语同样的模态类型，但是教师对原话进行了改写，对原来文字的字体、大小、颜色等进行了再设计，增加了新的模态，这样就能使书面语更加容易理解，重点更加突出，文字呈现更加鲜活有趣。

从课本到课堂教学，源语境和再符号化语境的媒介数量和类型也有所不同（见表 6.1）。课本语境的主媒介是书本，而课堂语境的主媒介是教师的话语、肢体动作和投影屏。此外，书本、黑板、音响设备等多种媒介都是辅助媒介。学生可以从这些媒介处获取各种视觉、听觉或触觉信息，从而使互动的对象增多，课堂气氛更活跃，也能避免注意力长时间集中于课本这一种媒介的枯燥乏味性。

6.4.2　再符号化引起的意义变化和效果

1）概念意义的变化和效果

虽然再符号化是将意义从源语境转移到目标语境，但它往往会对源意义进行一些改变。例如，教师将知识从课本再符号化到课堂上传授，往往会根据学生的情况和自己的教学目的对课本知识做一定的处理。处理的主要方式一般包括删减、引用、扩展、替代、重组等几种。教师首先会对课本知识进行删减，突出重点，使课堂讲解更有针对性。教师在课堂上传授经过删减的课本知识时，会进一步对其进行处理：可能直接引用；可能用详述、延展或修饰的方式对其进行扩展；可能用替代的方式进行再符号化，例如用具体替代抽象或者用具体替代概括；还可能对原来的字词、语句进行重组，例如上述的转换实例。经过这些处理，课堂教学能达到深入浅出、讲解明晰、逻辑清晰的效果，易于学生理解和掌握课本知识，达到教学目的。

2）人际意义的变化和效果

人际意义的变化主要体现在度值、态度、呈现和社会距离这四个方面。在课本里，书面语模态能清晰地表现出高中低各种度值；但在课堂上，教师借助更多的模态如表情、动作、目光等，对度值的实现就会有所变化。态度主要分为主观和客观。我们发现，在课堂上教师为了增强与学生的互动，会经常询问学生的主观态度，例如问学生："What do you think is American Dream?"而课本里则是对 American Dream 客观的介绍。这种主客观的改变能够增强师生互动，启发学生思考，并锻炼学生的口头表达能力。呈现主要分显性呈现和隐性呈现两种。例如在上述的联通实例 2 中，课本是直接用书面语模态明确指出 mow the lawn 是割草的意思，但在课堂上，教师则是首先选择动作模态来表达这个含意。相比语言，动作是一种隐性的表达。社会距离分为亲密、社交和公共三种。通过课本学习时，学生主要是从书本上接受知识，与课本的社会距离较远。而在课堂中，学生与教师的社会距离较近，这可以从教师与学生的空间距离看出来。教授《新视野大学英语读写教程》（第二版）的教师会走到学生中间提问，学生回答完问题教师会用手势示意学生坐下。这些都表明师生关系较亲近，而这种亲近关系在课本学习中是无法达到的。

3）组篇意义的变化和效果

组篇意义的变化包括时间和空间两个方面。课本主要是在空间中展开，页面布局是主要组织方式，主要通过定框方式来规划教材版面，时间性较弱；同时，版面设计还要按照信息值安排先后、上下、中心外围的顺序，以及根据凸显布置前景和背景的信息。课堂教学主要是在时间中展开，时序是主要组织方式，空间性较弱；信息值主要通过先后顺序表现出来；凸显也要通过顺序来调整，但可以通过不同的模态来体现。不同的时空的组合特性一方面使学生使用课本随时往前或者往后进行跳跃式学习，另一方面也使得课堂必须遵循时间安排，学生只能跟着教师的节奏一步步走，无法快进或者后退。

在衔接方面，课本的衔接主要在空间中展开，如单元开头的问题可能需要在后续页面的课文中寻找答案，在空间上是衔接的；指称衔接可以是跨模态的，即可以是模态成分与语境因素的衔接，也可以是不同模态的指称成分的衔接。课堂中的衔接则更多地利用时间性，通过指称和连接形成衔接关系。另外，课堂教学的结构成分之间也会形成衔接关系。例如，上课一开始，教师提出一个问题，这个问题可能要在之后的课文讲解中才会公布答案。两者都能达到制造悬念，引发学生兴趣，使知识传授前后连贯的效果。

6.5 再符号化对外语教学的启示

1）我国大学外语课堂教学以课本为基础的现状，使得从课本到课堂的再符号化成为必然，然而课本和课堂两种语境在社会文化、模态、媒介，以及符号使用者的兴趣、需要、交际目的等方面有所不同，这就要求教师在备课时必须充分考虑这些因素，并在再符号化的过程中进行模态、媒介和意义方面的相应变化，照本宣科的教学模式是行不通的。

2）通过适当的再符号化，课本上的源知识在模态、媒介和意义上都会发生转变，这对外语教学有很多积极作用。模态数量的增多和各种类型模态的合理运用，可以让课堂教学变得生动形象。媒介的增多会使课堂中的互动增强，更容易让学生融入课堂之中，抓住他们的注意力，提高学习的兴趣。意义的转变是再符号化的核心，对课本知识的处理能使课堂讲解重点突出、形象具体、明白易懂，提高学生的学习效率，促进知识的消化吸收。

3）要使从课本到课堂的再符号化合适有效，教师必须掌握可用模态的供用特征，把握课堂语境中模态协同产生的新效果。在备课时根据课本知识、学生的基础和教学的需要对意义进行合理的处理；在教学时对课堂的各种模态和媒介有全面的理解和把握，充分利用课堂符号资源传授课本知识，使课堂教学生动、有趣并且高效。

6.6 小结

再符号化是多模态话语分析理论的一个重要方向，但目前的研究较少且主要为实例研究。本章以系统功能语言学的社会符号学理论为基础，以从大学英语课本到英语课堂教学的再符号化为例，研究了再符号化的影响因素，分析了再符号化引起的模态、媒介和意义三方面的变化及其在教学中的效果，构建了研究再符号化所引起变化的理论框架，并探讨了再符号化对我国大学外语教学的启示。研究发现，由于我国大学外语教学以课本为基础，故再符号化是必然的。又由于课本和课堂两种语境在社会文化、模态、媒介，以及符号使用者的兴趣、需要、交际目的等方面都有所不同，所以再符号化必然要产生模态、媒介和意义三方面的变化。本章构建的理论框架，可用于系统分析从课本到课堂再符号化时这三方面的变化。从再符号化的变化可以看出，适当的再符号化对英语教学有许多积极效果：模态转变使教学生动有趣；媒介转变可以增强课堂互动；意义转变可以使教学重点突出、形象具体、明白易懂，提高效率，促进知识的消化吸收。而要做到这些，就要求教师熟练掌握可用模态的供用特征，并把握课堂语境中模态协同产生的新效果。

第七章 合法化语码理论中的语义波理论

7.1 引言

随着多模态话语分析理论的迅速发展，这一理论被越来越多地应用于外语课堂教学中。教学涉及教师对知识的处理和实践能力的提高。以前的大多数外语教学法都强调学生交际实践能力的提高，而对如何进行知识教学却探讨不多，一些学者认为知识教学就是知识传授，教师讲、学生听，是一种落后的教学方式。但实际上，知识教学是大多数学科的主体教学任务。即使是对实践能力要求特别高的外语教学，知识教学也是必不可少的一个重要方面。在新伦敦小组提出的四个教学模块中，起码有两个主要涉及知识的处理，即明确教授和批评框定。知识的处理涉及如何教授知识的问题。有的强调知识的系统性，主要通过系统的讲解来处理；有的强调知识的实践性，强调通过实践活动来学习知识。但为什么会是这样却没有充分的理论提供支持。鉴于此，社会学家 Maton (2009) 提出的合法化语码理论中的语义波理论，可以为外语教学中知识的处理方式提供有力的理论支持。有关合法化语码理论及其语义波理论的详细论述，参见本书 1.4 小节。

7.2 课堂教学话语研究及实例分析

课堂教学话语分析始于 20 世纪 70 年代初期。研究者从多个视角对课堂教学话语进行研究，这些视角包括批评话语分析、多模态话语分析、中介话语分析、话语分析和互动分析等，它们分别以系统功能语言学理论、Vygotsky 社会文化理论和交际民俗学理论为基础，为课堂教学话语分析提供了丰富的理论基础和视角。本章在引入语义波理论的基础上，探讨如何把它应用到我国外语课堂教学话语分析中。这种理论视角对学生的累积式学习和知识建构有一定的指导意义和作用。

Maton（2013）在课堂话语研究中发现，语义波图所反映的语义变化不仅有向下的转换，也有向上的转换。这些语义变化为以下知识处理方式提供了可能：知识从比较具体的语境、意义较简单的理解转向语境更抽象，意义更综合、更深入的理解。另外，这些研究发现意义通过语义波在不同的知识实践中进行转换。下面，我们用我国教师的三个简短的课堂教学话语来说明这种转换。

7.2.1 历史课堂话语实例分析

下面是一堂高中历史教学的部分课堂话语，我们对这部分教师话语建构学生累积性知识的语义波进行研究。在开始阶段，教师对学生提问，属于远离语境和浓缩语义的阶段（SG–，SD+），然后教师用日常生活中的例子和较少的专业术语将教材中的知识进行解包（unpacking），进入依赖语境更具体、更简单的阶段（SG+，SD–），接着回归教材继续解包，用更多的例子来解释说明，最后对所讲知识进行重新打包（repacking），上升到概念阶段（SG–，SD+）。

所选择的历史课堂话语如下。

例 7.1

教师：我们这里要说资本主义萌芽。商品经济高度繁荣是资本主义经济产生的一个前提。那什么是高度繁荣？高度繁荣是个虚词儿，我们得倒着推。什么是资本主义？

学生：有资本投入。

教师：有资本投入就叫资本主义？那社会主义呢？

学生：有雇佣关系叫资本主义。

教师：有雇佣关系叫资本主义。那什么叫雇佣关系呢？

学生：我请你做事，我付给你东西。

教师：我请你做事，我付给你东西，这叫雇佣吗？咱们想清楚。我给你们举个例子。在《史记·陈涉世家》中有这样一段记载。《史记》说的什么朝代以前的事情？

学生：西汉。

教师：汉武帝以前的事情。陈涉是谁？

学生：陈胜。

教师：对。就是农民起义的头领陈胜，他本来叫陈涉。在这段传记里，司马迁写到陈胜"尝与人佣耕"，然后把锄头一放，说："苟富贵，无相忘。"旁边的哥们都取笑他，他很生气，对他们说："燕雀安知鸿鹄之志哉！"这说明他将来是要做大事的。后来果然做成了大事。不管怎么样，"佣耕"，请你给我解释一下。

学生：他被雇佣。

教师：他被谁雇佣？

学生：被地主。

教师：被地主。他是不是给地主工作？他要从地主那里拿些东西吧，他不可能什么都不拿吧。他肯定要从地主那里拿点东西吧。这叫不叫雇佣和被雇佣？如果这也叫的话，那今天叫它资本主义。换言之，中国秦末即出现资本主义萌芽，那中国今天已经统一半个宇宙了，哪还有人欺负咱们？……我们知道肯定不对吧。那这个"佣"不能当成我们理解的资本主义的雇佣关系啊。包括所有的佃农，封建社会长期存在的佃农，都具有"佣耕"的身份，对吧？

学生：对的。

教师：好。我们把封建社会地主和佃农之间的关系称为"依附关系"。换言之，他们没有流动的自由。他们也是雇佣和被雇佣，一般拿钱、粮食或一些产品来跟地主分账，是吧，给你一些回报。但是它与资本主义社会当中的雇佣和被雇佣的关系最大的区别是：资本主义强调人身自由。什么叫无产阶级？

学生：什么都没有。

教师：无产阶级是什么都没有吗？……没有生产资料但有什么？

学生：生产力。

教师：……没有生产资料但有人身自由的劳动者。这是马克思的概念。这是我们区分封建时代的"依附"和资本主义时代的"雇佣"的最本质的区别。我们都知道一个词"机户出资，机工出力"吧。解释一下这八个字。机户出资买什么？

学生：买生产资料，买机器。

教师：……我都让你解释这八个字了，我出资，你出力，我拿资买什么？

学生：买力。

教师：你的力。是吗？请大家记住，"雇佣和被雇佣"应该用一个标准的经济学术语来解释，叫"劳动力商品化"。当劳动力可以作为商品自由出售的时候，在市场上获得它相应的价值的时候，这是资本主义的方式。

在这段话语中，教师首先提出问题"什么是资本主义"，学生回答为"资本投入"，教师反问，"有资本投入就叫资本主义？那社会主义呢？"学生回答"有雇佣关系"。开始阶段在语义级别中位置较高，属于远离语境和浓缩语义的阶段（SG−，SD+）。为了弄清问题的关键所在，教师对"雇佣关系"进行解包（见图7.1），提供历史实例进行解释，如解释《史记·陈涉世家》中的"佣耕"，将所表达的知识进行降级转化，这一阶段属于加强语义引力阶段（SG↑）。然后教师用"机户出资，机工出力"的例子解释资本主义的雇佣关系，把"地主与佃农的依附关系"和"资本家与无产阶级的雇佣关系"进行对比分析，并将"资本主义的雇佣关系"打包为"劳动力商品化"，加强语义密度（SD↑）。

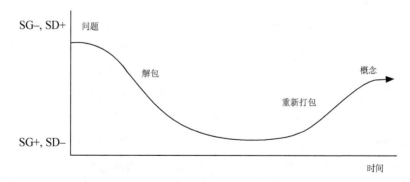

图 7.1 历史教学中的语义波图

7.2.2 地理课堂话语实例分析

在八年级的一堂地理课中，有一段师生对话，讨论关于"海拔和相对高度"的话题。具体的课堂话语如下。

例 7.2

教师：今天我们继续学习怎样看地形图。要了解地形图，我们要先了解两个概念，一个是海拔，一个是相对高度。请在课本中找出海拔和相对高度的定义。注意看这幅图，理解什么是海拔，什么是相对高度。请一个同学回答。

学生：海拔就是某地点高于海平面的垂直距离；相对高度就是某地点与某地点的垂直距离。

教师：非常好。她基本上答对了点。第一个海拔，它的重点词语是什么？

学生：垂直距离。

教师：还有什么？

学生：海平面。

教师：某地点高于海平面的垂直距离就叫海拔。在这幅图中，甲地它的海拔是多少？课本里面。

学生：1,500 米。

教师：甲地高出海平面的垂直距离就是海拔。甲地的海拔就是 1,500 米。乙地的海拔呢？

学生：500 米。

教师：500 米，非常好。接下来我们看，甲地与乙地之间的垂直距离，我们叫它什么？

学生：相对高度。

教师：甲和乙的相对高度，大约是多少呢？

学生：1,000 米。

教师：现在我们做一下今年刚刚出炉的一道中考题。甲地海拔 3,000 米，乙地海拔 1,000 米，请问甲地与乙地的相对高度是多少？

学生：2,000 米。

教师：对的。下面我们来认识五种地形。

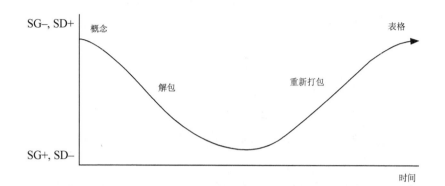

图 7.2 地理教学中的语义波图

图 7.2 描述了这段课堂话语的语义波变化图。在此课堂中，教师首先引入"海拔""相对高度"概念，这两个概念比较抽象。教师让学生看书中的定义，从定义导入，因此开始阶段在语义级别中位置较高，属于远离语境和浓缩语义的阶段（SG–，SD+）。教师在学生回答定义之后，指出海拔概念中的重点词语"垂直距离"和"海平面"，然后用具体的图和数字来解释这两个概念。接下来，教师用一道计算相对高度的中考题来加强对这两个概念的应用，从而加强它们的语义引力，因此这一阶段属于更依赖语境意义的更具体的阶段（SG+，SD–）。最后，如表 7.1 所示，教师将海拔和相对高度在五种地形中的数字比较以表格形式显示在投影上，让学生来认识这五种地形。这不仅是对前面解包过程的进一步理解，而且通过这五种地形的比较，对它们的概念重新打包，这一阶段是语义向上转换过程，属于（SG–，SD+）阶段。在接下来的学习中，这种语义向上转换过程还将持续进行。

表 7.1 认识五种地形

地形	高原	山地	丘陵	盆地	平原
海拔	>500 米	>500 米	<500 米	不一定	<200 米
相对高度	小	大	小	中间低四周高	小

7.2.3 大学英语课堂话语分析实例

在一堂大学英语专业一年级英语精读课中，有段师生对话，话题涉及"语境中理解词汇的技巧"。具体的课堂话语如下。

例 7.3

Teacher: Another very important skill we have to learn is words in context. OK? Word guessing. I have a couple of sentences here. If you have a look at Paragraph 1, you may find the word, excuse me, you may find the word "interpret" right here, right? But suppose we don't know this word. How can you figure out its meaning? "Interpret". Could you please just look at the big screen? That would be fine. So we have "impossible to interpret" after "his easily understood words on screen". So we can judge from the context. What "interpret" means? What does it mean?

Students: Understand.

Teacher: Understand. Well done.

图 7.3 描述了这一时段的语义波变化情况。具体分析如下：教师首先引出概念———一个重要的阅读技巧就是在语境中理解词汇；接着对这一概念解包，进行解释并举例说明。教师在 PPT 上呈现两个句子：

（1）Para. 1　My boyfriend's Liverpool accent suddenly becomes impossible to interpret after his easily understood words on screen.

（2）Para. 9　When I'm in this state, I fight my boyfriend as well, misinterpreting his intentions because…

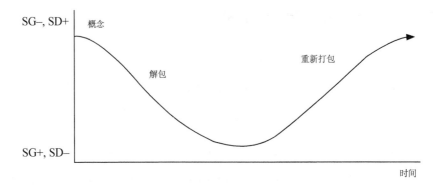

图 7.3 大学英语教学语义波示例

让学生反复读这两句话，理解这两句话中的 interpret 和 misinterpreting，从语境中判断 interpret 的意思为 understand。这一过程的语义波图也如图 7.3 所示，先给出概念意义，然后举例解释说明，进行解包，最后融合原来所学知识，进行重新打包。

7.3 讨论

7.3.1 Bernstein 的知识结构理论

Bernstein（1999）提出了知识结构理论，认为不同类型的知识由不同类型的语篇实现。他把语篇分为垂直话语（vertical discourse）和水平话语（horizontal discourse）两种类型，两者的区别相当于教育知识与日常生活常识的区别。水平话语是人们日常生活中常见的话语形式，多传递生活常识，其特点是口语化、局部化、内容具象化并依赖语境而存在。水平话语区别于垂直话语最重要的特征是其片段性的组织方式。知识在水平话语中的存在形式是一系列片段，这些片段或部分以线性方式发展，彼此之间并不一定有关联，因而没有一个更高层的知识节点来整合这些话语片段。垂直话语对应于学校知识，需要经过制度化的教育过程才能习得。垂直话语根据实现形式不同，又可分为两种类型：一种常见于自然科学话语中，内容连贯明晰，结构层次分明；另一种常见于社会科学和人文科学中，有一系列专业性语言及专业的研究模式，文本的创作及传播都有其特定的标准。对此，Bernstein（1999：162）又提出了层级知识结构（hierarchical knowledge structure）和水平知识结构（horizontal knowledge structure）的概念，以区分垂直话语所含的两种知识结构类型。

7.3.2 Maton 的累积式学习与知识建构

针对 Bernstein（2000）知识结构二分法的观念以及他用"片段式教育"（segmental pedagogy）来描述水平话语学习，用"机构式教育"（institutional pedagogy）来描述垂直话语学习，Maton（2009）提出了"累积式学习"（cumulative learning）和"片段式学习"（segmented learning）的概念，认为 Bernstein 这种对知识结构的分类强调的就是知识随时间而发展的建构方式。垂直知识结构通过融合新旧知识而发展；水平知识结构通过添加某种片段知识和方法来发展。累积式学习指的是学生的知识能够在跨越时间的语境之间进行迁移和转换，而片段式学习则不能。累积式学习和片段式学习其实可以用来指称两种话语形式中的任何一种。这是对 Bernstein 二分法的必要发展，能够克服其缺陷。与水平话语比较，垂直话语具有较弱的语义引力和较强的语义密度。在垂直话语中，与水平知识结构相比，等级知识结构具有较弱的语义引力和较强的语义密度。累积式学习依赖较弱的语义引力和较强的语义密度，片段式学习则有较强的阻止意义在语境之间转换的语义引力和语义密度的特征。因此，较弱的语义引力和较强的语义密度可能是构建知识或理解知识在时间发展中的一个基本条件（见图 7.4）。

在前面所举的三个话语分析例子中，教师对知识的传授处理有三个过程：呈现、解包和重新打包。教师首先通过问题直接呈现语义引力较低、语义密度较高的等级知识，在这一过程中，教师主要使用垂直话语。然后教师将等级知识进行解包，在这一过程中，教师或是回顾以前学过的知识（如前例中的历史课堂），或是让学生进行具有情境的练习（如前例中的地理课堂），或是加入一些具体的情境（如前例中的英语课堂），将所要呈现的知识进行降级转化，增强语义引力，削弱语义密度，使学生将新旧知识融合，或者融入自己的经验，对新知识进行重新建构或生成。在这一过程中，教师结合使用水平话语和垂直话语，使最初呈现的等级知识转换为水平知识或降级的等级知识，使学生易于理解和接受，而学生的学习也是累积式和片段式相结合的方式。最后教师将经过解包的知识重新打包，使语义向上升级转化，增加语义密度，削弱语义引力，重构或生成新的等级知识。教师的教学和学生的学习过程，基本上是这样一个语义波的循环转换过程。

语义波		话语	知识结构	学习
语义引力 弱 ↕ 强	语义密度 强 ↕ 弱	垂直话语 水平话语	等级知识 水平知识	累积式学习 片段式学习

图 7.4 语义波和知识结构（Maton，2009）

　　教师进行解包和重新打包传授知识的过程，与建构主义的知识观和学习观也是一致的。建构主义认为，知识具有情境性、建构性和生成性；学习不仅是对新信息的意义的建构，也是对原有经验的改造和重组。解包前，教师呈现的知识内容与学习问题是对现实世界的抽象与提炼；解包过程中教师提供的学习情境或具体练习，要还原知识产生的背景，恢复其原来的生动性和丰富性，使新知识与学生原有的知识和自身体验进行融合；重新打包则是将知识重新进行抽象与提炼，将融合的新旧知识进一步建构和生产新知识，而这种新知识则是语义引力下降、语义密度上升的新的等级知识。

7.4 小结

　　运用语义波理论对外语课堂教学话语进行分析，不仅丰富了外语课堂教学话语分析的理论视角，也为学生的累积式学习和知识结构形成提供了新的理论依据，并且对教师课堂教学效果研究提供了新的研究视角，因为语义波是知识累积式建构的前提。学生知识建构和成绩取得的主要特征，是和其他不同形式的知识相互交织的语义波，即语境依赖和意义浓缩的循环周期转换。语义波还可以应用于知识、课程、教学或跨学科教育等领域。系统功能语言学研究者

Martin（2013）还为语义波的实现提供了语言学资源——权力词汇、权力语法与权力话语组织。在课堂教学中，语义波、累积式知识建构与权力词汇、权力语法、权力话语组织之间紧密联系，为学生建构非常识性知识提供了重要的保障。

第八章　多模态体裁结构理论

8.1 引言

体裁（genre）[1] 研究是一个传统的研究领域，但随着语言学研究把重心转移到语篇上来，体裁研究成为一个新的热点。由于涉及体裁研究的学科和领域很多，它们各自都根据自己的研究领域的特点来探讨体裁，所以出现了很多不同的体裁理论、方法和框架。本章在介绍、研究和评价各种体裁研究理论的基础上，探讨多模态体裁的特点，以及如何把体裁理论应用到培养外语专业本科生多元能力上。

8.2 多模态体裁研究框架

研究框架的建立，以及层次和相关因素的确定应该具有一致性。例如，如果我们用体现来表示层次（Halliday，1978；Halliday & Hasan，1989），那么整体与部分关系，以及范围与其结构的关系就是在同一个层次上。从体裁分析框架的角度讲，我们应该确定什么是体裁，什么决定体裁，什么体现体裁，体裁有什么表现形式，等等。

第一个需要确定的问题是，体裁是语言活动还是社会活动。Hasan 把它视为语言活动，所以她的体裁结构研究都是以语言体现的结构为基础的。但是，正如 Ventola（1988：54-55）所言，体裁成分有时是由非语言特征体现的，如果不考虑非语言特征的作用，我们就无法全面完整地认识体裁成分和体裁结构。另外，语言活动是社会活动的一部分，两者通常交织在一起。有的语言活

1　英语中的 genre 一词来自法语，原义是"类型、类别"（kind or type）。在 19 世纪以前，体裁研究主要集中在对文学作品的研究上。但在当代语言学中，genre 用以指所有类别的语言交际现象，既包括打招呼也包括长篇大论的演讲，所以它实际上也代表语篇的类型。方琰（1998）改称其为"语类"。

动占主要部分，有的非语言活动占主要部分；有些通常由语言活动体现的体裁成分可以由非语言成分来体现，反之亦然。例如，接受一个物品可以伴有语言行为，如"Oh, it's gorgeous!"；也可以只有动作，而没有语言行为。所以，实际上体裁是一种涉及语言活动的社会活动。例如，外语课堂教学话语是一种教育类体裁，它是由口语、书面语、手势、面部表情、图形图像、动画等协同体现的。这样，体裁可以定位为社会活动，是一个社会符号层次的范畴，而不仅仅是意义层次的范畴。因此体裁是多模态的，在 Hasan 的框架中可以看作文化下第一层次的范畴，与 Martin、Ventola 和 Miller 的体裁同义。这样，体裁就是一个跨越社会文化层次和意义层次的范畴。

决定体裁的是整个文化背景，Martin 的观念形态属于这个层次。文化决定所使用的交际符号，以及交际的类型、交际意义的类型等。不同的文化偏重不同的交际符号系统。

但是，每一个体裁通常与一定的文化模式相对应，而不是与整个文化模式相对应。我们可以把这个与一个体裁相对应的文化模式看作整个文化的一部分。这实际上是 Halliday 的情景类型（situation type）（Halliday，1978；Halliday & Hasan，1989），是一类语篇的语境，即一个体裁的语境，而不只是一个具体语篇的语境。

现在，我们需要考虑多模态体裁由什么来体现。从语言学的角度讲，我们把社会活动称为"体裁"是因为它包括语言活动，是人们用以完成交际任务、达到交际目的的活动。体现体裁的是意义，包括由语言特征体现的意义和由其他模态特征体现的意义。这些由非语言模态特征体现的意义可以在反映性语言（language as reflection，见 Martin，1992：516）中由语言来体现。因此，我们无须重新定义语域，使其成为一个凌驾于语言之上的层次，实际上成为 Halliday 的情景语境的代名词。语域是语义层特征，是体现社会行为类型的语义类型。它与意义系统的关系是整体与部分关系：整个意义系统是整体，语域是部分，是根据情景语境从概念意义、人际意义和语篇意义中选择出的一个意义组合（或意义构型）。某个体裁的语篇是这个意义组合的例证之一。它们都由语言的词汇语法特征体现。这些词汇语法特征又由语言的音系、字系特征体现。这就与 Halliday 有关语域的观点达成了一致："语域是个意义概念，可以定义为通常与某个由话语范围、话语基调和话语方式组成的情景构型相联系的意义构型"（Halliday & Hasan，1989：38-39）。

在以前的语言体裁研究中，非语言模态的特征通常不作为研究的对象。即使它们涉及非语言模态特征，也通常是作为语言特征的辅助特征，称为"非语言特征"或"伴语言特征"，认为它们不重要，只能起到补充或辅助的作用。

现在有两个大的变化促使体裁研究者开始重视非语言模态的特征。（1）随着电子信息科学和计算机科学的飞速发展，人类交际的主模态在很多领域由语言转化为静态的图形图像和动态的动画电影等。这就迫使人们对这些新出现的体裁进行研究。（2）在体裁研究中，人们也发现，一方面，语篇中的非语言现象没有合适的理论来解释，需要在体裁理论中发展这一部分；另一方面，随着多模态话语分析理论的发展，多模态体裁成为一个必然的研究对象，需要发展新的理论框架来研究它。从这个角度讲，仅仅把非语言特征看作语言的附属品来研究是远远不够的，需要发展新的理论模式来探讨多模态语篇的体裁特征。多模态体裁研究已成为一个新的研究热点（Bateman，2008；Finnemann，2016；Hiippala，2017；Marlow，2004）。

张德禄（2002）根据语言体裁的分析方法建构了一个分析框架。我们据此发展出一个多模态体裁的分析框架（见图8.1）。

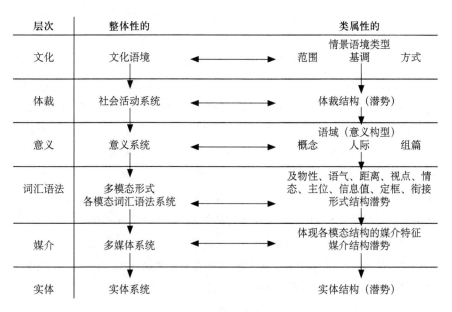

图8.1 多模态体裁分析框架

这个体裁分析框架把体裁视为一个社会活动系统。它本身具有一个结构潜势，属于此体裁的语篇要从这个结构框架潜势中根据情景语境选择适当的多模态体裁结构。这个思路和 Hasan 的体裁结构潜势是相同的。不同的是，Hasan 的体裁结构潜势不包括语言之外的特征体现的体裁结构成分，而这个框架包括所有模态的特征体现的体裁结构成分，无论是必要成分，还是可选成分。

在社会活动系统之上是文化语境，包括人类性质与社会性思维模式和行为模式等。它决定整个社会的活动系统。与体裁直接相关的是作为文化语境部分的情景语境，或者称为情景类型，由话语范围、话语基调和话语方式变项组合而成。它决定一个多模态体裁的结构潜势。

在社会活动系统之下是意义系统。而体裁由意义系统的语域体现，组成一个意义构型，是概念意义（由话语范围支配）、人际意义（由话语基调支配）和组篇意义（由话语方式支配）的一个组合构型，是整个意义系统的一个部分，由包括语言、手势、动作、行动、图像、动画、环境、共知知识等多种模态共同体现。

然后，在模态的形式系统中，意义由各个模态的词汇语法体现，体裁意义特征由体现不同类型意义的不同模态的词汇语法结构体现。各模态词汇语法特征由各模态的媒介特征体现。媒介特征又由实体特征体现。

这种类型的框架图通常被解释为静态描写，似乎它是一个固定不变的模式。实际上，它既可以从静态的角度进行解释，即从潜势或系统的角度和选择结果的角度来解释；也可以从动态的角度进行解释，即从选择过程的角度进行解释。当产生某个语篇的入列条件满足时，就可以按一定的顺序从体裁结构潜势中进行选择。如果其后各个成分的入列条件都满足的话，就可以产生一个完整的语篇。但如果中间某个成分，特别是必要成分的入列条件不能满足，那么语篇就可能终止，从而产生从整个体裁活动的角度而言不完整的语篇。但是，这个语篇本身仍然是完整的，因为它完成了在此情景语境中所规定的交际任务。例如：

例 8.1

A:（走近顾客，笑脸相迎）Can I help you?（升调）

B:（面对售货员，平视）Yes. Can I have ten oranges please?（升调）

A: (无奈的表情，两手分开的手势) I'm sorry. They've been sold out.

B: (转身走出商店) Bye.

无论选择的过程是否贯穿整个体裁结构潜势，以上体裁分析框架都是适用的。在此，我们需要对 Hasan 的体裁结构潜势理论做出修正。(1) 体裁结构潜势应该允许在对体裁结构成分进行选择的过程中从中间退出的可能性。也就是说，体裁结构潜势的入列条件不只是在选择的开始阶段出现，而是在每个成分选择的"通道"(path) 上都出现。只有满足了这些"中间性"入列条件，选择才可以继续进行。这样，就可以产生没有完成对整个体裁结构潜势的选择，但语篇仍然完整，而且仍然属于此体裁的语篇。用这种方法，就可以兼收体裁流程图理论的优点，完善体裁结构潜势理论。(2) 这个交际事件虽然涉及语言，但不仅仅是由语言体现的，而是由多种模态共同实现的，如动作（走近顾客）、面部表情（笑脸相迎）、凝视（平视）、手势（两手分开）和语调（升调）。(3) 语言是和其他模态相互协同完成交际任务的：顾客来了，如果不是笑脸相迎，就会给顾客造成不愉快的印象，顾客下次恐怕要换个商店了；询问不用升调可能不被认为是询问，而是强迫或其他含义，如"没事不要到商店来逛！"。

8.3 多模态体裁结构理论与外语教学

在外语教学中，多模态体裁概念可以出现在许多不同的教育语篇类型和层面。选择的课文，如会话、记叙、评论、描述、日记、小说、戏剧等可以属于不同的体裁；每个教学阶段采用的不同教学方式，如角色扮演、课堂讨论、布置和完成任务等也属于不同的体裁；一堂课的过程可以说是一个体裁结构（有时是两节课或者更多节课的组合）。在这里，我们重点把一堂课看作一个多模态体裁结构。另外，听力课、听说课、写作课、阅读课、综合课等都具有自身的体裁结构，表现为不同的教学步骤、教学目标、教学手段和方法，以及教学模态组合。

8.3.1 体裁结构模式

一般来说，一门课程有其明确的知识体系和培养目标，所以可被视为一个超高级层面的多模态体裁。每门课程分为不同的章节或者课，而每个章节或每节课都以一定的教学程序和模式通过一定量的课时来完成。这样，虽然每节课会表现出一定的模式，但由于其所处的教学阶段各不相同，还是会表现出很大的差异。所以，在这个超高级体裁下，课程具有以章节或课为标志的课堂教学体裁结构，而一节课可能只是它的一个阶段。我们把课程中的章节或课称为课段，它是整个课程的体裁结构的一个组成部分，一个体裁结构成分，而把课程的体裁结构视为宏观课堂教学体裁结构。

实现这类体裁结构的具体教学过程还可以根据一个课段的长短而有所不同。在大学教学中，一个课段一般是由两节、三节或四节组成。而每个课段，无论是两节还是四节都表现出相似的教学程序，所以可以把这类教学体裁结构视为标准课堂教学体裁结构。它一般要和由一节课形成的课段具有相同的体裁结构。

张德禄、王璐（2010）探讨了六个国家优秀课程的综合课教学案例的体裁结构，提出了由七个必要成分和八个可选成分组成的英语综合课体裁结构。张德禄、丁肇芬（2013）共收集了18个课段的大学英语教学录像，分为综合英语教学部分和商务英语教学部分。通过对课段录像的分析发现，这18个课段中共有的必要成分是七个，即"开始仪式""确定教学目标和任务""课文讲解""组织活动""总结""布置作业""结束仪式"。"教学目标"和"教学任务"合并为一体，这样可以使讲解阶段更加简短，教师能够把主要时间用在实际的教学任务上。可选成分包括"复习""发言准备""放录音录像""评价""辅导"等。纵观这些课堂教学体裁结构，以及它们所代表的多模态课堂教学体裁结构潜势（Halliday & Hasan，1989：63），可以发现其中有一些比较固定的教学模式在课堂中重复出现，形成了这些教学体裁结构的主体。这些模式分别是：（1）复习→讲解新内容→观看录像→问答；（2）讲解新内容→实践→辅导→评价；（3）观看录像→讨论→评价；（4）预备→口头报告→总结。

这些教学模式之所以能够形成一定的模式，主要是因为它们是用以完成一定教学任务的基本模式，是规约化、习惯化的模式。模式（1）用于在与以前教的教学内容建立互文关系的前提下，实现新内容的教学；在讲解知识后，通过实践和问答加深理解。模式（2）也强调新知识的学习，通过实践和教师辅导强化效果，通过评价来给学生提供反馈和指导。模式（3）是一个实践过程，通过录像提供背景信息和讨论议题，然后进入讨论，在讨论中提高学生的表达能力，最后教师通过评价提供反馈和指导。模式（4）需要学生做一定准备，然后做口头报告，最后教师总结（同时也做出评价）。这些模式成为一个课段的教学体裁结构的主体结构，也可以重现，组成一个更加复杂的体裁结构。

虽然教学有一定规则可循，但教学模式的使用并不是规定性的，教师仍然可以自由地选择自己的教学程序和模式，发展课堂教学体裁结构的个体特征以及个体差异。有的教师倾向于采用比较严谨和细致的教学步骤，形成环环相扣的模式；而有的教师则比较注重突出重点，经常省略一些环节。

8.3.2 模态选择

多模态体裁结构表示某个体裁结构是由多种模态协同体现的。其中一个需要注意的问题是，如果把所有的模态都作为研究对象，就像打开了一个潘多拉盒子：在每个教学阶段，可能会出现许多不同类型的模态。例如，在布置任务阶段，教师可以用口语讲，也可以用 PPT 显示一些重要内容，还可以打手势，结合一定的面部表情、身势动作等。不可否认，在教学过程中，这些模态都可能起一定作用，但如果对每个模态都进行描述，详述它的功能和其他模态的协同关系，一方面将会浪费很多篇幅和时间，同时还会冲淡起核心作用的模态的作用。所以，在多模态体裁结构分析中，需要坚持一定的原则：（1）选择核心模式和关键模态，简略处理非核心模式；（2）描述相关模态，放弃不相关模态。例如，在上面的布置教学任务这个体裁结构成分中，其核心模态是口语，这是必须重点探讨的，其他模态，如果具有协同作用，可以简单描述。其相关模态除了口语以外，还可以包括 PPT 上显示的书面语重点信息，以及其他相关模态的信息，如图表信息等，需要根据情况做一定描述；但手势、动作、面部表情等，如果教学内容并不涉及这些模态表现的信息，就不用描述它们。

在张德禄、丁肇芬（2013）所研究的一个 28 分钟的课堂教学片段中，有 11 个教学阶段，或称"体裁结构成分"。这 11 个阶段所涉及的主要模态，包括核心模态和相关模态可以做如下描述。

1）上课仪式：通过寒暄语完成这个阶段的任务；核心模态为口语，其他模态基本无相关的交际功能。其他模态如果出现，一般作为伴随模态或无意识模态排除在外。

2）布置教学任务：通过口语，有时伴有 PPT 上的信息进行；涉及的模态比较多，但核心模态为口语，相关模态为图像和文字；后两种都是通过 PPT 显示的，具有明显的强化记忆作用，同时图像也提供了讨论对象的具体信息。

3）引入阶段：通过口语，有时伴有文字，以提问的方式进行；核心模态为口语，相关模态为文字。文字主要起辅助作用，以提问者的身份提出纲要性的重点信息，用对话来调动学生的学习兴趣和听说欲望。因此，实际上这个阶段包括三个次级阶段：（1）提供背景信息，由口语和文字共同完成；（2）提问，由口语和文字共同完成；（3）讨论，由口头对话完成，出现的其他模态须排除在外。

4）点出主题：通过录像进行；核心模态为录像，相关模态为文字。通过播放录像，展示各种类型的车，使学生熟悉它们，并学习相关术语。伴随的音乐等对教学效果有一定促进作用，但不提供重要信息，所以不作为研究对象。

5）发展主题：通过口语进行，伴有文字和图像；核心模态为口语，相关模态为文字和图像。这个教学过程分为三个次级阶段：（1）提出讨论对象的类型；（2）给讨论对象下定义；（3）对讨论对象进行讨论。最后让学生探讨讨论对象的特点，目的是一方面使学生认识讨论对象的不同类型，另一方面通过讨论提高学生的听说能力。忽略出现的其他模态。

6）课文讲解：主要通过口语进行，伴有图像和文字；核心模态为口语，相关模态为文字和图像。教师首先通过口语、图像和文字探讨讨论对象的特点，然后通过口语给学生布置任务，引导他们找出讨论对象的特征，最后学生准备并与教师探讨讨论对象的特征和工作原理。忽略出现的其他模态。

7）课文结构分析：主要通过口语进行，同时伴有 PPT 上的文字；核心模态为口语，相关模态为文字。教师先通过口语和 PPT 上的要点提示，要求学生讲是否愿意操作讨论对象，然后讲解引言部分，引出课文主题，讲解课文结构。忽略出现的其他模态。

8）播放录像：通过播放录像进行；核心模态为动画，相关模态为声音和配音。通过播放视频片段培养学生技术识读能力，随后用提问检查学生的记忆。忽略出现的其他模态。

9）总结重点：主要通过口语进行，同时伴有 PPT 上的文字；核心模态为口语，相关模态为文字。对课文知识做简单总结，让学生掌握核心要点。

10）布置作业：通过口语进行；其核心模态为口语。让学生知道应该做什么作业。

11）结束：通过口语进行；其核心模态为口语。表达结束语。

8.4 多模态体裁与多元读写能力培养模式

8.4.1 多元读写能力培养模式构建的条件和模式的特点

随着全球化、多元化和现代科技的发展，人才培养模式越来越注重人才的高素质、多能化。外语人才不仅要具有良好的语言交际能力，而且要具有多文化、多媒体和多模态交际能力，具有多学科知识和多种才能。这样的人才再用传统的教学方式难以培养出来。新伦敦小组专门设计出一个新的教学和学习模式，即多元读写能力培养模式来培养这些能力。在学习部分，他们的基本观点是通过设计学习，具体包括三个阶段：已有设计、设计过程和再设计。而且说明设计学习可以发生在三个层次上：（1）教育社团，包括学校、技术学院、大学等教育团体；（2）课程设置，把各种学习单元聚集起来用以构建知识、学科、实践和行动的领域等；（3）教学法，是在连贯和完整的学习单元的层次上实现学习。学习的结果是实现转换，即把通过学习所获取的知识、能力、思维模式等用于新的领域，将它们现实化或者实现新的创新。这种观点与学习是掌握新知识的观点大相径庭。

O'Rourke（2005：4）在论述 21 世纪人才应该具备的能力时，把多元读写能力归纳为四个维度：（1）人文维度，通过语境知识（社会、文化、历史、政治语境）和个人生活经历获得的能力；（2）基础维度，通过正规学习获得的基础能力和知识，包括技术、原则、写作策略、拼写、语法等知识和运用这些知识的能力；（3）批评维度，通过思考和分析获得的能力；（4）创新维度，通过新学的东西转换现有的实践活动，形成新组合、新的看问题和做事的方式。据此，我们把人才培养的规格界定为掌握现代技术，在现代社会中有知识、有头脑、有创新的人。新伦敦小组提出的由实景实践、明确教授、批评框定和转换实践四个部分组成的多元读写能力培养模式，正好可以用以培养这些能力。

如果用这个模式来衡量我们已有的教学模式，就会发现，这个框架的主体部分具有较强的复现性，但有两个方面的问题需要在下一步的研究中探讨：(1) 多元读写能力培养模式的这四个组成部分不都是同时出现在每个教学课段中；(2) 即使这些教学组成部分同时出现在某个课段中，它们在教学中的组成成分也不是完全按照模式所规定的目标和项目进行的。

通过以上对大学英语和商务英语课堂体裁结构的分析可见，如果把多元读写能力培养模式与外语课堂教学的体裁结构潜势相结合，就可以发展出多元读写能力培养模式下的外语教学体裁结构潜势，即：(PCA) ^ CB ^ TO ^ (TR) • (RE) ^ MC ^(BI) ^ {[SE ^ (QD)]•[CT^ DD] • PA} ↵ ^ (IE) ^ (SUM) ^ AS ^ FI。[1]

在这个培养多元读写能力的外语教学体裁结构潜势中，有九个必要成分，七个可选成分。在"背景信息"成分之后，是一个多元读写能力培养模式。这个模式的基本特点是：实景亲身经历、概念化与理论化、讨论与辩论、实践与应用等四个成分都是必要成分，是培养新型高素质人才所必需的。其中"问题与讨论"出现在"实景亲身经历"之后，"讨论与辩论"出现在"实景亲身经历"或者"概念化与理论化"之后，其他成分没有出现顺序的限制。这个模式本身是可重复的，即一个轮回之后，如果没有达到预期的效果，还可以再进行一轮。

和以前的一般教学模式相比，这个体裁结构模式增加了三个必要成分："讨论与辩论""问题与讨论"和"解释与评价"；另外，"实景亲身经历"由可选择成分变成必要成分。"讨论与辩论"成分在以前的教学模式中可有可无，但在这个模式中成为必要成分，这说明新模式更加重视培养学生的总结概括、抽象思维、独立思考和形成自己独立见解的能力。

1　符号说明：^ = 按此顺序；( ) = 可选成分；[ ] = 以此顺序共现；{ }↵ = 以此顺序重现；PCA = Pre-class Activity; CB=Class Beginning; TO = Teaching Objective; TR = Teaching Requirements; RE=Review; MC = Main Content; BI = Background Information; SE=Situated Experiencing; QD=Question & Discussion; CT= Conceptualization & Theorization; DD=Discussion & Debate; PA=Practice and Application; IE= Interpretation and Evaluation; SUM = Summary; AS = Assignments; FI = Finish

8.4.2 培养多元读写能力的多模态体裁结构培养模式的实施

当培养模式确定以后，就需要通过一定的方法和步骤，选择合适的模态来实施它。

在多元读写能力培养模式中，教学方法不再是控制整个课段甚至整个课程的主导因素，而会根据每个教学阶段的不同目标发生改变，这样就使教学方法从属于整个教学程序中某个阶段（体裁结构成分）或几个阶段组合的教学目标。在某个课程的某个课段的体裁结构潜势确定以后，具体的实施方法的选择就成为首先需要考虑的因素，但这里的方法不是可以任意选择的，而是在宏观层面的方法已经确定的前提下，用什么具体措施实施的问题。例如，选择了"问题与讨论"成分，就只能在如何提出问题、如何进行讨论上做出选择，而不可以选择模式训练法或者交际教学法。具体的实施方法需要考虑更加具体的语境因素，如学生的语言水平（初级、中级还是高级）和特点（不善于口语表达或口语流利）、现有的教学条件（室内或室外，是否有现代媒体支持等）等来确定难度和方式。在这个前提下，以前发展的许多教学方法都可以用，但需要适合教学模式的要求。

此外，具体的教学方法还需要选择合适的模态来完成。教学方法的确定基本上确定了教学模式的选择。如进行解释与评价，应该首选口语模态，可以伴随 PPT 上的文字、图像，以及手势。但模态选择也受到条件的限制，如没有 PPT 投影设备，就不能选择这些模态。

以上已经探讨，模态的选择也受到情景语境的制约，然后要考虑模态的供用特征（看该模态是否有这个功能），以及模态的协同和搭配（看这些模态同时出现是否会产生预期的效果）。

在实际的培养学生多元读写能力的多模态外语课堂教学中，多模态课堂教学模式的实施选择过程可用图 8.2 表示。

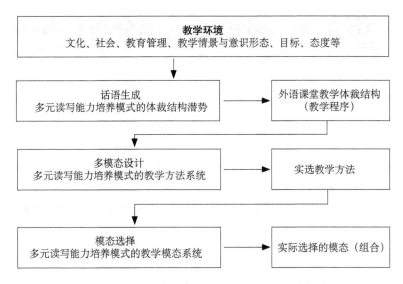

图8.2 多元读写能力培养模式的教学多模态系统选择框架

8.5 小结

本章主要探讨如何把体裁理论，特别是近些年发展起来的多模态体裁理论用于建构多元能力培养模式。本章主要分为两个部分。第一部分为体裁结构分析框架研究，在简略综述国内外体裁研究现状的基础上，探讨多模态体裁结构分析的综合框架。第二部分探讨如何把体裁结构框架用于在外语教学中建构多元读写能力培养模式。这部分包括两个方面。一是多模态体裁理论如何应用于外语教学中，主要从两个方面探讨：（1）多模态体裁结构在外语课堂教学的体现，重点探讨了几个关键模块的作用；（2）模态选择问题，即在不同的教学体裁结构阶段选择不同的模态组合，特别是核心模态和相关模态及其之间的组合。二是多模态体裁结构模式如何应用于构建多元读写能力培养课堂教学模式，主要从两个方面探讨。一是多元读写能力培养模式构建的条件和模式的特点，包括三个条件：教育社团、课程设置和教学法；四个需要培养的纬度：人文、基础、批评和创新；教学模块出现的两个特点：它们通常不同时出现，即使同时出现其目标也可以有区别。二是培养多元读写能力的多模态体裁结构培养模式的实施，包括两个方面：教学方法的选择，以及在此基础上进行的模态的协同和搭配。

第九章　多模态互动分析框架

9.1 引言

有关多模态互动分析理论的综述，参见本书 1.7 小节。本章在评述多模态互动分析基本理论和方法的基础上，指出该方法的特点和不足，并提出一个新的多层次多模态互动分析框架，最后指出该理论未来的发展趋势和应用前景。

9.2 多模态互动分析的理论基础和研究对象

多模态互动分析的主要理论基础是 Scollon（1998，2001；Scollon & Scollon，2004）关于中介话语和实践节点分析的研究，以及互动社会语言学和社会符号学的多模态相关研究。与传统的以语言为中心的话语分析不同，多模态互动分析属于整体分析，以中介活动为基本分析单位，认为语言只是实际交流过程中起作用的一种模态。多模态互动分析的基本研究框架包括以下几个方面。

1）活动：活动是多模态互动分析的基本单位。Norris 把活动分为高层活动、低层活动和凝固活动三种。一次谈话、一顿晚餐都属于高层活动，几种高层活动可以内嵌或包括在另一种主体高层活动中，例如吃一顿晚餐这一高层活动可以包括做饭、谈话、清洗餐具等几种不同的高层活动。一次谈话中具体使用的一句话语、一个手势、一个表情等属于低层活动，低层活动是交流模态的最小意义单位。高层活动由一系列的低层活动链组成，是通过多种连续的低层活动以不同的方式互相连接和作用而形成的，同时低层活动也是为实现某一具体的高层活动而产生，高层活动通常是由几种模态共同完成的，而低层活动是由一种模态完成的（Norris，2011a：39）。

高层活动在体裁结构潜势理论（Halliday & Hasan，1989）中可被视为一个体裁或体裁成分，由一系列低层活动组成，由一系列连续的模态实现。高层活动的结合形式有三种：共时、内嵌和顺序。几种高层活动可以同时发生，可以是一种高层活动内嵌于另一种高层活动之中，也可以按顺序进行，一种高层活动结束另一种高层活动开始。共时高层活动会互相影响。

　　具体的社会活动发生的环境和环境中的物体，在多模态互动分析中称为凝固活动。例如一次发生在餐厅里的谈话，餐厅中的桌椅，桌子上的书籍、信件等都是凝固活动，因为凝结了摆放桌椅、书籍等之前发生的具体活动。社会活动者对物体和环境等凝固活动赋值通常以凸显度为原则（Norris，2011a：41）。凸显度表现为时空最近和最相关两种形式。例如放在桌子上的一封信件这一物体凝固的活动通常是某个人把信放到了桌子上这一活动，而不是邮递员分拣信件、送信等活动。因为前一种活动在时空上的距离最近，而后一种活动则较远。但凝固活动也有可能是这封信是什么时候发出来的、谁写的，这时候对这封信的活动赋值取决于相关性，就是还原那些凝固在物体中的与正在发生的社会活动最相关的活动。凝固活动中凝固的可以是高层活动，也可以是低层活动链。

　　2）注意度或意识度：在实际的交际活动中，活动者通常同时进行几种高层活动，但给予每种高层活动的注意度不同。根据注意度的不同，活动分为前景、中景和背景高层活动。活动者注意的焦点是前景高层活动，对于中景、背景活动分配的注意力依次递减。就像音乐中对前景和背景音乐的区分一样，人们听音乐时注意的是前景音乐，虽然可以同时听到背景音乐，但是通常不会给予关注。社会活动分析的起点是焦点活动（focus action），也就是前景高层活动，具体的介入点是由焦点活动确定的，分析过程由这个介入点进一步辐射到活动者进行的给予次一级注意力的中景高层活动或几乎没有意识到的背景高层活动。

　　3）手段：手段的功能是组织和衔接前景高层活动，同时控制某一高层活动进入活动者的注意中心。在真实生活中活动者通常是连续交替地进行多种前景高层活动，分析时如何切分连续的活动，或者说如何确定一个高层活动的起点和终点，需要借助手段。一些明显的低层活动，例如转头、拍手、转移目光等，对前景高层活动起着组织和调节的作用，这些是明显的低层活动，是标示前景高层活动转换的信号，这些起转换信号作用的低层活动就是手段。

　　手段包括指示性手段和节律性手段。指示性手段也可以是指示性手势、头部运动或者注视等模态。无论是哪一种模态，指示性手段都是指向真实世界中的实体或事件。节律性手段的运动方向只是上-下或内-外两个方向，与活动的内容无关，没有具体指向。节律性手段和指示性手段的作用是一样的，都是起到组织高层活动的作用。指示性手段可以是语义或语用手段。如果一个指示性低层活动指向的是前景或背景高层活动，那么这个指示性活动控制着活动者的注意或意识的焦点，这时这个指示性手段就是语义手段。一个手段起到语义功能时，其作用是结束一个前景高层活动，或者开始一个新的高层活动，促使活动者在头脑中组织自己进行的高层活动。语义手段的功能是组织和衔接前景高层活动。

4）介入点：介入点是社会实践和中介手段交互作用使社会活动得以发生的具体的社会时间地点，是一个通过社会实践和中介手段的交集打开的一个真实时间的窗口，使高层活动或低层活动成为参与者注意的焦点，并且进一步辐射到其他的活动参与者和次一级注意程度的高层或低层活动（Norris，2011a：45）。介入点使活动（高层、低层和凝固活动）得以发生，同时这些活动又是介入点的组成部分。

5）模态：活动由一种或多种模态体现。确定一种模态是否承载了交流意义的标准是：模态传递的意义被参与互动的活动者感知。以 Kress & van Leeuwen（1996）为代表的社会符号学多模态研究关注的焦点是各种模态如何表达意义，多模态互动分析关注的是活动者如何使用这些模态实现社会活动，前者研究的焦点是模态本身蕴含的规则，后者的焦点是使用各种模态的规则（Jewett，2009：80）。

根据实现模态的媒介的特点，模态可以是身体的，也可以是非身体的。身体模态的特征之一是使用一种模态会同时触动使用另外一种或几种模态。例如使用口语模态与对方交流时，通常需要同时使用注视、手势、身体姿势、身体距离等模态。在多模态互动分析中，模态的结构形式包括顺序、综合、随机或者独立存在等几种形式。例如口语的结构形式是顺序性的，手势是综合的，而注视和头部运动是随机的，物体模态通常是独立存在的。

6）模态密度：模态密度体现为模态强度和模态复杂度两种形式。模态强度是指一种模态在互动过程中的重要性或权重。如果一种模态是高强度模态，当停止或改变使用这种模态时，由其实现的高层活动也随之停止或改变。例如演讲时停止使用口语，演讲也随之停止。在互动过程中一种模态的强度、权重或重要性取决于情景语境、活动者或者社会环境中的诸多因素。在互动中发挥主要作用的模态是高强度模态。任何模态都可以是高强度模态。有时几种模态也可同时是高强度模态。模态复杂度是指多种模态相互作用共同完成活动，一种模态的变化不会引起活动的突然改变。高复杂度的高层活动是指活动者使用多种互相交织的模态共同完成的高层活动。打电话这一高层活动是高模态密度活动，其模态密度是由完成活动的高强度的口语模态体现的。母亲同时照顾几个孩子用餐这一高层活动也是高模态密度活动，其模态密度是由模态的复杂程度体现的，因为母亲完成活动要同时使用口语、注视、手势、物体操作、身体姿势等多种模态。停止或改变使用其中任何一种模态，不会使同时照顾几个孩子用餐这一高层活动立刻改变。

　　模态密度与活动者在交流过程中对高层活动的注意度或意识度呈正相关。高、中、低三种模态密度分别对应前景、中景和背景高层活动。由于实际交际活动中活动者同时进行的高层活动可能多于三种，所以 Norris（2011a：48-50）采用前景背景连续体这一概念来描述多种共时进行的活动。高层活动的模态密度随着活动者对活动的注意度或意识度的下降而下降。图 9.1 是模态密度和前景背景连续体的示意图。

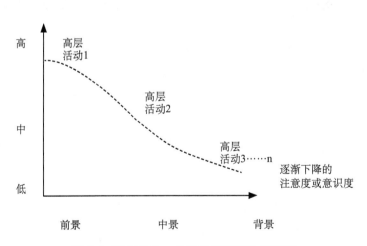

图 9.1　模态密度、前景背景连续体示意图

模态密度是一个相对概念，一个社会活动者同时进行几种高层活动，对哪一种活动给予较多的注意力、较少的注意力或更少的注意力只是相对而言的。模态密度在互动的两个活动者之间会产生不匹配现象。进行同一高层活动的互动的两个参与者；一个参与者可能给予活动较多的注意力，对他来讲活动属于高模态密度的前景高层活动；而另一个参与者可能给予较少的注意力，对他来讲活动则属于中、低模态密度的中景或背景高层活动。

7）模态结构配置：社会活动通常都是由几种模态共同完成的，每种模态所起的作用是不同的。模态配置表示各种模态在高层活动中的层级体系或重要程度。Norris（2009：86-89）认为，可以通过回答以下三个问题来确定社会活动的模态配置：(1) 哪些模态是必需的？(2) 哪种模态比其他模态更重要？(3) 哪些模态对于完成高层活动不是必需的但活动者仍然在使用？模态结构配置主要包括模态的组成、排序和模态之间的关系三方面特征，其中最主要的是模态在活动中重要程度的排序。模态组成是指高层活动具体是由哪些模态组成的。模态之间的关系通常包括层级、平等和连接三种不同形式。不同的高层活动的模态配置是不一样的。

8）媒介：任何活动都是中介性的，是通过一系列的媒介实现的。媒介根据其是否是身体的可以分为身体媒介和非身体媒介两大类。身体媒介是指任何与身体相关的媒介，包括口语、手势、肢体运动、面部表情、头部运动等；非身体媒介是指身体以外的所有媒介，例如文字、音乐、布局以及各种物体。

媒介根据被感觉的形式主要分为视觉、听觉和触觉三类；根据其存在形式分为瞬间和持久两类。身体媒介在交际过程中的存在形式一般都是瞬间的，物体、书面文字、布局等媒介的存在形式一般都是持久的。

多模态互动分析方法与其他的分析方法相比，有以下几个方面的特点。(1) 以具体的活动为分析对象，符合交际的实际情况。这是因为交际活动本身是由动态的社会活动实现的，对具体的动态活动进行分析能有效地揭示实际交际活动中影响实现交际目的的各种因素。(2) 对交际行为的共时性提供了有效的分析方法，通过对活动注意度的区分，有效地解释了实际交际活动中活动者通常同时进行多种活动的现象。(3) 通过对活动的模态密度和模态结构配置的分析，厘清了交际活动中模态的数量、重要性以及模态之间的关系等问题，揭示了模态在具体活动中的使用规律，以及模态的作用由交际者的注意焦点确定这一事实。(4)重视物质实体在交际中的重要性。科技发展使得越来越多的新型媒介不断普及，例如PPT、智能手机、电视演播室中常用的三维投影等，这些媒介的共同特点是一种媒介可以实现多种模态。例如智能手机，作为一种媒介，可以实现视觉、听觉形式的绝大多数模态。课堂中使用的PPT是投影仪、电脑、音响设备的载体组合，与智能手机相似，可以实现声音、书面语、图像、布局、颜色、字体、动画等绝大多数视觉和听觉形式的模态。这些新型媒介的普及对实际的交际活动模式有重要的影响，因此多模态互动分析也重视物质实体在交际活动中的作用。

由于多模态互动分析方法还处在发展阶段，目前该方法还存在一些不足，主要表现在以下两个方面。(1)没有考虑或重视社会文化和情景语境对社会活动选择动机的影响，分析的注意力局限于活动及其之间的关系，即局限于多模态语篇内部的语境，忽略了文化语境和情景语境对活动的决定和支配作用。任何交际活动都是在一定的情景语境和文化语境中发生，并且是由情景语境促动的。多模态互动分析需要分析活动产生的动因和情景。(2)在理论方面没有形成系统完整的理论框架。这导致目前多模态互动分析的分析范围不够全面、深入，应用领域受到限制。

9.3 多层次多模态互动分析综合框架探索

多模态互动分析与以社会符号学为基础的多模态话语分析的研究目的从本质上讲是一致的，都是探索语言和语言以外的其他交流模态是如何共同作用实现人类交际活动的。结合系统功能语言学理论和多模态互动理论的分析模式，我们提出多了一个新的多层次多模态互动分析综合框架（见图9.2）。

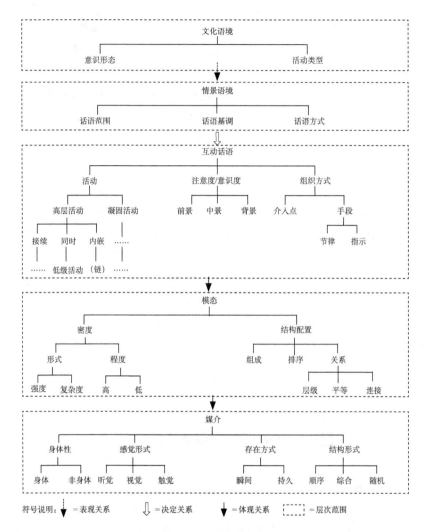

图 9.2 多层次多模态互动分析综合框架

这个分析框架从五个层面来分析互动活动：文化语境、情景语境、互动话语、模态、媒介。文化语境是使社会交际活动得以进行的关键层面。交际的传统、交际的形式和技术都是由这个层面来决定的。这个层面还包括由人的思维模式、处世哲学、生活习惯以及一切社会的潜规则所组成的意识形态和可以具体实现这种意识形态的交际程序或结构潜势（张德禄，2009a），即体裁或体裁结构潜势。社会互动在不同的意识形态之下有不同的体裁结构。举个典型的例子，在中国文化下对待对方的赞美可能更多是表示谦虚，而在西方则是表示感谢。

文化语境在社会交际中由情景语境表现出来。情景语境包括话语范围、话语基调和话语方式。话语范围指实际发生的事情，即语言发生的环境，包括话语题材、讲话者及其他参与者参加的整个活动，所以，它决定各类活动的类型和范围。话语基调指参与者之间的关系，包括参与者的社会地位以及他们之间的角色关系，它可从交际目的和兴趣等方面影响和支配交际者的注意度或意识度。话语方式指语言交际的渠道或媒介，如说还是写，是即兴发挥还是有所准备，另外还包括修辞方式；它影响和支配互动话语的组织方式，包括介入点和手段。这三个变量共同决定互动话语。

互动话语是多模态互动语篇的意义层面。互动话语层面的因素包括具体的活动类型、活动的组织方式以及活动的注意度。一个完整的高层活动本身可以视为一个多模态语篇，包括不同的活动步骤，这些活动步骤是次一级的高层活动。首先，在情景语境的作用下，介入点使各个层次的活动得以进行，或者成为焦点。每一个活动步骤又可能包括不同的高层活动，这些高层活动是次二级的高层活动，以此类推。高层活动之间可以形成接续、同时和内嵌关系。活动在最低层面上是一系列低层活动。任何一个这些不同层次的活动中的事物和情景成分都可以根据情景语境成为凝固活动。注意度或意识度把它们分布于前景、中景和背景中；手段通过节律和指示，使某些活动进入前景中并组织和连接前景高层活动。

互动话语由具体的模态体现。不同模态的形式特征相互关联，共同体现具体的活动。在这个层面上模态的形式特征包括模态的密度和结构配置两方面。多模态互动分析研究的重点问题之一是共同体现社会活动的多种模态的形式特征和它们之间的关系。模态密度是指模态在实现活动过程中的权重，模态的结构配置是指体现社会活动的模态的组成、重要程度排序和模态之间的关系。模态层面仍然是目前需要深入研究的重要内容。每一类高层活动都有不同的结构配置，弄清不同类型高层活动的结构配置模式对于活动者在交际中如何更好地实现交际目的有重要的指导意义。

模态由媒介来实现。媒介只有在交际过程中承载了可以被感知的交际意义时才可称为模态，所以媒介是模态的载体，模态是由具体的媒介实现的。媒介的特征包括身体性、感觉形式、存在方式和结构形式四个方面。

9.4 实例分析

下面我们把以上的多模态互动分析框架应用到对一堂大学英语课的多模态互动分析中，来验证该多模态互动分析框架的有效性。

文化语境　大学英语是中国外语教育的主要体现形式之一，表现为主要依赖课堂教学，教师在讲台上讲，学生在自己座位上听，以及教师组织课堂活动，学生按教师的安排去做等。教学的总体目标是提高学生的基本技能，如听、说、读、写、译，以及一些有关语言、文学、翻译、文化的知识。每堂课的教学目标则根据课型和课程进度等有不同的具体目标。

情景语境　分析材料是一堂比较典型的大学英语精品课的录像，总时长约45分钟。教学内容为《全新版大学英语综合教程》（第二版）第二册第六单元，主要通过学习课文来提高英语的基本能力；教师是中国大学英语教师，英语为外语，学生是大一第二学期的非英语专业学生，英语基础水平较低；教室总体上按传统模式布置，讲台上有黑板、讲桌，配有 PPT 投影设备，台下是一排排桌椅，学生坐在书桌后，面对教师。

互动话语　通过对教学录像的分析，我们发现这次综合英语课教学活动包括八个不同的次一级的教学活动步骤，分别是：开始仪式、确定教学任务、引入主要教学内容、组织活动、提供背景信息、课文理解、总结、布置作业（张德禄，2010）。

这八个活动步骤不是完全按线性顺序进行的，各个活动步骤之间经常出现相互内嵌，有的活动步骤循环出现。以组织活动为例，在这次大学英语精品课中，这个步骤以不同的内容形式反复出现五次，每一次活动的内容分别是：（1）学生小组到教室前面讲解生词并造句；（2）学生听歌曲回答问题；（3）学生写出指定问题答案；（4）学生阅读课文并回答问题；（5）学生互相讨论并回答问题。其中活动 1、2 内嵌于引入教学内容步骤中，活动 3 内嵌于提供背景信息步骤中，活动 4、5 内嵌于课文理解步骤中。

每一个教学活动步骤的微观教学目标都是不同的，从而在不同的阶段有不同的活动进入前景。开始仪式的目标是让学生进入上课状态，上课的准备活动进入前景；确定教学任务的目标是让学生初步了解课程整体教学内容，教师的话语活动进入前景；组织活动的目标是让学生进行自主学习，掌握指定学习内容，学生的学习活动进入前景；提供背景信息的目标是让学生掌握课文相关知识，为课文理解做准备，教师话语或者图片、录像等进入前景；课文理解的目标是让学生深入理解课文内容，掌握课文中的重点单词及表达方式等，教师和学生的互动对话进入前景；总结的目标是通过回顾课堂内容，让学生明确所学内容，而布置作业的目标是让学生明确课后的学习任务，两者都是教师的话语活动进入前景。每一个活动步骤的微观教学目标从属于宏观教学目标，是宏观教学目标分解和具体化的结果，从而使进入前景的高层活动形成一个活动链，表示多模态互动话语的某个层面上的结构特点。

通过互动话语的分析，我们明确了课堂教学活动各个阶段的微观教学目标。由于教学过程的不同阶段的交际目标不同，所以需要不同的模态和模态组合来实现（张德禄、李玉香，2012）。通过对实际教学活动中模态层面特征的具体分析，我们可以发现教师采用的具体教学模式和教学手段是否有利于教学目标的实现。

模态与媒介 下面选取两个教学活动的片段进行模态层面的分析，目的是通过具体分析发现教师在实际教学活动中的模态选择是否有利于教学目标的实现。

首先分析的是组织活动步骤的片段，活动内容是学生写出指定问题答案，时间大约 4 分 20 秒，从 12 分到 16 分 20 秒。由于课堂教学的每一个活动步骤通常又包括不同的次二级活动步骤，所选的组织活动步骤片段包括三个次二级活动步骤：宣布活动指示、监控活动过程、检查活动效果。不同步骤的活动的模态结构配置是不同的。宣布活动指示和检查活动效果阶段的模态结构配置表现为：口语模态处于第一层，是占据统治地位的模态，注视、手势、身体姿势等其他身体模态处于第二层并且相互之间为协同关系，使用一种模态时必须同时使用其他几种模态，而 PPT 和教室内布局等其他非身体模态处于第三层。监控活动过程阶段的模态结构配置表现为：注视、身体姿势等身体模态以及教室等非身体模态之间的关系是平等的，没有处于绝对统治地位的模态。从模态密度上讲，宣布活动指示和检查活动效果阶段属于高模态密度活动，模态密度的体现形式为高强度的口语模态，高模态密度活动是互动过程中意识的焦点，通过高密度的口语使学生的注意力集中在教师所宣布的活动指示和所提出的问题上；而监控活动过程阶段属于低模态密度活动，教师主要使用注视、身体姿势等身体模态，而且强度较低，这样可以使学生的注意力集中在完成指定的学习任务上，有利于学生进行自主学习，掌握指定学习内容。通过分析我们发现，教师组织活动中实际使用的模态有利于"帮助学生进行自主学习，掌握指定学习内容"这一微观的阶段性教学目标的实现。

第二个片段是课文理解。这个片段选自课堂录像的 40 分至 44 分，约 4 分钟时间。教学活动内容是课文细节讲解，属于内嵌在课文理解这一活动步骤的次二级高层活动。讲解的内容是教科书中的 Text B。课文细节讲解又包括不同的活动内容：朗读课文并讲解句子里重要的单词或表达方式，就生词或重点内容向学生提问，对学生的回答进行评价。朗读、讲解、提问、评价这些高层活动内嵌于课文细节讲解这一次二级高层活动中，是次三级的高层活动。这几种活动同时进行，活动之间相互内嵌，频繁转换，因为教师在朗读和讲解时随时针对生词和难点向学生提问，而且提问非常频繁。

朗读和讲解的模态结构配置表现为：非身体模态的教科书和身体模态的口语共同处于第一层统治地位，因为教科书和口语两种模态缺一不可，都是高密度模态；其他模态处于从属地位，可有可无。提问和评价时的模态结构配置表现为：口语、注视和头部运动是最主要模态，教科书和手势等其他非身体模态处于从属地位，因为提问和评价时教师除了使用口语外，同时用目光与学生交流，点头肯定学生的回答。在提问和评价时口语、注视和头部运动都是高密度模态。

高密度模态是互动双方注意的焦点，所以教师朗读和讲解时学生注意的焦点在教科书上，同时听教师的讲解，而提问和评价时学生注意的焦点在与教师的目光和口语交流上。由于朗读、讲解、提问、评价几种活动频繁转换，这也使得学生注意的焦点在教师身上和教科书上频繁转换。这种情况容易使学生不能集中注意力，不利于"深入理解课文"这一微观教学目标的实现。所以这段教学活动中教师的实际教学模式或模态选择不利于"深入理解课文"这一微观教学目标的实现。

对以上分析发现的教学模式中的问题，我们提出的改进建议是：教师要尽量使教学活动的模态结构配置表现为一种模态处于统治地位，也就是突出使用一种高强度的主要模态，不要频繁改变自己活动的模态结构配置，因为这样会导致学生注意焦点不断改变，分散学生注意力，影响教学效果。例如在使用教科书朗读和讲解课文内容时，教师就要减少与学生目光交流，减少提问，让学生注意力集中在课本的内容理解上。尤其是在同时使用非身体和身体模态时，要突出其中一种模态，使其成为高密度模态。例如同时使用 PPT 和口语时，要么以 PPT 为主，将学生的注意力集中在 PPT 内容的理解上，要么以口语为主，将学生注意力集中在教师口语讲解的内容上，不要频繁转换。教师活动的模态结构配置保持在一定时段内一致，可以避免学生注意焦点频繁转换而导致注意力分散，从而提高课堂教学效果。通过以上的实例分析我们可以看到，多模态互动分析可以帮助我们发现教师课堂教学模式中容易被忽略的问题，为提高课堂教学效果提供有针对性的具体指导。

随着电脑、智能手机以及移动通信网络等科技手段的进一步发展，多模态信息的传递变得更为便捷，各种视频语篇已经成为不可替代的重要交流手段，所以对动态多模态互动语篇的研究已经变得日益重要。由于多模互动分析以视频录像为资料进行转录分析，所以其方法和理论在动态多模态语篇的分析方面有重要的应用价值。另外，多模态互动分析在教学领域研究的应用还有待进一步开发，通过系统地分析教师和学生在课堂中的互动情况，可以发现教学中存在的问题，探索提高课堂教学质量的方法。总之，在这个以多模态交流为特点的时代，多模态互动分析有着广阔的应用前景和发展空间。

9.5 小结

本章我们对 Norris 等建构的多模态互动分析框架进行评述，在此基础上提出了新的多层次多模态互动分析综合框架，并对一堂英语课上教师的活动进行了实例分析，指出了多模态互动分析下一步的发展趋势。新框架的特点是不仅分析多模态活动本身，而且首先要分析多模态互动活动产生的动因和交际目标，同时使分析的线路和层次更加清晰。但这个分析模式尚处于起始阶段，还有待进一步深化和完善。

第四部分　多元能力培养模式探索

外语专业本科生多元能力培养模式

语义化学科知识教学模式

思辨能力培养教学模式

道德素养教学模式

超文化交际能力培养模式

超学科能力培养模式

信息媒体技术能力培养模式

第十章　外语专业本科生多元能力培养模式

10.1 引言

随着我国外语教育的迅速发展，现有的以外语技能为主要培养目标的教育方式已经明显不适应新形势的需要，主要表现在两个方面。(1) 传统以语言技能训练为主的外语专业课程设置在一定程度上阻碍了学生认知能力和思维水平的进一步提高，使学生出现了思辨缺席症（黄源深，1998，2010；文秋芳、周燕，2006）。(2) 学生入学时的外语水平逐年提高，传统的技能标号式课程体系（如口语 1、口语 2、口语 3、口语 4）因教学总体目标和阶段性目标均不明确而使学生收获感不强。需要发展学生的人文素养、学科知识、语言能力、思辨能力、跨文化能力和自主学习能力，以及超学科、跨学科、全球化能力，知识处理能力，媒体操作能力，社会交往能力，批评反思能力，等等。这样，多元能力培养模式就成为外语专业学生能力结构的主要培养模式。

以前的单一能力培养比较容易操作，在一个目标下组织培养模式和课程设置，如围绕听、说、读、写、译设置不同层次的课程即可。但在多元能力培养要求下，不同的能力要求不同的培养重点、培养理念、培养方式、课程设置、教学方案、教学方法等。这些能力一般要在同一个教学模式和课程设置框架下进行，所以，厘清它们的类型和关系，综合它们的共性特征和相关特性，构建综合性、整体性的教学模式是当务之急。本章致力于探讨在厘清所需要培养的多元能力类型的前提下，怎样构建外语专业本科生多元能力培养模式。

10.2 综合素质与多元能力类型

10.2.1 综合素质

仲伟合（2015）在《〈英语类专业本科教学质量国家标准〉指导下的英语类专业创新发展》中说，《英语类专业本科教学质量国家标准》强调英语专业人才在人文素养方面的提升，既要重视英语类专业人才应具备的跨文化交流能力和学习研究能力，又要在新的历史背景下体现创新能力、实践能力和思辨能力等的培养。[1] 在此，人文素养是总体培养目标，跨文化交际能力和学习研究能力是应该保留的英语专业传统要培养的能力，而创新能力、实践能力、思辨能力则是新时期教学改革要发展的新能力。金利民在《促进交际、思辨和跨文化能力融合发展的英语专业教学改革》（2017）的演讲中指出，要致力于全面对接《外国语言文学类教学质量国家标准》所规定的人才培养的素质、知识和能力指标，特别是人文素养、学科知识、语言能力、思辨能力、跨文化能力和自主学习能力。在此，她把英语专业培养的能力结构分为三个类别：宏观的人文素养、核心的专业知识和相关的基本能力。

在仲伟合（2015）的论文中，"人文素养"是一个含义广泛的超能力概念，需要厘清其基本含义。阿尔贝·雅卡尔（Albert Jacquard）（2004）曾给过一个比较抽象的定义：人文素养是以人为对象，以对人的有限性的逐渐自省为中心的精神。在这里，雅卡尔把人文素养视为对人类的自我认识、自我反思等的精神。著名教育家肖川（2002：248-249）则对人文素养进行了比较具体的描述，包括 11 个方面。（1）对于古典文化有相当的积累，理解传统，并具有历史意识。能够"守经答变，返本开新"。（2）对于人的命运，人存在的意义、价值和尊严，人的自由与解放，人的发展与幸福有着深切的关注。（3）珍视人的完整性，反对对人的生命和心灵的肢解与割裂；承认并自觉守护人的精神的神秘性和不可言说性，拒斥对人的物化与兽化，否弃将人简单化、机械化。（4）尊重个人的价值，追求自我实现，重视人的超越性向度；崇尚"自由意志和独立人格"，并对个体与人类之间的关联有相当的体认，从而形成人类意识。（5）对

于人的心灵、需要、渴望与梦想、直觉与灵性给予深切的关注；内心感受明敏、丰富、细腻与独特，并能以个性化的方式表达出来。（6）重试德性修养，具有叩问心灵、反身而诚的自我反思的意识和能力。（7）具有超功利的价值取向，乐于用审美的眼光看待事物。（8）具有理想主义的倾向，追求完美。（9）具有终极关切和宗教情怀，能对于"我是谁，我们从哪里来，又要到哪里去"一类的问题作严肃的追问。（10）承认并尊重文化的多样性，对于差异、不同、另类，甚至异端，能够抱以宽容的态度。（11）能够自觉地守护和践履社会的核心价值，诸如公平与正义。

从以上对人文素养的描述来看，它涉及个体对人类自身反思的各个方面，除了需要掌握的人文社科的诸多知识以外，大部分是主观的，涉及思想、态度、观念和理念、价值观、世界观、人生观等。从人才培养的角度讲，不仅要认识人文素养是什么，还要考虑采用什么方式来培养这种素养，而且还必须考虑中国特色的人文素养的培养。例如，对于知识，可以通过开设课程，或者在英语课程中增加相关内容，通过学科知识学英语。但对于思想、态度、观念、价值观、世界观等则很难单独开设课程进行培养，而是需要在开设的各种课程中采用一定的方式，与其他能力的培养同时进行。外语专业本科生应具备的能力可分为三个层次：高层能力、中层能力、操作能力。高层能力又可分为八个类别，共包括27种中层能力（见第三章）。与这些具体的能力相比，人文素养则是一种宏观的超级能力，可以表现为许多具体的能力的综合；或者说，它包含一系列具体能力，如文化综合能力、学科融合能力、批评思维能力、正确选择能力、政治正确能力、循德守法能力、社会承责能力、领导能力、团队合作能力等，所以它更像一个综合性的培养目标。尽管如此，仍然有一些方面无法用这些能力来表达，如理念、态度、价值观、世界观等。除此之外，仲伟合和金利民所提出的其他能力都包括在本书第三章表 3.6 所列举的能力结构中。

10.2.2　多元能力类型

人的综合素质或人文素养是一种综合能力，需要分解为不同的能力类型来培养。我们把人的能力分为不同的类型，好像认为它们都是同质的、平行的，但实际上它们是不同质的，可以根据其特点分为不同的类型组。例如，有些能力是以知识的获取为基础的，是知识积累的结果，如专业能力、语言知识能力等；有的是以能够操作某些工具来完成一定的任务为标准，如知识获取能力、媒体读写能力等；有的主要以能够进行某些行动为标准，如社会交往能力、知识创新能力；有的纯粹是大脑思考的能力，如交际策略能力、批评思辨能力；还有的是态度能力，表现为发展一种稳定的态度，如政治正确能力、遵纪守法能力等。这样，我们可以把以上讨论的多种能力分为九组，分别是：(1) 知识处理能力，包括（双）语言知识能力、超专业能力、非外语专业能力、学科融合（多学科知识）能力；(2) 知识获取与应用能力，包括获取知识能力、应用知识能力、解决问题能力、知识创新能力；(3) 操作能力，包括新媒体读写能力、模态设计能力、信息搜索能力；(4) 交际能力，包括社会交往能力、跨文化交际能力；(5) 文化综合能力，包括超文化能力、全球化能力、超文化交际能力、适应能力；(6) 人际能力，包括领导能力、团队合作能力；(7) 思维能力，包括话语构建能力、交际策略能力、批评思辨能力、正确选择能力；(8) 社会态度能力，包括政治正确能力、循德守法能力、社会承责能力；(9) 个体态度能力，包括恪守本性能力、意志能力、关怀能力。最后这组能力大部分是天生或遗传的，但也可以通过学习和训练而获得，是以情感、态度、意愿等为基础的。这些都对一个人能否成功起到很大作用，但是难以通过一定的课程来培养。以上分类，大体上包括了主要的能力（见表 10.1）。还有一些能力可能没有包括在内，有的还可以有次级分类，从不同的角度进行分类可以得出不同的结果。但从外语专业本科生能力的分类来说，我们关心的是和本科生整体素质培养相关的能力。能力的分类对学生的培养模式有一定的启示。

表 10.1 能力的类型划分

类型	知识处理能力				知识获取与应用能力				操作能力			交际能力		文化综合能力				人际能力		思维能力				社会态度能力			个体态度能力		
分支	（双）语言知识能力	超专业能力	非外语专业能力	学科融合能力	获取知识能力	应用知识能力	解决问题能力	知识创新能力	新媒体读写能力	模态设计能力	信息搜索能力	社会交往能力	跨文化交际能力	超文化能力	全球化能力	超文化交际能力	适应能力	领导能力	团队合作能力	话语构建能力	交际策略能力	批评思辨能力	正确选择能力	政治正确能力	循德守法能力	社会承责能力	恪守本性能力	意志能力	关怀能力

要完成一定的任务，包括交际、行动、操作等任务，一般都不能通过一种能力来达到目的，而是需要多种能力的集合和协同。例如，进行外语口头交际，要有很好的表达能力和听说能力，同时还要掌握社会交际的规则和原则，有充分的相关知识，包括相关学科的知识和表达这些知识的语言知识等。而且这些同时需要的能力都具有不同的特质。例如，知识和一个人知道多少相关，而表达是能否把自己要表达的内容清晰、有效地展示给听者；社会规则是社会交际的潜在模式，涉及哪些应该说，哪些不能说，以及如何说，等等。

同时，一种宏观能力也是由一组不同质的能力根据各自的特长对整体做出贡献而形成的。例如，语言专业能力需要包括掌握语言知识的能力(知识能力)，与这些知识相互配合的语言技能，如听力、口语、写作等能力（技能），可以有效地在交际中运用这些知识和技能的社会交际的规则和原则（社会语言学），使交际更加有效的交际策略能力（策略）等。它们需要每一项都强才能达到最佳交际效果，如果只有一种能力强或者缺失任何一项能力，都可能使交际的效果大打折扣，甚至造成交际失败。例如，如果没有社会语言学交际原则的支撑，流利的交际也可能得罪受话人，导致交际失败。

这样，在一定的情景语境中，要达到一定的交际目的，需要哪些能力的合理搭配和协同，达到最佳交际效果，不仅是语言交际研究需要探讨清楚的，也是外语教学应该探讨和研究的。

10.3 交际环境对学生能力类型的要求

在实际的交际环境中，学生需要发展多种能力才能使交际活动获得成功。下面具体说明在一般的社会交际过程中所需要的基本能力。

1）当他进入某种环境后，他要有对环境的敏感度，知道自己已经进入一个特定的交际环境，这个环境中有哪些与他和受话人的交际起到关键作用的因素。在母语文化中，每一个人都基本具备对周围环境做出合适反应的能力，因为他对这个环境是熟悉的，即使不太熟悉，也因为它是整个母语文化的一部分而能让他做出比较合适的反应。但在跨文化交际中，他面对异语文化与本族语文化的差异可能会不知所措，或者根据在母语文化中相似的环境做出错误的反应。这是对外语学习者的一个很大的挑战。

2）对自己讨论的领域和对象有比较丰富的知识，熟悉该学科的范围、重点、运作机制、作用等。对于日常生活领域，似乎大家都比较熟悉，不会出现交际错误，但在跨文化交际中，也可能出现不熟悉的情况，或者同样的情况需要用不同的交际方式来表达。而对于专业领域，讲话者则需要掌握相关的知识才能使交际成功。

3）在能够在对周围环境做出判断的前提下，知道自己应该进行什么样的交际活动，达到什么目的，采取什么步骤；在此交际过程中，知道自己应该遵循什么样的交际规则和原则，能够熟练地践行相关的社会规则和原则。这就是说，在社会交际中，交际者有很多社会规约要自觉遵守，很多情况下是无意识和下意识的遵守。但在跨文化交际中，则可能因为不了解、不熟悉目标语的交际规则而采用错误的交际模式和程序，导致交际失败。同时，交际者还需要熟练掌握交际策略，知道在某个语境中，需要采用什么样的交际策略才能取得最佳交际效果。实际上，参与交际的过程是一个由客观到主观、由被动到主动的过程。首先，交际者参与交际是根据当下语境的客观情况进行的，但一旦进入交际，交际者就要在这个语境中尽量表达自己的思想、愿望和情感。同时，客观环境促使交际者参与交际，所以交际者是被动的；但当他参与交际后，他需要由被动变主动，采取合适的交际策略来实现自己的交际目的。在不同的文化中是否需要采取不同的交际策略，是需要进一步研究的。

4）对自己使用的交际工具——语言和其他相关模态——有比较深刻的认识，包括语言的组成成分、成分之间的关系、它们内部的运作规律、它们在不同的情景中的运用、其他相关模态的供用特征、语言和其他模态的互补关系等。非语言模态可能在不同的文化中有不同的使用规则和限制，外语学习者也可能在这方面出现错误。同时，也要具有掌握使用各种科技媒体工具的操作能力，包括能够掌握它们各自的供用特征，将它们合理搭配取得更好的效果。交际者想要实现其交际目的，需要选择合适的模态。然而，除了语言和身体媒介涉及的模态外，其他的则可能涉及现代科技手段，即用科技的手段来实现某个模态的意义，或者将语言和其他模态结合起来体现意义。

5）具有跨学科知识能力，不仅熟悉自己所从事的语言学学科知识，同时对用语言讨论的相关学科知识也比较熟悉，对这些领域有比较深厚的知识基础。

6）对于自己所进行的交际事件有清晰的认识，对于各个阶段和步骤的发展情况有准确的判断和思考，对涉及的事件、事物、过程、资源等能进行鉴别和评价，能够较准确地判断交际事件的成功度和有效性。这在本族语交际中可能问题不大，但在跨文化交际中难度要大一些。

7）能以合适的态度、情感和正式程度对待交际对象和交际事件，包括选择正确的礼貌程度和正式程度，以尽量有利于受话者的态度和礼貌方式对待受话者，表现出个人的人格魅力等。在跨文化交际中，由于文化上的距离，在交际中需要采用比母语交际中更高的礼貌程度和正式程度，尽量少用想当然的交际方式，以减少误解和交际中断现象；同时还要注意不同文化所要求的不同礼貌方式和表达方式。

8）采取正确的政治态度，在言语和行为中没有违反法律和规定的地方，严格遵守道德标准。这方面虽然是与自己的政治立场、道德和法律修养相关的，但有意识地采用合适的表达方式会产生更好的效果。

在这八个方面中，每个方面都涉及讲话者需掌握的至少一种特殊的能力，从而使这些能力形成某个语境中的社会交际的能力框架。能力及其具体特征之间的关系可由表 10.2 表示。

表 10.2 交际情境中需要的能力类型及其基本特征

序号	能力类型	基本特征
1	适应能力	对语境的敏感程度，即对在什么语境中需要做什么、完成什么任务有清醒的认识；适应语境的交际目的并对其有清楚的认识；能够正确选择适合这类语境的交际活动，包括策略、过程、方式等
2	专业知识能力	积累了丰富的相关语言知识和其他模态知识，了解语言及其内部的成分、运作机制，以及其他相关模式的运作机制，了解语言与其他模态的互补关系等
3	交际能力	能够很好地掌握某个语境适用的交际规则和原则，并能有意识或无意识地熟练践行社会的交际规则和原则；掌握相关交际策略，并能主动采用合适的交际策略和修辞手段进，以获取最佳交际效果

（待续）

（续表）

序号	能力类型	基本特征
4	模态设计与媒体技术能力	具有有效地运用语言或 / 和其他模态进行交际的能力，即能够熟练地对语言和其他模态综合进行设计，能够发挥每个模态的意义潜势等。同时具有使用各种科技媒体工具的操作能力，能够掌握它们各自的供用特征，将它们合理搭配取得更好的效果
5	跨学科知识能力	对用语言讨论的相关学科知识比较熟悉，对这些领域有比较深厚的知识基础
6	批评思辨能力	具有清晰的思路和准确的判断能力，能够掌握交际的步骤和程序，对于每个阶段的进程以及成功与否有清醒的认识和独到的见解
7	情感能力	能够采取合适态度、情感、礼貌和正式程度进行交际，对交际对象采用合适的态度，表达合适情感，采用合适的正式程度，表现合适的人格，等等
8	政治正确、循德守法能力	能够选择正确的政治立场和态度，表现出高尚的道德和人品，不违反任何法律法规

这八类能力是在一般的社会交际中常需要的几种能力，但不能代表在一定的语境中进行成功的社会交际所需要的全部能力。在不同的情景中，可能需要更多类型的能力。如在跨文化交际中，跨文化和超文化交际能力是必备能力；在专业交际活动中，超专业能力、非外语专业能力、处理知识能力等是必备能力。

10.4 我国外语教学的不同阶段

从改革开放开始到 21 世纪初，我国的外语教学基本上都是以培养具有外语基本能力的人才为主。在这个层次上，外语教学与国际上语言教学方法的发展接轨，也经历了三个阶段的变迁，可以称为"语言知识型阶段""语言技能型阶段"和"交际能力阶段"。

1）**语言知识型阶段**　传统上，外语教学是以传授语言知识为主，认为掌握了知识，就算掌握了语言，就可以运用语言进行交际。在所谓的"语法翻译法"占主导的时代，即从 19 世纪中叶到 20 世纪初这个阶段（Richards & Rodgers，1986：4），外语教学就接近于这个模式，在中国更是如此，教师讲解课文"满堂灌"，学生埋头记笔记。即使是提问题，也是有关词汇或语法的分析，以及重点难点的理解和解释，而不是根据实景学习如何用外语完成交际任务。

2）语言技能型阶段　从 20 世纪五六十年代开始，受行为主义的影响，外语教学由知识传授转变为技能训练为主。按照这种理论，学习语言不是学习知识，而是学习技能，就像学习开车、骑自行车，学习理论知识用途不大，主要是要通过实践掌握听、说、读、写等技能。随着模式训练法（pattern-practice method）、听说法（audio-lingual method）等方法在外语教学中的兴起，课堂上出现了大量的模式训练，认为掌握了语法模式就掌握了语言，就能在交际中运用（Richards & Rodgers，1986：33）。

3）交际能力阶段　以技能为核心的教学模式的缺点是显而易见的：模式训练无法穷尽所有的语法模式，而且掌握了这些模式不一定能在交际中使用。外语学习不是知识学习，不是技能学习，也不是两者的简单结合，而是培养学生的交际能力，所以，以交际教学法为代表的一系列教学法应运而生，包括交际教学法、认知教学法、情景教学法、沉默法、全身反应法等。

本书第三章提及，从 20 世纪末开始，我国外语教育的形势发生了巨大的变化。高校英语专业本科生的入学层次大幅提高，人才培养方向朝专业知识、人文素养、综合能力等领域拓展，社会更倾向于选用既有较高英语水平，又掌握一门或多门其他专业的多元能力人才；随着全球化的深化和人类社会多元化、多样化的发展，高校学生需要能够适应不断变化的形势，发展跨文化交际能力和应变能力；应具有国际视野、国际合作与竞争的能力。这些主客观因素都直接作用于我国教育体系，对我国教育事业产生了深刻、长远的影响，第二和第三层次人才的需求变得越来越大。这样，又出现了两个阶段的人才培养模型："专业能力阶段"和"综合素养阶段"。

4）专业能力阶段　在第二个层次上，学生仅仅具有外语交际能力已经不能适应形势的要求，而是需要在具有外语交际能力的同时，具备一个或多个专业能力，从而可以根据自己的专业找到合适的岗位，从事专业性工作。在这个层次上，学生除了应具备外语交际能力所要求的所有能力外，还应该具备专业能力，包括语言学、文学等学科的知识，跨专业能力，同时具备两个或多个专业的能力，可以从事跨专业、跨学科的工作，如商贸英语、法律英语等学术英语（English for Academic Purposes，简称 EAP）类工作，以及超专业能力，即能够不仅掌握不同专业能力，而且能够把它们融会贯通，用于解决跨文化交际中的问题。这个类别可以分为两个次类别。（1）本专业类：主要为语言学和文学学科能力，可以从事与外国语言文学专业相关的教学科研工作。（2）复合型类：掌握语言学、文学和其他一个或多个专业知识，如商务、法律、经济等，主要从事相关岗位的工作。这个阶段实际上从 20 世纪 90 年代就开始了，一直延续到现在。

5）**综合素养阶段** 在最近十几年中，随着全球化、多元化、交际多模态化的发展，对人才整体素养的要求变得越来越高。也就是说，不仅学生的专业能力、语言交际能力要强，他们还必须具备高层次的整体素质，包括跨文化和超文化交际能力、人文素养、思辨能力、创新能力、团队合作能力、领导能力、循德守法能力、政治正确能力等。首先，思辨能力成为关注的焦点，认为国外著名大学都把思辨能力作为它们培养的主要能力，我们也应该如此（孙有中等，2011）。思辨能力是一种高素质的表现，是其他能力的基础条件。但思辨能力还需要通过其他能力发挥作用，如应用能力和创新能力。连淑能（2013）把综合素质归纳为以下几个方面。（1）学会做人。即不但要具备传统的优秀品德，还必须具有新的素质，必须有开拓和创新精神，善于在竞争中脱颖而出，成为具有良好综合素质的复合型人才。（2）学会做学问。即对所从事的事业持之以恒、专心致志，对所研究的事物高度敏感、善于观察、满怀好奇、富于想象，并对未经证实的理论持怀疑态度。（3）学会做多面手。即不仅要精通外语，还要学习与外语密切相关的各科知识。显然，每一个方面都是由多种能力组成的（见表 10.3）。

表 10.3 语言能力培养目标的变迁

类型	时段	特征
语言知识型阶段	19 世纪中叶至 20 世纪 30 年代	外语教学是以传授语言知识为主，认为掌握了知识就算掌握了语言，就可以运用语言进行交际
语言技能型阶段	20 世纪 30 年代至 70 年代	学习语言不是学习知识，而是学习技能，就像学习开车、骑自行车，学习理论知识用途不大，主要是通过实践掌握听、说、读、写等技能

（待续）

（续表）

类型	时段	特征
交际能力阶段	20 世纪 70 年代至 90 年代	外语学习不是知识学习，不是技能学习，也不是两者的简单结合，而是培养学生的交际能力
专业能力阶段	20 世纪 90 年代至 21 世纪初	在具有外语交际能力的同时，具备一个或多个专业能力，从而可以根据自己的专业找到合适的岗位，从事专业性工作
综合素养阶段	21 世纪初至今	不仅学生的专业能力、语言交际能力要强，他们还必须具备高层次的整体素质和多元能力

　　这五个阶段的划分使我们清楚了外语人才模式培养的变迁，同时也使我们认识到对学生的质量的要求越来越高，培养的能力越来越多，培养的难度和成本越来越大，教学模式设计的难度也越来越大，因此需要发展新的教学模式来适应新形势对学生多元能力发展的需求。在此，需要说明的是，这五个阶段的划分只是反映了每个阶段的主流趋势，它们之间并没有绝对的界限；在许多阶段中，存在多种思想并存的现象。

10.5　能力的培养方式

　　根据培养目标确定了学生的能力结构后，接下来需要考虑的问题是如何培养这些能力。根据已有的课程模式，可以有三种不同的方式。

　　1）**单一能力培养模式**　根据某个要培养的多能力，专门设计一门或多门课程来培养。在以语言技能为基础的培养模式中，能力的培养和课程的类型是基本一致的，即如果要培养学生的听力，就要开设听力课，整个课堂以听力理解为主；要培养口语能力，就要开设口语课，课堂上以训练口语为主；要让学生掌握语言学知识，就要开设语言学课程。因此，我们的课程设置是以听力、口语、精读、泛读、写作、翻译等为核心开设的。

　　2）**多能力培养模式**　即在一门或多门课程的基础上同时培养多种能力，如听说课同时培养听力和口语能力，综合课同时培养听、说、读、写、译、交际等多种能力。

　　3）**融合式培养模式**　即以一种或多种能力的培养为基础，同时随机培养其他各种能力。例如，在综合课、精读课或其他课程中，除了培养听、说、读、写、译、交际等能力外，还可以通过不同的学习方式来培养其他能力，如通过采用任务教学法来培养学生的应用能力和创新能力，通过设计不同的任务来培养学生的跨文化交际能力，跨学科、超学科交际能力，通过设计多人合作完成任务来培养他们的团队合作能力，等等（见表10.4）。

表 10.4 能力的培养方式

模式	特征
单一能力培养模式	根据某个要培养的多能力，专门设计一门或多门课程来培养
多能力培养模式	在一门或多门课程的基础上同时培养多种能力
融合式培养模式	以一种或多种能力的培养为基础，同时随机培养其他各种能力

在实际的课堂教学模式设计中，通常是几种模式的结合，而且这些模式之间并没有严格的界限。在单一能力培养模式中，也可以同时培养其他相关能力，如在听力练习中可以同时培养团队合作能力。

另外，由于专业或学科领域的限制，以及能力本身特点的限制，有些能力需要通过开设特定的课程来培养，如培养阅读能力需要开设阅读理解课程，掌握语言学知识需要开设语言学课程，有些能力则只能通过对课程内容的选择，以及课程采用的教学方法和程序来培养。从这个角度讲，不同的能力需要采用不同的方式来培养。虽然培养的方式千差万别，但总括起来，可以分为以下四种方式。

1) **以知识为基础的能力培养模式**　有些能力是知识性的，依赖所掌握的学科知识的多少和深度广度。对此，要以培养学生获取知识、处理知识、掌握知识、应用知识、创造知识的能力为主。没有知识的支持，则没有产生这种能力的基础。这种能力可包括（双）语言知识能力、非语言知识能力、跨学科能力、超学科能力等。而知识具有系统性、层次性、复杂性、难解性等特点，所以需要开设专门课程来培养学生的这类能力。我们在大学外语本科专业开设的大部分课程都属于这个类型。

2) **以实践为基础的能力培养模式**　有些能力是实践性的，必须通过实际行动和实践过程才能表现出来。对于这类能力，则必须以各种形式让学生参与到语言运用的实践当中去。实践的方式可以是多种多样的。（1）训练以某个语法模式为基础的实践，注重训练在某个语境中运用该模式的实践活动；也就是说，模式训练法的活动也是实践。（2）还可以是模拟实践，即通过模拟真实的语境，让学生参与语言交际活动而进行实践活动。教学实践的很大部分是通过这类实践活动进行的，因为在课堂上很难找到进行实践活动的机会；同时这类实践活动容易组织，灵活性强，也易于被学生掌握，实践的效果与真实语境有一定的相似度。（3）进入真实的语境中进行交际。这类实践当然是最好、最有效的。但这类实践活动较难实现，因为课堂上极难出现这种自然的、以完成一定的交际任务为主要目的的交际环境。这类交际环境一般要通过课外的实践活动，特别是到实习单位的实习才能得到。外语教学中的浸入法是以亲身经历为特点的方法，需要参与实际的现场交际活动学习语言。这种方法如果能够在课堂上实施，应该包括第二类的模拟语境实践和第三类的真实语境实践。

3）**以方式为基础的能力培养模式**　还有一些能力不局限于专业知识和学科领域，但对专业能力的实施特别重要。这类能力不建立在任何一种课程之上，但是可以根据课程的教学方法和方式来培养。例如，我们提倡发展思辨能力，但我们不局限于在哪个课程中培养思辨能力，虽然写作课培养这种能力可能更直接些。但即便是在写作课上，如果不采用一定的教学方式来发展学生的思辨能力，那么在此课堂上发展学生的思辨能力也是十分有限的。很多能力，包括团队合作能力、终生学习能力、领导能力、思辨能力、创新能力等都可以归入这个类别。

但在这些能力中，有些能力是建立在其他能力的基础上的。没有其他能力做基础，这些能力就无法起作用，或无法起到重要作用。例如，创新能力显然是建立在已经掌握的知识和了解某个学科的前沿发展动态之上的。在知识创新领域，学生需要掌握某个领域或方向所包括的所有知识的研究状况和发展趋势，不然他的创新可能是低级的、重复性的、无价值的。在实践和方法创新领域，学生也需要掌握以前已经运用过什么方法，解决了什么问题，或以前的实践过程是怎样进行的，还有哪些需要改进的方面等，从而在此基础上提出新的方法或实践措施。其他如思辨能力、领导能力等也具有类似的特点。但其他大多数通过方式培养的能力没有这些限制。通过方式培养的能力分为依附型和非依附型两个类别。依附型能力要依赖以前已经掌握的知识和信息来创造新的知识，或依赖以前掌握的方法和做事程序来发展和改进这些方法和程序。而非依附型能力没有这些限制，可以通过其他相关课程以一定的教学方式来实现。

4）**以认知和态度为基础的能力培养模式** 有些能力是建立在认知方式和态度上的，但这些能力也基本上受到教育的影响。在外语专业中，它们一般不是通过建立专门课程来培养的，而是通过课堂教学内容的选择，教师的教学方式和态度等潜移默化地培养的。然而，它们不是可有可无的，而是关系到一个人的整体素质、发展潜力和前途。这种能力不是明确标注在某个课程或能力上，而是渗透在所有的课程内容和讲解方式中。从课程内容的角度讲，所选择的用以分析和讨论的语篇内容应有利于培养学生遵纪守法的性格和行为方式，以及对待人、事物、事件的正确、正向的态度。从教师的教学方式上讲，教师要能够引导学生发展遵纪守法的行为方式，以及对待人、事物、事件的正确的思维方式、态度、观点和立场。

10.6 能力类型培养与教学模式选择

教学是教师根据教学目标在一定的时间范围内以一定教学形式让学生获取信息、锻炼提高多种能力和养成一定思想观念的主渠道；大学教育的主要教学形式是课堂教学。教师要在一定的时间（一般 45—50 分钟）内完成一定的知识传授、能力培养等任务。现代教学手段，如慕课和翻转课堂的出现，似乎打破了这种定律，但并没有从根本上改变这种模式，只是在时间长短和任务分配上有一定变化。例如，慕课把教师主导型教学变成学生选择式教学，不再受时间和空间的限制；而翻转课堂则是把课上和课下的任务颠倒，提高学生自学的比例。但是，在大学教学中，它们还只是作为一种教学方式的探索，作为大规模课堂教学的补充来运用，没有而且还不能替代现在的课堂教学总体模式。

外语课堂教学的形式可以根据教学条件和教学目标的不同而变化，但归根结底主要包括两种形式：知识传授和话语实践。前者立足于让学生掌握相关学科领域的知识，包括实践指导、元语言等；后者立足于通过语言实践提高学生的语言能力和整体素质。

10.6.1　知识传授

一提到知识传授，大家马上会想到教师在讲台上讲，学生在下面听和记的场景；其实这只是课堂知识传授的一种形式，关键在于学生的参与度。从学生是纯粹的接收者，到学生是自主学习者之间，知识传授有多种类型。

1) **讲解型**　是一种传统的教学模式，即教师在讲台上讲，学生在台下听和记录，基本没有互动。但讲授的内容也是一个区别因素：是主要讲学科内容知识，还是同时也教授学习方法、实践的步骤和思路、知识产生的推理过程和评价等。

2) **讲解问题型**　是传统讲解型教学模式的一种延伸形式，即教师在讲解的同时，向学生提问题，有的指定学生回答，有的是开放式的，谁举手谁回答。提的问题可以是理解型的、记忆型的，也可以是思考型的。思考型的要求学生通过思考推理回答，属于传统上的启发式教学模式。

3) **讨论型**　教师基本上不讲授，而是提出一系列问题要求学生讨论，通过讨论理解问题、解决问题、掌握相关知识。教师在评价学生的答案时给予指导，做出肯定或否定的评价。

4) **指导型**　教师不讲授，而是为学生自主学习提供指导，给学生传授思路、方式、步骤、元语言等，最后教师检查学习结果。

5) **任务型**　教师不讲授，而是给学生提出学习任务，让学生在一定的时间内完成，最后教师检查完成的情况。

这五个类型总结了知识教学从教师讲解型到学生自学型的连续体，和这些类型相近的还有很多其他教学类型。哪一种形式最佳，需要根据教师和学生的实际情况以及相关的教学条件和教学目标来确定。

在外语教学中，还有把语言作为知识讲授外语，和通过其他学科知识学习外语的区别。前者是典型的传统的通过语言知识学习外语的方式，后者则是最近提倡的通过内容学习外语的方式。

10.6.2　话语实践

话语实践是通过实际的社会实践来学习外语。但由于实践活动大部分是在课堂上进行的，而课堂上进行真实的社会实践的机会比较少，所以大部分社会实践活动是通过模拟真实情景，或者控制学生的活动范围来进行的。从这个角度讲，话语实践的类别可以从真实到虚拟形成一个连续体，分为真实语境话语实践、模拟语境话语实践、控制语境话语实践和虚拟语境话语实践四个类别。

1）**真实语境话语实践**　这类话语实践是指在客观世界里确实存在一个话语交际的任务，需要学生或教师来完成。例如，目标语国家的人来了，需要翻译，学生去完成翻译任务，类似任务包括接待、口译、聊天、谈判等。但这类任务在课堂上进行的可能性很小，所以在课堂上获得真实的话语实践语境很难。

2）**模拟语境话语实践**　仿拟真实的话语实践语境，创造模拟的话语实践语境。这类实践活动虽然不是真实的，但在形式和内容上都与真实的话语实践语境十分相似。首先，交际任务十分相似，如模拟打电话订货、联系多年不见的家人等；其次，内容相似，与真实话语实践语境交流的内容相似；最后，交际形式相似，以相同的方式、步骤和程序完成交际任务。

3）**控制语境话语实践**　话语实践的形式和内容都是受控制的。也就是说，虽然所进行的活动是一种模拟的话语实践活动，但活动形式是固定的，交流的内容也是限定的，如模式训练法中的模式训练实践活动。所训练的模式虽然可用于真实的语境中，但实际上没有这种环境。

4）**虚拟语境话语实践**　虚拟语境话语实践是指话语实践的环境不是根据实际语境设计的，而是根据学习任务自己创造的。例如，为造句创造一种语境基本都是这个类型。它不要求真实，只要所用的表达方式和语境匹配即可。这种话语实践在教学中经常出现，但它的准确性和适用性需要探讨。

话语实践类别的第二个区分因素是语言在话语交际中的作用。从外语教学的角度讲，话语实践总是涉及语言话语，作为语言学习的实践活动。但在不同的交际活动中，语言话语的量是不同的。有的话语实践活动是语言话语组成整个话语实践活动，如写作；有的绝大部分由语言组成，如大会报告、教学讲授等；有的语言话语和非语言活动同时进行，如指导某人做某事；有的主要由非语言活动组成，如师傅和徒弟一块修汽车时的交流等。这样，从语言话语组成整个交际事件到行为行动组成整个交际事件可以形成一个连续体（见图10.1）。

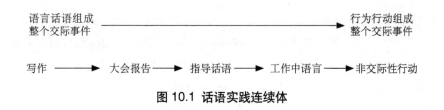

图 10.1 话语实践连续体

10.6.3 培养模式中的知识传授与话语实践

从以上讨论可见，课堂教学无论有什么变化，基本上都是知识传授和话语实践的结合。所不同的是：（1）两者各自在课堂教学中所占的比例；（2）知识传授的方式；（3）话语实践的方式。这样，我们可以把这些不同的因素作为外语教学课堂教学的选择参数进行教学模式设计。这些基本参数可由表 10.5表示。

表 10.5 课堂教学中知识传授和话语实践的教学程序选择参数

类别		参数				
知识传授		讲解型	讲解问题型	讨论型	指导型	任务型 I
话语实践	真实度	真实型	模拟型	控制型	虚拟型	任务型 II
	话语量	全话语（写作、收音机广播）	主要为话语（大会报告）	半话语（行动指导）	主要为行动（工作语言）	全行动（非交际性工作）

10.6.3.1 知识传授系统

知识传授在此是一种目标，即让学生掌握知识。为了达到这个目标，教师可以采用各种方式进行：从教师自己承担整个传授任务，到学生自己在教师的指导下获得知识；从直接的讲解到间接的提示和指导。这样，可以根据教师直接承担的任务量的大小形成一个连续体。根据这个连续体，我们起码可以归纳出上面提到的五个类型的教学方式：（1）讲解型；（2）讲解问题型；（3）讨论型；（4）指导型；（5）任务型 I。这些教学模式涉及我们传统上使用的许多教学方法，如课堂讲解、以学生为中心、启发式、任务教学法等。

从不同的角度和用途来看，知识具有不同的定义，但普遍接受的观点是："知识是对外界事物的忠实反映，是事实的记录和概括"；"知识是认识成果或观念的总和"（孟彬等，2006）。也就是说，知识是人类认识世界，包括客观世界和主观世界得到的真实结果。前人得出的结果可以帮助后人认识世界，所以教育一般认为是传授知识的，是人类成长的得力助手。

根据不同的使用目的，知识可以归纳为普通知识和专业知识两大类，即Bernstein（1999）所称的水平话语和垂直话语。普通知识适用于所有人，是人类日常生活所必需的知识；而专业知识则适用于某些特殊专业、领域和用途。在学校学习知识是以学习专业知识为主，日常知识是假设每个学生上学前都掌握的。但外语学习不同，学习者不仅要学习专业知识，同时也要学习日常生活知识，因为在目标语文化中属于常识的日常生活知识对学习者而言可能是陌生的，它们可能是学习者的母语文化所缺乏的，或者与母语文化不同。

专业知识当然也是外语学生需要学习的。但学习什么类型的专业知识是关键因素。传统上，外语教学并不教授非语言知识，而是主要涉及语言知识，如实用语音、语法知识，语言学知识，相关国家及文化的文学知识。与语言学习密切相关的非语言知识是目标语国家的社会文化知识，即相关文化或国家的概况。

在强调语言技能的外语教学中，学生学习的重点是听、说、读、写技能，知识学习被边缘化，主要涉及基本语音和语法知识。因此，学生的专业知识和思辨能力都相对偏弱，特别是思辨能力不如其他专业的学生。这样学界才在近10年来提出语言学习的学科化和人文化（王守仁，2001），以及提高学生思辨能力（孙有中等，2011）。其实两者强调的是同一个问题：外语学习不仅要发展语言能力，同时也要发展人文素养，提高语言学和文化的专业能力，通过学习专业知识，提高学生的思辨能力。

外语学习是否要学习语言文学之外的知识是另外一个争论的焦点。有的学者（如王守仁，2001）主张英语专业主要发展学科知识和能力，提高人文素养、思辨能力和交际能力，把英语专业办成以语言学、文学学科知识和能力为基础的专业；有的学者（如戴炜栋，2000）则主张英语专业要培养英语能力强，同时掌握一两门其他专业知识的复合型人才。例如，在外语专业，特别是英语专业中实行"英语＋方向"的模式，即英语的基本能力加某个专业知识，如商务、经济、法律等；以及实行跨专业的"2＋2"制，即在英语专业学习两年，然后再到相关专业学习两年，现在的商务英语专业采用的就是这种复合型人才的培养模式。

然而，在复合型人才培养模式中具体学习什么专业方向也是需要探讨的。单纯从培养外语人才的角度讲，应该选择一至多个人文学科，或与语言学和文学比较接近的学科，如历史、文学、信息传播、中文、外交等。这样有利于培养学生的人文素养，扩大学生的视野和知识面，提高整体素质。但从社会需求和就业的角度讲，则需要学生在学好外语基本能力的基础上发展社会急需的专业知识，如商务、金融、法律、新闻、设计、建筑、生命科学等（见图10.2）。

图 10.2　外语专业学科知识的选择系统

10.6.3.2 话语实践系统

话语实践是让学生参与一些交际活动，通过参与和完成交际任务来提高语言能力。所以，它不是简单的说话即可，而是要进行或参与实际的社会交际活动。然而，要在课堂教学中把所有的话语实践都以真实的社会实践活动进行是不可能的，通常的做法是模拟社会交际活动。这样，话语实践活动可根据课堂教学的真实度分为真实型、模拟型、控制型、虚拟型和任务型 II。这里需要说明的是，话语实践也可以用分配任务的方式，让学生根据要求自行完成，课上汇报。知识学习任务和话语实践学习任务只是内容不同，基本方式是相同的。我们用任务型 I 和任务型 II 表示它们的区别。同时，这些活动的本质是社会活动，由语言和非语言活动共同组成，所以，在社会话语实践中的语言话语量可以是一个分类的标准。在不同的语境，特别是在不同的话语方式中，语言的作用是不同的。这样，就可以根据语言在整个交际事件中的作用分为：(1) 全话语（写作、收音机广播）；(2) 主要为话语（大会报告）；(3) 半话语

（行动指导）；（4）主要为行动（工作语言）；（5）全行动（非交际性工作）（见表 10.5）。

在设计课堂教学模式时，要根据培养目标选择相关的参数。然而，外语教学的培养目标不是固定的，也不是在一个层次上，而是有变化的，分阶段、分层次的。从层次的角度讲，我们有宏观层次的培养目标，如外语专业本科生的培养目标是学生的整体素质。它是最终培养目标，也是涵盖一切的培养目标。要实现这个目标，不能遵循一个一贯制的培养模式，而是要根据能力类型将此目标分为不同的次级培养目标和微观层次的目标。这些微观层次的目标是每个教师在实际的教学中不断实践的。另外，还要根据宏观目标把培养任务分割为不同的阶段，即完成一个阶段的培养目标，才能更好地进行下一个阶段的目标。从这个角度讲，宏观目标是长期目标，中间是阶段目标，具体实施的是即时目标。我们可以发现，选择参数首先要考虑宏观目标（即长期目标），同时要考虑阶段目标和次级目标（如果次级目标分割为不同的阶段实施，则次级目标也是阶段目标），最后是微观目标（一般也是即时目标）（见表 10.6）。

表 10.6 教学目标系统

类别	次级	
宏观目标	次级目标	微观目标
长远目标	阶段目标	即时目标

综合素养培养目标是外语专业本科生培养模式的宏观目标，也是长远和最终培养目标，在课程和教学设计中要分解为阶段目标和次级目标，以及微观目标和即时目标。这样，就需要对实现宏观目标的课程和教学设计及模式做出总体的设计，然后分步实施。在设计过程中需要厘清培养模式要培养的所有的能力结构。综合素养不仅扩大了要培养的学生的能力结构的范围，而且它实际上包括所有前面提到的外语专业要培养的能力结构，包括知识类能力结构，技能类能力结构，交际能力结构和人文素养、思辨能力、创新能力等能力结构。显然，这个培养模式是综合式的，把知识传授、技能培养、社会能力培养、思辨能力培养和创新能力培养融为一体，而且在不同的阶段针对不同的次级培养目标，采用不同的培养方式。

10.6.3.3 课堂教学设计

从以上讨论可见，课堂教学设计是教师根据不同层次的教学目标，在不同的教学阶段选择不同的知识和话语实践活动，将它们融为一体，以一定的教学方式组成课程的过程（见图10.3）。

课堂教学设计 → 教学目标选择 → 知识传授选择 / 话语实践选择 → 课堂教学程序

图 10.3　从课堂设计到课堂教学的基本流程

这个基本模式通常可以确定课堂教学的基本进程和内容，但并不能确定要培养什么具体能力，虽然可以表示培养这些能力所需要的基本知识和技能。例如，选择语言学和文学知识，说明教学目标是发展语言专业学科知识能力；选择相近学科的知识，致力发展学生的人文素养；发展其他学科的知识，致力培养学生一专多能的复合型人才能力；选择日常生活知识，致力发展学生的基本技能和交际能力；同样，选择不同的话语实践则致力培养不同的实践能力。一般来讲，要尽量使学生置身于真实的交际语境或接近真实的环境中进行话语实践。同时，在话语量和真实度上多一些变化，则可以培养学生在不同环境中处理不同问题、适应不同环境的能力。

10.6.4　以方式、认知和态度为基础的能力培养模式

在外语专业教学中，以方式、认知和态度为基础的第三和第四类能力一般是在以上框架的基础上通过不同方式培养的。以课程来培养这种能力的情况比较少，而且它们并不是外语专业课程，而是通识类课程。此处我们不讨论通识类课程，而是集中探讨如何在外语专业教学中用课堂组织方式来提高第三和第四类能力。

这类能力众多，而且都是相互联系的，不能单独培养，而是形成模块通过不同的教学方式来培养。这类能力共有25种（包括除知识类能力之外的22种和新加的个体性格类3种），可以归纳为8个类别；也就是说，可以分割为8个模块来培养。

1）**知识处理能力**　这类能力涉及如何获取和处理知识，包括获取知识能力、应用知识能力、解决问题能力和知识创新能力。这类能力涉及知识如何进入学习者的大脑，如何进行处置，如何被学习者利用解决实际问题，以及如何被学习者获得（见表 10.7）。

表 10.7　处理知识的流程和相关能力类型

获得方式	知识创新（知识创新能力）			
处理流程	知识获得	知识处置	知识应用	应用效果
能力类型	获取知识能力	知识创新能力	应用知识能力	解决问题能力

这类能力都是和知识相关的，所以可以结合知识传授进行。这里涉及"授之以渔"和"授之以鱼"的区别。知识传授是"授之以鱼"，给予学生真实的知识；而教学生如何处理知识则是"授之以渔"，教学生如何获得、处置、运用知识来解决问题。所不同的是我们在"授之以鱼"的同时"授之以渔"。实际上，它在大多数情况下表现为通过不同的方式来"授之以鱼"，从而达到"授之以渔"的效果。

总括起来，知识处理能力可以通过以下三种方式进行。（1）知识讲解：就是像传授知识那样讲授如何从各种社会活动中提取知识，以及如何从数据库、网络、资料中搜索知识。（2）课堂讨论：可以通过设置专题来讨论获得和提取知识、处理知识、应用知识的方式方法，开拓新的获取知识和运用知识的新思路，提高获取和运用知识的能力。也可以让学生回答相关问题，使学生提高相关能力。（3）**布置任务**：提出可以利用某种知识解决的问题，让学生利用所学知识解决；布置特定任务，让学生利用以前掌握的知识自己解决。还可布置知识获得任务，如读书、查资料等，让学生养成不断获取知识和信息的习惯与爱好。

在这三种知识教学方式中，第一和第二种与知识传授的一般方式基本相同，可以和它们结合起来进行。只有第三种是新的教学形式，也是我们在外语教学中经常用到的方式（如任务教学法等）。

2）**操作能力**　操作能力与上述知识获取和处理能力是相关的，涉及在知识和信息获取中运用工具的能力，包括新媒体读写能力、模态设计能力和信息搜索选择能力。这类能力涉及使用的三个方面，也是三个阶段：（1）工具的物理操作，如 ELAN、Praat 的操作方式等；（2）对某种工具的功能和使用方法的认识，如 ELAN 可以用来做什么；（3）使用工具来解决问题，如利用 ELAN 来标注多模态语篇（见表 10.8）。

表 10.8　工具的操作流程和相关能力类型

处理流程	物理操作	功能作用	应用效果
能力类型	新媒体读写能力	模态设计能力	信息搜索选择能力

这类能力虽然涉及实践活动，但主要是对知识的处理的前期预备阶段，需要学生在获取知识前和进行中掌握。这样，在教学中，就需要教师设计相关的程序来让学生学习这种操作能力。根据相关处理流程，可以从以下三个方面入手。（1）知识传授：教师需要通过课堂讲授简单介绍相关工具的主要功能和原理，或者让学生讲解，教师补充和修正。（2）专家培训：对于物理操作则需要相关专家和工程师进行培训和现场指导，让学生掌握相关工具的操作方式。（3）社会实践：给学生布置相关的利用工具完成的实践任务，让学生课堂上通过讨论完成，或者课下自主完成，然后进行课堂汇报。对于这种能力的培养，通过相关专家和工程师进行培训和现场指导是一个新的教学环节，需要根据情况专门设计。

3）**交际能力**　交际能力是一种综合能力，包括社会交往能力和跨文化交际能力，不仅需要较强的语言能力和实践能力，同时还需要掌握相关的社会文化知识和社会交际的潜规则，以及根据语境选择最合适的表达方式的能力。在跨文化交际中，还涉及对目标语社会文化的认识和如何处理两种文化的碰撞，如何从双文化的角度找到最恰当的交际方式（见图 10.4）。

图 10.4　交际能力涉及的相关因素和能力

交际能力是在实际的语境中进行交际活动表现出来的，所以主要是通过社会交际的实践活动来培养。具体来讲，除了目标语知识和社会实践能力外，社会文化知识和交际潜规则亦需要教师以知识的形式传授，当然可以采用知识传授的任何方式。另外主要是交际实践。所以，这种能力的培养主要采用两种方式。（1）知识传授：根据学生的实际情况，教师可引导学生自己掌握相关的社会文化知识和交际潜规则，必要时，教师可通过讲解、启发等形式进行相关知识的传授。（2）社会实践：交际能力主要是做事的能力，所以主要通过做事，即进行各种交际活动来提高。可以通过真实的和模拟的社会语境来引导学生进行社会交际实践，也可以布置一定的交际任务让学生完成，课内和课外相结合，提高交际能力。

4）**文化综合能力**　超文化能力即所谓的全球化能力，也就是超越具体的文化在国际上进行有效合作时的交际能力。它不同于跨文化交际能力的主要方面是，这种能力不局限于母语和目标语文化之间的交互和碰撞，而是凌驾于各个文化之上，从事国际间的交往。然而，从具体的交际事件来看，这只是一种趋势，每个人在全球化的交际中仍然是一个属于某个文化、代表某个文化的人，所以必然有跨文化的特点。文化综合能力包括超文化交际能力、适应能力、全球化能力。全球化涉及国际交流，也涉及多民族和多文化的交流，所以，交际者首先应该具备的是适应能力，在任何语境中都能够进行比较自然的交际。同样，全球化能力和超文化交际能力涉及掌握全球化的相关知识，以及在全球化交际环境中自如、高效地进行交际的能力，也涉及让学生掌握全球化相关知识（即知识传授）和培养他们的全球化交际能力（即话语实践）的双重任务。主要区别在于，前者主要涉及全球化的形势、特点、运作和交际特点；后者则是交际环境的不同，主要涉及国际上的交流。

5）**人际能力**　人际能力是社会交往能力的次范畴，指学生要发展从事人际交往、合作与交流的能力。人是社会的人，在社会上，人与人之间要组织起来，通过相互合作、交流才能更好地生存和发展。社会组织具有层级性，需要有一定领导能力的成员作为领导者，其他成员则需要相互团结，形成团队，每个人都应该具有团队合作精神。这样，每个学生都应该具备两种能力：领导能力和团队合作能力。这两种能力具有不同的特点：领导能力强调组织协调，以及做出正确的决策；而团队合作能力则强调在团队中扮演合适的角色，做好本职工作，乐于团结和助人。总的来说，第一种能力更加重要，培养难度也更大。

这两种能力的共同特征是都具有良好的人际交往能力和协调能力；所不同的是领导能力更突出起领导作用的特征，如组织能力、号召力和决策能力，而团队合作能力更强调善于团结合作的能力。这两种能力虽然对外语学习者将来的发展起到很大的作用，但它们都不是外语学习者所必需的能力，所以它们一般不能作为知识来传授，而是通过一定的教学组织方式来实施；也就是说，主要通过话语实践活动来完成，即通过建立尽量真实的情景来培养。例如，教师给学生创造一种社会交际环境，让学生在社会环境，特别是社团活动、团组活动、集体活动中扮演一定的角色，既涉及组织领导，又涉及团队成员的合作和互助。学生这时候需要具有对语境因素的敏感性来进行正确的选择，有的选择领导或领导型角色，有的选择团组成员角色，在交际中锻炼他们相互协调完成社会交际的能力。教师布置一定的任务让学生在一定的时空内完成。当然，这种任务是社团性的、团组性的、集体性的，团组成员需要相互合作才能高效、优质地完成任务。教师可以根据学生的能力和特点分配相应的角色，也可以让学生自己组织起来，通过推荐选举产生领导角色。前者易于操作，后者则更能根据学生的特点培养他们的领导能力和团队合作能力。这些活动也是我们在交际教学法中经常用的，只是我们在这里用这些方法的目的性更强，效果更直接。

6）**思维能力**　思维能力是批评反思能力的一个次范畴，是通过大脑的活动来产生新的思想、方法、运作方式的能力，是知识传授、话语实践之中和之外的认知心理活动能力。它包括我们在人才培养模式中特别强调的思辨能力，以及话语构建能力、交际策略能力、批评思辨能力、正确选择能力。这些能力的共同点是都涉及思维活动，不包括接受知识和输出知识，但包括处理知识；不包括话语输出，但包括话语在大脑中的形成过程，以及一切推理、评价和选择过程，即如 Mills（2006）所言，它"探讨设计的功能，考虑它的结构、联系、语境以及因果关系，同时还要把它们与设计者的意图联系起来"（Kalantzis & Cope，2005：96），"涉及让学生解释设计的意义所关联的社会、文化、历史、政治、思想和价值因素"，以及"对谁有利和谁是受话者"（Kalantzis & Cope，2000）。

这种能力的培养一般需要作为一个主要步骤或阶段在课堂教学中设计出来。一般可以通过三种方式进行。（1）知识教授：通过教授相关知识提高学生的知识能力，扩大学生的思维空间。（2）课堂讨论：可以设计一定研究主题让学生全班或分组讨论；也可以提出问题，让学生直接回答；还可以让学生通过语篇分析的步骤和程序进行分析、解释和评价。（3）分配任务：可以设计一些讨论题，让学生课下自己完成，然后在课堂上汇报。

思维能力的培养模式与知识传授的培养模式大致相同，只是前者强调知识的获得和运用，厘清"是什么"的问题，后者则涉及更多方面，包括如何进行和为什么，以及有什么价值等问题。在实际的教学过程中，两者可以结合起来，从前者延伸到后者，可以减少课堂步骤，提高效率。

7）社会态度能力 社会态度能力是社会交往能力的一个次范畴，指一种主观性能力，涉及道德、责任感、意愿等，包括政治正确能力、循德守法能力、社会承责能力等。这种能力的特点是它不是追求客观事实是什么，而是个体本身认为什么是对的，什么是错的；什么是应该做的，什么是不应该做的；什么是愿意做的，什么是不愿意做的。在这里，对能力的要求是采用什么态度、负什么责任和具有什么意愿不是任意性的，而是有标准的，要培养的能力主要表现在是否符合标准上。例如，政治正确能力就是要求你在社会交际过程中，不要违反社会公认的政治标准，如不能有种族歧视，不能破坏自由、民主等。同样，循德守法也是要求你遵循社会道德标准，按法律做事；社会承责能力是要求你勇于承担应尽的社会责任。

同样，这种能力也不属于外语专业能力，所以不能在专业课程中额外设计一定的课堂进行专门培养；我们研究的目标是如何在专业课程中培养这些能力。在专业课程中，这些能力的培养可以以两种主要方式进行。（1）知识传授：在知识传授的同时，通过提出问题让学生回答或者讨论来培养这种能力。当然这里的问题与上面的与知识的获取和处理，以及有关思维活动的问题是不同的，这里的问题主要与个体相关，讨论个人的感受、态度、观点、立场等问题。学生应该学会如何明确地表明自己的观点、立场、态度、意愿等，以及如何隐晦地把它们包装起来，与知识、思维、话语实践结合起来表达。（2）社会实践：态度、观点、立场等都是在具体的语境中通过实践活动表现出来的，所以教师可以设计一些需要表明态度、观点、立场或情感的实践活动来让学生学习在什么语境中，应该如何表达它们。教师根据情况给予支持、反对、评论或评价。

8）个体态度能力 个体态度能力不包括在以上讨论的能力范围内，它包括恪守本性能力、意志能力和关怀能力。这类能力的关注点同样不是客观事实，而是个体表现出来的素养、意志力和关怀他人的能力，其培养方式与社会态度能力基本相同。

以上八类能力的培养模式可由表 10.9 表示。

表 10.9 融合式能力类型及其培养模式

能力类型	培养模式					
知识处理能力	知识讲解	课堂讨论		任务型 I		
操作能力	知识讲解			任务型 II	专家培训	
交际能力	知识传授		话语实践			
文化综合能力	知识讲解		话语实践			
人际能力			话语实践			
思维能力	知识讲解	课堂讨论		任务型 I		
社会态度能力	知识传授		话语实践			随堂训教
个体态度能力	知识传授		话语实践			随堂训教

以上我们讨论了以方式为基础的能力培养模式和以认知与态度为基础的能力培养模式。从表 10.9 中可见，这些能力的培养大部分可以与以知识为基础的能力培养和以话语实践为基础的能力培养相互融合；也就是说，可以延伸以知识为基础的能力培养模式和以话语实践为基础的能力培养模式的内容，在培养知识能力和话语实践能力的同时培养这些能力。我们把它分为几个模块，因为各个能力组的能力的特点不同，采用的方式和知识传授的内容也不同。在这些能力组的培养模式中，只有两种需要增加教学模块：（1）在培训物理操作能力时，需要相关的专家和工程师进行培训和现场指导；（2）在培养社会态度类和个体态度类能力时，需要伴随知识传授和话语实践活动予以倡导和鼓励，即进行"随堂训教"。

这样，在教学模式上，我们可以汇总各种能力培养模式，包括知识能力培养模式和实践能力培养模式，以及以方式、认知和态度为基础的能力培养模式，尝试构建一个综合性的外语专业本科生多元能力培养模式（见图 10.5）。

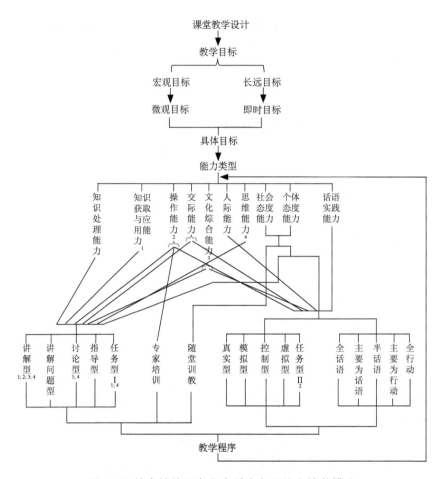

图 10.5 综合性外语专业本科生多元能力培养模式

这个模式是对以上研究的总结，但其中有几个问题需要解释。

1）在进行目标选择时，各目标之间的关系需要说明。宏观目标和长远目标可以区分，但两者最终基本是相同的。宏观目标在每次的具体教学中都由微观目标实现，即每个微观目标都是宏观目标的组成部分，是为实现宏观目标而设立的。同样，长远目标也都由即时目标实现，最后即时目标和微观目标合并为具体目标，成为课堂教学的即时目标。

2）在绘制综合性外语专业本科生多元能力培养模式图时，我们采用了系统功能语言学的系统网络的绘制方式，模式图的每个进程都是一个层次的系统网络；每个系统由一个入列条件、二到多个选项和表示选项关系的框组成。

方框［表示析取关系，即"或者……或者……"关系；花框｛表示合取关系，即"即是……也是……"关系。同样，在入列条件的表示上，反向方框］表示析取入列条件，即每一个选项都可以作为这个系统的入列条件。

3）在某些系统中，一定的入列条件对系统的选项有一定限制和要求。例如，培养操作能力必须选择讲解型和任务型Ⅱ教学方式（它们的联系由数字2表示）。

4）整个程序具有可重选性，及可以根据教学的需要返回去再做一次选择。

10.7　能力培养与课外自主学习

以上我们主要根据课堂教学探讨了外语专业本科生多元能力培养模式，但能力培养只依靠课内是不能完成培养任务的，外语专业更是如此。外语学习需要在尽量真实的社会交际环境中进行才能取得更好的效果，但真实或接近真实的话语环境更多的是在课堂外。

另外，以上的课内教学程序已经涉及课外活动，实际上是把课内和课外结合起来了。如利用任务教学法布置任务，任务是在课堂上布置的，但大多数任务是通过课外来完成的，无论知识学习任务还是话语实践任务都是如此。

10.7.1　课外活动和课堂教学的关系

从外语人才培养的角度讲，课堂教学和课外学习是外语教育的两个主要组成部分，缺一不可。但人们对它们的关系的认识存在一定的差异。传统上一般认为，外语教学就是课堂教学，通过正规的渠道学习，课外活动可有可无。但近年来，课外学习的作用越来越突出。例如，从语言习得的角度讲，课堂教学是正规的有意识的学习，而课外学习是无意识的、自动的、自主的，而自动习得语言更加有效（董玲，2010）。另外，随着计算机网络和科技的发展，自主学习成为重要的外语学习渠道。自主学习指"能掌控自己学习的能力"（Holec，1981：3），是能进行自我定向的个性化的学习。其中，学生课外独立学习占据很大的部分。还有学者认为，自主学习是"指代学习者在传统课堂外进行自我定向学习的情形"（如 Dickinson，1987，见徐锦芬、朱茜，2013）。这显然是指课外独立学习，即课外活动学习。随着翻转课堂进入外语教学，课外学习的重要性被推到顶峰：课外学习不仅十分重要，而且是学生学习的主要手段之一（Bergmann & Sams，2012）。翻转课堂是一种在特殊环境中产生的、依赖现代科学技术的教学方式，虽然它也给我们的课堂教学带来许多新的启示，使我们能够更好地发挥学生的自主学习的作用，但现在还无法替代当前主流的课堂教学模式。因为我们的外语教学是正规教育，要采用正规教育的模式，翻转课堂模式只能作为正规外语教育的补充方式，加大课外学习的力度和量，逐步实现真正的以学生为中心的教学模式。

作为正规外语课堂教学的补充方式，课外活动如何与课堂教学完好配合，共同完成人才培养任务是我们的重点研究课题。从已经进行的大量的课外活动和对课外活动的研究来看（徐锦芬，2013；毋育新等，2004；董玲，2010），课外活动的主要作用有以下几个方面。(1) 补充作用：弥补正规课堂教学无法完成的教学任务，如话语实践活动。(2) 强化作用：继续强化和深化在课堂上已经学到的知识和能力。(3) 能力提升：在现有的基础上提高学生的能力，如学生通过进行课堂教学计划以外的交际活动来提升和扩展自己的能力。(4) 应用和创新作用：把课堂学习的理论和方法应用于实践中，进行知识和实践的创新活动，如科学研究活动等。

10.7.2 课外学习活动的类型和作用

根据上述外语专业本科生多元能力培养模式和课外学习的作用，下面我们从知、做、思、创、德五个方面来探讨课外学习活动的类型和作用。所谓知、做、思、创、德，是指知识学习、实践活动、批评思辨、应用创造、循德立志，是由新伦敦小组提出的四个教学环节加循德立志组成的。

1）知识学习　知识学习涉及对课堂计划中教学内容的学习和理解，对相关知识的补充，以及对更广泛的知识的学习和掌握。也就是说，在课外活动中，可以从三个方面辅助课堂知识传授：(1) 知识的巩固与强化；(2) 知识的补充和扩展；(3) 知识的补加和外延。

首先，知识学习涉及对教师计划让学生掌握的知识的理解、巩固和强化。

这种课外学习一般是教师布置作业，学生选择补充自己认为课堂学习没有掌握好的内容。教师可以给学生布置以下几类学习任务。（1）提出问题：让学生准备回答；这些问题涉及学生对所学内容的理解等。（2）复述课文：让学生用自己的语言和方式来重述所学的内容，但需要使用不同的语言表达方式。

其次，要补充和扩展所学的知识。为了让学生更好地掌握所学的内容，需要学生扩大知识面，掌握与所学内容相关的知识。可以采用以下方式。（1）读书：给学生布置读书任务，指定书目让学生在一定的时间内读完，并且汇报自己的读书情况，做读书报告。（2）开展知识竞赛活动：就相关知识做成问题让学生通过竞赛回答，扩大学生的知识面。

最后，要补加更加广泛的知识，提高学生的能力。教师可以采用以下方式来扩展学生的知识能力。（1）读书：与上面不同的是，教师不是给学生指定具体的书目，而是大致划定一个范围，让学生自己选择想要读的书籍，扩充自己的知识面。（2）听讲座：要求学生听讲座，包括与专业相关和不直接相关的讲座，扩充知识面。

2）**实践活动**　实践活动指社会话语交际的实践活动，是课外学习对课堂教学最有力的支持。课外话语实践活动可以在以下三个方面支持课堂教学。（1）延续课堂实践活动，即在课堂上由于时空的限制，有些实践活动无法全部完成，只可以让学生掌握如何进行这项活动，以及活动的目的、进行方式、目标和检测，主要活动需要在课外进行，如课堂上的模拟训练、模拟法庭、模拟谈判等。（2）延伸巩固性实践，即通过课外实践活动来巩固与强化课堂学习的知识和发展的能力，如举办演讲比赛、编辑比赛、戏剧表演等。（3）能力扩展实践，即不受时空的限制，参与真实的社会话语实践活动，如到机关、外事部门进行现场实践活动，到中小学、大学进行教学实习，出国到目标语国家执行国际交流任务，等等。

3）**批评思辨活动**　批评思辨活动主要是通过课外活动提高与强化学生的思辨能力和批评精神，一般是在原来的知识传授和话语实践活动的基础上增加一个新的步骤。所以，这类活动都有一个先导活动，如对已经学过的知识进行反思和评价。这种先导活动一般有两个主要来源：（1）课堂教学内容，包括知识传授和实践活动；（2）课外实践活动。从前者的角度讲，教师在授课完成后，可以给学生布置批评思辨活动任务，提出一系列思考题让学生解答。这类问题没有现成的答案，不能直接从教学内容中找到，而是要通过自己的思考或者其他渠道进行寻找。然后，在以后的课堂教学中进行讨论或报告，也可以作为作业让教师批阅。从后者的角度看，教师布置社会话语实践活动，让学生课外进行，或者让学生自己寻找这类社会话语实践活动。学生完成话语实践活动后，要对其进行讨论、评价、归纳和总结，发表自己的意见。通过这些课外活动，学生可以发展批评思辨的思维模式，提高批评思辨能力。

4）**应用创造**　学习的主要目标不仅是接受和认知，更主要的是生产和创造。在课堂上学习的知识和发展的能力要有用武之地，要在交际活动中产出高质量、高层次的产品。完成这项任务只靠课堂教学是不够的，需要将课内课外结合起来，或者在课堂教学的基础上发展新的能力。这类活动包括以下方面。（1）写作创作活动：例如，教师可以给学生布置写作任务，让学生就某个题目进行写作，或根据社会现象、有争议的社会问题写新闻报道、时事评论、研究报告，或进行自由创作、文学创作，或参加创作大赛等活动。（2）科研项目：通过教师或学生申请学生及上级的科研项目，或自选科研项目的形式训练学生的科研能力，使学生能够掌握科学研究的基本规程和一定的科研能力，把研究成果写成论文发表出来。

5）**循德立志**　任何社会话语实践活动都是以一定的思想、理念、观点、立场为基础的。它们可以是无意识的，也可以是有意识的，一般是无意识的。所以，发展良好的循德立志能力是使学生有良好的发展前途的前提。如上所述，这类能力不是外语专业特有的能力，需要在社会实践活动中通过一定的形式表现出来。这类能力可以通过以下方式进行课外培养。（1）教师设计一定的论题，作为写作或者演讲比赛的题目，让学生就某些议题所涉及的道德、价值观、态度和情感、观点和立场等表明自己的意见，然后，教师在课堂上通过口头或者作业的形式予以回应和反馈。（2）让学生对当前的热点问题进行评论，或者对刚刚参与的社会交际活动进行评论，发表自己的观点，表明自己的立场，教师通过改作文或让学生汇报的形式，给予反馈和评价（见图10.6）。

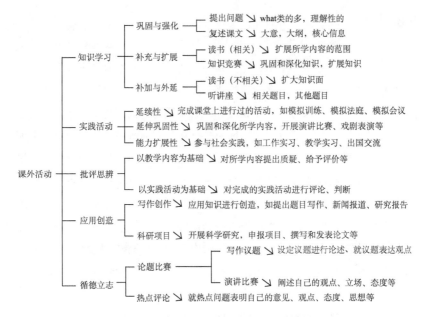

图 10.6 外语专业本科生多元能力培养模式课外活动系统

在此，图 10.6 所示的外语专业本科生多元能力培养模式课外活动系统与图 10.5 所示的综合性外语专业本科生多元能力培养模式是相互配合的，前者是对后者的有效补充。两者形成联动关系，即课内的知识传授与课外的知识学习，课内的实践活动与课外的实践活动，课内的思辨能力、创新能力、应用能力、交际能力、关怀能力的培养与课外的批评思辨、应用创造和循德立志的活动开展相互配合，共同完成培养任务。

对于课外活动的作用，我们既不可忽视，也不可过度强调。在大多数的教学理论和教学模式中，课外活动学习经常是被忽略的，很少提及。而在翻转课堂中，课外学习成为主要的学习方式。其实，总体而言，在我国的正规教育的环境中，课堂教学仍然是人才培养的主渠道，但需要课外活动学习来配合，形成课内课外联动的模式。课内难以做到的可以尝试课外做，如一些实践活动；课内做得少的课外补充；课内做得不到位的课外做完。

10.8 小结

本章是本研究的核心章节，重点是在厘清外语专业本科生应该掌握的多元能力的基础上，发展一个适合培养外语专业本科生多元能力的选择模式。本章的重点如下。第一，探讨了人文素养和综合素质与多元能力的关系，确定了多元能力的类型。第二，探讨了在语境中进行社会交际所需的各种能力，说明了多元能力培养的必要性。第三，探讨了中国外语教学的五个发展阶段，即语言知识阶段、语言技能阶段、交际能力阶段、专业能力阶段和综合素质阶段。第四，从两个方面探讨了多元能力培养模式的类型：从单能力和多能力的角度上看，多元能力培养模式区分为单能力培养模式、多能力培养模式和融合式能力培养模式；从能力的类别上讲，多元能力培养模式区分为知识类能力培养模式、实践类能力培养模式、以方式为基础的培养模式、以态度和认知为基础的培养模式四个类别。第五，以知识类能力、社会实践类能力，以及以方式、认知和态度能力的培养模式的探讨为基础，探讨了外语专业本科生多元能力培养选择模式，并且建构了外语专业本科生多元能力培养选择模式。第六，探讨了课外学生自主学习与课堂教学模式之间的关系，以及课内课外如何相互配合，共同完成培养任务。

第十一章 语义化学科知识教学模式

11.1 引言

外语学习包括学习日常语言和学科语言；外语教学一般侧重教授日常语言，而很少顾及学科语言。然而随着学生水平的不断提高和社会对外语人才能力产生新的需求，学科语言成为必学对象。传统的语言教学方式是把语言学习的重点放在语言本体上，认为学习语言与学习语言表达的知识和内容没有直接的关系。但随着内容教学法（content-based approach）的提出和发展，通过学习内容来学习语言已经被语言教学界所接受(Lyster，2007；Mohan，1986；Snow & Brinton，1997)。Bernstein（1999）不区分话语和知识，这样，简单的知识需要简单的话语，复杂的知识需要复杂的语言来表达。他把人类的知识话语进行分类，发展了人类话语的分类系统。Maton（2013）在 Bernstein 的知识结构理论基础上发展了合法化语码理论，用语义密度和语义引力来表示语义浓缩和语义（再）语境化的程度。此外，多元读写能力培养模式正好提供了一个学科知识再语境化和应用与创新的模式（New London Group，1996/2000）。

学科知识属于图 10.5 中的"知识处理能力"，所以学科知识学习主要是为了发展学生的知识类能力，包括掌握知识、处理知识和运用知识进行创新的能力。知识类能力的培养，根据多元能力培养教学选择模式，应主要选择知识传授、问答、讨论、指导、布置课外自主学习任务等方式进行。

本章重点将上述三种理论相互结合，发展一种通过以上教学模型进行的外语教学模式，并且用实例说明。Bernstein（1999）的理论重点用于确定学科知识与话语的类型和特点，以及教授这些知识的基本教学原理和原则；Maton（2013）的合法化语码理论中的语义波理论主要用于解释和指导教学过程，为整个教学过程提供一个指导框架，即这类知识或知识结构在教学中应该如何处理和教授；多元读写能力教学模式则为外语学科知识教学提供具体的教学模式和教学过程，即用它确定以什么教学程序和方法来完成教学，包括选择和使用何种模态。

11.2 学科外语教学模式构建

11.2.1 话语与知识的类型

Bernstein（1999）首先区分了纵向话语和横向话语，两者的区别是通过知识形式划分的。横向话语指日常生活话语，以"常识"为特点，是人所共知的，在生活中都可以接触到的，具有普遍性、相同的历史和发展经历，它是口头的、局部的、语境依赖性强的、具体的、隐性的、多层次的，有时是相互矛盾的，是最大限度地和人及人居住环境相关的。这类知识的一个关键点在于，它是节段式组织的；也就是说，这种话语体现的知识点之间可以是不相关的，或者关系不密切。每个节段的知识点可以看作一个 Martin（1992）所称的"体裁"，是人们在生活中做事所经历的过程，但相互之间可以是没有关系的。同时，Bernstein（1999）还区分了个库和总库。一个人掌握的所有节段的总和为个库，而整个社会所共有的节段总和为总库。这和 Martin（1992）把文化语境视为体裁的观点不谋而合。个库相互之间是有区别的。这样，一个社团中个库的共有特征越多，它的凝聚力就越强；反之则越弱。同样，个库所掌握的节段越接近总库，那么这个人的社会交际能力就越强；反之则越弱。

这种节段性语言的教学和学习也有其特殊性：每个节段的教学和学习可以是不同的，而且这类知识和语言的学习一般不是通过正规教育进行的，而是通过家庭、同伴在社区内交流、模拟和演示进行的。

Bernstein（1999）在此显然是针对本族语学习者而言的。对外语学习者来说，日常话语是外语学习的基础和第一重点，因为日常话语是整个要发展的个体话语（个库）的基础部分，同时由于文化差异，基础知识上的差别也需要在知识和语言两个方面发展起来。

纵向话语是需要在正规教育中学习的话语，它有两种形式：一种是理工科话语，是一种具有连贯的、明晰的、系统规则的结构，以层级形式组织的话语；一种是人文社科话语，是一系列以专业语言形式产出和传递语篇的话语，这种话语以专业问题和专业标准为话语的基本模式。纵向话语具有很强的分布规则来控制接触、传播和评价话语，它通常是在时间、空间和行为者方面以明晰的形式再语境化传播和分布的。纵向话语的整合是意义整合，其过程是层级性的；也就是说，每次新知识的加入都是为原来的知识在某个层次上填充空白。从知识结构上讲，纵向话语有两种结构：层级知识结构，属于理工科话语的知识结构；横向知识结构，属于人文社科话语的知识结构。层级知识结构力图创造一种概括性的命题或理论，把较低层次的知识整合起来，运用的是一种整合语码（integrating code）。而横向知识结构突出不同语言的独特性，每一种语言都可能和其他语言不同，如文学研究属于批评，哲学研究属于探索等。横向知识结构中的不同学科知识是不同的，有的更接近理工科，如数学、语言学、经济学，它们被认为有"强语法"（strong grammar）；有的更接近日常话语，如人类学和社会学，它们被认为有"弱语法"（weak grammar）。从学习的角度看，纵向话语结构和横向话语结构中的强语法学科，学习者很容易辨别，而在弱语法的横向话语结构的话语实践中，学习者则不易区分，可以怀疑他是不是在研究这门学科，如社会学和人类学。他的学科地位需要通过命名（name）和与其相关的语言表述（Bernstein 1999：165）明示出来。再语境化的视角或原则表现的是他如何阅读、评价和产出语篇。而在层级知识结构中，学习理论是最主要的，虽然他也同时学习一种角度和原则。Bernstein（1999）用图 11.1 来表示不同类型的知识和话语之间的关系。

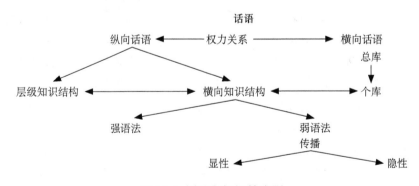

图 11.1 话语和知识的类型

这个模式说明，对于所要教授的话语，首先要确定它是纵向话语还是横向话语。如果是纵向话语，还要选择是层级知识结构还是横向知识结构。如果是横向知识结构，还要区分是强语法还是弱语法。强语法和纵向知识结构可以采用相似的教学方式处理；而如果是弱语法类话语，则需要确定是显性传播的还是隐性传播的。这些都需要在教学中选择合适的教学程序、方法和模态来实现。

Bernstein（1999）虽然对知识及知识结构的类型进行了研究，但没有探讨如何在教学中处理不同类型的知识才能达到最佳效果。Maton（2013）发展了合法化语码理论，从知识积累的角度探讨了如何通过教学和学习积累知识的问题。他提出，知识学习的一个突出问题是：知识和语境是紧密联系在一起的，失去了语境，知识就变得无意义。他提出了一种知识处理模式，使学生既可以在语境中学习知识，又可以将其作为浓缩的知识积累和储存。这就是他的语义波理论。

11.2.2 教学中的语义发展模式选择

语义波指语义发展模式，语义波理论来自 Maton 的合法化语码理论。此理论把社会实践维度构建成语义结构，其组织原则被视为语义代码，包括两个维度：语义引力和语义密度。语义引力是指语义与语境的关联度，有强弱之分，表示为 SG± 和 SD±。语义依赖语境度越高，语义引力越强；语义对语境的独立性越强，其语义引力越弱。语义密度指在社会文化实践内语义的浓缩程度，也有强弱之分。语义密度越高，社会实践中的语义浓缩度越高；语义密度越低，其语义浓缩度越低。语义引力和语义密度与时间维度相结合，可以通过语义波来表示教学模式（Martin，2013；Maton，2006；朱永生，2015）。

如果课堂上只学习抽象的学科知识，不将其与实践和语境相结合，则会出现高密度、低语境化的平线语义波，可用于理论阐述和概念讲授；反之，如果课堂上只进行语境化的实践活动，在实景中进行不同话语量的社会实践活动，不涉及理论的概括和意义的浓缩，则会出现低语义密度、强语义引力的平线语义波。以此推断，还可以出现既不十分抽象，也不是特别依赖语境的中平波，用以做一般的讲解等。如果一堂课一开始引入抽象理论概念，然后通过语境化和实践化使学生理解这些理论概念，最后进行理论化升华和打包，则会出现从高密度／低引力到低密度／高引力，再到高密度／低引力的语义波。这个过程还可以出现几个变体形式：（1）语境化的程度可以有区别，有的很强，有的很弱，从而出现深波和浅波两个类别的波形结构；（2）由于教学内容的需要，亦可出现波形结构重复的现象，从而出现多波结构；（3）还可出现单向的语义波，即从语义引力低到语义引力高，或者从语义引力高到语义引力低。这些语义波模式都可以出现在外语教学中，而且每一种在特定的语境中都有特定的作用。同时，根据程度的不同，还可能出现许多其他的类似模式（见图11.2）。

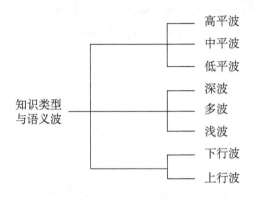

图 11.2 外语教学中的语义波选择系统

例如，在 Maton（2014b：143）的论文中，出现了如图11.3、图11.4、图11.5 的语义波模式。图11.3 提供了三种虚拟的语义波模式，分别是高平波、低平波和中凸形曲波。高平波是高密度、低语境化的平线语义波，表示教学中只讲授抽象的学科知识，不与实践和语境相结合，可用于理论阐述、理论和概念的讲授。低平波表示教学中只进行语境化的实践活动，在实景中进行不同话语量的社会实践活动，不涉及理论的概括和意义的浓缩，是语义密度低、语义引力强的平线语义波。中凸形曲波表示教学从实景实践开始，然后进行理论归纳和概括，达到十分抽象的、脱离语境的程度，最后回到语境中进行实践阐释或测试等。

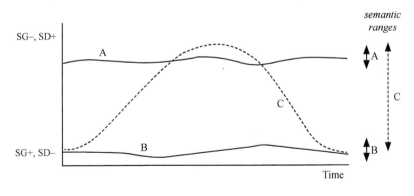

图 11.3 三种简单的语义波模式

图 11.4 提供了一个真实的语义波模式，是两名中学生英语作文的语义波模式。实线表示学习成绩较好的学生 A 的作文内容的发展模式：首先较为概括和抽象地说明主题及其发展模式，然后描写具体的事例，最后回到抽象的论述层面。这样反复进行三次，最后又返回到最抽象的层次进行总结。论述主题鲜明，有理有据，逻辑性强。虚线表示学习成绩较差的学生 B 的作文。整篇文章只是对具体的事例进行描述，没有总结、概括、归纳等高密度的内容。

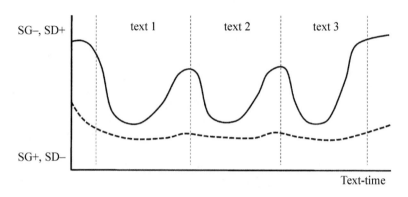

图 11.4 学生英语作文的语义波模型

图 11.5 则是一个进行思辨、反思的学习过程，是商务专业的学生学习商务课程的一个过程。这个过程包括三个阶段。（1）挖掘阶段：学生通过思考表达自己的信念和价值观，语义波呈现出从高密度到高引力的大幅度波动。（2）反思阶段：根据这种信念和价值观，学生评价并反思自己在工作中行为的好坏，语义波呈现出从教高密度到较低密度、较高引力的波动。（3）转换阶段：根据对之前行为的反思，学生总结出一系列将来工作所需的技能，表现出他的跨文化交际能力，语义波停留在较高的层次上。

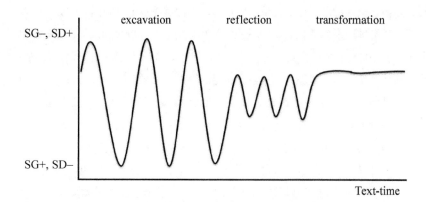

图 11.5 商务专业学生的思辨反思语义波模型

　　语义波模式为外语教学根据不同的教学目标选择合适的语义发展模式提供了理论框架，特别是为不同的知识类型和结构提供了各种不同的语义波教学模式。不仅如此，它也为根据教学材料的性质和教学目标检测教学的有效性提供了一定依据。

　　但这个框架只为不同学科特点的知识教学提供了一个大概的语义发展模式，如何在教学实践中实现它，即采用什么样的教学程序、教学方法和选择什么模态还需要进行新的探索。新伦敦小组提出的多元读写能力培养模式，恰好可以弥补这方面的缺陷，它为在教学实践中实现这些语义波模式提供了可选择的教学模式。

11.2.3 学科能力培养模式

　　新伦敦小组提出了通过设计学习的理念，认为多模态语篇的构建需要通过设计进行。因此，学生可以通过设计学习，教师也可以通过设计教学。设计包括三个部分：已有设计、设计过程和再设计。已有设计是已有意义资源；设计过程是在符号生成过程中利用已有资源所做的事或进行的学习活动；再设计是通过设计过程再生和转换的资源。设计学习是学习过程，教学方式应适合设计学习。教学主要发生在设计过程阶段。教师主要在支撑性学习阶段提供相关的理论、知识、概念，并指导学生；学生则通过合作和自主学习来自己设计学习过程，参与交际活动、分析评价、应用等。设计过程主要分为四个部分：让学生亲身经历和体验所学的内容；教授和学习相关的理论、概念和知识；让学生进行思辨分析和评价；把理论知识应用于实践，创造新的意义及意义实现方式。最后，这些转换的意义和读写能力成为学生获得的再设计意义资源，又成为他的已有资源，促使教师和学生选择新的学习要素进行设计教学和学习，从而形成一个设计教学和学习的循环模式（见图11.6）。

这样，学科外语多元能力培养的基本教学模式可以通过三个步骤从以上模式中选择出来：（1）根据实际的教学需要和Bernstein的话语与知识的类型框架确定要教授的实际知识（话语）类型；（2）根据所确定的知识类型，选择教学中要遵循的合适的语义发展模式；（3）根据所选择的语义发展模式，选择合适的学科能力培养模式。

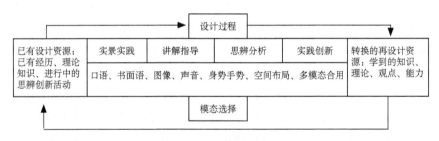

图11.6 通过设计学习的多元读写能力培养模式

11.3 学科外语教学设计探索

学科外语教学首先需要确定学科外语的知识结构。例如，如果教学内容是物理学理论知识（如例11.1），则知识类型为纵向话语中的层级知识结构。纵向知识是理论性的，所以其首要任务是把理论原理弄清楚。理论问题涉及对整体理论的理解，以及对它与实践的关系的认识，同时还涉及概念的定义、解释、说明等。所选择的语义发展模式（语义波）要适合教学目标。

例11.1

Extensive manipulations of a powder, such as stirring, shaking and pouring, lead, however, to particle trajectories which are fundamentally nonsequential: any one trajectory cannot be computed without simultaneously computing many others. In general therefore, sequentially constructed packings are not representative of realistic granular structures. To generate the latter, it is essential that simulations contain collective restructuring, so that particles reorganise at the same time as deposition occurs. The resulting granular configurations reflect the essentially cooperative nature of the process, containing bridges and a wide variety of void shapes and sizes, none of which occur in sequentially deposited structures. Since bridges are stable arrangements in which at least two grains depend on each other for their stability, they cannot be formed by sequential dynamics; they are, on the other hand, a natural consequence of the cooperative resettling of closely neighbouring grains.

　　除了理解外，学生需要把这些知识与以前学过的知识相结合，因为这类知识都是整体理论的组成部分（Bernstein，1999）。从实践的角度讲，教师需要说清楚，某个理论能够解释现实世界中的哪些客观现象。同时，对知识的理解也涉及对语言表达的认识问题。这样，语言上的问题和知识问题是融为一体的。如在例 11.1 中，大量的名物化现象、关系过程的高频率出现、主语的名物化一方面表示知识理解的难度所在，同时也反映了这类语篇的文体特色。那么，要使学生更容易地理解它，把隐喻式转换为一致式，把施为者和过程从隐性转向显性，就是一个很好的可选择方式（见例 11.2）。这个过程可以降低语义密度，增加语义引力。

　　例 11.2

　　If you manipulate powder extensively, such as to stir it, to shake it and to pour it, particle trajectories will become fundamentally nonsequential: you can not compute any one trajectory without simultaneously computing many others. In general therefore, packings that are sequentially constructed do not represent the realistic granular structures. If you want to generate the latter, then it is essential for you to simulate them in such a way that they must be structured collectively, so that particles reorganise at the same time as they decompose. As a result, the granules that configure in such a way reflect the fact that these processes essentially cooperate with each other, which may contain bridges and a wide variety of void shapes and sizes, none of which occur in structures that are deposited sequentially. Bridges are structures that are arranged stably in such a way that they are stable only when two of the grains in them depend on each other, so that they cannot be formed sequentially. They are formed in such a way simply because the grains that neighbour closely with them are resettled cooperatively in a natural manner.

但这还不够，从隐喻式到一致式主要解决了对理论概念的理解问题，进行了"讲解指导"的步骤，但还没有厘清它可以解释客观世界的哪些现象。要做到这一点，就需要用实例说明，而且举例要精确，越熟悉的越好，从而完成"实景实践"步骤。这个步骤进一步提高了语义波的语义引力，降低了它的语义密度。

至此，我们只解决了把抽象理论语境化，使学生在语义引力强的环境中学习的问题。但这不是学习和教学的最终目标；最终目标是以自己的知识结构来理解认识理论，同时也要完善、升华新理论。这就要求我们把语境化的理论再概括化、抽象化，回到语义引力低、密度高的状态。如果这仅仅是回归，则只需要以相同的路径还原概念或理论。但实际上，我们不仅要理解理论，还要认识理论的特点、问题、发展趋势等，而且可以进行思辨，发展新的理论。这样，从整体理论学习的角度看，采用浅型语义波或深型语义波都是可行的，但平线型语义波只在少数情况下可用。

理论的学习必然涉及概念的学习。概念的学习除了涉及概念的定义和解释外，还涉及对概念进行进一步阐释，把概念与具体语境联系起来进行认识和理解，这样会导致每一个概念的学习都产生一个深型或浅型语义波。这样会在总波的基础上产生许多次级语义波，或者在次级语义波的基础上再产生次次级语义波，从而出现语义波的嵌入结构。从这个角度看，多波型语义发展模式是这类知识的主要语义波模式，这也会使多元能力培养模式出现"理论讲解－实景实践"的重现和嵌入现象。

　　学科外语的学习通常不仅是理解知识，了解语言的意义及其和知识的关系，更重要的是要通过反思、推理和判断，掌握用什么语言表达什么学科知识的一般规律和原则，并且把它们转化为自己的知识结构中的组成部分；同时，还需要具有把这些知识用于实践的能力，以及在此基础上进一步创新，发展理论的能力。这些能力的发展需要选择和设计一定的教学模式来实现；也就是说，要选择合适的通过设计学习的多元能力培养模式。

　　综合上述知识类型的特点和教学中应注重的方面，应该选择的语义发展（语义波）模式，以及根据教学大纲和课程特点应该培养的能力，我们需要从以下六个方面来设计教学程序。

　　1) 熟悉和了解学生的已有设计资源　教学是一种互文活动；也就是说，教学程序的设计要建立在学生已经掌握的设计资源的基础上。教学目标一是进一步应用学生的已有资源，使其得到巩固和强化，二是从深度和广度上扩展和提升学生的已有设计资源。例如，在上面提到的学习物理科学知识的外语教学中，要了解学生是否已经学过类似的语篇；如果学过，他们的水平已达到什么程度，是否学习过根据科技语言的特点分析和理解科技语篇，是否已掌握把隐喻式转化为一致式来理解，把一致式转化为隐喻式来创作和构建语篇。据此，教师就可以确定是否还需要给学生讲解如何把语篇实例中的隐喻式转化为一致式；如果不需要，是在课堂上直接进行实践环节，让学生自己把隐喻式转化为一致式，还是作为已有的能力，让学生完成难度更大的学习任务。经过这种分析，就可以把课堂重点和难点确定下来，下一步则是设计教学程序来完成这些重点和难点。

　　2) 确定教学的进程　确定了教学重点和难点之后，就需要考虑点与点之间的逻辑关系，以一定的顺序排列出来。例如，如果确定把隐喻式转化为一致式是一个难点，就需要教师把对知识的讲解和分析放到前面，让学生了解这个步骤的目标和作用，以及进行这类转换的基本思路和方法，然后再进行实践活动。但如果学生已经基本上掌握了这方面的知识，就可以把实践活动放到前面，让学生自己进行这类转换的实践活动，然后教师进行比较和评价。此后，教师要考虑在教学中如何处理每一个重点和难点。例如，如果把隐喻式的辨认看作难点，那么要考虑这个难点的难度有多大，是通过提示和启发让学生理解，还是要通过认真的讲解和演示才能达到教学目标。

3) **讲解与指导** 尽管各种新的教学法都在压缩课堂讲解和指导的空间，但后者仍然是正规课堂教学不可或缺的。对于讲解和指导的作用需要有一个正确的理解。它不是"满堂灌"的代名词，而是解决课堂教学中的重点和难点，管控课堂进程的主要方式。(1) 对于难度较大的知识的处理，讲解是必不可少的。学生自己无法解决的问题，需要教师帮助分析和解释。(2) 理论和知识学习中的元语言需要通过讲解来提供。元语言是教学和学习必须利用的工具，学生只有掌握了它们以后才有可能进行自主学习。(3) 讲解也包括指导和提示。不仅是理论学习，而且实践活动也需要教师进行引导和指导。如在以上的教学实例中，如果学生不知道如何识别语法隐喻现象，不知道如何解释一致式和隐喻式的内在关系，就需要教师通过分析和解释来帮助学生理解；实践活动如何做，以及怎样才能取得最佳效果，也需要教师指导和组织。对于语法隐喻的基本知识，相关理论和术语也需要教师进行讲解来解决。

4) **知识的语境化** 教学中的实践活动是一种将高密度、低引力知识转化为低密度、高引力知识的过程。然而，不同的教学目标和教学环境对于知识再语境化的方式和程度也不同。有的是解释性的，使语义引力增强一点，但密度仍然很高；有的则需要比较具体的阐释、讨论、由隐喻式向一致式转换、改写和复述实践等，使语义引力进一步增强，语义密度进一步弱化。引力最强、密度最弱的语境化实践是从事实践活动，如真实的实践实例和实验活动等。在实践活动中，并不是语义引力越强、语义密度越低就越好，而是要根据教学的实际需要选择。例如，在教授例 11.1 这种理论性比较强的物理语篇时，首要任务是使学生理解理论和概念，因此，教学的主要任务在大多数情况下是分析和解释，选择浅型语义波模式即可。但如果教学任务是教授学生如何写作此类语篇，则需要学生进行写作实践或者实验活动，这时，采用深度高的下行波更合适。

5) **讨论、论证与反思** 这个阶段是把学到的东西作为一个客观事物进行检验，发现它所属的类别、所具有的特点、蕴含的基本规律和规则、运行的基本原则等。采用的教学方式是推理、问答和讨论（包括小组讨论），目标是把语境化的知识通过概括化、抽象化上升到比较稳定的理论和概念层面，所以也称为"理论化""概念化"过程（Kalantzis et al., 2005, 2016）。对于语义波类型，显然是选择上行波。这些理论概念包括语言的特点、语言与知识的关

系、层级知识语言的基本规律等。经过反思和思辨过程处理的理论概念有两个
结果：一是回归型，即重新回到教学开始阶段的理论和概念的状态，学习和教
学的目标只是认识和理解这种理论和概念，没有新的创新和发展；二是理论升
华，即在原有理论概念的基础上又有新的认识、提升和创新。后面这个过程是
培养创新型人才的关键一步。例如，在教授例 11.1 的物理理论时，可以通过讨
论、问答等探讨作者为什么选择隐喻式，而不选择一致式，以及在什么语境下
采用什么方式把一致式转化为隐喻式，要达到什么目标等。在回答这些 why、
when、where、how 时总结出隐喻式转化为一致式的一些基本原则和规律，使
其成为理论点。

这几个教学步骤形成了一个比较完美的弧形语义波，可以是浅型的，也可
以是深型的。但在实际教学中，这并不是一个完整的教学过程。从反思和思辨
过程中得到的知识并不能束之高阁，而是要经过应用和实践，才能变成学习者
的能力。

6）应用和创新　这个过程要求教师引导学生把理论和概念应用于实践，
即由接受知识过程向应用知识和产出知识过渡。从应用的角度讲，要使学生把
学到的知识应用于写作，产出同类的语篇。例如，在例 11.1 中，使学生能够写
出一个类似的语篇。这个过程可以是在教师的指导下创作，也可以是学生之间
讨论创作，还可以是学生独立创作，关键是能够把在思辨和反思阶段学到的隐
喻式转化为一致式，以及把一致式转化为隐喻式的规律和原则应用到语篇创
作中，产出高质量的同类语篇。从创新的角度讲，还要使学生把这些理论概
念应用到其他学科中解决类似的问题，或者在此基础上发展这类语篇产出的
基本模式。

从这个角度讲，这个步骤可以自己单独形成一个新的语义波。这个语义波
可以是下行波，即把理论和概念应用于实践，从而产出新的语篇；也可以是深
型语义波，从而在实践的基础上再进行反思，发展新的写作模式、写作理论等。

这样，一个比较完整和典型的、涉及整个教学过程的语义波类型可以是两
个深浅度不同的语义波的结合，前者主要解决知识学习、语境化和反思问题，
后者解决实践和创新问题。同时，这两个语义波都不是标准形状的、平滑的，
而是有起伏的、多波型的。这种类型的语义波可以反映实际的教学情况（见图
11.7）。

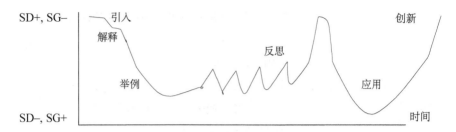

图 11.7 层级知识结构类教学整体语义发展模式

下面我再讨论一个文科教学实例 11.3，来看这个教学过程的语义波和教学模式的选择情况。

例 11.3

Teacher: What is an argument? Do you know?

Students: Er…

Teacher: OK. Let's have a look at these two cartoon pictures. In the first one, what are the two chickens talking about?

Students: They are talking about who comes first, the chicken or the egg. They are saying, "The chicken comes first." "No, the egg." "Chicken." "Egg."

Teacher: Yes. In the second picture, what are they talking about?

Students: Student B wants to put the coat on the snowman. But Student A says, "Don't put the coat on the snowman. It will melt him."

Teacher: Yes. Now, in which picture are they making an argument? The chickens or the kids?

Students: The kids.

Teacher: Yes. You are right. Student A is making an argument. Although the word "argument" is often used as a synonym of quarrel, fight, or dispute, it does not mean just throwing the opinions or claims, like the chickens do in the first cartoon picture. In contrast, in the second picture, Student A is making an argument, because she uses a reason that "it will melt him" to support her position that Student B shouldn't put the coat on the snowman. So an argument is to state a position and provide reasons for it. Imagine when you ask a friend who is currently taking the course of American History.

"Should I sign up for American History?"

"Oh, no. You shouldn't take the course. The professor is boring, the readings are too hard, and there's no time for discussion."

In this case, is he making an argument?

Students: Yes.

Teacher: Why?

Students: He gives reasons.

Teacher: Yes. The issue here is whether to sign up for the course of American History. Your friend's position is you should not sign up for it. In order to convince you, he gives you three reasons: boring professor, hard readings and no discussion.

Now, you ask another friend, and she says, "No, don't take the course. Or else you'll regret." Is she making an argument then?

Students: No.

Teacher: No. She is not making an argument. Why?

Students: There's no reason.

Teacher: You are right. She's only offering a position: "you'll regret" is just another way to say "don't take the course". In the whole process, she fails to give reasons why she thinks "you shouldn't take the course".

Now, let's bring down the definition of argument into three key points: 1. The point of view, technically called the thesis. 2. The reasons or premises. 3. Relationship between the thesis and premises.

这个教学片段是论证什么是"论辩"。从知识（话语）类别上讲属于纵向话语中的横向知识结构类型。论证什么是论辩显然有一定的标准和条件，但其论证结构并不像数学和经济学那样严谨，所以应该属于"弱语法"类。

从语义的发展模式来看，教师提出要教的概念后马上进入例证分析。他一共用了三个例子："先生鸡还是先生蛋"的问题，"是否在雪人上盖棉被"的问题，"是否选美国历史课"的问题。前两个例子作为对比材料说明什么是论辩，最后得出结论，所以前两个例子本身组成一个弧形语义模式，厘清了什么是论辩的问题。第三个例子则通过实例说明了论辩的基本要求和规则，最后给予一个明确的定义。这样整个语义模式可以看作一个大的深型语义波模式，包括两个波形语义模式（见图11.8）。

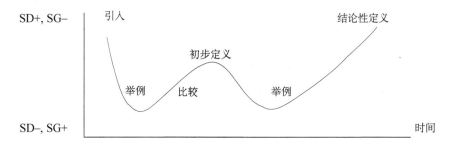

图 11.8 文科水平知识结构类教学语义发展模式

从多元能力培养模式上看，本教学实例首先选择实践活动，也就是用例证来说明。这种选择是可行的，因为论辩概念的理论构架并不复杂，无须进行讲解和解释，通过实例就可以说明。这个教学模式的问题是它把讲解和指导与反思混合，实际上是由讲解替代了反思，最后的结论完全是由教师做的。这虽然简便，也可以让学生理解，但对于培养学生的思辨能力没有益处。

第二个问题是，和以前的教学模式相似，这个教学模式没有应用和实践环节，因此也就没有让学生创作类似语篇的环节。例如，通过学生自己或学生之间合作，来共同写作一篇简单的议论文，把教师的结论用于实践会更好。但这个环节是否必要要根据教学目标来确定：是让学生理解和认识论辩的意义，还是让他们将知识运用于写作和创作中？如果是前者，则不需要增加这个环节。

从语言的角度讲，纵向话语的特点主要体现在术语的选择上；语法上的表现很弱，除了 make an argument 等外，其他的基本都是一致式，与日常话语区别不大。所以，在语言上学生的困难很少，只需要掌握几个相关术语即可，如argument、premise、reasoning、thesis 等。

11.4 小结

　　本章主要从系统功能语言学和教育社会学的角度来探讨学科外语的教学问题。我们根据 Bernstein 的知识话语体系来选择相关的话语类别；但 Bernstein 虽然提供了识别话语类别的方法，却没有提供一个在教学中如何处理的模式，所以我们根据 Maton 的语义波理论（语义发展模式）建立了一个对不同的学科知识类别可选择的语义波类型选择系统，这样，就可以根据知识类别来选择合适的教学模式来呈现它。然而，虽然 Maton 的模式给我们提供了教学中语义发展模式，但它主要注重知识的认识、理解和接受，却没有探讨如何把这些理论知识应用于实践，以及如何在实践中创造新知识，特别是如何从语义密度低、语义引力强的语境转移到语义密度高、语义引力低的语境的方式没有理论的支持。据此，我们运用新伦敦小组的多元读写能力培养模式和设计学习理论来弥补这一缺陷，借用设计学习的概念，通过多元能力培养模式的不同阶段来实现语义波的不同阶段的发展模式。这三种理论从三个方面相互补充、相互协调，形成了一个比较完整且操作性强的学科外语教学模式。

第十二章 思辨能力培养教学模式

12.1 引言

随着我国外语教育事业的不断发展，外语教育的培养目标正在经历或者已经经历了很大的变化。以前以培养学生基本技能为主的培养模式，已经远远不能满足我国对高层次外语人才的要求；现在需要的是综合素质高、创新能力强、掌握多学科知识的高层次多能力外语人才。在这些能力中，思辨能力是一种关键能力，起到"纲举目张"的作用。思辨能力是思维能力的重要组成部分，涉及批评思辨能力，正确选择能力，话语的设计、组织和构建能力，等等。一方面，知识的选择、积累和运用需要思辨能力的组织和选择，话语的设计、组织和构建需要以思辨能力为基础；另一方面，创新能力也需要以思辨能力作为前提，即创新需要在思辨的基础上产生和发展。从这个角度讲，思辨能力是基础能力、必备能力、联通能力。

但是，中国教育一贯具有注重知识传授，不注重论辩评议的基本教育思路。正如孙有中所说，"思辨能力培养实际上是中国教育几千年来的一个弱项"；刘璐认为，"我们相对欠缺的是逻辑思维能力的培养。我们的学生欠缺逻辑思维的能力"（孙有中等，2011）。

同时，由于我国自 20 世纪 70 年代末改革开放开始，到 90 年代末，外语人才奇缺，急需掌握外语基本能力的人才从语言上架起与西方发达国家交流的桥梁，听、说、读、写、译，以及基本的跨文化交际能力成为培养的主要目标，而很少关注学生的逻辑推理能力、国际视野和全球化能力、论辩能力、评判能力等。这样，在教学过程中，大多数的教学环节涉及学习语法和词汇知识、讲解课文、理解课文，但很少涉及对课文内容或相关参与者的评价，对某个议题的评论和论证。

笔者曾对三位大学外语专业教师的教学录像进行分析，发现他们在整个课堂中基本没有涉及论辩、论证等方面的议题，基本上都是强调是否理解知识、理解课文内容，教学的基本模式是"介绍学习的知识 – 讲解 – （自学 – 训练） – 询问是否理解－理解"。大部分教师局限于讲解、自学、理解；部分教师采用"自主学习－实践－讨论"的模式，但讨论的基本上还是对知识和理论的理解，而不是涉及不同的立场、观点、认识，从而展开论辩等。

根据这种情况，我们可以预测，外语专业学生相对其他专业的学生思辨能力会偏弱。文秋芳等（2010）研究表明，外语专业学生入学时并不比其他专业的学生思辨能力差，而是在大学几年中，其思辨能力明显不如其他文科学生的思辨能力发展得快。这说明，外语专业学生的生源不比其他专业的差，而且还可能更好，但他们的思辨能力培养不足，进步要慢。综合以上情况，就在外语专业人才培养上出现了所谓"思辨缺席症"（文秋芳等，2009）。

据此，如何适应新形势的需要，改变传统的外语人才培养模式，在培养学生语言能力、跨文化交际能力的同时培养学生的思辨能力，就成为当务之急。

思辨能力属于图 10.5 中的"思维能力"，思辨能力的培养主要涉及知识类能力的培养，教学模型包括：课堂传授、课堂问答、课堂讨论、课堂指导和课外学习任务，其中主要的教学模型是问答、讨论等。Paul & Elder（2006：20）认为，思辨是指运用恰当的评价标准进行有意识的思考，最终做出有理据的判断。这个定义有两个核心概念：评价标准和有理据的判断。前者说明，思辨能力总是涉及评价，在评价标准基础上进行思考；后者说明，思辨总是涉及论证和论辩，得出结论。文秋芳（2008）也提出，思辨能力涉及三个主要认知技能：分析、推理和评价。其中分析是普遍的认识事物的过程，也是教学中最常用的，如课文分析、问题分析等（杨娜、吴鹏，2016）；最能表现思辨能力的过程是推理和评价。下面我们重点就以下两个问题进行研究：（1）论辩与评价在外语专业教学中培养思辨能力方面有什么作用？（2）采用什么有关论辩与评价的教学模式来提高学生的思辨能力？

12.2 论辩、评价与思辨能力

在古希腊时期，论辩就被作为一种主要的修辞手段，在演讲辩论中用于说服对方，实现自己的目的。论辩可以通过逻辑推理进行，即通过归纳、演绎、类比等方式，满足规定的条件，得出结论。

论辩首先要找到一个需要论辩的问题，通常是有争议的议题；然后对其进行分析、解剖，了解它到底是什么；最后进行论证，包括理论推导和证据，证明其真伪，做出评价和结论，达到说服听者或读者的效果和目的（张德禄，2017）。在该过程中，首先需要知识和理论储备，需要通过一定的理论和知识来认识该议题的本质；同时需要提供足够的证据来证实它的存在。这样，在论辩中，还要根据论辩议题的性质获取相关的知识，或通过实践进行体验，得到第一手资料用于论辩。在论辩过程中，论辩者要知道如何推理，如何识别谬误，如何评价不同的推理方法，如何理解决策的逻辑，最后必须懂得综合评价自己和对方的论点、论据及论证方式，包括观点是否明确，举例是否恰当，推理是否合理，逻辑是否严密，等等（刘艳萍，2010）。

评价是对相关事物、人和情感做出肯定、否定等的判断，作为认识事物和人，以及计划下一步行动的重要依据。评价是一种普遍现象。Hunston & Thompson（2000）把评价分为两个类别：对实体的评价和对命题的评价。对实体的评价主要是态度性的，涉及肯定的情感和否定的情感；对命题的评价主要涉及对命题的认识以及对其肯定的程度。他们认为，对实体的评价主要由词汇来体现，而对命题的评价主要由语法来体现。另外，Lakoff（1972）还研究了模糊语（hedging），特别是他用原型理论（prototypical theory）探讨了模糊边界问题。Hyland（1998：1）则用这个术语来表示对某个命题的真值不确定，或者讲话者不想表达出是否确定。这些研究都处在比较抽象和宏观的层面，没有进行更加具体和细致的研究和分类。Martin & White（2005）提出了他们的评价理论（appraisal theory），对评价做出了比较细致的分类。他们把评价分为三个大的维度：态度（attitude）、介入（engagement）和级差（graduation），每个维度都有其次范畴。态度是对事物、人和情感做出的判断；介入主要指态度的来源，包括不同的声音、立场、角度等，与言据性（evidentiality）相似，如是自言（monogloss）还是他言（heterogloss）；级差涉及评价的强度和宽度，涉及强化（intensification）资源，是力度（force）和评价边界的调整，称为"聚焦"（focus）。

评价和论辩密切相关，评价能力是进行论辩的基础。论辩必然涉及对事物做出判断，没有这种能力，或这种能力很弱，或常常做出错误的判断，则论辩必然失败。同时，评价是论辩过程的一个环节或阶段。在论辩中，找到了前提

（包括大前提和小前提），就要做出评价，得出结论。

思辨能力既包括逻辑推理能力、论辩能力，也包括评价能力。Paul & Elder（2006：450-451）对思辨能力的定义是："为了判断事物的价值而使用恰当的评价标准，经过思考，做出有理据的判断。"他们还建立了思辨的结构模型，主要包括三个概念：思维推理的要素、评价标准和智力特征（刘艳萍，2010）。Lipman（1991）认为，思辨能力的认知加工发生在特定的情境中，帮助人们识别获取的信息，避免对已有信息的盲从。这些认知信息涵盖社会主体享有的一切"知识、态度、意识形态、规范和价值"，它们通过"话语"得以表现（van Dijk，2008：56；杨娜、吴鹏，2016）。在话语实践过程中，在一定的语境中，思辨会自然带上一定的"意向性"，与交际目的、交际双方的特定身份及意识性和态度相关。同时，思辨还会涉及一定的措施、手段等，即所谓"技巧性"，通过一定的修辞手段和逻辑推理来实现交际目的，使言语交际合理和有效，表现了一定交际语境所需要的特定言语形式和使用的话语策略（杨娜、吴鹏，2016）。

思辨能力涉及思辨的主要因素，以及对这些因素做出评价的标准。Paul & Elder（2009）把它们归纳为贯穿于整个思辨过程的八个要素和九个标准。八个要素分别是：目的、论题、视角、观点（概念）、信息（论据）、推论、预设和结论；九个评价标准分别是：清晰、真实、准确、相关、深度、广度、意义、逻辑和公正。

从以上讨论可见，论辩所涉及的几个关键因素是思辨能力的主要组成部分，如论题、推理、目的和结论。论辩是发展思辨能力的核心部分，而评价是其主要手段。通过论辩和评价在教学中发展学生的思辨能力是十分必要的，也是可行的。

如何在教学过程中进行思辨能力的培养是问题的关键，因为外语教学不仅要培养学生的思辨能力，还要培养他们的外语专业能力、跨文化交际能力等。所以，知识和实践与思辨能力的培养既要穿插进行，又要整合为一体。下一节我们专门探讨这个问题。

12.3 论辩式思辨能力培养教学模式

12.3.1 前期研究

如上所述，外语专业不仅要培养思辨能力，还要培养专业技能、跨文化交际能力。这些任务要统一到一个课堂教学框架中实现。所以，我们一方面需要防止只注重培养学生的基本技能和知识，而忽视培养学生的思辨能力；另一方面，也要避免把课堂变成纯粹培养思辨能力的地方，而不考虑其他能力的培养和知识的获得。

以前已有许多研究者对如何在课堂教学中培养思辨能力做过研究，设计了思辨能力培养的教学模式。例如，杨娜、吴鹏（2016）在商务英语教学中运用论辩话语理论，设计了思辨能力教学模式。他们认为，论辩话语在一定的言语交际语境中表现出极强的"社会性"和"论辩性"特质，而这种特质与思辨认知加工的"意向性"和"技巧性"相吻合：意向性与社会性相吻合；论辩性与技巧性相吻合。在教学中，教师通过社会性特征表现交际双方的态度特征；通过论辩性特征识别和分析论辩话语结构，评价论辩话语语用效果，论证论辩话语的合理性。该模式的话语分析阶段主要涉及交际双方的态度和识别话语结构；推理阶段主要涉及评价论辩话语的效果；评价阶段主要涉及论证论辩话语的合理性。最后得出结论。

刘艳萍（2010）报告了美国外教通过英语辩论课培养学生思辨能力的情况。教学课程为口语课；教师为美国教授，长期从事公共演讲、辩论等课程教学，从 2007 年到 2008 年在我国一所重点大学进行教学和研究。他同时运用了两个培养思辨能力的方法来教学生：一是教学生学会写 see-i（statement，elaboration，example and illustration）小论文，做演讲和辩论，并为学生组织多场辩论比赛；二是以学生所写所说为内容，不断让学生自行评价。"辩论＋评价"构成了教学的两大重心。该方法最实质的东西就是评价。而在辩论课上，教师可以提供出来让学生评价的东西很多，有口头练习，也有写作练习。整个课程设计重点在于让学生动手写、动口说，最后动脑分析和评价。

这两个教学模式尽管不同，但它们都包括思辨能力所涉及的主要因素，对于培养思辨能力是有效的。但它们都存在一个问题：都把教学的重点放在培养学生的论辩和思辨能力上，对于如何使学生增加相关知识、提高基本技能、培养其外语交际能力重视不够。这可能是其课型使然。在综合类课型中，思辨能力的培养与其他能力的培养没有矛盾，如果设计得当，可以起到相互补充、相互融合的效果。

12.3.2　课程基本框架

下面我们借鉴以上两个思辨能力培养模式中的核心部分，和新伦敦小组提出的由实景实践、明确教授、批评框定和转换实践四个部分组成的多元读写能力培养模式，以及根据大学英语和商务英语课堂体裁结构的研究总结出来的由七个必要成分和八个可选成分组成的教学模式（张德禄、丁肇芬，2013），探讨在外语专业教学中培养思辨能力的基本教学模式。

这个由七个必要成分和八个可选成分组成的教学模式是外语课堂教学体裁结构潜势。它与新伦敦小组的多元读写能力培养模式相结合，就可以发展出多元读写能力培养模式下的外语教学体裁结构潜势，由图 12.1 表示。

(课前活动)^开始上课^教学目标^(教学要求)·(复习)^主要内容^(背景信息)^{[实景实践^(问题)]·[理论概念^讨论辩论]·实践应用}^(解释评价)^(总结)^作业^结束。

符号说明：( ) = 可选成分；^ = 按此顺序；·= 顺序可变；[ ] = 固定顺序；{ } = 可重现

图 12.1　多元读写能力培养模式下外语教学体裁结构潜势

在这个外语教学体裁结构潜势中，有九个必要成分和七个可选成分，但真正有实质内容的是画线部分。这个部分组成了一个多元读写能力培养模式。这个模式的基本特点是：实景实践、理论概念、辩论讨论、应用创新四个成分都是必要成分，是培养新型高素质人才所必需的。其中，"讨论辩论"出现在"理论概念"之后，"解释评价"出现在"实景实践""理论概念""讨论辩论"和"实践应用"之后，其他成分没有出现顺序的限制。这个模式本身是一个可重复成分，即一个轮回之后，如果教学没有达到预期效果，还可以重新进行一轮。

虽然第二个模式与第一个模式相比只是增加了两个必要成分，但这两个必要成分都是和培养思辨能力相关的成分，即"讨论辩论"和"解释评价"。它不仅增加了培养思辨能力的教学程序，而且还激活了其他成分，即可以把论辩和评价更多地引入其他成分，一方面作为培养其他能力的手段，同时也增加了培养思辨能力的成分。

评价应该贯穿于整个教学过程中，以利于学生认识到自己的知识和学习行为是否可行和正确。评价可以是针对内容、概念、知识和事物的。教师在教授某个知识点或概念时，可以对该知识点或概念的价值进行评价，可以是正面的，也可以是负面的，这主要是为了让学生认识这些知识、概念和行为的价值的大小、优劣、正负，以利于做出取舍。评价也可以是针对人的，如学生对知识的认识发表意见；或者学生进行了一定的社会实践活动，教师需要对他们的行为做出评价；同时，教师和学生都可以对这些概念、知识、行为、事物表达自己的态度和情感。这些都是教学过程中应该有的评价。当然，是否做出评价、在什么时候做出评价要根据教学的需要进行。在外语课堂教学中评价不足是目前教学中的一个主要缺陷。

在论辩教学中，评价具有特殊含义，它是指在论辩过程中作为一个论辩环节的评价，也是培养学生思辨能力的重要组成部分。论辩首先要发现可论辩的议题。而议题是以一定的知识、经验和见识为基础的。因此，论辩议题可以产生于知识的讲授阶段和实景实践阶段。在知识的讲授和指导阶段，对于核心的知识和概念，可以从许多方面找到讨论的议题，例如，知识点或概念的真伪、深浅、精确度、局限性、建设性或破坏性、发展趋势、宽度等，都可以启动对话、进行论辩，特别是它的真实度、社会价值、理论价值、优劣及程度等。然而，是否把这些点作为讨论的议题，也是教师可以选择的，如这个议题对于实现教学目标是否有益？有多大益处？相对于占用时间和精力，是否值得？教师需要根据这些因素决定是否选择相关议题作为论辩的题目。从已有的外语课堂教学录像资料来看，大部分教师只是关注学生是否理解这些知识，而不是辨别不同的观点、角度所引起的不同意见。现在，需要选择一些急需的、合适的议题用于论辩。

在实景实践过程中，学生可以得到许多真实的体验和经验；这些体验和经验从不同的角度、观点、态度来看有不同的结果和价值，也可以作为议题来讨论。例如，学生在参加完一次口译模拟活动后，发现一些有关记录、思考和记忆的问题。要在论辩中厘清是需要更多地做记录，还是需要更多地把注意力放在记忆关键点上。同样，参加一次活动会发现许多需要讨论的问题，但是否讨论和选择哪一个进行讨论需要斟酌确定，主要依据仍然是整个课程和该节课的教学目标。

讨论辩论阶段是进行论辩的核心阶段。但它不是完全由论辩组成的，而是首先对以前的知识和经验进行反思、整理、概括、归纳，以致理论化。当然这些方面都暗含论辩过程，即通过内心的思辨过程来完成。但在这里，思辨的方式具有是通过独立思考，还是通过对话进行的区别。后者是口头论辩过程。一方面，在讲授指导和实景实践中确定的议题要在讨论辩论阶段实施；另一方面，在反思、理论化、逻辑推理中都可能随时产生新的议题，如在理论化和概括化过程中发现新的争议点。

论辩的一个特点是它的对话性。它是由双方各执一种观点，都想方设法说服对方接受自己的观点而形成的。一方完成一轮推理过程，得出结论；另一方则通过发现对方论辩中的缺陷和问题而证明对方是错误的，自己是正确的。

论辩虽然具有对话性，但不一定都是通过对话进行的；也可以通过论辩式独白，即论辩式推理进行，将自己看作论辩的双方。在对话式论辩中，一方认为某个议题是个问题，需要解决，并且提出解决的方法和解释采用这种方法的原因。另一方则提出相反的意见，并且提出证据证明对方是错误的，然后提出自己的解决问题的方案，并且证明它是正确的、可行的。双方论辩，直到一方被说服，放弃自己的主张，接受对方提供的方案，得到解决问题的措施，得出正确的结论。而在独白式论辩中，论辩者需要证明自己的结论是正确的，他往往通过演绎、归纳、类比、分析与综合等形式逻辑和辩证逻辑相结合的推理方式进行论证。

12.3.3　论辩过程

论辩涉及逻辑推理和论辩的技巧等，需要通过教学或学生自学补充这类知识，此处不再赘述。论辩的目标可以是多种多样的，但大体上可以归纳为两大类：（1）理论论辩，用以证明某个理论是正确的，或者从具体的事实中推导出某个理论；（2）实证论辩，用以证明某个事实是正确的。在理论论辩中，如果要证明某个理论是正确的，则只需要说明它是正确的即可。例如，要证明语篇体裁结构潜势中有必要成分和可选成分，可以采用形式逻辑中的演绎方法：

1. 大前提：体裁结构成分包括必要成分和可选成分；
2. 小前提：所分析的几个语篇中的体裁结构都有必要成分和可选成分；
3. 结论：体裁结构成分包括必要成分和可选成分。

但事物是复杂的，这样得出的结论通常不是很可靠的。从更加宏观和整体的角度看，大前提可能会有问题。例如，通过调查可以发现，有些相同体裁的语篇可能没有完整的必要成分。又如，完整的商店购物体裁一般都包括必要成分和一定的可选成分，但也会只有必要成分，没有可选成分，或者语篇在一定的节点终止，如顾客询问是否有想购买的商品，如果店员回答没有，交际就会终止，语篇就会没有某些必要成分。这样，就需要采用从抽象到具体，再从具体到抽象的推理方式，即某种辩证的推理方式。

要通过现象推导出理论来，则需要采用归纳法，即采用概率的方法，从无数的事实中证明某个理论是存在的。在这里，所提供的事实和证据的量不是固定的：可以通过典型例证证明，即某个或某些典型事例是这样的，它们能够代表所有的事例，所以整个结论是正确的。这是所谓定性的论辩方式。为了使证据更加有说服力，可以采用更多的事实和例证来作为证据，甚至是采用大型语料库、大数据的方式。这两种方式的基本论辩模式是：

1. 前提1：这个语篇的体裁结构具有必要成分和可选成分；
2. 前提2：这些语篇的体裁结构都具有必要成分和可选成分；
2. 结论：由此可见，所有语篇的体裁结构都包括必要成分和可选成分。

同时，反方可以根据对方的论辩方式，从辩证逻辑的角度找到它的缺陷，然后证明它是错误的，不能够成立。例如，在以上例证中，反方可以从两个方面证明这个结论是不正确的。（1）可以找到反例：有些语篇的体裁结构只有必要成分，没有可选成分；或者有些语篇的成分不能确定是必要成分还是可选成分。（2）所提供的例证典型性不足，不能保证所有的例证都具有必要成分和可选成分，或所提供的例证无法穷尽所有的例证，所以无法完全确认是否所有的语篇体裁结构都具有必要成分和可选成分。例如：

1. 大前提：体裁结构成分包括必要成分和可选成分；

2. 小前提：这个语篇的体裁结构没有可选成分（或这个语篇体裁结构的成分无法确定是必要成分还是可选成分）；

3. 结论：不是所有语篇的体裁结构成分都包括必要成分和可选成分。

12.3.4　论辩组织方式

上面谈到，论辩的方式可以是对话性的，也可以是独白式的。在组织方式上，独白式论辩可以通过教师论证进行，也可以通过学生以个人的形式进行，最后由教师做出评价。但最常用的方式是对话性的，教师可以组织学生一对一的论辩：一个为正方，一个为反方，各自力图证明自己的意见是正确的，最后得出结论，或者由教师做出评价和结论。也可以把所有学生分为两组，分别为正方和反方，双方各自采用自己认为合适的论辩方式来证明自己正确和对方错误。还有一种方式是教师对学生。教师和学生分别为正反方，就某个议题进行辩论，教师可以引导学生采用正确的论辩思路和方式，避免不一致、谬误的论辩方式。对于所讨论的议题，一般都应该得出结论，丰富学生的知识结构，提高他们的思辨能力。但也可以留下一些可继续讨论的疑问，作为以后讨论的议题。

12.3.5　验证与创新

根据论辩理论，论辩在得出结论后就结束了。但在教学过程中，得出结论仍然是教学的一个阶段，或者说课堂教学体裁结构的一个组成部分。论辩得出结论只是使学生学习了知识，提高了认识问题、思考问题、论证问题的能力，但思辨能力真正提高的证据是能够运用这些能力解决实际问题，或者创造新的理论和解决新的问题。这个过程涉及把通过反思和论辩得出的结论应用于具体的实践过程中，一方面提高学生的实践能力，同时也进一步检验得出的结论是否有效。例如，教师在论证完某类语篇的体裁结构潜势，得出这类体裁结构成分的基本分布规律后，要求学生选择类似的语篇做进一步分析，看是否会得出同样的结论，或者是否能够发现新的、不同于结论中成分组成方式的现象。如果能得出相似的结论，可以证实前面论辩的合理性；如果有新的发现，则可以提供新的证据，对以前的论证进行修正，激发新一轮的论证过程。如果通过对类似语篇的分析发现，语篇体裁结构成分中还有难以预测的新成分出现，则需要研究这类新成分为什么会出现，是否可以据此推翻或修正原来的结论。

另一种应用是把得出的新知识和理论应用于新的领域，如电影体裁、舞蹈体裁，看是否会有相似的或不同的结果。无论结果相同、相似或者不同，都可以产生创新的效果，一方面证明以前的研究成果可以应用于新的领域和体裁；另一方面，也说明不同的领域或体裁有不同的特点，需要进行专门的研究。这样，又可以引发新一轮的探索和论辩。

12.4 模式构建及特点

如上所述，本论辩型多元能力培养外语教学模式是建立在新伦敦小组提出的多元读写能力培养模式的基础之上的。但在实际的教学过程中，这个教学模式还包括其他教学环节，如开始上课、介绍教学目标和程序、复习练习、布置作业等。这些环节在本模式中都被省略了，但保留了所有四个主要教学阶段（成分），因为它们是培养学生综合素质和多元能力的核心部分（见图12.2）。

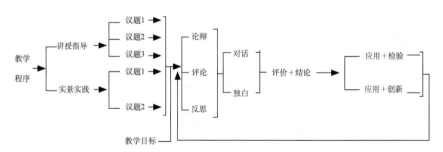

图 12.2 强化培养思辨能力的论辩式外语教学模式

这样，论辩就是在四个成分的基础上进行的。鉴于讲授指导和实景实践重点是使学生掌握知识，增加经历、体验和经验，所以它们不是进行论辩的最佳阶段。在本模式中，它们的作用是为下一步的论辩孕育论题。在这两个教学阶段中，可以随时就某些观点、论点、态度、行为做出评价，但不适合进行论辩；可以根据不同的角度、层次、深度和广度，发现许多论题，但选择哪个或哪些用于论辩还需要根据宏观和微观教学目标做出选择。例如，如果教学目标是使学生认识不同体裁的语篇结构的特点，特别是必要成分和可选成分的区分和分布情况，那么，有关语篇体裁结构的议题就成为主要议题。同时，也需要根据不同的进度来选择合适的议题。在开始阶段，可以涉及语篇结构成分如何区分，必要成分如何确定，等等；在后期阶段，可以涉及提出的语篇体裁结构潜势是否正确，是否可以得到证实和修正，等等。

确定了要讨论的议题，下一个阶段就是论辩，这个阶段正好是多元读写能力培养模式的思辨分析阶段。教师要根据教学目标的需要，在反思、分析的基础上组织论辩活动，并且通过论辩得出结论并进行评价。论辩的结论不能束之高阁，而是要应用于实践，提高学生的应用能力，同时检验结论的正确性、精确性和深刻性；此外还可应用于新的领域，发现新的规律和模式，提高学生的创新能力。在应用和创新中，学生可以发现与以前的结论不同的特征，从而引发新一轮的论辩。这样，在时间允许和教学需要的前提下，可以进行几个轮次的论辩。

这个模式的核心就是培养多元能力，包括语言基础能力、社会交际能力、跨文化交际能力、使用现代科技手段的能力和创新能力，同时强调思辨能力的培养。从这个框架可见，思辨能力依赖论辩和评价两个主要因素，但也要以知识的获取和实践为基础。它基本贯穿于整个教学过程，开始于知识学习和实践活动，积累论辩议题，然后通过课堂组织进行论辩活动，通过论辩得出结论，进行评价，最后应用于实践，对论辩结论进行检验或进一步的创新。而且，相关论辩活动可以进行多个轮次，以巩固学习结果。

本模式有四个突出特点：综合性、融合性、灵活性、潜势和实际相互结合。首先，该模式具有综合性，是一个多元能力培养模式，致力于提高学生的综合素质。在课堂教学中，不同的教学阶段涉及不同能力的培养，而且前后呼应，使多能力培养汇聚于一个教学模式中。其次，本模式具有融合性。知识学习、实践能力培养、思辨能力培养和创新能力培养各自差别较大，但在本模式中，它们可以有机地联系在一起，形成一个整体。再次，本模式具有较大的灵活性。一方面，它具有一个比较稳定的模式，在一般情况下，可以按照这个模式规定的顺序从事教学活动。但在需要时可以随时改变顺序，进行重新组合，形成新的模式。另一方面，它们还具有重复性，如果完成一个轮次后还有疑问，或产生了新的疑问，还可以进行新一轮的论辩来完成教学任务。与此同时，现有的模式还可以拆解重组，形成适合新的教学目标的教学模式。最后，本模式是潜势和实际相互结合的产物。它不仅是一个稳定的模式，同时还是一个可以选择的模式，有些成分可以出现，也可以不出现，有的还可以改变顺序，等等。这几个特点为教师组织教学、提高学生的综合素质和多元能力提供了强大的应用工具。

这个模式还存在一定的局限性。首先，它只是大概确定了一个教学程序，但在具体的教学中，有很多方面需要教师根据教学目标和其他条件做出选择，特别是致力于培养不同专业能力的不同课程，具有不同的体裁结构，教师需要根据新的课程对现有教学模式做较大的修改。其次，本模式是一个抽象的教学模式，许多具体的教学环节和细节还需要教师根据具体情况选择合适的教学程序，不能完全按照模式机械地执行。最后，这个模式还需要经过实际教学过程的检验。

12.5 小结

本章探讨如何在外语教学中引入评价和论辩等环节，以培养学生的思辨能力。本章首先探讨评价和论辩与思辨能力之间的关系，然后探讨如何把体裁结构潜势理论、新伦敦小组的多元能力培养教学模式和评价及论辩相结合，构建一个有利于培养思辨能力的外语课堂教学框架。接着，探讨这个模式的具体操作过程和基本特点。最后，讨论这个模式的局限性和需要继续研究的方面。

第十三章 道德素养教学模式

13.1 引言

教育是整体人的教育，而专业教育是整体人教育的一个组成部分；所以，专业教师需要把专业教育与整体人教育结合起来，从而对整体人教育起到积极的补充作用。在整体人教育中，德育必须先行，因为它是促使任何专业教育起积极作用的关键因素。早在两千多年前，孔子就把教学内容分为"德行""言语""政事""文学"四种，而德行被置于首位。现代教育强调教书育人的一体化，外语教育更是如此，因为外语教育涉及中西文化的交融，中西人生观和价值观的差别，容易导致学生对其产生模糊认识，甚至会使学生迷失方向。

品德教育在图 10.5 中属于"社会态度能力"或"个体态度能力"，可以通过多种渠道进行，如设计相关的课程，编写相关的教材，建立组织和学习中心等。但本章我们主要关注在外语专业教学中如何进行品德教育，即结合外语专业教学进行品德教育。

在外语专业教学中，教学的核心是外语专业知识和专业能力，因此如何将二者相结合需要认真研究。可用方法包括：（1）在课程设置中，增加品德教育的环节；（2）在教材编写中，增加品德教育的步骤和内容；（3）在外语课堂教育中，增加有关品德教育的活动；（4）在外语课堂教学中，突出某些特定教学环节，提高品德教育的比重。本章集中探讨第四个方法。

13.2 教学中的评价研究

当前学界对评价所做的研究，本书 12.2 小节已进行综述，此处不再赘述。需要指出的是，Martin & White（2005）提出的评价理论，为外语教学中如何对品德教育做评价构建了一个比较全面和细致的框架；下面我们主要以之作为理论基础，来探讨外语专业教学中通过评价进行品德教育的问题。

评价是课堂教学的一个重要环节。Sinclair & Coulthard（1975）在研究课堂教学话语时发现，教师和学生的对话不是采用我们一般认为的"相邻配对"（adjacency pair）的形式，而是一个三段式：老师问；学生答；老师给予回应，一般为评价。例如：

例 13.1

Teacher: Do you know what we mean by accent?

Student: It is the way you talk.

Teacher: The way you talk. This is a very broad comment.

在此例中，教师对学生回答的回应是重复学生的话语，同时给予评价。这是课堂教学中的典型结构。重复是为了突出学生的答语，使其他同学重视；而评价是对学生答语进行肯定、否定或修正。

教学是由多个阶段通过多种方式方法组织的。无论采用什么方式方法，对学生的话语和行为以及对教学内容的评价都是必不可少的。新伦敦小组提出的多元读写能力培养模式有四个主要组成部分，分别是实景实践、明确教授、批评框定、转换实践。在这四个组成部分中，显然第三个部分的主要内容之一是做出评价。只有学生能够对知识和经历做出合适的评价，才能说明他们已经真正掌握了所学的知识和能力，使其成为自己知识结构的重要组成部分。

由此可见，评价是专业教学的重要组成部分。缺少评价阶段，教学步骤就不完整，学生无法判断自己的答案和行为是否正确，是否符合要求，同时也不能很好地发展自己的思辨能力和研究能力。

13.3 教学中的评价与品德教育教学框架

13.3.1 评价与品德教育

外语教学中的评价也涉及评价来源、评价对象和评价标准。从评价来源上讲，评价主要来自教师，同时教师也可以利用权威、上级管理部门、社会规约、格言等来做出评价，所以也就有自言和他言的区别。

从评价对象上讲，根据 Martin & White（2005）的研究，评价对象可以是人、事物或个人情感。外语教学也不例外。具体来讲，它主要涉及对学生和学生行为的评价（偶尔也会涉及教师对自己的行为或学生之外的其他人的评价），对所教内容的评价，以及对自己的情感、立场、角度的表达。与此同时，级差也是一个十分重要的因素，因为教师在做评价时一定要表达清楚他的态度是肯定、否定还是模糊的，它肯定或否定的程度有多强，是否采取中性态度，等等。

从评价标准上讲，评价者做出评价要有一定的依据，这种依据就是评价标准。评价必须建立在一定的标准之上。评价标准是一个开放系统，在不同的阶段和时期可以有不同的评价标准。有的比较固定，如基于中华民族优秀传统的评价标准；有的可能在不同的时期有不同的侧重点，如社会主义核心价值观。从这个角度看，评价是进行品德教育的主要手段。

通过评价进行品德教育，必须把评价标准建立在人类所遵从的道德标准之上；即当你把评价标准建立在道德标准之上时，评价就成为一种道德教育的方式。这是因为，人的品德是建立在人类所遵从的一系列标准之上的行为方式，或者思考问题的角度和方式。学生行为，或学生所学内容中人物的行为是否符合道德标准，也需要通过评价方式来评判。所以，教学中的评价阶段既是完成专业教学任务的必需阶段，也是进行品德教育的过程。这样，评价这一过程就把专业教学和品德教育连接起来，使二者有效地融为一体。

同时我们应该清楚地认识到，专业教学评价和品德教育评价是不完全相同的。专业教学评价主要是对学生的学术能力进行评价和鉴定，使其纠正错误，发挥长处，以利于提高学习效率；而品德教育评价是对评价对象所持的态度、立场或行为进行评价。这就要求教师在对学生的专业能力进行评价的同时，对相关内容或学生的行为也依据道德标准进行评价，这会使学生的专业能力和品德都能够得到提升。这正是本章所注重探讨的。

13.3.2 以评价为基础的品德教育框架

评价是外语专业教学中必不可少的一个步骤，是帮助学生随时掌握自己的学习进程和学习效果的主要措施。不仅如此，评价还可以有效地通过对教学内容和学生行为等的评价，进行品德教育，提高学生的道德素质。通过评价进行品德教育既可以贯穿于整个教学过程中，通过对内容和学生行为的评价实现，也可以作为单独的教学步骤进行。对此，联合国教科文组织教－学循环圈（The Teaching and Learning Cycle）以及新伦敦小组的多元读写能力教学模式都可以借鉴，它们都把评价和思辨当作一个重要的教学步骤（见图 13.1）。

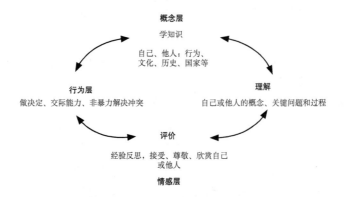

图 13.1 教－学循环圈 (UNESCO，2002：19)

Kalantzis 等（2005，2016）根据新伦敦小组的观点设计了多元读写能力学习模式，包括经历化、概念化、分析化、应用化四个阶段；每个阶段都有两个可选项，经历化包括已知经历和新经历，概念化包括通过命名和通过理论，分析化包括功能分析和思辨分析，应用化包括合适应用和创新应用。其中第一个选项是无标记选项，第二个选项是有标记选项。同时，这四个成分既相互联系，又大致有一个典型的、无标记的顺序（见图 13.2）。

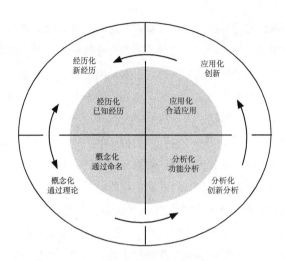

图 13.2 多元读写能力培养学习模式

对比以上两个教学模式，可以清楚地发现，它们十分相似。这两个模式都有与知识学习相关的概念化过程，与实践相关的行动经历过程，以及与价值相关的分析评价过程。所不同的是，第一个模式有一个理解过程，而第二个模式有一个应用过程。笔者认为，后者更加全面，把理论功能性或创新性地应用于实践是学习的重要组成部分。理解自然包含在概念化当中。这样，我们就可以在四个层面上进行教学活动，分别是：（1）概念化；（2）行为化；（3）评价化；（4）应用化。

外语教学需要在所有四个方面实施。这四个方面也可以说是外语教学必不可少的四个阶段。概念层涉及对理论和概念的理解及掌握，主要为知识学习。而知识需要通过实践来实现和证实，对学生而言，则需要通过实践转变为交际能力。同时，获得的知识和能力还需要与以前学到的知识和能力结合起来，实现新的一体化，即把它通过互文关系重现语境化，需要通过反思、思辨、评价等提升为新的理论、规律和规则。最后，这些经过反思的知识和理论又应用到相关的学科和领域中，进行应用性和创新性实践活动。这样，学生通过在这四个层面上的学习和实践来提高自己的专业能力和水平。

在此教学过程中，品德教育可以自然而然地渗透其中，主要通过三个渠道。

1）**学习内容评价** 这个渠道要求教师在讲解和传授内容阶段增加一个评价步骤。语言与文化密切相关，学习外语需要以外语原文为主要教学材料，而外语原文主要承载的是外国语言文化知识，这就要求外语教师必须具有较高的政治敏锐性和明辨是非的能力，引导学生发展透过现象看本质的能力，教育学生以正确的认知方式去理解外国文化，吸收外国优秀文明成果，防止和消除文化糟粕的传播，特别是那些和社会主义核心价值观不一致的方面，需要通过评价来厘清，进行必要的思辨、评论和批评。

在外语专业教学中，教学内容必然会涉及对人和事物的态度和立场，以及对自我情感的表达，这就需要通过评价来对其进行梳理、突出或纠正，肯定优秀品质，批判错误倾向。例如，在我们收集的外语教学录像材料中，教师在讲课中讲到友情问题，先让学生讨论友情的基本特征是什么，让他们对友情做出自己的判断，然后教师再进行总结和汇总，列举出所有友情所具有的优秀品质，这样会对学生的人生观产生好的影响。再如，在教授有关纳尔逊·曼德拉（Nelson Mandala）如何在监狱与殖民者做斗争时，及时指出曼德拉所具有的优秀品质，如 widely accepted as the most significant black leader in South Africa, a symbol of resistance, as the anti-apartheid movement gathered strength; constantly refused to compromise his political position to obtain his freedom. It is an extraordinary story of his life—an epic of struggles, setback, renewed hope and ultimate triumph.。

这个片段对曼德拉的评价主要集中在两个方面：对曼德拉本人行为的评价，以及对他的事迹的评价，所以评价的类别主要集中在"判断"和"欣赏"两个方面。在判断中，significant 铭刻"规范"，表明了他作为黑人领袖的风范，用 most 表示力度；refuse to compromise 用否定之否定的方法表现他不屈不挠的斗争精神，铭刻他坚贞不屈的气质，用 constantly 表示其坚韧的程度。resistance 通过语法隐喻使它成为一个标志，与 struggle 搭配，表示曼德拉勇敢的精神和坚贞不屈的性格。在欣赏中，extraordinary 和 ultimate 都是对曼德拉一生成就的显性评价，他超越常人的（extraordinary）一生，和他最终的胜利（ultimate triumph）标志着他一生的辉煌；具有史诗般的（epic，语法隐喻）历史意义，虽然经历了挫折（setback），但最终取得了胜利。

2）**个体行为评价**　这个渠道需要教师对学生在学习过程中表现出的品德行为进行评价和评论。在外语专业教学中，教学活动必然会涉及学生本人情感的表达，以及对相关人和事物的态度和立场，这就需要教师根据情况进行肯定、强化或纠正。对于学生个体品德的塑造可以根据具体情况对学生行为做出评价，从而鼓励学生发展应该发扬的方面，避免不应该发展的方面。例如，对学生通过自主学习取得的成绩进行鼓励和表扬，从而鼓励学生发展自主学习、终生学习的品格和能力；对学生在小组活动中表现出的互帮互助行为进行鼓励和表扬，从而鼓励学生发展团队合作精神；对他们乐于助人的行为给予鼓励和表扬，鼓励学生发展乐于助人的品质；同时，还可以对学生表现出的尊重他人的行为，强烈的责任心，独立思考、辨别是非能力，勇敢、容忍的品质，公平、正义的品格，遵纪守法的行为予以鼓励和表扬，发展学生这些方面的能力。从笔者所收集的外语教学录像资料来看，教师对学生活动质量的评价不足，而对发展其他能力有效的团队合作、个人品质和性格的培养的评价则更少。这些方面在外语教学中需要改善。

3）**活动评价**　这个渠道要求教师在思辨分析阶段增加对相关人物和事物的态度、情感和立场的讨论或辩论。对于学到的知识需要有一个反思过程，以使它们能够融入自己以前建构的知识结构中，成为自己知识结构和能力的一部分。在这个过程中，有两个方面需要反思：（1）新知识在自己已有知识结构中的地位；（2）对新知识优劣的评价。前者属于概念处理领域，后者属于人际交流领域。例如，在教授曼德拉狱中生活的片段时增加一个教学讨论阶段：假设你坐监狱，你如何度过狱中岁月？不仅要求学生学习课文内容，了解曼德拉的艰难抗争的生活，还要求学生通过想象体验这种生活。学生提供了多种答案，如读书，思考，写信，写小说，听同志讲故事，学习理解老子的哲学，梦想出狱、获得自由；同时也表达了他们的情感，如坚强、坚持、忧虑等。这些与曼德拉的狱中种菜的生活进行比较，说明曼德拉不惧监狱生活，常年坚持与殖民者斗争的情况，使学生在专业课学习的同时受到教育。

在具体的教学过程中，不能生搬硬套以上模式，而是需要根据具体情况做出合适安排，如时间因素、教学进度、教学重点等都要作为选择和确定教学步骤的重要因素。就评价步骤而言，首先要根据提出的问题的性质，确定是否需要增加评价阶段。如果是无关紧要的问题，就不必进行单独处理，或可积累起来一并通过一定的教学程序来处理。对于需要在教学过程中通过一定的教学程序来处理的比较重要的问题，还需要根据问题严重的程度，选择是简单通过评价处理，即教师通过口头做出评价即可，还是需要经过讨论、分析和评价完成。

在不同的教学阶段，还需要根据教学内容和重点确定不同的问题，采用不同的评价方式。

（1）在概念层，主要是让学生分清专业知识和态度、情感、立场、评价的区别，认识和理解评价语言及表达方式。例如，讲述某种经济理论是什么，和谈论这种经济理论是否有效，以及适用于什么社会和体制是不同的，前者是事实，后者是意见、评价。

（2）在经历层，主要是让学生学会将来如何根据道德标准选择合适的行为和行动。例如，可以让学生根据某个故事，根据中国文化的特点，进行表演或扮演某个角色，看他们如何根据道德标准选择合适的行为和行动。

（3）在分析层，主要是让学生对自己的经历、行为和认识进行反思，辨别清楚哪些行为是应该做的，哪些是不应该做的，哪些是可以改进和优化的，等等。例如，在模拟某个家庭的交流时，辨别自己扮演的角色的行为是否得当，是否符合标准，怎么做还可能更好，等等。在分析和讨论某个态度、立场、情感是否合适时，先明确自己应该采取什么态度和立场。

（4）在应用层，主要是在把知识应用于实践时，能够选择正确的立场、态度，按照相关的道德标准规范自己的行为。如在进行商务谈判时，自己作为翻译人员应如何确定自己的地位和角色；对谈判中出现的道德、政治、礼貌行为不合适的情况，应如何对待，如何处理。

总体而言，在外语专业教学中融入品德教育，要根据专业教学的基本进程和步骤进行。所增加的步骤和阶段都是对专业教学的基本步骤和阶段的微调和延伸，不仅不会影响专业教学的效果，还会提高教学的效率，提高学生的素质。根据这种思路，在外语专业教学中进行品德教育的基本模式可以概括为图13.3的形式。

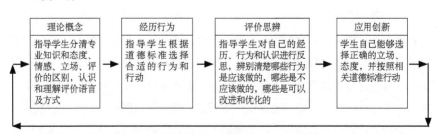

图 13.3 评价型品德教学循环模式

13.4 讨论

品德教育在外语专业教学中具有一定的引领作用，但它不是要左右外语专业教学的质量和数量，而是要让专业教学始终沿着正确的方向运行。外语专业教学的教材和资料必然带有目标语国家和文化的价值观、人生观、世界观。采用这种材料的优势是：学生不仅可以学到地道的目标语，同时也能直接接触到目标语文化和生活方式，开阔眼界，能够站在两个文化融合的高度来看世界，具有发展自己的"第三文化"（Kramsch，1993：23）的阵地，能够成为合格的跨文化交际的使者。但这也会同时带来两个方面的问题。

1）**立场问题** 我国外语专业学生作为中国人，显然需要站在中华民族的立场上来看待世界上发生的一切，发展他作为一个中国人应该具备的处理一切国际事务、国际争端的能力，成为具有国际视野的、有很强的跨文化交际能力的高端外语人才。这样就需要教育学生不要以西方的品德标准、价值观、生活方式、政治体制为标准来审视自己的国家，发生立场的偏离和改变。

2）**思想问题** 学生在学习和理解西方文化，吸收外国优秀文明成果的同时，也会接触到西方文化的糟粕，以及西方的道德标准、价值观和生活方式，并且受到它们的影响。这就需要外语专业教师在教学中注重学生的品德教育，使他们在遇到有关立场、态度、人生观、价值观等问题时，能够明辨是非，提高自己的政治素质和道德素质。

道德教育是发生在心灵深处的，所以要能够从心灵深处使学生信服，不能采取灌输、强制、说教的方式，而是采用摆事实、讲道理的方式。具体来讲，在教学中，需要从以下四个方面进行有效的品德教育。

1）**发现问题** 外语专业教学在初级阶段大部分涉及人的日常交流、生活问题，文化差异大部分反映在不同的交际模式、处世方式上，如打招呼、问候的方式，购物的程序等。这些不同如果不涉及人的价值观、道德观，则作为文化差异处理即可。但当涉及相关的意识形态和道德问题，如信仰、政治观点、信念问题时，就需要把它作为问题提出来，通过一定的教学程序和方式来处理。在中高级阶段，所涉及的不同领域的专业问题会增多，如社会、经济、法律、商务、外交、文学、艺术、工程、科学等领域的问题。对于各个专业和学科的知识问题，则是以发展学科知识和能力为教学的主要目标。在此也会涉及意识形态问题，如某些知识本身所携带的价值、意识形态问题等。这就要求教师在外语专业教学中能够发现这些问题，认识它们的性质和特点，以利于对它们可能造成的危害性进行评估，确定是否需要在教学中进行处理；同时，这个过程也有利于讨论和评价。

2) **讨论**　在提出问题的基础上，首先鼓励学生对相关问题发表意见，从而发现学生认识上的问题，特别是发现学生提出的超出预想的问题，从而确定问题的根源。对于某些通过直接评价可以解决的问题，教师也可以直接评价无须都进行下面的步骤。

3) **分析和辨别**　对于学生讨论的问题，要进行分析，厘清问题的实质是什么，特别是所产生的意识形态倾向和观念、观点是什么，有哪些组成部分，如何从整体上产生效应，等等。

4) **评价**　做完分析后，要对问题的性质做出适当评价，说明它的积极作用和问题。对于问题，则要说明它的危害在哪里，如何避免它产生危害，等等。

在外语专业教学中增加品德教育任务似乎增加了教师的负担，但实际上，只要设计得当，就可以有效地帮助专业教学，提高学生的专业水平，因为分析、讨论和评价既能提高学生的外语交际能力，也能提高他们的认知能力和思辨能力。

13.5 小结

品德教育是人文素养教育的重要组成部分，需要融入外语专业教学中，但如何融入还没有比较成熟的教学模式。在外语教育过程中，评价是一个必需的阶段，而评价又是进行品德教育的主要手段。所以，本章主要探讨如何通过评价把品德教育融入外语专业教育。我们发现，Martin & White 提出的评价理论框架很适合在外语教学品德教育中对个人情感、人和事物做出评价；评价标准与道德标准一致，就可用于专业教学中的品德教育；品德教育要通过一定的教学步骤和方式进行，我们在本章中借鉴联合国教科文组织的教–学循环圈和新伦敦小组发展的多元读写能力教学模式，根据品德教育与外语专业教育融合的特点，设计了一个评价型品德教育教学模式，用于在外语专业教学中通过评价进行品德教育。该模式的优势是：（1）它只在专业教学中出现相关的品德问题时才启动，不会干扰专业教学；（2）它通过评价进行品德教育的模式与专业教学模式是一体的，有利于外语专业教育，会产生外语专业教育和品德教育同步发展的态势；（3）学生外语专业能力和与道德素质相关的分析问题、思辨、评判能力会同时得到发展。希望本教学模式能够对如何在外语专业教学中进行品德教育这一问题有一定的启示作用。

第十四章　超文化交际能力培养模式

14.1 引言

从 20 世纪下半叶开始，计算机网络技术、信息技术的迅速发展给人类的交流、合作及迁徙提供了方便，"地球村"的趋势越来越明显，全球化进程不断加速，由此引起以下几种现象在全球普遍发生：不同国家、民族和背景的人经常临时聚集在一起开会、经商、谈判等；他们长期或短期居住在一起，相互交流、相互渗透、相互影响；或汇聚在一个机构一起工作、学习。他们既需要相互理解、包容、尊重，也需要相互合作、帮助、交流。多文化相互共存、相互碰撞、相互融合成为一种常态，全球化的趋势不可逆转。这样，我国外语人才的培养规格需要跟上形势的发展，特别是在中国渐渐走上国际舞台，中国文化"走出去"成为一种趋势，中国需要在国际上扮演越来越重要的角色的情况下，中国的外语人才需要发展全球化交际能力，即超文化交际能力。

这种趋势也反映在外语教学法的改革和变迁上。在 20 世纪 80 年代，交际教学法一枝独秀，几乎统治了整个语言教学界，特别是外语教学界。但在外语教学领域，它的一个明显缺陷是：没有突出目标语文化的独特性，特别是母语的不同特征，所以跨文化交际能力成为培养的重要目标，用以弥补交际能力的不足（Byram et al., 2013：251）。学生不仅需要发展交际能力，还需要发展跨文化交际能力，需要认识自己文化的特点，以及目标语文化的特点。

进入新世纪，在全球化趋势的驱动下，跨文化交际能力已经不是很适合新时期外语人才的需要，因为通常交际活动不再是在两个文化、两种语言之间进行，而是在一种语言、多种文化的环境中进行。这种语言通常为通用语，如英语或汉语。在文化方面不能像在双文化交际中那样，交际者掌握对方文化的特点就可有效地进行交际，也不能掌握所有文化的特点，而是要在掌握人类文化共性的前提下尊重相关文化的差异，容忍不同文化的观点、立场和态度，以把所有人纳入交际团体进行有效的相互交流。正如 Ting-Toomey（1999：130）所言，超文化交际的目标是：促使不同文化背景的参与者在交际中尊重不同的文化，为参与者能够自由地利用他们文化中合适的表达方式来表达他们的观点提供帮助。

超文化现象也是人类文化发展的必然趋势。Epstein（1999）认为，文化的超越性是从文化本身开始的。它首先通过符号中介和替代系统使人类脱离对自然的依赖。例如，"味道""爱""词"这些文化范畴组成了人类可以挣脱饥饿、欲望、物体的物理呈现等自然现象。但是，文化活动同时也创造了依赖这个文化的系统，包括它的伦理、种族、社会、性别等特征。当这个文化的成员习惯于这些系统和模式时，它们就成为限制这个文化的成员的因素。超文化一方面要超越第一层次的物质限定因素，同时也要超越第二层次的文化限定因素，包括人类赖以生存的符号系统、意识形态偏好、作为一种文化的成员的爱国情怀等。用 Bakhtin（1986：135）的话说，"文化能够超越自己，即超越它自己的边界"。这就是超文化特性。

每一次超越都使人类向自由王国迈进一步，但每次超越都不会丢失已有的东西，反而使它们获得新的意义。人类从自然跨进文化并没有使他们失去自然所赋予的物理身躯，而是通过对身体能力的培养和符号行为的实践使它们获得了新的表现形式和活力，例如说话、跳舞、写作等艺术。同样，超文化活动也没有剥夺我们的符号身躯，例如我们作为中国人、美国人、男人、女人、生物学家或文学家的身份，而是使它们向外扩展，把我们作为民族的、职业的、语言的以及其他的身份或角色提升到一个新的层次，使它们能够相互融合，使其边界模糊或不确定。

14.2　超文化与超文化交际能力

14.2.1　超文化

Berry & Epstein（1999：24）把超文化定义为，"为已有的文化及其建立的符号系统提供的符号选择开放系统"。我们不再拘泥于我们自己的文化所提供的交际和行为模式，而是可以与其他文化的交际和行为模式相互融合。但这并不是说我们已有的文化身份都可以抛弃，从而实现超文化自由。实际上，我们根本无法摈弃我们自己原有的符号身份，而是在其基础上向上和向外扩展，从而实现与其他文化的互补、交融，同时实现在更高层次上的融合。如上所述，它是人类在寻求自由的征程中向前迈出的新的一步，挣脱了我们自己的文化给我们施加的限制，包括我们自己的语言以及我们自己发展和建立起来的其他文化身份的限制。

超文化不是一个单纯的知识领域或学科，所以它不仅涉及学习和掌握有关不同文化的知识，以及经过高度融合的超文化知识，而且还涉及更多方面。这些方面包括：对自己的认知或自我意识，了解自己的特性和自己文化的特点；发展超文化价值观，一方面清楚认知自己文化的价值观，同时也了解并尊重其他文化的价值观；发展超文化交际技能，灵活处理多文化交际中的冲突、误解、偏见、不平等因素；发展超文化交际的态度和情感，发展对不同文化的兴趣和爱好，容忍不同文化的差异，去除对其他文化的偏见和不信任；发展创新思维，从新的角度和层次认识不同文化的优劣，发展新的超文化交际模式；等等。

超文化是新时期一种新的交际和生活方式，涉及人类文明的方方面面。所以 Hepp（2015：15）认为，从不同的角度看，对于超文化现象可以有不同的认识。从哲学的角度看，超文化是超越传统文化概念的边界，力图表现这种跨越性或超越性（Welsch，1999）。从人类学的角度看，超文化是从一种文化向另一种文化过渡，是丢弃或根除前一个文化，创造一个新文化的过程（Ortiz，1970：102）。从现代经济学的角度看，超文化是反映多元化如何影响你的日常行为；它反映在你日常的会话、会议、采访、做决定中，也反映在你如何获得一致性意见、消除冲突、提供合适的教育中，还反映在你在做计划、工作和吃饭时如何对待不同背景的人中（Simons et al.，1998：xv）。从媒体和传播研究的角度看，超文化是在社会层面上力图理解不同层次的混合性的深度、范围和方向，而不是像跨文化或文化间交际那样，探索不同文化的个体间的接触和交流。批评超文化研究还力图在国际交往和文化交流中整合话语分析和政治经济分析（Kraidy，2005：149）。从外语人才培养的角度看，这些不同角度都和外语教学相关联，因为它们涉及从不同的层面来看同一个问题。从哲学认识论的角度看，它具有宏观的超越性；从人类生活的角度看，它虽然不是要根除原有的文化，但涉及创造一个新文化，即超文化；从经济和生活的角度看，它涉及如何在多文化交际中顺利地完成交际任务，取得预期效果；从交际传播理论的角度看，它的核心是探索融合的深度、范围和走向；从批评的角度看，它是从多文化话语中探索国际政治和权力。外语人才培养除了不需要学生根除原有文化之外，实际上需要他们具备所有这些能力。

超文化性是最新术语，与它最接近的词是文化间性 (interculturality)，表示"多种文化存在和公平互动，以及通过对话和相互尊重而产生彼此共享的文化表现形式的可能性"（UNESCO，2005）；Ting-Toomey（1999：16-17）也认为，"文化间交际是来自两个或多个文化团体的个体在交际语境中协商共享的意义符号过程"。可以说，文化间性最理想的状态就是超文化性，因此 Sommer（2001）称其为多文化性的"乌托邦运动"（Utopian movement）。

多文化性（multiculturality）实际上是超文化的基础，它表示共同生活在一个社会中的不同文化群体和谐共处的状态（任裕海，2014），但它同时具有某个文化是主文化的含义，从而可能引起文化隔离等。因此，多文化性需要超文化性来剔除其负面的影响。

另外，还有一个术语是跨文化性（cross-culturality），它更多的是表示两个或多个文化在交际中存在文化差异的现象，需要交际者掌握对方文化的特征，从而在交际中避免文化冲击现象，使文化间的交际能够顺利进行，提高文化间交际的效率。

这几个术语都和超文化性相关，但只能为超文化交际提供条件和基础。超文化交际除了多文化的成员相互交际外，还有关注文化共性、融合文化差异性、创设理想多文化交际局面和效果的含义。

14.2.2 超文化交际能力

超文化交际能力，即图 10.5 中的"文化综合能力"，表示交际者应该具备的在超文化交际环境中进行交际的能力。要培养这种能力，就涉及交际者需要学习什么和如何学习的问题。超文化交际能力包括以下几个特征（Ting-Toomey，1999：271）。

（1）**容忍模糊**：超文化交际是在两种或多种文化之间进行的，交际者在不同文化之间的模糊区域建构身份，所以在交际过程中会经常出现表达模糊，难以确定国籍、民族、职业、态度、立场和思维方式属于哪个文化的现象，同时，文化之间还会产生相互渗透和干扰现象。因此，超文化交际者需要具有容忍各种模糊现象的能力，在模糊中找到立足之地，解决超文化交际中的问题。

（2）**心胸开阔**：超文化交际中会出现误解、曲解、偏见甚至冲突，因此交际者需要具备宽广的心胸，把负面的、对立的因素化解为正面的、统一的因素。

（3）**认知灵活**：在超文化交际中，由于多种文化因素都可能参与其中，因此交际者需要有灵活的认知方式，随时发现新的问题和干扰因素，并设法解决。

（4）**尊重对方**：在超文化交际中要尊重对方的文化、信仰、态度和情感，即在发现对方的文化、信仰、态度和情感与自己的不同时，不是抵触、反感、冲突，而是容忍、尊重、包容，使交际正常进行，同时将其当作学习对方文化的机遇。

（5）**适应环境**：要能够在不熟悉的环境中进行有效的超文化交际；要能够迅速观察周围环境，找到自己的最佳位置，选择合适的话语参与交际，使自己能够被接受、融入和承认。

（6）**对语言和非语言行为敏感**：就是要对对方的语言和非语言行为所表示的隐含意义敏感，包括其中的文化内涵、价值观等，以利于准确地做出判断，选择合适的话语和应对措施。

（7）**创新思维**：就是要在找不到现成的模式来应对新的情况、解决面临的问题时，能够根据新的形势的需要，创造新的思路和模式来最大限度地排除负面因素，取得最佳效果。它是能够解决所面临的难题的最终方案，也是最有效和持久的解决方案。

这七个特征是超文化交际者在超文化交际中应该具备的素养，是他们必备的能力，但其中缺少两个最重要的因素：（1）知识，包括对超文化共性的认知、各方文化特点的知识、本族文化和个人特征的知识等；（2）价值判断，包括对世界、文化、交际者的价值判断等。

这些超文化特征都是我们在外语人才培养中要求学生学习和掌握的。与此同时还应该考虑的一个问题是：超文化交际达到什么标准才能说是成功的呢？或者说，外语人才掌握超文化交际能力达到什么程度，才能说我们实现了培养目标呢？Ting-Toomey（1999：265）提出了一个简单的标准，即参与交际的各方都感到满足："在跨文化交际中，当交际各方的重要身份都被积极地照顾到，慎重地得到处理，各方就会产生交际满意的感觉。"从这个角度而言，超文化交际能力的衡量标准是学生能够在超文化交际环境中顺利进行交际，使交际各方都感到满意。

14.3 超文化交际能力培养模式

超文化交际能力的培养一般要建立在跨文化和文化间性的基础上，即首先要"砌墙"，分清不同文化的共性和差异，然后以此为基础"站在墙头上"看不同的文化，反思文化的内涵，认识它们的特点，为将来融通不同文化打下基础（高一虹，2008）。超文化能力培养模式的知识学习阶段是"砌墙"和"站在墙头上"看的过程，其后的实践和反思过程是在更高层次上"拆墙"和建构灵活性、融通性更强的文化交际平台的过程。已有的超文化能力培养认为，跨文化交际能力包括三个主要部分：认知、情感、行为。认知包括认识目的文化知识，以及对自身价值观的意识；情感包括对不确定性的容忍度、灵活性、共情能力、悬置判断的能力；行为包括解决问题的能力、建立关系的能力、在跨文化情境中完成任务的能力等（高一虹，2002）。超文化能力培养有以下几种模式。（1）知识中心模式：使学生掌握目标语及其文化的基本知识，并且把它们应用到跨文化、超文化交际中，提高跨文化、超文化交际能力。（2）能力中心模式：这类模式以培养跨文化交际的实践能力为中心，关注焦点是交际行为或外部结果。

14.3.1 已有模式及其特点

已有的对超文化及超文化能力的研究近年来有不断扩展的趋势，但对如何进行超文化教学，构建超文化能力培养模式的研究还不多，也不够深入。如上所述，Witsel & Boyle（2017）提出了一个由四个部分组成的超文化能力教学模式，包括从认识论的角度而言的两个组成部分。（1）个人知识（或自我意识）：表示对自己的文化、价值观和立场的认识，发展自己的专业能力，将自己的文化、道德标准作为参照点，站在远处考察其他文化的特点，对比两种文化，发现它们的异同。（2）价值系统：在自己文化的价值系统的基础上接受其他文化的价值观，将自己的价值系统提升到超文化、超民族、超国家的高度。从社会的角度看，超文化教学要使学生学会从超文化的角度和范围来看待事物，能够在超文化环境中进行有效交际。从个体的角度看，超文化价值包括认知人类共有的文化价值，如勤劳、幽默、坚韧不拔、慷慨大方、敏锐、合作共处等，以及将有本土文化特色的价值提升到超文化层次，如敏感性、同情心、道德观、灵活性、欣赏性等。另外两个部分，从认识论的角度可以区分为知识和技能。（3）知识：包括认识人类共性的文化价值，如上面提到的勤劳、幽默、坚韧不拔、慷慨大方、敏锐、合作共处等，以及不同文化的具体特征。（4）技能：指超文化交际中应该掌握的技能。在具体的交际过程中，理论需要化解为具体的交际技能，包括人类共有的交际技能，以及处理文化冲突，解决矛盾，缓解紧张气氛，提升交际的和谐性、合作性等表现出来的技能。

这四个部分不是孤立的，而是相互联系、相互影响的（见图14.1）。例如，扩展自己和他人的文化知识，同时也会扩展自己的知识结构和用于比较不同文化的参照点，这也会影响到自己的价值观。

另外，把主体性作为教学的重点之一弥补了以前一直重视认知和技能的偏差，使超文化教学模式的整体性更强。这个模式属于知识中心模式，主要是回答在超文化教学中应该教什么，但没有探讨如何教：教学进程、教学方法、教学模态的选择都没有进行有效的讨论。

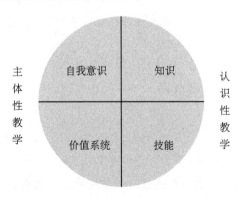

图 14.1 整体性超文化能力培养模式

我国学者任裕海（2014）从跨文化教育的角度提出了超文化能力培养的基本路径，包括五个方面。

1）**超文化认知**：超文化认知的发展需要采取一种元文化的认知视角，加强文化自觉意识，需要学习者对文化拉开距离加以考察。在跨文化语境中，来自他者文化的视角往往能够更加清晰地呈现某一文化的特性。

2）**超文化交际**：力图使交际活动超越特定文化交际模式的局限，在超文化语境中建构和发展可激发彼此互动的有效联系。在人际交流上，超文化交际是使交际者逐渐穿越各自文化疆界和定型观念的障碍，将对方作为独特个体而非某种文化类型的化身。这一穿越过程通过三个阶段进行：文化层、社会层、心理层。超文化交际能力的标志是能够建立"第三文化"，到第三文化的最高层需要穿越五个层次：个体文化内交际、个体文化间交际、修辞性跨文化交际、元文化交际、（第三）文化内交际。

3）**超文化伦理**：超文化交际者需要进行适当的伦理判断和行为选择，超文化教育应关注那些有约束力的价值、不可取消的标准以及决定个人态度的基础共识（Epstein，2009）。第一，他需要根据超文化语境与人类共性的道德和伦理标准做出判断，看自己是否应该参与其中。第二，他一方面要坚持自己文化的道德和伦理标准，另一方面又要在超文化交际中降低自己文化的标准，同时尊重其他文化的道德和伦理标准，在二者之间建立一个都可接受的桥接点，进行超文化交际。第三，对于自己不了解或者具有对方文化特点的伦理行为，可以采用所谓"悬置判断"的方式，不以自己文化的标准为准，而是从第三方的角度将新信息与原有的评价方式进行对比和整合，形成新的超文化判断标准。第四，他还可以采用在两个文化之间寻求"中间地带"的方式来处理超文化交际中遇到的问题和矛盾，选择合适的话语进行交际。

4）**超文化身份认同**：超文化身份将文化身份看作是一个动态发展的过程，主张文化身份可以持续发展，超越原有的或被认定的身份的边界，能够协调和更新不断改变的文化经验；寻求保存每种文化内最有意义和价值的成分，将它们作为形成和丰富超文化个体身份的手段。

5）**超文化创造**：超文化创造是指学习者发挥其文化主体性和创造性，超越既有文化模式的局限，对不同文化元素进行整合，经由选择、组织、汲取、融通的过程，进而创造出新的文化特质。

Juan-Garau & Jacob（2015）介绍了他们通过任务（内容）教学法来发展学生超文化交际能力的情况。其基本做法是给学生布置一项任务，让不同文化背景的学生合作完成，然后看他们的超文化交际能力是否有所提高，以及在哪些方面有所提高。这个教学方式的基本框架如下。

1）**参与者**：主组包括 42 个来自不同背景的英语学习者，其中 16 个男生和 26 个女生，他们在西班牙一所中学上学；这些学生除了讲西班牙语的以外，还有的讲英语、德语、荷兰语、瑞典语、佛兰德语，他们的父母也来自不同的国家。辅助组包括在波兰两所中学上学的学生，一所学校大约 30 个学生，其中 10 个女生，约 20 个男生；另一所学校 33 名学生，其中 5 个男生，28 个女生。所有学生的年龄都在 14—16 岁之间。

2）**主题**：学生围绕非洲这个大主题选择自己所关心的问题进行论述。

3）**任务**：分为前期任务，主任务和后期任务。

（1）**前期任务**：通过录像材料提供有关非洲的背景信息，同时提出要完成的任务；讨论非洲文化的多元化，并且教师要告诉他们如何搜索有关非洲的信息，让他们能够给全班同学做演讲。

（2）**主任务**：学生以小组形式根据选择的主题合作准备 PPT 演讲，并且把准备好的演讲稿上传到博客中，演讲稿涉及许多有关非洲的话题，同时上传部分学生做演讲的录像。

（3）**后期任务**：一是在博客上展示他们的成果，并且与波兰同学一块讨论这些材料，交换意见；二是主组的西班牙学生还要对他们的任务从文化和教学角度进行反思，最后把反思结果写成一篇表达意见的作文。

我们需要充分利用这些超文化交际材料，达到以下目的。（1）学习世界知识：增加有关其他社会和生活习俗的知识；（2）增强全球意识：意识到超文化、超国家事务能够影响我们自己的生活质量；（3）提高外语水平：在写作、口语中运用非语言模态提高交际能力；（4）发展情感能力：提高交际中的灵活性、灵敏性、尊重他人、心胸开阔等情感品质；（5）激发情感活动：通过批评思辨，积极参与到反抗不公正、不公平的事业中。

研究发现，学生的超文化交际能力得到了很大提高，主要表现在三个方面：（1）他们学会了和不同文化背景的参与者共同构建共享型知识；（2）他们学会了批评性地重新评价自己的世界观；（3）他们实际上是运用了虚拟的第三空间来进行合作以及学习超文化知识，从而使他们的超文化能力得到了很大提高。这个模式是能力中心模式。

高一虹（2008）提出了她自己擅长的跨文化交际教学模式。它实际上是一个超文化交际教学模式，主要是在现场教学情境中调动学生自身体验作为学习资源。具体可以分为以下四个步骤。（1）提出进行跨文化或超文化交际的议题：要有使学生感到陌生的异文化特点，能在教学中产生争议，使学生讨论和发布自己的意见。（2）学生讨论议题：学生通常以自己的文化模型为出发点来看异文化，提出自己认为出乎意料或感到特别的问题，而且这些意见和问题一般带有从他本土文化的角度、立场、观点、价值取向来审视异文化的观点，包括主观性和偏见等。（3）找到关键问题：找到差异的根源在哪里，是原有文化的历史特点、行为方式与自己的不同，还是自己的观点和偏见使然。（4）解决关键问题：反思自己的文化的特点，以及自身价值观、立场和身份的特点，在第三文化层面上找到自己的立足点，发展自己的超文化交际能力。在实景实践教学和批评反思阶段，这个超文化交际模式是一种很有效的教学方式，是值得借鉴和推广的。

以上四个研究都从某个方面为我们进一步构建超文化能力培养模式提供了有效的参考。具体来讲，前两个研究主要讨论教什么，以及超文化教学涉及哪些方面，可以通过归纳这两个研究的共同点和不同点，得出更加全面的教学内容。但它们实际上都没有考虑设计什么样的教学模式才能帮助学生真正发展他们的超文化能力。Juan-Garau & Jacob（2015）和高一虹（2008）为我们设计超文化能力培养模式提供了很好的教学框架，特别是通过实景实践完成任务的方式很有启发意义，另外也提出了批评思辨的作用。但需要补充知识讲授和自主学习的部分，以及批评反思后学生自主实践和创新的部分。

14.3.2　超文化能力培养模式建构的理论基础

超文化能力培养模式是一种新的教学模式，涉及教学设计、教学程序和步骤、知识教学、交际实践和运用、批评反思等方面。据此，我们在设计超文化能力培养模式时需要参照已有的教学模式，同时借鉴 Bernstein（1999）的知识结构理论和 Maton（2013）的合法化语码理论来处理知识；用 Hasan（Halliday

& Hasan，1989）的体裁结构潜势理论和 Martin & Rose（2008）的体裁理论来讨论教学程序设计问题；用新伦敦小组的多元读写能力来探讨不同能力的培养与教学设计和模态选择的关系。

14.3.3 超文化能力培养模式的构建

14.3.3.1 知识教学阶段

在超文化能力培养中，知识教学涉及超文化交际的知识领域，可以是任何知识领域，但主要涉及人文社科和日常交际，以及人际交往知识，跨文化价值系统知识，本族文化中的价值系统、文化传统等。从 Bernstein（1999）的知识分类系统来看，它既可以涉及理工科知识，如数学、物理、建筑等的垂直话语中的层级知识结构，也可以涉及人文社科类的垂直话语中的水平知识结构，还可以涉及日常交际中的水平话语。在超文化知识教学中，这三个层次的知识结构都可以涉及，但重点是后两者，因为在超文化环境中，涉及理工科知识的情景主要是在特定人群，如专业人士之间发生的。

层级知识结构通常是在超文化教学中排除的，主要原因如下。

1）层级知识结构涉及几个或多个学科的知识，超出超文化能力培养的范围；也就是说，层级知识结构要通过专门的课程学习来培养。

2）层级知识结构是超文化的，即它的知识超出文化的限定范围，通常不受具体文化的限制。例如，世界上似乎不存在中国文化或西方文化的物理、化学或数学。即使是涉及文化独特性的知识，如建筑风格，它也已经不属于层级知识，而是水平知识结构或水平话语知识，如中国建筑风格、罗马建筑风格等。所以，层级知识结构不需要在超文化能力培养模式中培养。这样，超文化能力中的知识教学主要涉及水平知识结构和水平话语知识。

垂直话语的水平知识结构涉及人文社科知识，是超文化能力培养的主要教学内容。对超文化交际者来说，这样的知识掌握得越多越好，但超文化能力培养也不可能把所有的水平知识类型都包括在超文化能力教学模式中，而是只可选择其中最核心的知识领域，如伦理学、社会学、法律等学科中与跨文化和超文化交际最相关的部分。这些内容的选择在跨文化和多文化交际教学中很少涉及，但在超文化能力培养教学模式中是需要考虑和选择的。第二类知识是日常交际所涉及的文化知识，包括交际常规、习惯、习俗、价值系统、情感模式等。这些知识是超文化交际能力的主要组成部分。

这两类知识实际上都涉及以下内容。

1）本族文化知识。

2）相关交际者文化知识。

3）世界共性文化知识，以及在融合本族文化和他族文化的基础上建立的所谓第三文化知识。实际上是前三者融合的知识。

4）超文化交际中应该具备的有关价值观、灵活性、容忍度和交际策略的知识。

5）水平知识结构所涉及的更多专业知识，如法律、经贸、金融、文学、语言学等知识。

与层级知识结构相比，水平知识结构语义密度较低；但与水平话语相比，则知识密度更高。这是因为垂直话语的知识专业性更强。这样，水平知识结构的教学所涉及的知识学习要多于水平话语的教学。专业知识的语境化需要做更多的前期准备工作，即教师讲授和学生学习专业知识。在达到一定的饱和度以后，才适合进行语境化，通过实践活动使专业知识的语义引力增强，使学生在语义高密度、低引力到语义高引力、低密度等几种状态下都能掌握相关知识。这两种知识类型的教学的语义波比较见图 14.2。

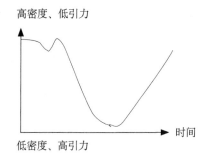

图 14.2(1) 水平知识结构知识
教学语义波形

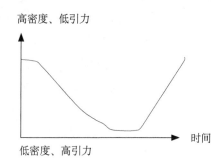

图 14.2(2) 水平话语知识教学
语义波形

从这个角度讲，水平知识结构在融合为超文化知识之前要经历两个阶段：(1) 单学科知识的传授，包括理论和概念的传授，需要用简单语言、例证、说明等进行阐释；（2）单学科知识的语境化，通过把单学科知识应用于实践中，使它的语义引力增强、密度降低，使学生易于掌握。然后，它就可以与水平话语知识相结合，在某个主题下融合为一体，建构超文化知识（见图 14.3）。

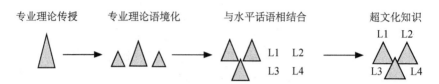

专业理论传授　　专业理论语境化　　　与水平话语相结合　　　　超文化知识

图 14.3 超文化能力培养的知识教学模式

水平话语的知识虽然是节段式的，但在跨文化或超文化交际中不是以一个个相互独立的阶段而出现的，而是以综合文化现象，如习俗、交际规约等出现的。

14.3.3.2 实景实践阶段

在超文化能力培养的知识建构阶段，学生掌握了某些特殊语境所需的垂直话语中层级知识结构和水平知识结构的知识，以及学生个人应该具备的超文化交际的态度、观点、立场和策略等。下一个阶段则是把这些知识有机地结合为一体，应用于超学科交际的实景实践中。

在已有的研究中，Juan-Garau & Jacob（2015）和高一虹（2008）为我们设计超文化能力培养模式提供了有益的启示。

实景实践在超文化能力培养模式中有两种相互联系的形式：课堂教学式和综合活动式。课堂教学式实景实践是在课堂教学中进行的，主要由教师和学生通过课堂教学和学习活动完成。综合活动式实景实践是把课堂教学和课外活动结合为一体，综合性地进行超学科交际活动。

1）课堂教学式

课堂教学式实景实践可以以高一虹（2008）提出的理念为基本模式。这种教学模式包括以下几个步骤。

（1）选择超文化交际主题和问题

超文化交际主题包括国际事务、国际活动、国际交往、跨国交流、多文化交际等。具体的主题选择，需要根据国际国内的形势，学生最有可能将来从事的职业，或者将来什么主题会成为热点，学生的类别、专业、水平等因素综合考虑。

但发展掌握某个超文化交际主题的能力是一个长期的培养任务，所以在确定了超文化交际主题之后，下一个任务是根据学生当前的超文化交际能力和业务水平，确定应该选择什么样的超文化问题来提高学生的超文化交际能力；问题可包括中西方思维模式的不同，国际惯例与中国文化惯例的不同，中国的道德标准与国际道德标准的差异，等等。

（2）确定交际对象

在课堂教学模式中，交际对象一般比较明确：教师和学生，或学生和学生；但也可以创设一定的虚拟交际环境，让学生进行角色扮演，模拟上述主题中适用于某个环境的交际事件进行交际。这样，交际对象就会类似于实际交际中的交际对象，使实践活动更加有效。

（3）设计活动的程序和方式

这个步骤是确定具体的活动形式，如是教师提出问题，让学生思考解决，还是让学生开展讨论，确定一个问题，然后再考虑解决方案，抑或是在教师的启发下，学生提出一个问题，然后讨论解决。以上所有方式，最后都需要教师参与，以便确定问题及进行的程序。

（4）找到解决方案

问题提出后，经过讨论和研究，就需要找到可靠的解决方案。例如，学生发现了一个中外不同思维模式的问题，在确定了活动的程序和方式之后，下一步就是要提出一个解决方案；如在思维模式产生冲突的时候，交际者如何做才能超越自己的文化思维模式的限制，接受或适应对方的文化模式，使交际能够顺利进行，但也不会失去交际者本人的立场、身份和态度。

（5）解决关键问题

最终，在超文化交际中发现的交际问题被解决掉，即它不再是一个超文化交际中的问题。这个结果是以学生发生某种变化为标志的，如学生意识到问题的根源是自己的观点、立场、态度等带有一定局限性，而没能客观地认识对方文化的特点，从而站在超文化高度调整了自己的观点、立场、态度。或者对方文化的问题是由于其文化传统、宗教信仰等引起的，在超文化交际中应该给予尊重、容忍，同时调整自己的交际策略，使自己的话语不至于引起对方不满、误解或反对。问题的解决实际上标志着学生超文化能力的提高。

2）综合活动式

超文化能力培养的综合活动式可以以 Juan-Garau & Jacob（2015）介绍的通过任务（内容）教学法来发展学生的超文化交际能力模式为基本模式。这个教学模式的基本教学程序和设计与课堂教学模式基本相同，但每个步骤涉及的活动内容发生了很大变化。下面分别讨论。

（1）选择超文化交际主题和问题

综合活动式对超文化交际主题的选择，方式与其他模式相同，但交际中要解决的问题发生了很大变化。它不再像课堂讨论那样，通过口头语言交际可以完成，而是把学生置于实际的超文化交际环境中，让他们与来自其他文化的参与者相互合作，共同完成超文化交际任务。在这里，超文化交际任务就是他们要解决的问题：任务完成得好，问题也就解决了。

（2）确定交际对象

在这个教学模式中，交际对象不再局限于同班同学，而可以是任何在超文化交际中出现的参与者；除了同班同学外，还可以是在涉外岗位上工作的人员，来自其他文化背景的交际者，等等。交际对象与交际任务相关。这对学生来说具有更大的挑战性。

（3）设计活动的程序和方式

因活动不再局限于教室内，活动范围更加广泛，交际任务也更加复杂。在 Juan-Garau & Jacob（2015）介绍的事例中，交际任务分为三个步骤：前期任务、主任务和后期任务。这个阶段涉及三个任务中的前两个：（1）教师给学生布置交际任务，讲解注意事项，提供相关信息，学生需要准备材料和工具；（2）学生实际参与到超文化交际活动中，与交际对象合作，尽可能好地完成交际任务，提高自己的超文化交际能力。

（4）找到解决方案

在完成超文化交际任务的过程中，学生通过相互合作，克服困难，找到解决问题的方案。这个过程是超文化交际活动的关键部分，是这个部分使学生的超文化交际能力得到质的改变，由单文化、跨文化或文化间交际能力向超文化交际能力过渡和发展。在此过程中，学生的思维能力、动手能力、超文化知识能力、情感能力同时运作，学生在完成超文化交际任务的同时，自己的意识、思辨、话语等能力也同步得到提高。

（5）解决关键问题

学生顺利完成交际任务，并要总结自己完成任务的情况，同时对其进行反思和评价。

以上介绍的两个超文化交际能力培养模式虽然适用于不同的情景，但它们的目标是相同的，都是为了提高学生的超文化交际能力，采用的基本步骤（体裁结构）也是基本相同的。这样，我们可以把这两个模式归纳为图 14.4。

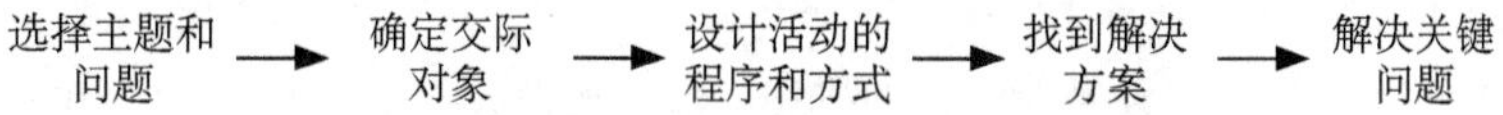

选择主题和问题　→　确定交际对象　→　设计活动的程序和方式　→　找到解决方案　→　解决关键问题

图 14.4　超文化能力培养的实景实践阶段

通过这类实景实践，学生的超文化交际能力得到提高，标志如下。（1）学生对全球化的认识，对国际事务交际的知识，对人类共性的文化特征和交际原则、其他社会和文化的习俗和常规等的知识得到了巩固和提高，存在于知识层面的认识初步向能力转化。（2）国际化、全球化的情感能力得到发展，交际中的灵活性、灵敏性、开放性、容忍性得到提高，尊重他人的文化。（3）国际化、全球化的判断能力得以激发，能够清晰地分辨国际上不公平、不公正的现象。（4）外语交际能力得到提高，不仅写作、口语、多模态交际的语言能力得到提高，同时，在国际交流中语言和多模态表达的得体性也得到提高。

14.3.3.3 批评思辨阶段

Juan-Garau & Jacob（2015）和高一虹（2008）的两个超文化能力培养教学模式都提到了进行反思和批评的重要性。在 Juan-Garau & Jacob（2015）的研究中，学生被要求口头与来自波兰的同学讨论任务完成的情况，并且对结果进行反思，然后将反思的结果写成报告上交。在高一虹（2008）的研究中，学生要对超文化交际中出现的问题进行反思，找到解决方案，以及总结将来如何提高自己的超文化交际能力。由此可见，他们都意识到了反思和总结的重要性。

新伦敦小组的批评框定和上述几位学者的反思理论，都没有清晰地阐明这个阶段具体的操作程序和方式。笔者认为，从信息的接受、传播、产生和认知的角度看，这个阶段不是接受信息和产生信息阶段，而是处理信息的认知阶段。这个阶段的完整认识过程又可分为以下四个小阶段。

1）总结与分类

这个阶段的任务是收集在知识学习和实景实践的过程中获得的体验、体会、理论、概念等方面的信息，将其分类、排序和分层，为进行下一步的反思和评价做好准备。这个阶段是信息意识化过程，即把实景实践的体验、行为等转化为可思考的信息实体，使其客观化。这个过程还涉及对它们的分类，即认识它们的类别特征；涉及对它们的排序，即分清先后顺序；涉及对它们的分层，即认识它们各自属于哪个层次的信息。这个过程逐步使信息陌生化，成为可以进行客观审视和考察的事物。

这个阶段在课堂教学模式中可以通过让学生做口头报告进行，或教师通过提问等形式引导学生做出总结。在综合活动教学模式中，可以让学生在活动后写总结报告，或同学间合作制作视频课件等，通过网络或 PPT 进行展示。

2）反思与思考

这个阶段的任务是对收集的信息进行思考和自我独白论辩。这时，通过总结和归纳，信息已经成为完整的整体，学习者的任务是把信息整体作为身外之物，思考它是否完整、正确、可用、公正、友善等。

这个教学阶段通常是和总结归纳一起，通过相同的教学方式进行，如在课堂教学模式中通过口头问答、讨论进行，在综合活动教学模式中通过写书面报告等进行。

3）批评与思辨

这个阶段是在反思的基础上，对收集的信息进行论辩和批评性分析，以利于认识这些信息的特点、范围、出发点、积极因素和消极因素。这个阶段不仅仅是把已经收集的信息作为客观的、陌生化的事物进行讨论，而且是在此基础上，通过引入各种相关标准进行衡量、鉴别，看它们是否符合特定的标准。

在这里，标准的设定是一个关键问题。一是涉及立场问题：交际者是站在自身文化的角度来设定标准，将其内部的规约、规则和标准作为超文化交际的通用标准，还是作为跨文化交际者，把自身文化的标准与异文化标准兼容并收，设定一个新的高容忍度标准，抑或是作为世界公民，从文化共性的高度来设定标准。二是涉及类别问题：是道德标准、价值标准、情感标准，还是法律标准；在超文化交际中，可能各种标准都会涉及。超文化交际是个十分复杂的问题。

这个教学阶段通常在课堂教学模式中通过口头讨论和论辩进行，在综合活动教学模式中通过口头讨论或写书面报告等进行。

4）评价与结论

这个教学阶段是对所得到的信息做出最终评价，认识它们的正面和负面特点，提出倡导或禁止的建议。

在课堂教学模式中，教师可以通过引导学生给予评价而做出结论，也可以在总结学生的讨论活动时做出。而在综合活动教学模式中，教师可以要求学生在报告中做出自己的结论，然后由教师对其进行评价，最终做出结论。

这两个阶段的划分主要是从逻辑上的先后顺序做出的，不是实际的教学程序。而从在实际的教学程序中的表现来看，这个阶段的教学方式主要有三种。（1）课堂问答：教师提出问题，让学生思考回答，由此达到思辨和评价的结果。（2）口头报告：教师提出议题，让学生通过讨论或辩论得出结论。（3）书面报告：可以是总结、反思，也可以是批评和建议，重点是通过这个过程解决问题，从而提高学生的超文化交际能力。这个阶段的教学模式可由图 14.5 表示。

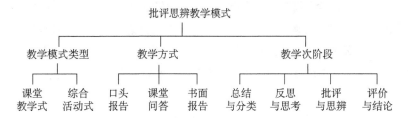

图 14.5 批评思辨阶段教学模式

14.3.3.4 应用与创新阶段

经过以上三个阶段的教学实践，我们使学生掌握了超文化交际的知识，通过实景实践体验了超文化语境的交际过程，通过总结、反思、批评和评价使他们建立起了他们自己的有关超文化交际的知识框架，发展了他们的超文化交际能力。但这还不能算是超文化培养模式的完结，因为这些教学过程虽然提高了学生的超文化知识能力、思辨和评价能力、实践能力，但他们还没有独立进行超文化交际的实践，他们真正的超文化交际能力还需要经过检验。这个过程就是本教学模式的最后一个阶段：应用与创新阶段。这个阶段可以说是真正的"浸入"阶段，因为通常而言，学生此时没有教师的指导和帮助，主要是由自己在新的语境中独立完成超文化交际任务。

1）应用实践

应用与创新阶段涉及不同但又相互联系的两个实践过程：应用实践与创新实践。在应用实践中，学生需要进入一个与前期的实景实践接近的超文化交际语境中，独立地把学到的上述知识、能力和方法应用到超文化交际的实践中，一方面提高自己的超文化交际能力，另一方面检测自己对超文化知识和方法的掌握、控制、使用能力。

（1）确定语境类型：应用实践的第一个步骤是确定实践的语境类型，即把超文化知识和能力应用到什么语境中进行超文化交际，解决实际的超文化交际问题。在课堂教学模式中，可以根据不同的交际领域创设模拟语境，提出超文化交际要解决的问题，让学生与模拟语境中的交际对象进行超文化交际，看他们能否解决交际中的问题，如模拟联合国的国际会议、国际活动等。在综合活动教学模式中，学生需要自己确定交际的领域和参与者，选择要解决的超文化交际问题。例如，与来自不同国家和民族的人士讨论美国是否应该控制枪支，是什么影响到美国枪支的控制，等等。来自不同历史、文化、政治制度等背景的人士会提出自己的意见和方式，学生需要恰当地解决不同信仰或意识形态引起的冲突、误解和偏见。

超文化交际中的交际对象来自不同国家和民族，他们带有自己国家和民族的文化、信仰、思维方式、态度和情感等，有些是和学生自己的文化传统或者国际公认的共性文化特征不一致的。认识到这一点，是超文化交际成功的先决条件。

（2）确定问题和解决方案：在这个阶段，学生需要根据语境的情况，包括交际的领域，参与者之间的关系和交际方式，以及交际对象的特点，即跨文化和超文化特点，确定在交际中需要解决的问题是什么：如政治观点问题，宗教问题，目标冲突问题，文化惯习问题，情感、态度、价值观冲突问题，或者它们几项的结合。这样，抓住主要矛盾，其他小问题就容易解决了。

（3）交际过程：交际过程是实践过程，学生这时要真正进入超文化交际的情景中去进行实践活动。超文化交际过程是在人类共有文化和参与者具有的跨／超文化交际能力的基础上，在大家都希望交际成功，相互容忍差异，以及悬置自身文化价值的情况下进行的交际。这时，学生除了要把自己的能力真正发挥好外，还需要根据交际的进程随时发现新的问题、可预测的问题和突出问题，调整自己的交际策略，为促使超文化交际成功做出自己的贡献。但这个过程也是以实现自己的交际目的为目标的，所以，交际成功的衡量标准是学生达到了自己的交际目的，同时整体超文化交际事件也取得了成功。

（4）总结与反思：交际实践完成后，学生也需要总结自己的发挥情况，包括成功的经验和应该汲取的教训等。这个过程和上述反思阶段的过程相似，但由于有一个可以参照的经历，做起来会更加有效，更易于使交际的经历转换为自己的超文化交际能力，成为自己将来可用的"已有资源"。

2）创新实践

在创新实践中，学生需要进入一个与前期的实景实践不同的超文化交际语境中，把学到的上述知识、能力和方法独立地应用到超文化交际的实践中，解决新语境中出现的问题。

创新实践与应用实践的不同主要表现在应用领域的不同。在新的环境和领域中，学生不能生搬硬套以前学到的知识和操作规程，而是需要根据新语境灵活掌握，必要时创造新的方式和模式。具体来讲，有以下几个方面需要强调。

（1）认识新语境类型：创新实践一般产生于综合实践活动中。创新实践的第一个步骤是认识新语境类型。首先，这种新的语境类型可以是不同的学科或领域的转移，例如，由熟悉的日常生活领域的超文化交际转向在某个学科或领域的超文化交际，或者由一个学科或领域转向另一个学科或领域。其次，新语境类型也可以产生于超文化交际者的变化，如由比较熟悉的英美人士转向东欧或南美的人士。他们之间的文化差异也很大，需要在交际中处理好由此引起的交际问题。最后，新语境类型也可以产生于超文化交际方式的改变，例如，由口头对话改为口头对话加 PPT 演示等。这些变化都会对学生的超文化实践活动提出新的挑战。

（2）确定问题和解决方案：在这个阶段，学生需要根据新语境和交际对象的特点，确定在交际中需要解决的问题是什么。在这里，学生需要以原有的知识为基础，但又要挣脱它的禁锢，根据新语境的需要准确找到要解决的问题，提出相应的解决方案。

（3）交际过程：交际过程是把确定的解决方案付诸实施的过程。这个过程与应用实践中的交际过程的区别是，前者需要交际者有更强的创新意识，更强的灵敏度、灵活性、容忍性来应对交际过程中可能出现的新问题。这是因为创新交际问题的解决方案具有一定的不确定性，有一些新的情况、问题、规则等学生不是很熟悉，制定的方案可能不是很准确，需要在交际过程中随时调整，使其适应新的变化。

（4）总结与反思：这个阶段与上述的应用实践中的总结和反思阶段没有明显的区别，主要是如何处理"新"的问题，即在新的语境类型中，学生需要对相对不太熟悉的经历、经验、理论和方法进行总结和反思，一方面难度加大，另一方面要求学生更多地思考、思辨和研究，使得出的结论更具创新性，更加完善和深刻。

3）应用和创新实践的教学方式

如上所述，应用和创新实践的教学方式从宏观上讲主要有两种，一种是课堂教学方式，另一种是综合实践活动方式。在课堂教学中，教师和学生，以及学生和学生之间的互动为主要教学方式。在这种环境中，有两种值得倡导的教学方式。一是多元读写能力培养方式（New London Group, 1996/2000），其基本模式是："实景实践＋教师指导＋批评思辨＋应用创新＋课后作业"。从顺序上讲，实景实践和教师指导没有先后之分，可根据需要选择顺序，其后的两个步骤也可以调整，但课后作业提前的可能性较小。课后作业还包括"布置＋实践＋汇报演示＋检查评价"等次级步骤。另一个是任务教学法（Juan-Garau & Jacob, 2015），它布置学习任务让学生自主完成。这个模式也适用于综合实践活动。

在综合实践活动中，设计综合性的教学模式是一个关键，因为它不局限于课堂，也可以是任务型的，包括"布置任务＋知识传授与实施指导＋实践活动＋思辨与反思＋后续学习与实践"等步骤。这类活动一般要通过与其他语言或文化的实践者合作来实施（见图14.6）。

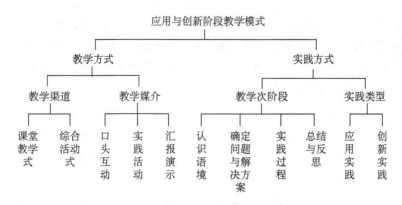

图 14.6 应用与创新阶段教学模式

14.3.4 超文化交际能力培养的总体模式

从以上论证可见，超文化交际能力也宜用新伦敦小组提出的多元读写能力培养模式进行培养，四个教学模块是缺一不可的。我们可以把这四个阶段的教学模式简化，由图 14.7 表示。

图 14.7 超文化交际能力培养的总体模式

14.3.5 讨论

通过以上研究可见，超文化交际现象是人类交际全球化、多元化的必然结果。地球村促使不同民族、国家、文化背景、社会制度的人相互交融与合作。交际要想获得成功，就必须通过超文化交际的方式来进行。

超文化交际也是各种交际方式的一种。在同一个社会、团体、机构中，社会交际能力是首先要具备的能力；而在多文化、多民族环境中，为了实现一个目标或解决一个问题，超文化交际能力就成为必需的交际能力。可以将其看作一个特殊的交际类型，或跨文化交际的一个特殊类型。

超文化交际都是在比较特殊的环境中进行的。涉及多民族、多文化、多语言，大部分交际者都难以掌握多个语言的交际规则或多个文化的交际特点，所以，在交际中出现错误，话语或行为不适合某个文化和民族的表达方式或意义模式是不可避免的。特别是在出现文化冲突时，交际者更需要采用特殊的态度和方式来保证交际的正常进行，并取得预期的效果。这就需要交际者具备宽容心、耐心来应对冲突和批评，具备心胸开阔、尊重对方的特性来应对差异和不同，具备对语言或非语言特征的敏感性和创新意识来应对超文化交际中难以预测的情况和问题。

超文化交际不仅涉及不同的语言知识，还涉及不同的文化知识，而这些不同知识要在超文化交际中融合为一体，形成相互交织、相互协同的关系，从而扩大交际者的视野和能力。

除了多文化接触以外，超文化交际一般是为了共同完成某项特殊的任务，任务导向是这类交际的一个特点。所以，培养这种能力通常要以解决某个问题，特别是有重大意义的问题来进行。

14.4 小结

随着全球化和多元化的不断发展，中国的外语人才必须发展超文化交际能力。所谓超文化，是为已有的文化及其建立的符号系统提供符号选择的开放系统。而超文化交际能力表示交际者应该具备的在超文化交际环境中进行交际的能力，包括宽容、心胸开阔、灵活、创新等特质。超文化交际能力的培养则涉及让学生分清不同文化的特点和差异，然后在此基础上在多文化的环境中进行交际。本章首先对已有的教学模式进行研究，然后根据多元读写能力理论以及Bernstein 的知识结构理论，设计有效的超文化交际能力培养的教学方式和程序，主要包括四个教学模块，分别是知识教学阶段、实景实践活动阶段、批评思辨阶段和应用创新阶段。最后，本章还探讨了这个模式的基本特点。

第十五章　超学科能力培养模式

15.1 引言

随着全球化的不断深入，人类面临的问题越来越复杂化和综合化。现代科技的发展使全球的互联性和系统性更加突出，知识生产方式发生了根本性的变化，由以牛顿为代表的以科学和独立学科为特点的第一种知识生产方式转化为以超学科研究为特点的第二种知识生产方式。后者具有应用性、短暂性、折中性和语境化的特点（Gibbons et al.，1994），以解决问题为导向，受到实际使用、社会政策、市场等因素的影响，而不仅仅是提供学科知识（van de Kerkhof & Leroy，2000）。这就要求我们培养的人才特别是外语人才具有超学科能力，适应交际国际化、全球化、复杂化和动态化的新形势。据此，Klein（2008）强调在本科、研究生及其后的教育中，应从单学科的深度、多学科的广度、跨学科的整合度以及超学科的能力发展中提高教育的效率。本章致力于探讨以下问题：（1）什么是超学科与超学科能力？（2）什么样的人才才能算是具有超学科能力的人才，或者说超学科人才具备什么特征？（3）建构什么样的教学模式才能培养这类人才？

15.2 超学科与超学科能力

要培养具有超学科能力的人才，先要认识什么是超学科。超学科理念是学科间融合的最高层次。Jantsch（1972）将超学科定义为：在教育或创新系统中所有学科和跨学科的协调，把学科间的协调作为主要标准。Meeth（1978）认为，可以根据学科融合的程度对超学科进行阐释：超学科处在学科融合的最高层次，从实际问题开始，并对问题从整体的角度进行考察，在一定程度上代表一种新的知识价值观和教育观。这个观点在突出学科融合性的同时，还强调以问题为导向，从整体上进行研究。Halliday（1990：8）也说："我要使用'超学科'一词来代替'交叉学科'或者'多学科'，因为后两者意味着研究者仍然将认知活动置于学科内，只是架起了桥梁，或者将它们置于一个集合内；而真正的抉择是以创造新的、主题式的行为模式替代它们，而不是还以学科为中心。"在此，Halliday强调要创造一个新的研究模式，即主题式的研究模式，而不再围绕某个或某些学科进行研究。

除此之外，按照联合国教科文组织（UNESCO，2003）的描述，超学科处在不同的学科之间，横跨或超越不同的学科，取代并超越它们，发现一种新视角和一种新的学习体验。这和Halliday的超学科概念十分相似。与此同时，Jantsch（1970：415）还认为，超学科也是一个层级概念，在一个多层面多目标的超学科系统中，如果没有次级层面的活动，就无法达到较高层面的任何目标，所谓"超学科"就会像没有乐队可供指挥的指挥家。综上所述，超学科研究具有融合性（协调性）、整体性、层级性、主题性（问题导向性）等特点。鉴于它具有问题导向性，超学科研究还具有动态性和短暂性。

从这个角度看，超学科研究并不是不要单学科，而是要在超学科框架内充分利用好单学科知识的深度；同时也说明，单学科知识是不够用的，需要更多学科的知识，而且这些学科的知识也并不是简单地叠加起来，或者交叉起来，而是要融合为一体，解决一个特定的问题。这样，超学科涉及把单学科知识组合起来（形成多学科），以不同的方式置于不同的层次上（跨学科或交叉学科），最后使它们融合为一体，形成一个多层次架构。

那么，什么样的人才才能算是具有超学科能力的人才，或者说超学科人才具备什么特征？在定义超学科能力人才方面，有两个已有的研究可供借鉴。(1) 龚灿（2015）介绍了芬兰的中小学教育改革情况。芬兰人认为，芬兰青少年需要更多、更具综合性的知识和技能来应对现实世界，教育者需要发展以主题为基础、以解决问题为导向的超学科能力培养模式，提高学生的跨学科能力。(2) 刘贤伟等（2014）报道了美国加州大学欧文分校社会生态学院培养超学科人才的教学模式。该项目的学术目标是：使学生具备从更广阔的、超学科的生态学视角来分析科研问题和公共政策问题的能力，具备将基本理论、研究等与社会问题的解决联系起来的能力。基于这样的目标，该校社会生态学院本科生、研究生等不同层次的超学科人才体现出如下特点：其一，学生能够运用策略整合多学科的概念、理论、方法等，并运用它们解决实际问题；其二，通过多种形式促进教师与学生、学生与学生之间经常性的学术交流；其三，学生能够开放、相互尊重、相互信任地学习，有良好的科研气氛，善于检验新思想和新研究方法。总之，这些研究把超学科的价值观、信念、态度、知识和行为方式相结合，强调对科研问题和社会问题的多层面（multilevel）理论和背景进行分析。

著名生态心理学家 Stokols（2013）认为，正是由于对概念综合的格外强调，超学科人才培养项目能够最大限度地促进学生和研究者们建构起广阔的研究框架，提高学生整合来自不同领域的理论、哲学观和方法论的能力。

另外两份探讨国内超学科能力培养的报告，可以为在中国的具体情况下如何培养超学科人才提供一定的借鉴。（1）柳祥旭、柏安茹（2017）研究了超学科教育理念下的中小学教学改革的问题，通过实例进行了论述。他们认为，超学科课程的目的是让学生学会生活技能，将学到的知识运用到生活中，并从生活中学习，获得在真实世界中综合应用知识解决问题的能力，从而更好地生活。该课程把信息技术与人文知识相融合，以人文风俗和自然环境为基本内容，以信息技术作为辅助手段和呈现形式，注重提升学生的人文素养，提高学生的分析理解能力，同时加强学生的交际与合作能力，拓宽学生解决问题的思路。该研究结论似乎与芬兰的教育改革方式相似，但更强调人文素养和合作能力，具有较高的社会价值。（2）韩亚文、冯羽（2016）报告了超学科视阈下语言学研究生创新人才培养模式的研究，提出要在掌握专业理论和知识的基础上，培养具有思辨能力、独立探索能力和跨文化交际能力的高素质人才，特别提及思辨能力和跨文化交际能力是新时期外语人才必备的能力。根据以上研究可见，超学科能力可以基本概括为以下几个方面的能力：（1）能够综合性地运用知识和技能来解决现实问题，包括生活问题、科技问题和社会问题；（2）具有团队合作能力，能够通过交流来提升自己和解决实际问题；（3）具有健全的人格，能够心胸开阔、相互尊重、相互信任地开展研究工作；（4）具有思辨能力、创新和探索能力，善于检验新思想、新方法；（5）具有跨文化交际能力。由此可见，超学科能力包括超学科交际能力，后者是使超学科知识得以有效地运用于解决相关问题的重要因素。

15.3 超学科能力的培养

超学科能力属于图 10.5 中"知识处理能力"和"知识获取与应用能力"的结合体。这里探讨第三个问题：如何培养有超学科能力的人才？上面谈到了两个国外的培养超学科能力的案例：芬兰的中小学改革案例和美国加州大学欧文分校社会生态学院教学改革案例。芬兰的中小学教育改革是以问题为导向的"现象教学"，每节课或一组课程选择一个主题，如天气预报、地理位置、欧盟等，以任务型、竞争式教学方式进行教学，通过超学科式教学为学生提供实际生活中所需要的东西，而不是用全国考试成绩将学生带回到过去那种教育模式（龚灿，2015）。该案例的报道者虽然重点介绍芬兰超学科教学改革的情况，但附加信息告诉我们，这个模式实际上是对学科化教学的一种补充。学科化教学重点是学习知识，难以直接应用于解决实际问题，而超学科教学模式则正好弥补了这个缺陷。

美国加州大学欧文分校社会生态学院培养超学科人才的教学模式有如下特点（刘贤伟等，2014）。（1）导师指导团队的改革：由不同学科领域的教师团队进行指导（多导师模式），或者由一名掌握多学科概念、理论和培训方法的教师来指导（单导师模式）。（2）整合多学科的概念、理论、方法等，并运用到实际问题的解决中。（3）开展与主题相关的创造性学术活动，让学生参加具有超学科性质的课程，课程由一个具有多学科背景的教师团队进行指导。（4）学生要参与每周一次的文献讨论会，探讨与主题相关的跨 / 超学科研究的学术论文。（5）设置常规性的会议讨论机制，为教师和学生之间的思想交流提供时间和空间。（6）鼓励学生和教师在研究中整合不同学科的观点。（7）完成每周的任务后，学生们要思考、探讨他们正在从事的研究工作与宏观主题之间的联系等（刘贤伟等，2014）。这个模式虽然是针对研究生的培养模式，但对本科生的培养也具有很强的参考价值，如把多导师指导改为多学科的教师合作授课。这个模式给我们提供了超学科能力培养的多个方面的信息，如多学科教师授课，采用的理论、概念和方法，教授的课程，学生需要参加的各项活动，学生需要思考的问题，以及学生课后和课外的任务和活动等。李颖（2013）从超学科的角度探讨全英文授课模式，认为该模式能够打破传统的工具型办学理念，使整个教学过程体现出人文性、思想性和研究性。在整合和重构外语及各学科的过程中，在文学、语言、教育、哲学、社会、政治、经济等领域建立多层次、跨学科的有多元文化内涵和国际视野的人才培养框架。用另一种语言授课不仅仅是改变传播媒介，而是引入另一个语言所属的文化，让学生走出自己的思维框架，重新审视自身，调整世界观，激发深层次的认知思辨能力。但该研究没有提供具体的改革模式和框架。韩亚文、冯羽（2016）报告了南京工业大学试验的超学科视角下语言学研究生创新人才培养模式。该校以培养超学科能力人才为目标，对语言学专业研究生教学进行了改革，设置了多学科性课程组，组建了超学科教学团队，采用讨论式、研究式教学，以提高学生发现问题、解决问题的能力。

由上可见，已有的研究对构建超学科人才培养模式进行了有益的探索，也取得了一定的成果。但还是有些问题没有解决。例如，超学科人才需要建构什么样的知识结构？多学科教学是否能自动转化为超学科能力？外语专业本科生的超学科能力与学科能力之间是什么关系？如何建构外语专业本科生的超学科能力培养模式？下面重点回答这些问题。

15.4 超学科能力的知识结构

15.4.1 超学科知识的特点

在上述超学科能力培养模式中，有一个环节需要特别注意，即在培养超学科能力的教学模式中，为学生提供多学科知识始终都是一个主要的环节，但我们无从得知这些多学科知识如何能转变成为超学科知识能力。这是一个需要研究的重要问题。超学科知识的一个重要特点是汇聚和利用所有相关学科的知识，而且文理学科交叉是培养超学科能力的主要方式。

另外，对超学科的多学科性也不应该过度强调，而是需要根据 Klein（2008）提出的单学科的深度、多学科的广度、跨学科的整合度和超学科的能力发展进行综合发展。从单学科的深度看，每个人都不可能在所有的学科都达到世界前沿水平，而只能以一两个学科作为主学科从事研究工作。同时，仅仅掌握单学科知识难以解决很多问题，因此需要掌握更多学科的知识，而这些学科的知识之间形成什么样的关系才能融合而成超学科知识是需要研究的课题。

首先，超学科知识应该包括各个学科知识的共性特征。这种特征在科学研究上表现得十分突出。例如，虽然我们不了解许多学科的知识，即所谓"隔行如隔山"，但我们仍然可以从某种程度上评估某个学科的科研项目或科研成果的优劣，而且结论大部分是正确的。这种可能性就建立在学科的共性特征上，也就是说，不同学科的研究者都是以相同的方式或思路进行科学研究的。这些共性特征是我们掌握超学科知识的基础和核心。

其次，只具备这些共性特征还不足以称为"超学科知识"，多学科知识的融合才是关键。而这种融合是以多学科知识的互补为特点的，即要解决某个问题，需要多学科知识的配合、协同和融合。在这个融合的知识体中，每个学科都占据一定的位置，以某种特殊的方式起一定的作用，为整体的构建做出贡献。

Bernstein（1999）把人类的话语分为垂直话语和水平话语。水平话语指日常生活话语，以"常识"为特点，是人所共知的、在生活中都可以接触到的共同知识，具有普遍性，是最大限度地和人及人的居住环境相关的。这类知识的一个重要特点是它是节段式的，也就是说，这种话语体现的知识点之间可以是不相关的，或者关系不密切的。它的学习过程是不同节段式知识的积累（见图15.1），例如，儿童把学到的新知识储存起来，以备在将来不同的语境下使用。

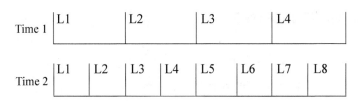

图 15.1 知识积累模式（Moore，2013：148）

值得注意的是，这类知识不是静止不变的，而是在不断变化。一方面，这类知识有些由于在人类生活中失去作用而消失，如许多已经失传的故事、手艺等；另一方面，由于新的情景的产生而出现大量新知识，其中包括从垂直话语知识中源源不断补充过来的知识。这些知识原来属于专业知识，但随着它们的普及化和在现实生活中的应用，逐步变成普通知识，如建筑领域的某些知识、有关汽车的某些知识等。

垂直话语是需要在正规教育中学习的话语。它有两种形式：一种是理工科话语，具有连贯的、明晰的、系统规则的结构，以层级形式组织，称为"层级知识结构"；另一种是人文社科话语，是一系列以专业语言形式产出和传递语篇的话语，这种话语以专业问题和专业标准为基本模式，称为"水平知识结构"。

虽然人文社科通常归为一类，但它们有本质的区别。社会科学是介于层级知识结构与水平知识结构之间的一种形式，它通常具有层级结构的特点，但又有分离性特点，形成不同学科之间的分离；人文科学则和日常生活话语模式相似，具有节段性特点（见图15.2）。

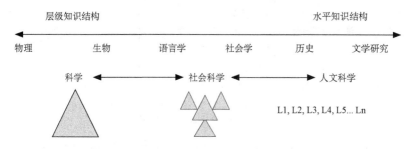

图 15.2 从层级知识结构到水平知识结构的连续体（Martin, 2011）

15.4.2 超学科知识融合的层次

从超学科的角度看，第一层次的知识融合是科学技术知识与日常生活知识的融合。在这个融合中，两类知识分工的一般模式是：科学技术知识用来解决人类日常生活中的问题，而日常生活知识需要科学技术知识来解决其自身无法解决的问题。同时，科学技术知识在解决日常生活问题时，也需要日常生活知识的支持和引导。

日常生活知识是离散式、节段式的，在其内部以及节段之间的联系上易于产生问题。而科学技术知识是层级性的，整合性强，易于把节段之间似乎不相关的成分联系起来，整合为一体，同时还可提供更高层次的知识来解决日常生活知识无法解决的问题。所以，这个整合体的基本特点是用垂直知识话语来解决水平话语中出现的问题。

这个层次的融合对于外语教学意义重大。学习外语首先要学好日常生活话语，掌握日常生活各个方面的知识；但是要真正能在将来从事某项专业工作，还需要相关的专业知识。所以，学习外语需要在掌握日常生活话语或同时掌握特定的专业知识的基础上，使两者以互补的形式融合为一体。这是我们已经实践过的"外语＋专业"的模式，其中最关键的是在把两者都学好的前提下将其真正融合为一体（见图15.3）。

L1, L2, L3 ... Ln

Seg. 1, Seg. 2, Seg. 3

超学科知识

图15.3 第一层次知识融合

第二层次的知识融合是层级知识结构与水平知识结构的融合，即文理的结合。这个层次的知识融合的特点是两者都是层级性的，脱离了日常知识的范围，而进入一般由正规教育完成的专业知识范围。它与第一层次融合的相似点在于，层级知识结构更易于用来解决水平知识结构中的问题，而水平结构由于其离子型特点，在其自身内部和之间易于产生问题，如争议等，需要用层级知识结构来解决。同时，层级知识结构的具体实施也需要水平知识结构的辅助、支持和引导。在这些不同类型的知识融合中，不是各种知识静态地各自找到自己的位置，各司其职，而是互动的，相互协同、相互配合的。这个层次的融合对于外语教学仍然是意义重大的。一个高素质外语人才不仅只是在日常话语和专业话语方面有很强的语言能力，同时也具有宽广的文理科知识。这个层次的融合体的基本特征是：用层级知识结构知识解决水平知识结构中存在的问题（见图15.4）。

图 15.4 第二层次知识融合

第三层次的融合是在层级知识结构内部学科之间的融合。这种融合主要是以自己从事的主学科为基础，向某个或某些特定的学科扩展和延伸，以弥补自己所从事学科的不足和局限，打破学科壁垒，吸收不同学科的共性特点，提高自己的专业能力和专业交际能力。这个知识融合模式的主要特点是：用相邻学科的知识来解决本学科内出现的、无法解决的问题。这类知识融合也包括理工类知识与社会科学类知识的融合（见图 15.5）。

从以上分析可见，超学科能力包括在掌握日常生活话语和知识的基础上，掌握人类所从事的所有学科的共性特征，同时也要掌握每个学科的特性、优势（供用特征）、功能和局限性，特别是层级知识结构和水平知识结构的不同特点，根据具体问题的特性，恰当选择合适学科知识来解决问题。在这个基本前提下，对参与超学科融合的学科选择的基本原则是：用层级性强的学科知识来解决层级性低的、水平话语或节段式话语中的问题。

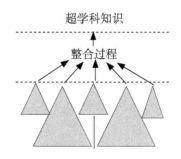

图 15.5 第三层次知识融合

15.4.3 超学科知识形成过程模式

超学科能力的培养是以知识为基础的，而超学科知识是以多学科知识为基础的。根据以上研究，多学科知识是由三个部分组成的：由日常生活知识组成的节段式知识，它是人类常识形成的基础；水平知识结构，包括社会科学的接近层级知识结构的类型；理工科的所谓科学类层级知识结构。显然，这并不是要求学生精通掌握所有这些知识，而是要求他们对具体学科知识的掌握做出选择。

对各种类型的学科知识的选择不是任意的，而是要根据一些必要条件进行筛选。例如，首先需要掌握人类日常生活的常用知识，即我们生活所必需的常用知识，如与衣、食、住、行等相关知识。没有这些知识，就无法发现自己将来的生活和工作应该解决的问题，所学的其他知识就无用武之地。从事某个学科的研究，除了掌握这个学科的专业知识外，也需要了解与之相关的常识性知识，如进行地质学研究对山情地貌了解得越多越好。有的需要做实地调查；做社会学、人类学研究需要了解风土人情，也需要到具体社团中进行调查。对知识做综合选择，最重要的是根据目标和任务选择学科。在这里，选择某些学科需要清楚每个学科在这个学科组合中起什么作用，和其他学科是什么关系，如互补、重叠、交叉等。

超学科知识结构的建构中遇到的第一个难点是世界上不存在一个现成的超学科知识，而是要根据需要选择一个学科组合，然后在此基础上积累知识，厘清它们各自在这个超学科知识中的地位和作用。每个学科知识的学习也与一般学科知识的学习没有区别，一项新的任务是要把各个学科的知识置于适当的位置上，可以采用教学中知识学习的几种课堂讲授模式，即讲解型、讲解问题型、讨论型、指导型、知识学习任务型。与第一个难点相关的是，教授这些多学科知识需要多种学科的教师来教。例如，师范院校除了教授主学科的教师外，还需要教授教育学、心理学、教育技术、教学法等的教师，以及教授计算机科学、网络技术、信息技术等的教师。如果针对某项任务或问题组合团队，一是需要更多学科的教师，同时也使这种组合具有临时性，进一步增加了难度。

在超学科知识的建构中，知识的语境化是一个复杂过程，不仅涉及单学科知识的语境化，也涉及多学科知识的同时语境化，还涉及不同学科知识在不同阶段的语境化。由于超学科知识的建构是围绕一个主题进行的，所以超学科知识的运用是以问题为导向的。相关学科的知识在解决问题的过程中被语境化，由语义引力低的知识转化为语义引力高但通常语义密度低的知识。语义引力高和语义密度低的知识更易于被吸收和理解。例如，进行外语教学改革、提高外语教学质量是一个问题。为了解决这个问题，需要多学科知识的参与。首先，选择合适的教学内容用于教学中使本学科知识语境化；这些知识的呈现方式要符合教育学的基本原理和规范，使教育学科知识语境化；同时知识的呈现方式也要符合学生的知识积累和内化的心理认知规律，使心理学知识语境化；此外，知识还要通过现代化的教育技术由教师或学生呈现出来，从而使教育技术知识语境化；最后，教师和学生都需要通过网络技术、信息技术手段搜索信息，补充或证实相关的知识和信息，从而使网络技术和信息技术知识语境化。这些知识的语境化都是为了达到一个目标，即提高外语教学的效率和效果。它们都在这个过程的相同或不同阶段被语境化。通过它们的共同语境化，多学科的知识融合为一体，自然地应用于一个主题中，或者解决一个问题中，成为超学科知识。这个过程可用图 15.6 表示。

图 15.6 超学科知识在语境化中的融合

由此可见，超学科知识具有能力化、实践化和集成化三个突出特点。从能力化的角度看，在知识的语境化过程中，超学科知识与其他学科的融合度，以及融合是否恰当取决于它是否真正起到了这些学科知识应该起到的作用；也就是说，它是否成为教师或学生用于解决实际问题的能力，即促进教师的教学或学生的学习。

从实践化的角度看，超学科知识来源于实践，同时应用于实践。不通过语境化，不通过实际解决问题，不同学科的知识是无法成为超学科知识或者能力的。例如，如果你只是在书本上学习了不同学科的知识，并没有把它们与其他学科知识结合起来解决问题，那么它们是难以转化为超学科知识或能力的，因为这些不同学科的知识的融合和有效性是在语境中进行的，即在解决实际问题中形成的。

从集成化的角度看，单学科知识在用于解决一个主题的问题时，在语境化的过程中被整合，成为解决这个问题所需要的各类知识中的一个组成部分，再也不能清晰地分辨属于哪个学科的知识；教师可以意识到哪部分知识可能来源于哪个学科的知识。例如，在外语教学中，教学内容既不包括教育学知识，也不包括心理学知识，但它们都在教学过程中起到了重要作用，成为超学科知识或能力的一部分。

然而，要想真正使超学科知识成为超学科能力，只通过一次语境化过程是不够的，还需要通过多次实践使学科的融合越来越完美，越来越有效。另外，根据新伦敦小组提出的多元读写能力教学模式，超学科知识还需要通过反思、批评、改善、创新等阶段才能真正变成超学科能力。

经过知识学习和实践的过程，相关学科知识可以作为单学科知识储存，也可以转换为一定的实践能力，但还不能说已经成为真正的超学科知识，因为知识的最终掌握需要经过思辨和评价过程，使知识理论化、客观化。这样，在超学科知识实践过程中或之后，自我反思、论证、批评、比较、思辨，以及讨论、答疑、辩论等是必需的阶段。

相关学科的知识最终融合，成为超学科知识或学生的超学科能力，还需要到实践中去检验（New London Group，1996/2000）。学生要能够利用这些知识自己找到问题和任务，设计行动方案，或者在发生变化的语境下，仍然能够创造性地把这些知识应用于解决相关问题的实践中，有效地解决实际问题，如此最终确定这些相关学科的知识已经成为学生的超学科能力。而且，这种超学科能力又会成为解决新问题的超学科能力。这样，图 15.6 可以扩展为图 15.7。

图 15.7 超学科知识在教学模式中的融合

15.5 超学科能力培养模式

以上探讨的超学科能力的形成过程，基本上可以预示超学科能力培养模式的基本架构。也就是说，超学科能力培养模式涉及确定主题、选择问题、选择相关学科知识、教学设计、教学过程、反思与评价、应用与创新等几个基本阶段。下面分别探讨。

15.5.1 确定主题

主题是确定超学科知识和能力培养是否需要的关键因素。它是一个宏观范畴，是针对解决一个长期或中短期的目标而设立的。外语教学是一个比较宏观的主题。但主题也具有层级性，例如，应用语言学可以是一个主题，广义地讲，指应用语言学知识解决各种问题；狭义地讲，指应用语言学知识解决语言教学问题。从这个角度讲，外语教学是狭义的应用语言学中的一个次范畴。但无论在哪个层次上，它都是以目标为导向的。为了实现一个特定目标，需要采用所有可用的学科知识来解决问题。

需要说明的是，主题的选择可以是一个短期行为。超学科能力虽然以某个主题为主，但不仅仅是针对某个具体的主题，而是需要具备掌握学科共性的能力，同时又擅长于解决某个主题的相关问题。掌握学科共性的能力是超学科能力的主要组成部分。这样，主题的选择可以说有两个主要作用。(1) 确定学生超学科能力的主要发展方向，如学生将来打算做外语教师，则可选择外语教学作为主题。(2) 临时用于发展学生的超学科能力。例如，学生将来不一定做外语教学工作，但仍可选择外语教学作为主题来发展其超学科能力。

15.5.2 选择问题

第二步是围绕主题选择要解决的问题。与主题相同，要解决的问题也具有层级性。高层次的问题涉及学生中长期的发展目标，例如，提高学生的外语教学能力，提高学生的外事外交能力，提高学生从事商贸、金融工作的能力，等等。这类能力的提高需要一个较长阶段的培养。围绕这个中长期问题，可以派生出许多不同阶段的问题。例如，外语教学中的问题可以包括课程设计能力，课程设计能力还包括每节课或某个课段的教学程序的设计能力。具体的教学实践必然涉及较低层次的问题，如某节课或某个课段的教学程序的设计能力等，但这个能力必须建立在发展高层次能力的基础上，即这个具体的目标要有利于实现更加宏观的、高层次的发展外语教学能力的目标。

15.5.3 选择相关学科知识

第三步是根据所选择的问题选择相关学科知识。从效率原则和省力原则的角度讲，在效果相同的条件下，学科选择得越少越省力，同时效率会提高，因为减少学科知识会节约时间和精力。但问题是获得的效果要相同，也就是说，当加上新学科不提高效率时，就不需要增加学科。从这个角度讲，超学科知识所需学科知识的选择应该遵循三个基本原则：效率最大化原则、互补原则和宏观控制原则。

1）遵循效率最大化原则是说，设计者要以所选择的学科能够圆满、充分、有效地解决主题所规定的问题。不能因为学科太多而舍弃一些应该学习的学科知识，也不能在不提高效益的情况下增加一些不起作用的学科知识。例如，设计外语教学的解决方案不能舍弃教育学、心理学或教育技术，不然其效率会下降。同时，如果一些时髦的新学科起不到提高解决问题的效率的话，也不能随意增加。

2）遵循互补原则是说，设计者在选择学科时要充分认识每个学科知识的潜能，即它的供用特征，同时认识供用特征在发展超学科知识中的作用，以及它与其他学科的关系。例如，在解决外语教学问题的学科选择中，为什么要选择教育技术？它的基本内涵是什么？可以为解决外语教学问题起到什么作用？以及它主要用在解决问题的哪个环节？

3）遵循宏观控制原则是说，宏观的、高层次的问题所需的学科是必选学科，因为它们是和培养学生的超学科能力密切相关的；解决具体问题所需要的学科知识可以随时添加，但不要因为某些特殊的具体问题的需要而舍弃宏观的、高层次的问题所需的学科知识。

从以上三条原则来看，整个超学科能力培养所需的学科基本上是稳定的，只需要在某些特殊的阶段增加某些学科知识。后面添加的学科知识基本上是将来可以取消的学科知识。

15.5.4　教学设计

超学科能力培养的教学设计与单学科能力培养的教学设计有很大的区别。前者主要涉及多学科知识如何完成和由谁来完成教授和实践任务，如何把这些知识语境化，在解决共同问题时融合为一体，成为超学科知识和能力。所以，超学科能力培养的教学设计更加复杂。

15.5.4.1　体裁结构设计

从上面谈到的超学科能力培养的几个案例（龚灿，2015；刘贤伟等，2014；李颖，2013；韩亚文、冯羽，2016）来看，超学科能力培养的基本教学体裁结构（教学程序）包括以下几个主要阶段。

（1）根据所选择的学科知识类别，由不同学科的教师轮流授课。首先学习不同学科的基础知识和方法，同时还有教师专门讲授跨 / 超学科知识的整合和融合。

（2）探讨主题所涉及的常见问题，以及解决这些问题的途径和方法。

（3）不同学科的学生围绕要解决的核心问题进行讨论，提倡开放、合作、相互尊重和信任，积极提出新思路。

（4）学生参加实践活动，包括参与超学科项目的研究、进行课堂教学等，用超学科知识来解决外语教学中的实际问题。

（5）学生学习使用现代教育技术和高科技设备进行教学活动，有利于培养他们的科技、电子、信息、多媒体等多元能力。

（6）学生独立思考，探讨他们所从事的研究工作与宏观主题之间的关系，了解不同学科知识的特性和供用特征，以及它们在解决相关问题中的作用，总结所学到的新知识和能力，通过思辨和评价把相关知识整合为一体，整理出解决相关问题的理论基础、思路、程序、方法等。

（7）创新与应用：这个步骤要求学生掌握超学科知识，运用它独立解决相关问题。也就是说，学生能够根据自己熟悉的主题独立选择或发现相关问题，根据问题的特点选择相关学科知识，或利用已经掌握的超学科知识来独立或合作解决相关问题。从创新的角度看，学生也可以把相关知识、能力和思路用于解决其他主题的问题。例如，以外语教学为研究主题的学生可以用解决外语教学问题的方式解决商贸主题中的问题，同时能够弥补解决新问题所需的新知识和能力。

15.5.4.2 学科知识教学

在超学科能力培养中，学科知识的教学仍然可以按照第十章提出的五个模式进行：传授、传授问题、讨论、指导、任务。但超学科知识教学是个难点，原因如下。（1）不同的学科知识需要不同学科的教师教授，所以一般需要组成教师团队进行，而教师团队也需要通过不同课程，或者相同课程的不同阶段进行教学。没有哪个教师能够掌握所有的学科知识给学生授课。（2）每个学科所需的知识的层次和量是不同的，需要根据主题确定相关学科知识的层次，授课的时间，以及授课的阶段。相关学科所需的层次和量是由它在整个超学科知识整合中的作用决定的。（3）学科之间的关系是互动关系，在整个超学科知识建构中起不同的作用。我们可以参照 Norris (2004：108) 的多模态互动理论模式，从四个角度来辨别超学科知识建构中的学科之间的关系。

（1）**学科密度**：确定解决某个问题需要多少个学科的知识。这样，就可以区分高密度学科群、中密度学科群和低密度学科群。例如，外国语言学及应用语言学研究生专业课程设计就属于高密度学科融合，涉及近 20 个较高层次的学科，包括脑科学、医学、神经学、语言学的各分支学科、社会学、教育学、心理学、哲学；某些交叉学科，如心理语言学、数理语言学、文化语言学、人类语言学；以及一些应用语言学学科，如计算语言学、法律语言学、语言习得、语言发展、语言教育、语言规划、文体学、翻译学、词典学（见图 15.8）。而本科生的外语教育需要的学科密度则要低很多，如语言学及其各分支学科、教学法、教育学、心理学、教育技术、信息技术等，属于低密度学科融合（见图 15.9）。高密度学科融合的超学科知识教学需要更大的教学团队。

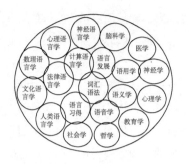

图 15.8 高密度学科融合

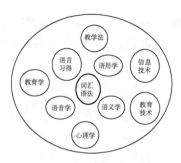

图 15.9 低密度学科融合

（2）**核心相关度**：学科教学要区分中心到外围的多个层次。最中心的学科是核心学科，需要在深度、广度和详尽度上尽量达到最高值。以此向外围辐射，最外围相关度减弱。例如，周频（2012）曾把语言学学科建设分为五个层次。（a）中心层：语言的本质规律研究（内部语言学）。（b）第二层：语言的外在表现研究（外部语言学）。（c）第三层：应用研究（应用语言学）。（d）第四层：语言哲学研究（对理论的反思和批评）。（e）第五层：其他交叉学科（整合和互动）。外语教育起码要包括四个层次的学科。（a）核心内容层：语言知识（语音学、词汇语法、语义学、语用学）。（b）学习应用层：二语习得、语言发展、教学法等。（c）教育理论层：教育学、心理学。（d）科技技术层：教育技术、信息技术、学习平台等（见图 15.10）。显然，核心学科群需要更多的课时量、更长的教学时间，教授更具体、更深入和更详细的信息。

图 15.10 外语教学超学科能力培养学科群的四个层次

（3）**学科性质**：虽然它们都是学科，但每个学科的性质是不同的。大多数学科以其学科知识为主要参与项进入超学科知识中，而有些学科则主要是以操作技能和实践指导为主。例如，教育技术主要以能够使用相关的科技技术、操作相关的设备为主，当然，掌握相关知识是前提。因此，教授不同学科的知识需要采用不同的方法。

（4）**学科参与超学科知识群融合体的阶段性**：大多数学科会同时参与到超学科知识建构中，从而形成不同密度的学科群融合体。但也有些学科会在不同的阶段，即体裁结构的不同成分中参与学科融合。例如，在外语教学超学科能力的培养模式中，教学法、教育技术等学科的知识一般要在掌握了一定的核心内容知识的前提下进入超学科能力的培养模式中。这样，在其后进入超学科知识融合体的学科，需要在合适的阶段进入超学科知识融合体中。

15.5.5 教学过程

学科知识由多学科转化为超学科必须经过语境化过程。它不仅使学科知识的语境引力增加，易于吸收和掌握，而且是使不同学科知识融为一体的主要渠道。在语境化的过程中，各个学科的知识自然地在相同或不同的阶段用在解决某个问题中。

外语专业本科生超学科能力培养，通常不是要解决实际的科学或社会问题，而是模拟解决这些问题而进行的实践活动，目的是提高学生将来解决类似问题的能力，提高学生的整体素质。超学科能力可以分为两类相互联系的能力：一是用外语和学生掌握的日常生活方面的知识来解决日常生活中各种问题的能力，二是用外语和多种专业知识的融合来解决专业问题的能力。

外语专业本科生发展外语交际能力是基本要求。没有这个能力，就无法称其为"外语专业本科生"。基本的外语交际能力既包括外语的基本理论、知识和技能，也包括宽广的知识面，特别是日常生活的知识，即常识。从 Bernstein（1999）的知识类型来看，这类知识属于"节段式"知识，或节段式知识到专业知识之间的知识。它们有一个共性，即通常而言，它们不再需要设置专门的课程来讲授，学生在自己的日常生活中即可获得。因此，学生并不缺乏这些知识，而是需要利用这些知识进行社会交际，提高外语表达能力。这种能力的提高需要设置专门的课程，如阅读、听说、写作、翻译等。在这些课程中，我们可以学习芬兰中学教学改革的教学方式（龚灿，2015），实行主题教学。而主题的选择则需要好好设计，按照从易到难，从熟悉到不熟悉，适合当时的环境等标准综合选择。选择了主题，即可直接进入语境化过程。

由于学习的主要目标不再是应用相关主题知识，而是运用这些知识来解决日常生活中的问题，以此提高自己的外语交际能力，所以，学生不需要学习背景知识，也不需要准备这些知识（如果这样做，可能会提高效果，但也占用学习时间），而是直接进入解决问题的实践活动中。在这种情况下，不需要组成教师团队进行教学，但教师也需要设计教学程序，包括设置问题、讨论议题、实际解决相关问题，如在涉及气候的语境中，让学生进行天气预报，或分析某种天气情况，预测将要发生的变化等。这样，通过这个过程学生学习了有关气候、天气预报等的交际方式和表达能力。再如，选择游长城的主题，可让学生利用他们已掌握的有关旅游、长城的历史、文物、地理等方面的知识，以及同学间相互交流的知识，掌握有关旅游主题的表达方式和交际能力。这类知识通常是节段式的日常知识，或浅显型的专业知识。

由于水平话语知识的节段式特点，日常交流的主题繁多，教师需要根据熟悉度、难度、语境等因素进行计划和设计，才能让教学起到更大的效果。

专业性超学科能力培养，需要用外语和多种专业知识的融合来解决专业问题（刘贤伟等，2014；李颖，2013；韩亚文、冯羽，2016）。多专业知识的语境化与单专业知识的语境化相比，要更加复杂，有以下多个方面需要考虑：（1）以多学科知识的吸收和掌握为前提；（2）多学科知识语境化的共时性与非共时性；（3）多学科知识语境化的功能和作用；（4）评价多学科知识融合化的过程。

1）多学科知识的团队或个体讲授是为了将知识融合后解决由主题决定的问题，所以，学生在充分掌握各个学科所需的知识量后再进行实践和语境化是较为理想的状态。但一般情况下很难达到这种状态，而且也不一定是最佳状态。很多知识需要在实践中语境化后才能真正被掌握，所以让学生边吸收、边实践可能是最佳选择。这个阶段的实践可以是单学科实践和多学科实践的结合。单学科实践有利于掌握单学科知识，而多学科实践则有利于这些学科知识的融合和整合。例如，学习心理学以心理学实验为最佳实践形式，是单学科实践活动，但在进行单学科实验的同时或之后，也需要把这种实验延伸到教育心理学，特别是外语教育心理学的实验中，看其在外语教育中的作用。

2）另一个比较复杂的情况是，在进行超学科知识实践时，是否所有的相关学科都应该同时进入语境化阶段？这是在超学科能力培养设计阶段就应该考虑的问题。例如，在外语教育超学科实践中，教育学、心理学、教学法应该与外语知识和能力的培养同时进入语境化中，但教育技术和信息技术可以同时，也可以在稍后的阶段进入语境化中。例如，教学伊始可能不需要高科技手段的输入，口头讲授即可，但在向纵深发展时使用这些手段则效果更佳。外语专业研究生课程改革更是如此，有些课程需要安排在一些基础学科的课程后进入语境化。

3）超学科知识建构需要多学科知识的输入，因为各个学科在超学科知识建构中的作用是不同的。例如，在外语教学超学科知识建构中，外语的基本知识和技能是主学科，是实现培养目标的关键因素，而教育学、心理学理论是在整体教学设计和语境化中起作用，教育技术、信息技术则主要在涉及用高科技教育技术呈现时才起作用。所以，它们既可以出现在不同的阶段，又可以有不同的功能和作用。

4）当多学科知识参与到超学科知识建构中时，学科之间整合到什么程度才能算作融合，也是超学科能力培养的一个重要问题。在此，应该区分单人知识融合和多人知识融合两个类别。这两个方面对于超学科能力的培养都是相关的。在单人知识融合中，学生应该具备利用多学科知识自如地、恰如其分地解决相关问题的能力。多学科知识在语境化时自然地融入解决问题的过程中，成为他自身能力的一部分。在多人知识融合中，就单个人来说，他难以把这些知识自然地融合为一体，因为他个人并不能掌握所有的知识，而只是其中的一部分，但他需要具有把他自己掌握的知识恰如其分地运用到超学科知识的整体建构中，使它恰如其分地起作用的能力，其中也包括团队合作能力和协调能力。

15.5.6 反思与评价

通过知识学习和实践得到的构建超学科能力的理论、概念、经验、体会等，需要经过反思与评价的过程才能升华为超学科理论和概念。根据新伦敦小组的观点，在这个阶段，学生应该把从前两个教学模块中得到的知识和理论、体验和经验与更加宏观的社会、历史、文化、政治、思想、价值联系起来，通过这些因素来解释这些理论和经验的价值。从超学科知识和能力建构的角度讲，有以下几个问题需要反思与评价。

1）学生在前两个教学模块中得到的知识和理论、体验和经验与主题之间是什么关系？是否对解决问题起到最佳搭配作用，真正能够融为一体？例如，在外语教育主题中，所学的外语基本知识和技能、教育学、心理学、教育技术、信息技术等知识以及在外语教育实习过程中得到的经历和体验是如何在整体的外语教育中起作用的？它们在国家外语人才培养的整体战略和目标中起到什么作用？

2）在语境化实践中，各个学科之间表现出什么样的关系？不同学科之间是如何相互补充，形成一个整体的？例如，在外语教育主题中，教育学和心理学与外语知识和技能之间是什么关系？它们之间是如何互补和互动来实现外语教育的目标的？

3）各学科的知识在解决相关问题的过程中是如何对接在一起的？也就是说，它们本来不同，但却可以为解决一个问题结合在一起，这个过程是如何形成的？同样，在外语教育主题中，教育学、心理学知识和相关能力是如何参与到外语能力培养中去的？它们与外语能力培养中的教育技术和信息技术有什么不同？

4）学生所学到的多学科知识和理论，以及在语境化过程中的体验和经验是如何转化为超学科知识和能力的？在外语教育主题，我们要总结和归纳各学科相互协同、相互融合的规律和规则，得出学科融合的基本理论模式。

这是在外语教育主题中可以讨论和思考的问题，通过这个过程，体会、经验和经历可以上升为理论和操作模式。学习和教学的过程可以是课上和课外相结合。在课上，教师需要组织讨论或辩论等环节，让学生讨论或辩论，最后整理出一个模式或思路来。在课外，学生需要就相关主题进行自我反思、推理等，以国家和社会的需要、社会环境、学生和教师的背景、教育制度等多个方面为评价标准，提出贴合该主题的超学科知识和能力的建构理论，用以指导和调节将来的实践活动。

15.5.7 应用与创新

经过反思与评价得出的理论、概念和方法还需要通过实践的检验、校正和巩固，所以，最后一个步骤是要返回到实践中去，即把得到的超学科知识理论和能力结构再应用到解决实际问题的实践中去。同样，根据新伦敦小组的观点，这个过程是转换实践，可以通过两种方式的实践活动来进行。

1) **应用实践**：把经过反思与评价得出的理论、概念和方法应用于相同或相似的语境中，以解决相同或相似的问题。这类实践活动具有以下几个特征。(1) 同主题：因为是应用实践活动，所以基本上是模拟以前的实践活动，需要在相同的主题内选择要解决的问题。(2) 相似或相同问题：这些超学科知识和能力主要可用于解决某个主题的问题，如外语教育中的问题；所以，只要是在某个主题内的相关问题，学生即可作为选择对象，与原问题可以有一定的变化。(3) 类似的多学科知识：由于在同一个主题中要解决的问题大同小异，所以涉及的多学科知识大概也是相同的，当然允许一定程度的补充或删减，主要目的是适合于解决相关问题。(4) 类似或不同的语境化过程：由于要解决的具体问题或目标的某些差异，学生可以根据需要选择自己认为合适的语境化过程。(5) 以个体思考与个体表现为主要方式的反思与评价过程，即主要以学生为主体的反思和以学生表达及演示为主要方式的评价过程。整体而言，看学生如何运用超学科知识和能力来展示自己解决相关主题的问题的能力。

2) **创新实践**：所谓创新实践，是指学生能够运用掌握的超学科知识和能力解决其他主题的问题。它要求学生不仅要有应用能力，而且要有创新能力，有举一反三的意识，模拟或参照已经掌握的超学科知识来解决自己没有解决过的问题。例如，学生可以运用在外语教育主题中的问题，解决对外汉语教育中的问题。这类实践活动具有以下几个特征。(1) 不同主题：一般选择尽量接近的主题，这样，出现错误的可能性要低一些。(2) 不同问题：由于主题不同，这些超学科知识和能力主要用于解决自身主题以外的问题，如汉语教育或对外汉语教育。(3) 类似或不同的多学科知识：由于解决的问题不同，所以所涉及的学科知识也会不同，但由于新问题与原问题相关，它们也具有一定程度的相关性或相似性。(4) 类似或不同的语境化过程：尽管要解决的具体问题或目标存在某些差异，但由于问题相似，所以它们语境化的方式有很大的趋同性，例如对外汉语教育与外语教育具有很多相似的特点。(5)与应用实践中的反思与评价阶段相似，创新实践中的反思与评价阶段也是以个体思考与个体表现为主要方式，但需要更多创新意识和能力的支撑。

15.6 超学科能力培养的特点

从以上探讨的几个超学科能力培养案例(龚灿，2015；刘贤伟等，2014；李颖，2013；韩亚文、冯羽，2016)来看，超学科能力培养具有以下几个突出特征。

1)其教学模式的整体体裁结构(教学程序)表现出更大的复杂性：它涉及多学科教师轮流授课和在不同阶段的授课，学生自主实践能力、合作能力的培养，等等。

2)在教学中，不同学科的教师需要形成团队：一位教师通晓各个学科的知识的可能性极低，除非涉及的是 Bernstein(1999)所称的水平知识类型，所以，大多数涉及垂直话语知识的学科群知识都需要各自学科的教师来分别教授，这使教学环节更加复杂。

3)实践和解决问题需要协同：超学科知识的多学科性也决定了学生知识结构的不足，同样，也很难有学生能够独立掌握超学科知识所需的所有学科的垂直话语知识。这样，要完成特定主题的任务，就需要具有不同学科知识的人员相互合作、补充和搭配，团队合作能力、领导能力等成为超学科能力的重要组成部分。

4)反思与评价的必要性：当多学科同时介入同一个问题的解决时，知识、技能、学科、主题之间都呈现出比较复杂的关系，需要及时进行反思与评价，以发现最好的协同、组合和协调方式。

5)应用与创新的挑战性：如上所述，外语专业本科生超学科能力培养主要涉及两种能力的培养。第一种能力是学生的普通交际能力。在这里，主要的挑战来自相邻学科的专业知识和跨文化知识，当然还有语言表达能力。第二种能力是学生就某个主题的超学科能力，如外语教育教学能力、涉外秘书工作能力等。这些超学科知识的实践都不仅涉及共性的超学科意识和协作能力的培养，而且涉及将多种学科的知识融合为一体，应用于解决实际问题的能力。

15.7 小结

综上所述，超学科知识可以看作把单学科的知识组合起来（形成多学科），以不同的方式置于不同的层次上（跨学科或交叉学科），最后使它们形成一个多层次架构而融合为一体。超学科知识的构建一般需要经过确定主题、找出问题、选择所需的学科、设计多学科知识语境化的体裁结构、对知识和实践体验进行反思与评价，以及在相同或相近主题中应用和检验超学科知识等阶段。超学科能力需要学生综合性地运用知识和技能来解决现实问题，具有团队合作、解决实际问题的能力，具有健全的人格，能够相互尊重、心胸开阔、相互信任地开展研究工作，还应具有思辨能力、创新和探索能力、跨文化交际能力等。超学科能力的培养模式包括确定研究主题，一般为长期主题，也可以是中短期主题；选择需要解决的问题，同样可以是长期或中短期问题；选择相关学科知识，包括在某些阶段需要的学科知识，进行整体教学设计，通过教学过程实施教学设计，通过反思、评价、思辨等巩固与提高已获得的知识和能力，通过应用和创新形成超学科能力。这个程序可以是一个循环程序，即为了巩固和提高能力，或者获取新的能力，可以重复这个程序。这个模式是在相关超学科理论指导下，参照已有的基本培养模型，根据系统功能语言学理论、Bernstein 的知识结构理论、Maton 的合法化语码理论、多模态互动理论，以及体裁结构潜势理论制定出来，还需要更多的教学实践来检验、完善和优化。希望它能够对将来的教学改革和跨 / 超学科研究有一定的启示。

第十六章　信息媒体技术能力培养模式

16.1 引言

在新世纪，全球化、多元化和现代科学技术特别是信息技术飞速发展，并且，数字技术媒体已经广泛应用于政府机构、军事、商业、娱乐、游戏、社会交际、医疗保健、图书馆和数据库中。在教育领域，信息媒体技术大量运用，如虚拟学校、虚拟课堂持续火热，网络游戏被用于教育目的，社交媒体成为教育的主要载体之一，可随时随地进行移动学习，智能社区大量普及（何炜、何云，2012）。简单的文字读写能力已经不能满足新时代对人才的需要，而且对人才的能力结构的要求也在不断发展和变化，学习不再是记忆知识，而是学习如何创新知识，提高创新能力（冯奕兢、李艺，2003）。这就迫切需要培养学生的信息媒体技术能力。无论是基础教育还是高等教育，都需要进行教学改革，制定培养信息媒体技术人才的教学模式。同时，由于信息媒体技术的发展，社会对人才的需求不断变化，信息媒体技术能力的培养也不存在一劳永逸的方法，不会一直遵循固定的模式，而是需要不断发展新的培养模式。

16.2 信息媒体技术能力培养的研究现状

16.2.1 信息媒体技术能力

信息媒体技术能力属于图 10.5 中的"操作能力"，是通过现代科学技术和新媒体掌握并处理信息，有效使用信息的能力。信息媒体技术能力由三部分组成：信息能力（information literacy）、媒体能力（media literacy）和技术能力（technological literacy）。

信息能力这个术语是 1974 年由 Zurkowski 第一次提出来的（Cox & Lindsay，2008），指在图书馆里存储、接触和找到物理信息资源的能力，主要是从图书管理的角度而言（Fitzallen et al.，2014：177）。随着科技的发展，特别是信息技术的发展，信息能力的定义也在不断变化和发展。现在，信息能力公认为是一个需要终生学习的核心能力（Bruce，2003；Bruce & Candy，2000），包括一系列由社会文化经历影响的认知技能、个体特性和信息搜寻行为。这些经历将影响个体在社会伦理环境中接触、确定、解释、创造、处理、评价、比较和真实化数字信息，以利于生成和获得新的知识和意义（Fitzallen et al.，2014：181）。澳大利亚学者认为，信息能力还包括高层认知技能，以便能够适切地质疑和评价信息，发展新的理念，与他人进行交际，有效地参与社会（ibid.）。

媒体能力的一般定义是：能够以多种形式接触、分析、评价和生产交际信息的能力。媒体则包括：书籍、报纸、杂志、录像、电影、录制的音乐，以及其他在网络上传播的信息，特别是多媒体信息。具体来讲，媒体能力包括能够解释大众媒体的信息，认识其背后的原因，以及这些信息是如何被表现或被扭曲地表现，以致成为操纵听众的手段（Dvorghets & Shaturnaya，2015）。

现代科学技术的特点是网络化和数字化，所以，信息技术能力主要表现为数字技术能力，也称为信息与交往能力、技术能力、数字能力、网络能力、新读写能力等。其中，技术能力是使用最新科学技术来处理信息，进行交际的能力。其中包含的一项关键能力是使用和操作科技工具的能力。例如，信息搜索能力包括：（1）能够在线或通过社交媒体地址搜索信息；（2）能够在线找到任何需要的信息；（3）能够以各种不同的模式和方式消费信息；（4）能够在线合作、创造和共享信息，发布信息；（5）能够在线欣赏音乐、录像、电影、电视节目，阅读在线报纸、杂志和电子版书籍等（Ng，2015：125）。再如，手机学习需要的技术能力包括：（1）会操作学习使用的机器设备；（2）能够发展高超的技术能力；（3）能够选择合适的工具来表达自己的思想和见解；（4）能够批评性地分析信息和会话语料；（4）在网络交际中注意安全，行为得当（ibid.；130）。

通过以上讨论可见，这三种能力实际上是相互联系的一个整体，都是用于操控因现代科学技术的发展而形成的新的媒体技术，从而有效地处理和操纵信息的传播和使用。技术能力是手段。没有技术能力，信息无法被发现、认识、解释、传播、评价或使用。但单纯的技术能力并不能有效地操控全球化时代的信息，还需要掌握媒体技术、知识、技能等，了解信息是如何通过媒体传播和操控的。所以，媒体能力是渠道和方式。而这两种能力都是为了实现最终的目的：接受、存储、编码、传播、使用、解析信息。

　　所以，从这个角度讲，掌握媒体技术只是整个信息媒体技术能力的一部分，另外两个关键因素是认知能力和社会情感能力。三者关系可以由图16.1表示。

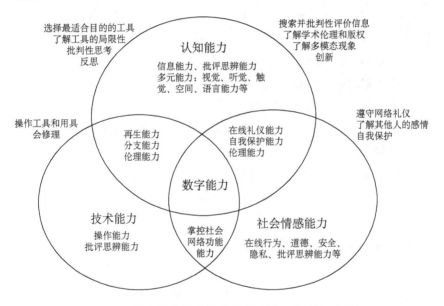

图 16.1 信息媒体技术能力框架（Ng，2015：130）

从图16.1可见，信息媒体技术能力需要从三个维度来建构。

　　1）技术维度：掌握操作相关工具的技术，了解技术产品的功能等，包括掌握机器的内部构造、运行原理和操作规程，掌握输入和输出信息，会合理使用相关的易耗设备，能够修理故障，掌握工具和机器的功能等。

　　2）认知维度：能够理解和掌握信息，具有批评思辨能力和多模态掌控能力，具体包括有效地从网络上搜集、汇总和处理信息，能够有效准确地选择和使用相关软件或程序来实现自己的目的；能够理解和认识多元读写能力。

　　3）社会情感维度：有交际能力，掌握社会交际的礼貌和伦理原则，具体包括运用日常会话的规则和礼仪，在不同语境下运用合适语言来避免误解，遵守网络礼仪；能够察觉信息的口气和态度；能够操控个人的身份，保持个人信息保密，保护个人的安全和隐私；知道自己是否受到威胁，并且能够正确解决；能够平衡在线时间和要处理的信息量之间的关系，保证有足够的时间处理线下的其他事情，防止网瘾现象产生（Ng，2015：138）。

要发展信息媒体技术能力，学生应具备的能力包括以下几个方面（ibid.：141）：

（1）能够根据设计者的设计目的来探讨语篇的意义；

（2）能够认识到语篇不是中立的，它反映设计者的观点，并力图压制其他观点来影响读者；

（3）能够判断所提供的信息是否可信；

（4）能够质疑和挑战语篇建构的方式；

（5）能够分析所用语言的能量；

（6）能够让多人阅读同一语篇，了解他们各自的意见和见解，做出各自的判断和评价；

（7）能够认识自己的态度和价值观，确定自己的立场；

（8）能够利用各种机会，进行社会交际活动。

16.2.2 信息媒体技术能力的培养模式

针对如何发展学生的信息媒体技术能力，很多学者已经做出研究。例如，Dvorghets & Shaturnaya（2015）设计了一个教学方案，主要方法是把有关大众媒体的知识与英语教学整合为一体，既发展学生的英语能力，也发展学生的信息媒体技术能力，即以多种形式接触、分析、评价和产出交际信息的能力。这种信息媒体技术能力要求学生能够对接受和创造的信息进行探讨和批评，同时扩展读写能力的类型，使其包括所有媒体能力。从媒体能力的角度看，要使学生能够认识到，媒体是如何创造意义，影响和教育读者，把它们自己的信息、观点和价值观强加给读者的（Kellner & Share，2007）。

这个教学模式是按照传统媒体教学的三段式展开的：预习阶段–学习阶段–后习阶段。预习和预读相似，是对要学习的内容预先准备，如根据题目预测发生的事件，讨论如何解决某个问题，填补空白信息，等等。可以分组预先讨论某个主题，如在讨论 BBC 时政节目"HARDtalk"时，首先对这个节目进行综述，探讨它的重点内容以及访谈者的背景等。

学习过程由一系列教学活动组成。这个阶段的主要任务是让学生学会分析媒体文章，而不是学习语言，所以不能把语言学习作为主要任务。但有些疑难词汇和表达式会影响学生的理解，解决这些语言点对于理解故事情节及人物是必要的。另外，解释关键点，将一些学生不熟悉的行为与文化背景联系起来解释也是必要的。在通过各种形式分析媒体文章时，还要注意定期检查学生是否理解了整个故事的情节。

后习活动主要由活动组成，包括做项目、进行辩论、写评论、进行角色扮演等。这些活动都是为了提高学生的评价能力、解决问题的能力和反思能力。例如，在学习 HARDtalk 的内容时，后习活动可包括：扮演 HARDtalk 中的角色，进行采访，表现有新闻价值的人物等；扮演 HARDtalk 中接受采访的相似的角色，探讨一些敏感话题；辩论 HARDtalk 中提出的问题等。在课堂教学中，辩论是最有效的，它不仅可以提高学生的语言表达能力，强化词汇，发展演讲流利性和信心，同时还是多个学科教学的有效方法，最主要的是有利于学生提高辩论能力，发展学生的高层次思辨能力和判断分析能力。

辩论的题目可以选自大众媒体上的大量议题，但要能够容易引起辩论，如可引起疑问的话题，有争议的话题，电视和网络的评论，对技术的评价，对哲学和环境问题的探讨，等等。

大众媒体和英语课堂教学整合为一体的课堂，是教学生如何批评性地分析媒体语篇的有效阵地。提高学生的思辨批评能力的教学策略有两种：一是阅读和分析不同电视频道播送的同题但以不同方式播放的新闻，二是对已有新闻故事做更加深入的探索。

从教学方法的角度看，这个教学模式比较传统和简单，但对培养学生的综合能力和信息媒体技术能力是有效的；特别是它以学生活动为主，通过分析、思辨、辩论、评价等方式进行教学，既可提高学生外语基本能力，也可提高其批评思辨能力。

Kerin (2009) 以建构一个 10 分钟带声音和文字的由数字照片组成的 PPT 为例，探讨了如何运用新伦敦小组的多元读写能力培养模式来发展学生的数字技术能力的教学模式。如上所述，新伦敦小组的多元读写能力培养模式包括四个组成部分：实景实践、明确教授、批评框定、转换实践。Cope & Kalantzis（2000）认为，实景实践需要把学习者以前和现在的经历，以及他们在课外的社会活动和话语作为他们整体学习的一部分。在这个阶段，他们的活动一方面是完成学习任务，学习数字技术能力，同时他们学习的能力要从学术能力转换为职业能力，成为他们将来生活和事业的能力。另外一个方面是，数字技术能力需要和传统的读写能力平衡发展，使学生认识到数字能力与课堂教学的关系，以及他们自己如何成为数字能力强的人。

明确教授既包括教授关键概念和学科知识，也包括教授学生合作完成他们自己无法完成的任务，即完成高于他们的能力和知识的任务。这里主要包括教师对任务的把握、解释和指导，与其他任务的关系等。具体到上例，是教师要教学生如何制作PPT，讨论不同的PPT的质量和特点，如何利用网络资源，演示PPT制作中的问题和解决方案，以及做出评价等。学生遇到的问题包括他们不熟悉的内容，以及还没有掌握的技术问题等，这些都需要教师帮助。

批评思辨力图帮助学生从知识系统和社会实践与历史、社会、文化、意识形态和价值观等的关系上更好地掌握数字实践能力，以及对这种能力的控制和理解（Cope & Kalantzis，2000：34）。在这个阶段，学生可以反思各种关系、知识和实践，不仅涉及掌握这些知识和关系，也涉及能否接触到相关资源，包括硬件、软件和网络连接（Nixon，2001）。这个阶段主要是要求学生对其数字能力培养的实践活动和学习过程进行评价和讨论，如讨论在实践过程中，哪些因素难度大，哪些容易，同时通过讨论认识到数字技术能力对他们将来的职业和生活的重要性。数字能力培养的方式具有不平等的特点，因为有些学生具有很好的资源，如设备和网络，而有些则没有这些工具。

转换实践是一个实践过程。这个阶段要求学生以实现真真目的的方式构建一个新的话语（Cope & Kalantzis，2000：36）。在学校环境中，学生学习的目的通常是达到规定的成绩标准，而不是真的要完成一个实际的任务。所以，在实践中要求学生根据语境的需要制作和创造语篇，以利于将来能够真正将其用到实践中去。在这个阶段，学生可集中讨论如何利用已有的知识和技术，而不是其他不可及的知识和技术。

通过学生的反馈可以发现，这个多元能力培养模式能够使学生从所有四个方面来发展自己的数字技术能力；此外，还有一些有见解的新发现。（1）学生不一定完全接受理论的指导，因此教师需要根据自己所处的社会文化和政治环境自主选择教学方式。（2）教师不能假定学生们已经掌握了数字技术能力，并乐意参与实践，有兴趣学习，而要根据学生的具体情况做出选择；同时，传统读写能力要和数字读写能力相互融合，而不是后者替代前者。（3）由于涉及运用高科技资源，所以，教师要考虑资源的公平性，让所有学生都能够有合适的技术资源可以利用。（4）培养这种能力的活动要求高，有挑战性，能使学生学到各种应该掌握的能力。

冯奕兢、李艺（2003）提出了从课堂教学与实验教学两方面来提高学生教育技术能力的教学模式。课堂教学包括教学设计、传授教育技术的基本理念和教育技术媒体的教学功能与运用。除了教授教育技术知识外，还要让学生进行实践活动，制作课程多媒体课件。课堂组织方式包括分组分配任务，学生分工合作共同完成学习任务。最后，每个小组都要在课堂上展示自己的作品。优秀的作品还可发布在教育技术公共课网站上。由于班组和小组的荣誉与自己的成绩息息相关，个人能否达到目标，取决于群体目标的实现，学生个人的成绩与同学间的积极互动及良好的伙伴关系密切相关，所以学生的积极性被调动起来，小组成员都采取相应的策略，根据自己的爱好、特长、任务特点和讨论后达成的共识，选择不同的软件平台，分工协作、协同学习。

信息技术能力的主要组成部分之一是实践能力，即操作相关设备来完成某项任务的能力。提高这种能力的主要方法之一是进行教学实验。这样，实验教学的任务就是通过实验提高学生使用教育技术媒体的能力，使他们能够通过相关媒体搜集、处理和运用信息，利用教育技术媒体进行研究和交流，不仅掌握工具软件和教育技术设备的使用，也掌握教育技术技能在教学上的创新性运用。

实验教学的模式以"任务驱动"为主，主要分为两种。（1）课堂任务：可分解为若干子任务，通过若干教学活动来完成。每次活动成果都是下次活动开展的基础，下次活动完成的作品都是前次活动作品的扩展与创新。（2）课后任务：主要用于培养学生自主学习能力，通过学生自学来扩充知识点和扩大课堂活动成果。对学生可能遇到的问题，一般只给出解决问题的方法与途径，进行必要的提示或辅导，通常不直接给出答案。

他们还提出，在实验教学中，要突出运用指定的工具软件来有效地完成课堂任务。课堂任务的设计应体现该工具软件最本质的特点和基本功能，让学生学会运用指定的软件完成某项任务的方法、步骤。课堂教学任务是为了加深学生对软件设计思想的理解。对任务中没有涉及但教学实践中确实有用的功能，可放在课外任务中让学生自己学习，培养学生的自主学习能力。

信息技术能力的最终表现形式是学生能够运用相关的工具和设备进行信息的搜索、处理和运用，所以教师的指导是辅助性的，学生个人的努力是关键。因此，学生发展自主学习能力是最终发展信息技术能力的关键。

Bamford（2003：6）认为，在解释视觉图像时，学生应该研究表 16.1 列举的问题。

表 16.1 与信息技术能力培养相关的问题

话题	图像展示了什么样的话题？
	这个话题是如何展示的？与你以前看到的话题展示方式有何异同？
	在其他人的眼里，这个图像可能意味着什么？
	这个图像传达了什么信息？
信息	图像中的信息是从哪里来的？
	有什么信息包含其中？有什么信息被排除在外？
	图像的哪个部分可能会不精确？
	图像表现的信息是真实的，还是被操纵的或编造的？
	图像和文字的关系是什么？
	图像中图形的大小会产生什么效果？
交际者	图像表现了什么样的人物（如果没有人的话，它表现的是哪国的文化或哪些人的经历）？
	图像是谁创作的？有什么目的？
	图像设定的观看者是谁？
	图像表现了谁的观点？

（待续）

（续表）

信念	为什么要选择这个媒体？
	为什么要选择这个图像？
	为什么这个图像要这样安排？
	图像中的信息是真实的吗？
	用什么手段把信息传递给观看者？
	如果某个实情被掩盖或未展示出来，会对整体信息有什么影响？
假设	图像假定了什么态度？
	表达了谁的意见？
	没有表达谁的意见？
	图像假定了什么样的观点或经历？

这些问题可以帮助学生以批评思辨的眼光来看待视频（Ng，2015：141）。

另外，专家们还发展了许多策略来帮助学生发展信息技术能力，有些适用于中学（Draper，2010；Finley，2014），有些适用于高等教育（Bamford，2003；Felten，2008；Metros & Woolsey，2006）。这些方法包括：

（1）用有声思维的方法来显示学生在读语言语篇时想象的是谁，是什么时候，为什么，以及是如何想象的，以使文字适合于视频；

（2）指导学生在阅读时创造心理图像；

（3）运用故事轮的方式帮助学生将故事成分视觉化，以及训练如何做总结；

（4）给予艺术性回应，以通过语篇创造艺术表现形式；

（5）读图或照片，就物体形式（动物、人等）、大小、场景、颜色、位置和语境、方向、角度、亮度、体语和衣服进行分析；

（6）阅读连环画图，就定框、词和图画、字、照相角度、符号和幽默话语（词球、思想泡和叙事盒）等要素来分析图像内容；

（7）运用知识和技能创作一个多模态艺术品，产出一个视觉产品。

16.2.3 核心要素与主要问题

1) 核心要素

如上所述，我们把信息能力、技术能力和媒体能力结合在一起，称为"信息媒体技术能力"，因为这三种能力是相互依存、缺一不可的。三者中，信息能力是目的，要发展搜索、处理和使用信息的能力，但这种能力的获得依赖媒体能力，即能够认识信息是如何储存、传播和表现的，以及以什么方式呈现。这样，媒体能力是信息能力的手段。这两种能力都建立在技术能力之上，因为现代信息都是以现代技术为载体的。另外，需要说明的是，与此相关的其他术语和以上术语具有同义、相近或包含关系，如数字技术能力基本上包括信息媒体技术能力。

信息媒体技术能力不仅仅是能够操作设备来处理信息，而是首先需要获取相关知识，认识相关工具的操作程序、用途、局限性，能够批判性、创造性地选择和使用工具，发挥它的最大作用。与此同时，还要掌握学术伦理和版权等问题，批判性地评价信息，认识多模态现象的特点，以及模态之间的相互关系和作用等，能够恰当地选择合适的模态来创造多模态语篇。其次，还需要掌握信息媒体技术如何应用于社会交际，掌握社会交际的规则和原则，了解相关法律法规，既要保护自己的隐私和人身安全，同时也要尊重他人，不损害他人利益，以合适的礼貌、态度和情感进行交际。最后，在这些因素的基础上，要掌握所使用工具的操作和运用技术，包括工具的内部构造和操作规程，以及故障排除等技术。同样，这三者形成一个整体，缺一不可；也就是说，这三个方面的能力都要培养。

信息媒体技术能力的培养需要按照以上三者形成的整体进行。需要考虑如何使几个方面结合起来。

（1）外语能力与信息媒体技术能力相结合，同时进行培养。两者的结合是最有效的方法，因为信息媒体技术能力主要是为了扩大外语交际能力的范围、扩展其作用，特别是在学生将来的职业生涯中的作用，不和外语能力结合，喧宾夺主是不可取的。上面 Dvorghets & Shaturnaya（2015）设计的发展学生媒体能力的教学方案为我们提供了一个范例。

（2）在课程的不同的阶段侧重完成不同的培养任务。例如，在上面的培养媒体能力的教学模式中，预习阶段主要弥补背景信息，可以培养认知能力和社会情感能力；在学习阶段则主要培养认知能力，兼顾实践操作能力；而在后习阶段则主要培养学生的操作实践能力。Dvorghets & Shaturnaya（2015）设计的教学模式虽然并不新颖，但与设计学习的三个阶段相似：预习主要是激活已有设计资源，学习是使用已有资源和创造性地运用新资源的过程，后习阶段则是把学习过程中得到的新资源用于实践或进行创新的过程。

（3）教师讲和学生学结合。虽然信息媒体技术能力是一种以实践能力为主要标志的能力，但学习知识以及发展社会交际能力也是重要的方面。这些能力都需要在教师的指导下发展。所以，这里的教师讲不是满堂灌式的，而是启发引导让学生发展认知能力和操作实践能力。学生自主学习或相互合作学习是主要方式。

（4）课内活动和课外活动相结合。课内活动包括教师的教授、指导和启发引导，学生自学和相互合作学习等过程。课外则是学生自主学习的过程。课内和课外的合理搭配是关键。一是课内以知识学习为主，而且知识一般为必学知识和高于学生已有设计资源的知识；而课外则以实践学习为主，知识学习最好是在学生可及的范围之内，所学知识通常为辅助性知识。二是课外包括课内布置的作业等学习任务，所以需要进行课内的检测和评价。

2）主要问题

以上讨论了 Dvorghets & Shaturnaya（2015）设计的发展学生媒体能力的教学模式、Kerin（2009）的运用新伦敦小组多元读写能力培养模式来发展学生数字技术能力的教学模式、冯奕兢、李艺（2003）提出的从课堂教学与实验教学两方面来提高学生教育技术能力的教学模式，以及 Bamford（2003）的依靠学生自主学习能力发展信息媒体技术能力的模式。

前三个教学模式的共同点，是把发展学生的认知能力与实践操作能力作为主要的培养目标，同时发展学生的批评思辨能力，都把课内教学与课外学习结合起来。但也存在一些问题。Dvorghets & Shaturnaya（2015）的教学模式以顺序定义各个阶段，这样每个阶段的主要概念和任务不明确，而且没有确定次级阶段的功能，具体实施中具有较大的随意性和不确定性。Kerin（2009）提供了一个比较全面的模式，但没有找到具体的操作层面，缺乏可操作性，而且每个方面的论述都比较模糊。冯奕兢、李艺（2003）提出了发展技术能力的一个重要措施：

通过实验和实践操作发展学生的技术能力。这个教学模式的主要问题是理论的指导借鉴不足，由此导致它提出的方法任意性较强，同时没有注意到发展学生的社会道德和情感能力，后者也是信息媒体技术能力的重要组成部分。但他们的研究无疑可以为我们发展培养学生的信息媒体技术能力提供有效的范式和启示。

16.3　理论基础

相关理论基础，参见本书 11.2 小节，此处不再赘述。

语义波理论为外语教学根据不同的教学目标选择合适的语义发展模式提供了理论框架，特别是为不同的知识类型和结构提供了各种不同的语义波教学模式。不仅如此，它也为根据教学材料的性质和教学目标检测教学的有效性提供了一定依据。

但这个框架只为不同学科特点的知识教学提供了一个大概的语义发展模式，至于如何在教学实践中实现它，即采用什么样的教学程序、教学方法，以及选择什么模态还需要进行新的探索。新伦敦小组提出的多元读写能力培养模式可以弥补这方面的缺陷：它为在教学实践中实现这些语义波理论提供了可选择的教学模式。多元读写能力培养模式已经在 Kerin（2009）构建的模式中有过介绍，此处不再赘述。

从培养信息媒体技术能力的角度看，学生需要掌握的知识类型包括：（1）高科技设备或工具的内部运行原理及维修原理，它们属于垂直知识的层级结构话语；（2）与这些设备或工具在信息搜索、传播、处理和使用中的作用相关的知识，以及法律、道德类知识，它们属于垂直知识中的水平话语；（3）社会文化规则、交际原则、社会伦理和礼貌等知识，它们属于水平话语（见图 16.2）。

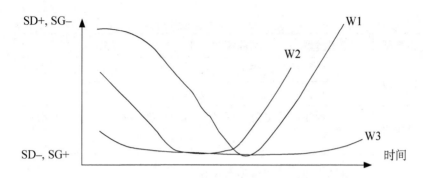

图 16.2　层级知识结构类知识语义发展模式

对于层级结构知识，需要采用渐进语境化方式，使其语义密度渐渐稀释，最后，通过实践（实验）使其语境化，使其语义密度低，语义引力高。也就是说，在处理层级结构知识时，不能让学生直接进入实践活动中，而是要经过一层层的论证、剖析、解释、具体化、活化使学生慢慢地认识其中的原理，把抽象的知识和具体的事物，以及其操作和运用联系起来，其语义波应该呈现渐降（渐升）的趋势（图 16.2 中 W1）。对于水平结构知识，需要采用陡形语境化的方式，使其语义密度较快稀释，然后进入语境化中，即其语义波呈现陡形下降（上升）趋势，语义密度偏低，语义引力很强。也就是说，在处理水平型结构知识时，要比较快地解决知识的解释、论述、具体化过程，较快地进入语境化过程中（图 16.2 中 W2）。对于水平话语知识，则不需要论证、解释、具体化等，而是直接语境化，因为这类知识本来存储于社会文化中，是社团成员日常经历的结晶，从而出现低平波现象（图 16.2 中 W3）。能力与教学方式的关系可由表 16.2 表示。

表 16.2　能力类型与教学模式的关系

能力类型	知识类型	培养模式	描述
技术能力	垂直结构知识	渐降型语义波	理论概念－解释－阐释－例证（实践）
	水平结构知识	陡降型语义波	理论概念－阐释－例证（实践）
	水平知识	低平型语义波	阐释－例证（实践）

（待续）

（续表）

能力类型	知识类型	培养模式	描述
媒体能力	水平结构知识	陡降型语义波	理论概念－阐释－例证（实践）
	水平知识	低平型语义波	阐释－例证（实践）
信息能力	水平结构知识	陡降型语义波	理论概念－阐释－例证（实践）
	水平知识	低平型语义波	阐释－例证（实践）
综合能力	垂直结构知识	渐降型语义波	理论概念－解释－阐释－例证（实践）
	水平结构知识	陡降型语义波	理论概念－阐释－例证（实践）
	水平知识	低平型语义波	阐释－例证（实践）

16.4 信息媒体技术能力培养模式构建

如上所述，信息媒体技术能力本身不是一种能力，而是一组能力的融合。技术能力涉及如何利用工具搜集、传播、处理、创造信息，是现代高科技发达时代必备的能力，可以通过设置专业课程专门培养，也可以通过其他课程顺便培养。媒体能力是通过媒体接受、传播和处理信息的能力，必要时可以通过课程专门培养，也可以让学生自主学习。而认知能力既可以通过这两类课程培养，也可以通过外语学习课程培养。这样，综合来看，信息媒体技术能力既需要设置专门的课程或课段来培养，也需要和外语教学结合起来培养。根据新时代的要求和将来的发展趋势，信息媒体技术能力的培养目标是：培养具有熟练和有效地利用现代高科技信息工具，搜索、获取、传播、处理、使用，甚至创造信息的所有相关技术、知识、实践和运用的能力，包括技术能力、媒体能力和信息能力，在认知、技术和情感多个方面全面发展的人才。

16.4.1 预备阶段

信息媒体技术能力是科技飞速发展和知识爆炸时代对外语专业本科生的能力结构提出的新要求。从办学条件上讲，要培养这种能力，需要提供相关的信息处理设备、网络技术设备、实验设备等供学生学习和实践。同时，需要相关专业人士教授和指导学生学习设备的运作原理，以及在信息处理中的作用等。有时，外语教师也需要兼备信息媒体技术能力，有利于把信息技术知识、媒体技术知识与外语教学联系起来，在指导学生学习外语的同时，提高他们的信息媒体技术能力。

从以上介绍的几个培养信息媒体技术能力的案例来看，教学的过程和方式仍在新伦敦小组提出的实践（实景实践）、知识和概念（明确教授）、批评反思（批评框定）、应用创新（转换实践）的教学框架内。但由于需要培养的能力类型比较多，所以需要考虑的方面也比较多，例如，知识的不同类型需要不同的知识教授方式和实践类型，课内课外相结合的要求更加突出。

从教学程序上讲，虽然新伦敦小组提出的四个教学模块没有规定先后顺序，但从教学的一般规律来看，首先学习知识，再实践，或者首先进行实践，再补充知识，然后进行评判和讨论，以及应用是典型的教学模式。对培养信息媒体技术能力而言，虽然这种能力主要是一种实践能力，但掌握相关知识是先决条件：学生掌握了相关知识和运行程序等后，才能运用这些知识进行实践活动。因此，该培养模式的第一个阶段是知识的讲授、指导和学习。然后要进行实践、反思和评价，最后进行应用和创新。

16.4.2　知识讲授

如第十一章所述，知识教学可以采用从教师单独讲到学生自主学形成一个知识学习连续体，分为五种类型：讲解型、讲解问题型、讨论型、指导型和任务型。这五种类型的选择不是任意的，而是根据不同的需求确定选择不同的方法。例如，难度高于学生现有水平的知识，特别是在开始阶段，适用讲解型；而学生能够根据语境和提示推测出来的知识，则适用讨论型。

垂直话语的层级结构知识一般需要专家通过专业课程或课程段来讲授。这类知识对于学生是新知识，明显高于学生的水平，不仅需要介绍知识，而且需要进行讲解、推理、演示、提供例证等，其语义波呈现曲线下行的态势。在下行的过程中，讲授可以逐步过渡到提问、讨论、举例说明等。赵晓庆、许庆瑞（2006）提出，技术能力的知识分为三个层次。（1）显性层：是上面所提到的设备的操作和管理等。（2）核心层：由隐性知识构成的技术与管理诀窍，对技术的内在本质的理解和对技术发展动向的洞察，以及隐藏的价值假设等。这个层次是使工具设备真正发挥作用的关键层次，所以称为"核心层"，但也是在教授和学习这类知识中经常被忽略的。这类知识的教授不仅要靠讲解，更重要的是靠讨论、提示和指导。（3）扩展层：是设备所涉及的创新网络，包括各种相关技术联盟和关系网。这类能力是不断吸收外部技术资源，使技术最终发挥作用，且具有可持续性的关键能力。这类能力与实践的关系更加密切，是在实践中不断积累和发展的。后两个层次的技术能力实际上已经延伸到水平结构话语，甚至水平话语上。

水平结构话语知识也包括信息能力和媒体能力的知识部分。知识讲授主要涉及相关的理论知识和概念框架。作为水平结构话语，其知识框架与实践的结合密切，易于语境化，所以采取讨论和指导的方式更多些。同时，实践指导也可以在这个阶段进行，涉及进行实践的程序、方式，以及在实践过程特别应该注意和防止出现的问题。这类知识的讲授部分大幅度降低，语义波呈现陡形下降态势；也就是说，它更多地需要在具体的语境中阐释和演示，用实例和例证说明。抽象的知识内容大幅度减少。

水平结构话语知识包括三个主要类型。培养技术能力所涉及的知识，包括相关信息设备和工具在处理相关信息中的优势和局限性；在使用相关设备和工具中应该遵循的学术和商业道德、法律法规等。最好在演示工具使用的过程中，通过讲解、提问、讨论等学习这类知识。培养媒体能力所涉及的知识，包括有关媒体的类型、媒体信息的采集、传播、呈现方式，与媒体信息传播目的相关的对事件信息的取舍、重塑、偏向、歪曲等，以及媒体处理信息的流程等。最好是通过分析媒体材料来进行讲解、提问、讨论等教学活动。培养信息能力所涉及的知识，包括对信息本体的认识，以及信息的存在方式、采集、选择、传播、运用等，通过具体事例进行讲解、问答、讨论更加有效。

这三种知识教学的最佳方式基本上都是通过语境化进行知识的学习，从而使语义波呈现陡形下降的态势。这是这类知识教学和学习的特点。

水平话语知识一般不会作为知识来传授，所以不在教授和指导阶段进行，而是在实践和批评思辨阶段进行。

16.4.3　实景实践

从认知能力培养的角度讲，有关设备和工具运行原理的知识是层级结构知识，但同时也涉及水平结构知识和水平知识。学习这些知识的目的是为了更好地使用它们，发展学生的信息能力。

从实践的角度讲，学会使用设备和工具是第一性的，所以应该首先进行信息设备和工具使用的实践活动。这类活动可以根据设备或工具的不同类型而采用不同的实践形式，但无论是什么设备或工具，采用任务教学法都是可行的。

分配的任务可以在课堂上完成，也可以作为课外任务完成。这样，任务分配有两种方式。（1）课内课外一体化：也就是说，分配的任务在课堂上完成一部分，在课外完成另一部分。（2）课内课外两条线：即在课内完成这类任务，在课外则布置相关但不同的任务。

从第一种方式上说，教师需要考虑好，哪些类型的任务最好在课内完成，哪些在课外完成。一般是基础核心的技术和操作能力通过课内完成。这样，学生在完成任务的过程中，教师可以随时进行指导，对于普遍性的问题，教师也可以集体讲解或组织讨论，帮助学生解决问题，使学生能够比较牢固和扎实地掌握它们。而在课外，则可布置辅助性任务，包括以下几个类别。（1）重复巩固型任务：让学生通过实验室、网络平台等自主对学过的东西进行实践，检查自己掌握这类知识和能力的程度，如教授了用 ELAN 分析一个多模态语篇之后，让学生课外再演示一遍，使其学会的知识得到巩固。（2）补充附加型：在课堂中没有完成的任务，让学生在课外完成，或者让学生在课外寻找更多的事例来强化课内完成的任务。例如，在课内分析了一个广告语篇，然后让学生用相同的软件分析另一个广告语篇。（3）提高创新型：在课内完成任务的基础上，要求学生运用所学的知识，在课外解决一些有一定难度的、需要综合利用所学知识的任务。例如，在课内分析了多模态广告语篇，然后让学生课外分析难度更大的电影语篇。

从第二种方式上说，课堂任务自身形成一条线，即课堂任务可分解为若干子任务，通过若干次教学活动来完成。每次任务成果都是下一任务进行的基础，下次任务完成的成果都是前次活动任务的扩展与创新。这样，课堂任务之间就建立起了互文性，每次任务的完成都不是整体任务的结束，而是一个阶段。每次任务的完成都能使学生的能力有所提高，都能使他们体会成功的愉悦。同时，课外的学习任务也应该自成一条线，但主要依靠学生自主制定，培养学生自主学习能力，通过学生自学来扩充知识点和扩大课堂活动成果。对学生可能遇到的问题，一般只给出解决问题的方法与途径，或通过课堂、公共平台等进行必要的提示或辅导，尽量不直接给出答案。

在实景实践阶段，教学应突出学生运用指定的工具软件来顺利完成课堂任务的能力。课堂任务不可能穷尽工具软件的所有功能，所以任务的设计应体现该工具软件最本质的特点和基本功能，主要让学生学会运用指定的软件完成某项任务的方法和步骤。课堂任务是为了加深学生对软件设计思想的理解。对任务没有涉及但在教学实践中确实有用的功能，则让学生在课外任务中完成，培养学生的自主学习能力。

要培养学生自主学习能力还需要为学生自主学习提供条件。一方面要增加硬件设施，如自主学习的网站、网络学习资源支助系统、虚拟实验室、开放实验室、远程计算机实验室等。同时，还应该增加软件资源，如各种数据库，信息搜索、处理、存储的工具，语篇分析软件，优秀课件范例，各学科的相关图片、视频资料。除了配备必要的设备管理人员外，还应该配备信息媒体技术专家，以解决工具设备方面的问题。

在实景实践中还应该解决的一个重要问题是，信息媒体技术专家不懂外语专业学习，他们在指导学生使用设备、软件和工具时不能有效地指导学生从事相关专业的学习。所以，可以采用信息媒体技术专家和学科专家相结合的方式，弥补前者不懂学科专业知识的缺陷（见表 16.3）。

表 16.3 实景实践技术能力培养教学模式

实践设计	课内课外		实践内容
一体化	课内实践	课外实践	课内培养基础、核心的技术和操作能力；课外则复习巩固、补充附加已有能力，提高创新能力
两条线	课内实践		课内培养基础、核心的技术和操作能力，持续性发展
	课外实践		课外则针对课内学习内容，复习巩固、补充附加相关内容；提高创新能力，选择性发展

其次是媒体能力的培养。媒体可以指信息承载和传播的媒介，如多媒体，是与设备和工具相联系的；同时，它也可以指大众信息传播的媒介，即大众媒体，如报纸、杂志、电影、电视等。这里的媒体指通过这些媒介对外界发生的事件通过报道行为进行信息的接触、确定、解释、创造、处理、评价、比较和数字真实化。所以，媒体能力不是指如何处理电影、电视、报纸和杂志内容，而是利用它们传播和处理信息。这样，媒体能力的培养与外语语言能力的发展相结合是最好的教学模式。在这方面，Dvorghets & Shaturnaya（2015）提供了一个很好的范例。

大众媒体和英语课堂教学整合为一体的课堂，是教授学生如何批评性地分析媒体语篇的有效阵地。培养媒体能力的课程的主要目的，当然是培养学生的媒体能力，而不是外语交际能力；但在用外语进行交流的过程中，学生的外语交际能力也能得到提高。所以，这里的关键是要用外语进行教学活动。媒体能力的核心是能够弄清楚真实事件和媒体所表达的意义之间的区别和联系。提高学生思辨批评能力的教学策略有两个：(1) 阅读和分析不同电视频道以不同方式播放的同题新闻；(2) 对已有新闻事件做更加深入的探讨。

在 Dvorghets & Shaturnaya（2015）的三段式教学模式中，第一和第二阶段都涉及实景实践。第一阶段（预习阶段）涉及认识媒体要报道的事件，以及报道的目的是什么，在这个基础上第二个阶段（学习阶段）才能进行。例如，"特朗普计划会见普京"这条消息是新闻报道的源泉，不同的报纸会从不同的角度、持不同的观点来报道此事。

在第二阶段，实景实践活动主要涉及对媒体文章的分析。活动的方式不是让学生单独分析媒体文章，而是通过讨论、提问进行。例如，把"特朗普计划会见普京"作为新闻报道的事件，然后选取不同国家、地区、党派的报纸对同一事件的报道作为语料进行讨论，讨论的题目可以是：

(1) 它们各自对这个事件的报道是否真实？

(2) 它们各自的报道是否是关于同一主题的？

(3) 它们各自是从什么角度来报道这个事件的？

(4) 它们各自的立场和态度是什么？

(5) 它们各自报道事件的目的是什么？

(6) 它们各自是在给读者提供信息，还是在劝说读者接受它们的观点？

（7）在报道中，它们各自有哪些重要信息被排除在外？

（8）在报道中，它们各自的哪些信息是真实的，哪些是编造和操纵的？

（9）在报道中，它们各自传达了谁的声音和意愿？

（10）它们各自的版面设计是否合理？模态的选择是否恰当？

这些问题一方面可以提高学生的外语交际能力，更重要的是它们可以揭示新闻报道的真谛是什么，从哪些方面和角度选择对某个或某些事件进行报道，如何通过信息报道来影响读者，提高学生的媒体能力。

如果利用第二种方式，即对已有的新闻报道进行深入探讨，则有两个方面的话题需要讨论。一是对现有的报道进行评价，相关话题包括：

（1）报道和真实事件是否一致？如果不一致，有哪些变化？

（2）这个报道是从哪个角度来报道事件的？

（3）报道内容表现的立场和态度是什么？

（4）这个报道的目的是什么？针对什么读者？

（5）报道提供了哪些相关信息？又有哪些信息被排除在外？

（6）报道传达了谁的声音和意愿？有什么目的？

（7）报道的版面设计是否合理？选择的模态是否恰当？

这些话题和上面同题比较的话题的作用是相同的，可以有效地提高学生的媒体信息识别、分析和评判能力。

第二个方面是讨论对于同一个事件，还有多少其他方式可以进行报道，相关话题包括：

（1）如果改变报道的目的或态度，报道该如何设计？

（2）如果改变报道的立场和观点，报道该如何设计？

（3）如果改变报道传达的声音和意愿，报道该如何设计？

（4）如果改变报道的版面布局，选择新的模态和设计，报道该如何设计？

这些话题可以提高学生的媒体写作和设计能力（见表16.4）。

表 16.4 实景实践媒体能力培养教学模式

实践设计	课内课外	实践内容
实践前	选择事件，确定目的	确定要报道哪方面的内容，报道的目的是什么，预期达到什么结果
实践中	讨论同题但不同立场和角度的报道	探讨可从什么角度、立场、态度、目标报道某个事件；选择整体报道还是部分报道，真实报道还是修改或虚假报道
	选择已有报道进行研究	探讨某个报道是从什么角度、立场、态度、目标做出的；是整体报道还是部分报道、是真实报道还是修改或虚假报道

　　最后是信息能力的培养。信息能力培养的实景活动涉及信息的收集和处理，可根据已有条件和信息类型采用多种活动方式，其中两个比较有效的方式是：(1) 基于问题的学习方法；(2) 计算机辅助教学（见表 16.5）。

表 16.5 实景实践信息能力培养教学模式

	问题导向	按问题导向教学模式进行：确定问题→师生共同设计教学方案→师生合作解决问题→学生独立解决问题→总结
活动类型	计算机辅助	按计算机辅助教学模式进行：确定任务→师生共同设计教学方案→教师指导学生完成任务→总结

16.4.3.1　基于问题的学习方法

　　基于问题的信息学习方法要求解决现实世界中的真实问题，其基本特点是：(1) 要解决的问题是客观世界存在的真实问题，是必须解决的问题；(2) 学生和教师在课程设计、实施等过程中，都是共同学习者、计划合作者、共同产出者、共同评价者；(3) 这些问题都是学术研究中遇到的、必须解决的问题，能够提高学生的学术能力和实践能力；(4) 这种方法能够在学术环境中发展学生的合作能力，提高他们解决学术问题的能力。

　　如果采用这种方法，教师需要准备的问题是：(1) 教师需要学生做什么？(2) 学生需要知道什么？(3) 教学的过程是什么？(4) 如何根据标准测试学生的成绩？例如，如果学习任务是导师选择研究某个学科领域的课题，需要了解某个学科的研究现状，让学生在一周之内做出一个文献综述。这样，导师需要和学生一起设计教学计划，设定研究程序，同时提供相关资料，如网站网址、语料库、评价标准等。

教学过程包括：(1) 教师介绍计划、程序、研究目标、研究条件和资源；(2) 学生据此自己制定相应的研究计划；(3) 学生相互合作，运用已有资源进行研究，从语料库、网站中搜集资料和信息；(4) 从中选择有价值的资料和信息，剔除不相关、无价值或低价值的信息；(5) 分组整理信息，将最突出的信息以一定的逻辑顺序组织起来，形成文献综述的初稿；(6) 进行修改和完善，最后定稿；(7) 用文字和相关图像、动画、背景音乐等制作 PPT 演示稿。

这个实景实践模式的优势是：能够增强学生相互交流的主动性，提高他们的交际能力和语言能力；能够使他们接受更多的信息和思想，提高信息搜索能力。

16.4.3.2 计算机辅助教学

计算机辅助教学是通过计算机辅助来进行信息的搜索和处理。这个方法的基本特点是：运用高科技手段进行信息的搜索、处理和运用；同时，师生需要共同设计教学计划、研究程序，提供相关资料，如网站网址、语料库、评价标准等。

教学的基本程序是：(1) 师生共同确定相关任务和处理的类型，如以上提出的做一个学科方向的研究综述；(2) 师生共同确定研究问题，从纷纭复杂的研究对象中找到研究题目，并且设计出研究程序；(3) 学生根据提供的计算机硬件和软件，发展有效的搜索策略和方式；(4) 学生在相关的以各种形式存储的资源库中搜索信息；(5) 学生搜索电子图书馆目录（线上可搜索目录），通过作者、题目、学科、关键词等搜索，找到信息源；(6) 学生使用附录和摘要，以及一些提示和技巧进行搜索；(7) 学生通过互联网搜索所需要的信息；(8) 学生评价获得的信息，从可信度、权威性、及时性、精确性几个方面选择以各种形式存储的有用的信息；(9) 学生有效地存储信息，如防止剽窃、引用得当、引用形式合适等。这个模式的优势是：能够使学生发展在互联网和高科技环境下的信息搜索、处理、存储和使用的能力。

这三种培养模式可以结合在一起，让信息能力培养模式统领技术能力培养模式和媒体能力培养模式。

16.4.4 批评思辨

知识讲授和实景实践都包含批评思辨的成分；也就是说，在进行知识讲授和社会实践时要进行反思和评价，随时调整自己的思路，使实践和学习沿着既定的思路发展。

首先，从技术能力的角度看，需要对两个主要方面进行反思 (Ng, 2015：130)。(1) 对选择的相关设备的特点、优势和局限性进行反思，做出判断，以便更加合适地选择或使用设备。(2) 对传播的信息进行批判性评价，了解学术伦理和版权，了解多模态在信息传播中的作用，并据此进行创新；同时还要反思伦理道德方面的问题，遵守网络礼仪，了解其他人的情感，保护个人和他人的隐私等。前者有利于更好地利用设备，而后者则有利于使用设备更好地完成信息的获取、传播和使用。

在媒体能力的培养中，学生的批评思辨能力、对信息的敏感度是主要的培养目标，而知识和实践都服务于发展学生的批评思辨能力。在 Dvorghets & Shaturnaya (2015) 的三段式教学模式中，第二阶段是分析活动，而如何进行分析、选择、评价依赖的是批评思辨能力。其中涉及的所有问题都是对这种能力的训练和实践。即使如此，在实践活动之后，进行反思和评价也十分必要，目的是对分析、选择和评价进行进一步反思，把所使用的方法和策略进行归纳总结，对结果进行进一步讨论和研究，进行概括化、理论化和概念化处理。这个过程是对媒体材料语境化后的进一步"打包"，将其上升为理论概念。

在信息能力培养模式中，批评思辨涉及两个方面。(1) 对要处理的信息本身进行评价、判断和思考，如它们是否是自己需要的信息，是否有价值，是否对实现目标起核心作用；这类信息有什么特点、优势、局限性等。对信息的评价和思考一般在知识学习和实践阶段就开始进行了，在批评思辨阶段还需要继续进行。(2) 对搜索、处理、存储、使用信息的方式进行反思和评价。这个过程一般是在信息处理的任务完成以后进行。反思和评价的内容包括：选择的信息是否是最佳信息？信息量是否合适？整个信息处理的过程是否有问题，哪里需要完善和补充？采用的方法、程序、策略是否合适？取得的结果是否是预期的结果？有哪些方面需要改进？等等。Blanchett 等（2012：39）提出，可以从四个方面对信息处理进行评价。（1）反应评价：指学生对信息的直觉，从情感上进行的褒贬等；（2）学习评价：学生学到了什么，包括知识、能力、技巧等；（3）行为评价：教学是否使学生的行为发生了变化，如以前做不了的事情现在能够做到；（4）结果评价：教学的最终结果如何，学生是否提高了学习成绩，或出色地完成了信息处理任务。

以上这些都是学生在批评思辨阶段应该完成的任务。批评思辨的方式可以是口头的，也可以是书面的。如在课堂上通过对相关议题进行评判，或者学生上课时口头汇报自己的感想、思想、认识等，或者学生写一个总结报告或研究报告，对相关信息处理过程进行思考和评价。同时，批评思辨可以是个人反思和评价，也可以是多人讨论和辩论，如在课堂上讨论和辩论，或者写论辩式总结或评论等。批评思辨还可以通过课堂内的讨论和写作完成，或者通过课外的自主学习完成（见表 16.6）。

表 16.6 批评思辨能力培养教学模式

批评思辨		总结	思考	评价	结果
能力类型	技术能力	设备工具	对选择的相关设备的特点、优势和局限性进行反思，做出评价		
		传播信息	学术伦理和版权、模态选择、伦理道德		
	媒体能力	对分析、选择和评价方式进行反思、总结、评价			
	信息能力	对要处理的信息本身进行评价和判断			
		对搜索、处理、存储、使用信息的方式进行反思和评价			
		反应	学习	行为	结果

16.4.5 应用与创新

知识能力和实践能力都需要经历从外部输入到内部消化吸收的过程。从知识的角度讲，理论和概念的讲授和学习是一个外部向内部输入的过程，尽管使用的方式不是"灌输"与"接受"的方式，而是通过学生积极参与知识学习、教师辅助完成的。实践能力的培养也需要首先经历一个"输入"过程，即实景实践过程。学生通过在教师指导下的实践，逐步发展出在本专业从事实践活动的能力。而这种能力还需要学生本人用已有的知识和实践能力进行相同或者相似的实践活动来证实、提高和创造。这就需要一个自主应用与创新的阶段。

技术能力的主要标志是学生能够独立地使用设备、工具和软件进行信息的处理和使用。技术能力的自主应用与创新一般是通过课余时间完成的，可以分为三个类别。

1）实验型：学生需要到固定的实验室里去实践。为学生提供可在课余时间使用的实验室，学生定期或不定期去实验，把自己学到的技术方面的知识和实践能力在应用中去检验，看自己是否能够按照标准完成信息的搜索、处理和使用。

2）实地型：学生利用课余时间到公司、机关单位等进行实践活动，帮助它们处理信息的搜索、收集、分析、处理、存储、标注等工作，同时也检验自己的信息技术能力。

3）随机型：学生利用课余时间随机进行实践活动，如学习了 ELAN 或 SPSS 软件之后，利用它们做语篇分析，看自己是否能够独立地使用软件完成任务，得出正确的数据和结果。这种活动可以是练习性的，只关注自己是否能够使用软件；也可以是实用性的，看能否解决某个实际问题。

除了进行模仿和应用型实践外，能力强的学生还可以把相关知识和实践能力应用到其他领域中，从而在另一个领域取得成果，扩大自己的应用范围和实际能力。例如，把语篇分析的软件用于分析多模态语篇，看是否适用，或需要补充什么，采用什么新措施等。

媒体能力的应用与创新实践主要在 Dvorghets & Shaturnaya（2015）提出的后习活动中进行。主要的活动方式可以分为两个类别：一是个体独自完成实践活动；二是通过同学间的合作完成实践活动。就独自进行应用与创新实践活动而言，具体的活动方式有以下几种。

1）设计项目：就某个广受关注或关乎国计民生的议题设计一个采访项目，最终得出准确反映民意的结论，包括设计采访题目、采访对象、采访方式等。

2）针对新近发生的事件写新闻报道：如就美国发动"贸易战"这个议题，采访大众或相关专家，寻求应对措施和方法。

就学生合作进行实践活动而，具体的活动方式包括以下两种。

1）口头辩论：学生可以就某个议题自由或者有组织地分组进行辩论，最终得出结论或解决方案。

2）角色扮演：让某个学生扮演电视或广播节目中的人物，另外一个学生对其进行采访，探讨一些敏感话题。

这些活动都是为了提高学生的评价能力、解决问题的能力和反思能力。采用辩论的方式不仅可以提高学生的语言表达能力，强化词汇和语法运用能力，提高学生演讲的流利性和自信心，同时还是多个学科教学的有效方法，最主要的是有利于发展学生的辩论能力和高层次思辨能力。

培养信息能力的应用实践活动涉及学生自主应用已学到的信息搜索、处理、应用知识和实践经历。同样，学生可以采用合作或者独立的方式进行实践活动，一般在课外完成应用与创新任务。

独立应用与创新活动涉及学生在课余时间独立完成信息的搜索、处理和应用任务。例如，学生写论文需要了解多模态话语分析领域的研究现状，需要到图书馆及其网站上搜索并获取相关信息，然后将它们整理好，应用好，整理出完整的文献综述报告，为下一步的研究奠定坚实的基础。

例如，相关纸质专著的搜索过程可以描述为以下几个步骤：（1）进入图书馆网站，找到搜索引擎；（2）通过作者进行搜索，找到相关图书的条目；（3）选择其一，进入条目，找到书号；（4）确定图书的位置；（5）确定该书在反映本学科研究现状方面的地位。

以此方式找到其他的相关书籍、论文、录像资料等。将这些资料汇总，选择核心信息，剔除不相关信息，然后将这些信息相互关联，最终确定本学科的前沿研究动态（见图16.7）。

表 16.7 应用与创新能力培养教学模式

应用方式		模仿	创新			
能力类型	技术能力	实验	实地	随机		
	媒体能力	项目	写作	辩论	角色扮演	
	信息能力	实践	搜索	收集	处理	评价和总结

16.5 相关问题

信息媒体技术能力的培养涉及确认什么是信息媒体技术能力，以及如何培养这类能力。信息媒体技术能力有如下几个特点。

1）信息媒体技术能力是一个能力组，是由信息能力、媒体能力和技术能力组合而成；但它们又是相互联系、不可分割的。其中，信息能力是核心能力，其他两类能力都服务于它。技术能力为其提供物质载体和基础，媒体能力可使信息的处理和传播更加迅捷和有效。

2）信息媒体技术能力不仅需要学生掌握现代信息科学技术，还需要他们发展认知能力，信息的处理、应用和选择能力，在理论上和观念上要清楚地认识信息载体的优势和局限性。

3）信息媒体技术能力涉及社会道德伦理和情感态度因素，一方面信息的发出者和接受者对信息本身要具有一定的情感和态度，对其有效性有一定判断，同时，信息获取和使用也必然会涉及道德、法律、伦理方面的问题，以及信息安全和个体安全问题。这些都是信息媒体技术能力的组成部分。

4）信息媒体技术能力实践性强，其发展必然要依赖社会实践，学生需要运用这种能力解决现实社会中的信息选择、处理和使用问题。

信息媒体技术能力的培养有如下特点。

1）涉及不同类型的知识的学习和传授，包括垂直话语中的层级结构知识、垂直话语中的水平结构知识，以及水平话语知识的学习和传授，所以需要在知识学习中特别注意，如请专家教学或单独设置课程教学等。

2）涉及不同类型的实践，如实验室实践、相互合作实践和自主单独实践。同时，培养不同的能力，如信息能力、媒体能力或技术能力，也需要侧重不同类型的实践活动。

3）信息、媒体和技术三种能力既可以单独培养，也可以进行一体化培养。单独培养用于突出发展单项能力，使其不至于被忽视而成为最弱的能力；一体化培养是要使三种能力有机地结合在一起，有效地完成信息的输入、存储、处理、输出与使用。

16.6 小结

本章探讨了外语专业本科生信息媒体技术能力的培养，首先说明随着全球化、多元化和信息技术化的不断发展，时代迫切需要培养具有现代信息媒体技术能力的人才，外语专业本科生更是首当其冲，因为他们将来面对的是整个世界的信息技术化。其次，本章探讨了信息媒体技术能力的组成和定义，认为这种能力需要在认知、实践和情感三个层次上进行培养。再次，本章探讨了信息媒体技术能力的三个组成部分不同的培养方式：技术能力主要通过专家指导和个体实验、实践进行培养，媒体能力主要通过讨论、思考和模拟演练进行培养，信息能力则主要通过自主学习和互助学习进行培养。最后，本章探讨了信息媒体技术能力的特点，以及这种能力培养的特点。

第五部分　多元能力培养教学实践示例

第十七章　写作能力培养模式

17.1　引言

　　信息技术的高速发展催生了多样化的信息呈现方式，教师可以使用多媒体和多模态组织教学，学生应如何迅速适应并主动参与到多媒体和多模态学习中呢？多模态话语分析理论中的设计学习概念为新时期的外语学习找到了答案。设计学习是由新伦敦小组提出和倡导的，起初主要用于指导多媒体语境下的英语教学，后来成为多元读写能力培养的主要理论依据（Jewitt & Kress，2003：17；Kress，2003：59；Kress & van Leeuwen，2001：169；LeVine & Scollon，2004；Stein，2007：23）。设计学习背后的教学方法是反思型教学法（reflective pedagogy），这种教学法提倡学生通过亲身经历和批评思辨活动达到对知识的内化，因此设计学习的主体是学生。然而，目前设计学习的研究较多关注教师如何设计课堂，如何指导学生，以达到较好的教学效果。本章从高级写作提案专题教学的设计学习过程入手，采用课堂观察、日志追踪和个人访谈的方法研究学生如何参与设计学习，主动合作完成写作任务，并达到发展自身多元读写能力的目的。

17.2　设计学习理论

　　设计学习理论认为，任何制造意义的过程都是设计行为，学习的过程也不例外。从教师对学习组织和指导的角度出发，新伦敦小组提出了实景实践、明确教授、批评框定、转换实践四个教学步骤。实景实践是教师引导学生浸入实际语境，感受学习对象的过程；明确教授指教师使用元语言，在课堂上讲授重点和难点的过程；批评框定是教师引导学生通过思考和批评，把理论和概念变成客观知识的过程；转换实践是学生把学到的知识用于实践，解决现实问题的过程。

从学生学习的角度出发，与以上四个教学步骤对应的学习过程是亲身经历（experiencing），概念化（conceptualizing），批评分析（analyzing）和实践应用（applying）（Cope & Kalantzis，2015：17）。亲身经历包括两种经历，一是学习者已有的经历和个人已掌握的知识；二是通过教师引导在真实语境或虚拟语境中获得的新体验和新知识。概念化包括概念命名和理论化。概念命名指学习者通过观察特性、寻找学习对象与已有知识的相同点和不同点，将其正确归类的过程；理论化是学习者把概念连接形成理论的过程。批评分析包括功能性分析和批评性分析。功能性分析指学习者分析学习对象社会功能的过程；批评性分析指学习者评价知识点背后人为意图、观点和动机的过程。实践应用包括合适性应用和创造性应用。合适性应用指学习者在一个典型语境中对所学知识进行常规性应用的过程；创造性应用指学习者在复杂的新环境中创造性运用新知识的过程。

设计学习理论的提出，引发了对多元读写能力结构的探讨，以及对多元读写能力培养模式的探索及实践。Thwaites（2003：20）认为，文科生除了发展语言读写能力外，还应该发展科学读写能力、媒体读写能力、文化读写能力、政治读写能力和批评读写能力。新形势下我国外语专业本科生应具备的多元读写能力包括外语交际能力、专业综合能力、跨专业能力、知识处理能力、文化综合能力、媒体模态操作能力、批评反思能力和社会交往能力，其中每一种能力又由一组特征或标准构成。在多元读写培养模式研究方面，Kalantzis & Cope（2000，2012a）完善了多元读写能力教学模式中的学习模式，强调教与学的配合。在国内，韦琴红（2009，2010）从多模态化和超文本化入手研究多元读写能力的培养模式；张德禄（2012b：9）在系统功能语言学的理论框架下探讨外语专业学生多元读写能力的教学培养框架，尤其强调新媒体、新技术的应用和学生多模态意义潜势的发展；张德禄、张时倩（2014：7）建构了设计学习综合理论框架，并强调观察和研究学习过程的必要性。在新伦敦小组的努力下，原本在英国实施的"设计学习项目"在不同国家的教学语境中得到了实践（Neville，2015；Newfield & Stein，2000）；在我国，有学者（胡壮麟、董佳，2006；张征，2010）通过分析学生 PPT 中模态的选择，研究学生多元读写能力的培养。但以上实践和研究的重点都没有完全转向学生。本章在已有设计学习理论的基础上，力图建构一个设计学习分析框架，通过对高级写作提案教学的学习过程进行分析，研究学生如何开展设计学习，尤其是关注学生在媒体模态应用和批评分析方面的努力，并探讨学生设计学习与多元读写能力发展之间的关系。

17.3 设计学习分析理论框架

Cope & Kalantzis（2015：3）认为，多元读写中的"多元"首先指语境的多元，其次是媒体和模态的多元。在语境多元、媒体和模态多元的文化语境和情景语境下如何观察学生的设计学习过程呢？本章在张德禄、张时倩（2014:6）层叠式设计学习综合框架的基础上，试图构建一个图 17.1 所示的设计学习分析理论框架。

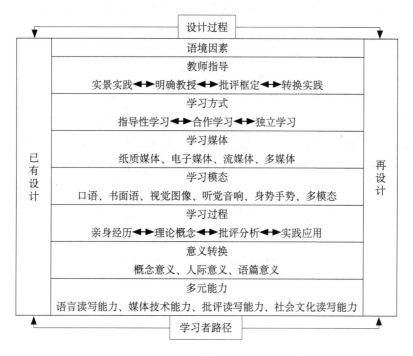

图 17.1 设计学习分析理论框架

此框架的理论基础仍是系统功能语言学的语境和语义理论。框架内外有两层，内层从上而下依次包括语境因素、教师指导、学习方式、学习媒体、学习模态、学习过程、意义转换和多元能力八个层次。这里的语境因素强调多元化的文化语境和情景语境。教师指导指教师按照实景实践、明确教授、批评框定和转换实践这四个教学步骤设计和引导学生学习。学习方式包括指导性学习、合作学习和独立学习，这三种学习方式之间的双向箭头表示它们在具体教学中相互渗透，不可断然分割。学习媒体包括纸质媒体、电子媒体、流媒体和同时使用的多种媒体。学习模态包括口语、书面语、视觉图像、听觉音响、身势手势和多模态。多媒体是现代学习的特色，多模态是多媒体应用的必然结果，学生需要掌握不同模态的意义潜势，合理选择模态和模态组合，有效创造意义。学习过程就是亲身经历、理论概念、批评分析和实践应用这四个处理知识的具体步骤，也是设计学习的核心。学习结果是意义的转换，这里的意义包括概念意义、人际意义和语篇意义。意义转换的结果是学生语言读写能力、媒体技术能力、批评读写能力和社会文化读写能力等各种多元读写能力的提高。框架的外层是设计学习的四要素：左侧是已有设计，右侧是再设计，上方是设计过程，下方是学习者路径。学习者选择已有设计资源和新的学习要素，经历设计过程，学会知识并掌握一定能力；这些学习结果将成为再设计的资源，被学习者带入下一轮设计，从而完成设计学习的循环模式。框架的核心是学习过程，也就是学生通过选择媒体和模态达到意义转换的过程，然而选择的过程和转换的过程充满了批评性分析和思考。因此对设计学习过程的分析需要从教师的指导入手，联系学习方式的改变，重点关注学生对媒体和模态的选择、对理论的概念化、对问题的批评性分析和对知识的实践应用。

17.4 高级写作提案教学的设计学习过程研究

17.4.1 高级写作课程培养目标

高级写作是为英语专业本科生在三年级开设的一门专业必修课。课程通过系统训练定义、概要、评论、分析、综合、提案、文献引用等学术写作基本技巧，培养学生的学术写作能力。尽管高级写作以提高学生的学术写作能力为主要目标，但是以语言为媒介的意义表达方式已经无法满足现代写作的需求，课堂教学已离不开多种媒体和模态的介入，学习者的学习过程也是一个在多种模态中做出选择、实现意义表达的"多媒体写作"过程。同时，对媒体和模态的选择也离不开学生的批评性分析，因此，高级写作课程的主要培养目标还应该包括媒体模态应用能力和批评读写能力。

17.4.2 提案写作的教学设计

高级写作提案专题的具体教学内容是，学生以小组为单位通过设计学习掌握提案的基本撰写技能。按照设计学习的四个教学步骤，本专题的教学指导框架如表 17.1 所示。

表 17.1 提案教学指导框架

教学步骤	教学内容
实景实践 （0.5 学时课堂教学）	——布置分组和小组课后专题讨论 ——布置课后阅读，给出引导性问题 ——提供提案例文（为校园提供不使用动物实验的产品的提案）
明确教授 （2 学时课堂教学）	——讲授提案定义、种类、特征、成分、写作纲领等 ——讲授提案写作及口头汇报中的媒体和模态
批评框定 （2—3 学时课外学习）	——小组选题分析 ——小组提案分析
转换实践 （2.5 学时课堂展示）	——小组代表口头汇报 ——完成书面提案

从上表可以看出，教学设计的第一步是实景实践。教师在前一周的课堂上花费 25 分钟左右的时间演示例文，使学生通过实践感受提案。教学设计的第二步是明确教授。教师花费 2 学时做课堂讲授和讨论提案定义、种类、特征、成分、写作纲领等，讲授提案写作及口头汇报中的媒体和模态，为课后小组讨论奠定基础。教学设计的第三步是批评框定。学生在课外完成对提案的功能性分析和批评性分析。功能性分析的内容包括提案结构、论证过程、提案内部逻辑关系，以及提案汇报和写作中媒体和模态的选择；批评性分析的内容是选择

本提案的动机，提案论证过程的优缺点，提案汇报使用 PPT 设计中模态选择的优缺点等。批评框定是教学设计中最重要的步骤，需要花费约 2—3 学时。因为本阶段在课外完成，所以教师需要及时督促组长认真履行职责，保证小组活动有效开展。第四个教学环节是转换实践。教师要求学生课堂口头汇报提案和课后提交书面提案。口头汇报每组约 10 分钟，教师要求小组代表口头汇报提案背景、提案内容、提案理由、媒体和模态选择；汇报结束后，教师要求学生通过课后讨论完善并提交书面提案。以上教学步骤均完成后，教师要求组长提交活动日志，并在每组随机选择 1—2 名学生进行采访。

17.4.3 澡堂问题提案的设计学习过程观察

首先，教师在课堂观察每个小组提案的口头汇报，并通过分析 PPT 了解学生设计学习的过程和结果。图 17.2 是澡堂问题提案小组的部分 PPT 展示。

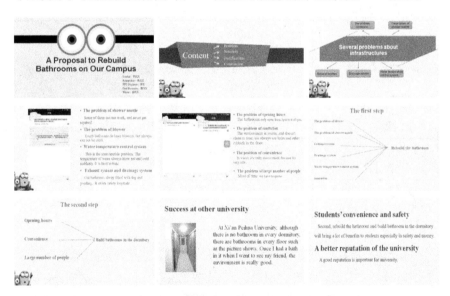

图 17.2 澡堂问题提案小组部分 PPT 展示

从图 17.2 可以看出，第一张 PPT 是提案的名称（"关于重建我校澡堂的提案"）和本组的分工情况。第二张 PPT 展示了提案的四个组成部分：存在的问题、解决方案、提案理由和结论。从 PPT 展示和汇报者的汇报可以看出，本提案结构合理，成分完整，反映出小组成员通过课堂听讲和小组讨论对提案写作有了系统认识。第三张 PPT 展示了目前学校公共澡堂基础设施存在的具体问题，包括喷头出水不均匀、下水不畅通、卫生清理不及时和水温控制失灵等问题。第四和第五张 PPT 是对问题的具体阐述，第四张 PPT 利用语言框的形式排列几个重要问题，设计美观大方，布局合理。这两张 PPT 页面的左侧均配有手机截屏图，显示该组调研人员在调查中使用微信在学生中进行了广泛调查，研究工作落到了实处。第六和第七张 PPT 展示了澡堂问题的解决方案，包括重建公共澡堂和在学生宿舍新建澡堂。剩余两张 PPT 展示了提案理由，包括兄弟院校的成功经验、学生的安全和方便，以及学校声誉。第八张 PPT 配有兄弟院校宿舍浴室的图片，说明调研人员在兄弟院校积极开展了调查研究，并充分利用现代媒体技术主动设计学习。

其次，组长日志详细记录了分组分工、提案选择、提案分析和媒体模态的选择等方面的具体内容。表 17.2 是澡堂问题提案小组组长日志记录的设计学习过程。

表 17.2 组长日志记录的设计学习过程

步骤	环节	设计学习	
		组员提议	最终方案及理据
分组分工	分组	按学号分成六组，每组五人	以宿舍为单位分成六组，每组五人，便于讨论
	分工	每个组的组长和四个组员共同完成提案，或组长和两个调研者、两个汇报者完成分配任务	组长、调研者、媒体制作者、口头汇报者和执笔者共同参与讨论，各司其职完成分配任务
提案选题		校园安全提案、热水供应提案、自习室使用提案	澡堂问题提案。因为安全问题范围太广，热水供应问题和自习室使用问题不及澡堂问题严重
提案分析	结构	问题、提案和理由	问题、提案、理由、总结
	存在问题	水温问题、喷头出水问题、开放时间问题、清洁问题、人多问题、安全问题等	澡堂设施问题：水温问题、清洁问题等 管理问题：开放时间问题、人多问题、安全问题等
	解决方案	修建现有澡堂 在宿舍楼内新建澡堂	建议在修建的基础上适当新建一部分宿舍澡堂（修建不能解决管理问题，宿舍新建澡堂费用过高）
	论证逻辑	三大论证理由是成功案例、学校声誉、学生安全	成功案例、学生安全、学校声誉（突出学校利益，增强对校方的说服力）
媒体模态选择	媒体选择	纸质媒体、口头汇报、PPT 演示、问卷调查和个人采访	多媒体微信平台（问卷调查费时费力，个人采访范围小，微信平台速度快、范围广）
	模态选择	PPT 设计中使用语言模态和空间布局模态	语言模态和空间布局模态比较单调，增加澡堂问题图片和成功案例图片，利用背景音乐和 PPT 背景图片增强说服效果和演示的美观性

从上表可以看出，在分组部分，学生积极提议以学号为单位和以宿舍为单位的两种分组标准。因为以宿舍为单位便于组织讨论活动，所以教师最终选择该种标准，五人组成一组。在分工中，组员提议组长和四个组员共同完成提

案，或组长和两个调研者、两个汇报者分配任务。为了调动每个组员，组长提议并采取了五个组员分别担任小组组长、调研者、媒体制作者、口头汇报者和执笔者的分工模式。在提案选择部分，组员踊跃提出多个校园问题，包括校园安全问题、热水供应问题、自习室使用问题。经过批评分析，大家认为安全问题范围太广，热水供应问题和自习室使用问题不及澡堂问题严重，因此最终选择了澡堂问题提案。在提案分析部分，讨论内容包括提案结构、问题调查、提案理由、论证逻辑、媒体和模态使用等。首先，组员认为提案包括问题、提案和理由三个部分。为了保证提案的完整性，在组员建议下又增加了总结部分。接着，组员们提出了水温控制问题、开放时间问题、澡堂卫生清洁问题、安全问题等一系列学校公共澡堂常见问题。但是，有组员建议分类处理，并将以上问题分成澡堂设施问题和澡堂管理问题。设施问题包括水温问题、喷头出水问题、下水道堵塞问题等；管理问题包括澡堂开放时间问题、人太多问题和安全问题等。在解决方案部分，有组员提议维修现有澡堂，也有组员提议在宿舍新建澡堂。小组讨论分析显示，维修不能解决管理问题，在宿舍新建澡堂费用太高，最终建议在维修的基础上适当新建部分宿舍澡堂。在提案理由讨论中，有组员提议西安培华学校的宿舍楼澡堂可以作为成功案例支持论证；有组员认为方便学生是一个重要的理由，学生可以每天晚上在宿舍楼洗澡，无须利用白天时间在拥挤的公共澡堂排队。大家一致认为重建澡堂是改善学习环境、打造学校形象的举措，对学校的声誉大有好处。至于三个理由的逻辑顺序，起初媒体制作人的安排是其他学校的成功案例第一，学校声誉第二，学生安全第三。经过批评分析，组员建议三大理由按重要性从小到大的顺序排列，即成功案例第一，学生安全第二，学校声誉第三，期望通过强调提案对学校声誉的积极影响增加其说服力。最后，媒体和模态的选择主要体现在研究方法选择和课堂汇报PPT制作部分。在研究过程中，有组员提议使用问卷调查和个人采访在学生中了解问题，但是小组讨论认为问卷调查费时费力，个人采访范围有限，在组员提议下调研者最终通过微信朋友圈完成了调查研究。在PPT的模态选择上，PPT制作者起初拟采用语言模态和空间布局模态，但组员认为这样的组合比较单调，提议增加澡堂问题图片、成功案例图片和背景音乐，经过小组多次讨论和修订，本组在课堂汇报中展现了一个包括语言模态、视觉模态、听觉模态和空间模态的多模态PPT，为口头汇报增色不少。

最后，为了了解学生参与设计学习的心得体会，教师采访了本组 PPT 制作者和调研者。以下是学生的部分回答。

PPT 制作者："我对多媒体有一些认识，但并不了解多模态的概念。通过老师讲解和在 PPT 制作过程中和小组成员的讨论，我明白了图像是一种模态，音乐是一种模态，手势也是一种模态。在制作 PPT 过程中，我听取大家建议使用了图像模态和音乐模态，发现 PPT 变得更加美观了，也更加有说服力了，感觉了解多媒体和多模态对我们学习很有帮助。我会在以后的学习中更加关注它们。"

调研者："我们小组有两位同学在批评性思考方面表现特别好，在分析过程中总能有理有据地评判问题。在他们的带动下，我也敢大胆批评别人的观点了。此外，用微信平台进行调研也是其中一个同学想到的，没想到平时用来聊天的微信竟然可以帮助我们做研究。我负责进行调研，在整个过程中我开心极了。"

17.4.4 从设计过程到多元能力

从以上课堂观察、日志追踪和个人采访，可以归纳出设计学习过程的特点及其对发展学生多元读写能力的作用。

首先，学生的最大化参与是这次写作活动的一大特点。除了概念化和理论化部分由教师课堂讲授外，课前讨论、提案选择、提案分析和课堂汇报都由学生完成。从对活动的观察可以看出，整个设计学习过程真正体现了学生对学习的参与和主导，是以学生为中心教学的成功范例。其次，学习方式的合作性明显增强。高级写作通常是学生独立完成作文，教师对作文给出评价。这次小组设计学习过程中，从提案选题开始，经过提案分析、提案汇报、提案撰写，最后到媒体和模态选择都离不开全体成员的倾力合作，真正完成了从独立学习向合作学习的转变。再次，从设计学习的过程可以看出，亲身经历、理论概念、批评分析和实践应用这四个环节顺序不固定，在实践中呈现出灵活多变的模式。整个提案专题的教学过程发现了不同的模式，"实践应用－批评分析－理论概念－亲身经历"就是学习过程的一个非典型模式，为了实践应用有关提案的理论，小组成员选定澡堂重建提案，通过功能性分析和批评性分析达到对提案概念的理解和内化，实现了亲身经历，也解决了实际问题。组长日志追踪显示设计学习每个环节花费时间也不等。在本组提案设计学习过程中，组员们花费大量时间和精力分析提案理由，进行提案论证，而分组分工和提案结构部分花费的时间明显较少。最后，在设计学习过程中学生兴趣明显高涨。组长日志明确指出组员热情很高，先后组织了四次小组讨论：分组和分工一次，讨论选题一次，分析提案一次，汇报后修正完善还有一次。每次讨论组员都能踊跃献策，积极发言，提出了很多好的提案，也经过辩论否决了不少提议。同时，教师通过课堂观察发现，所有组员在聆听六组提案汇报过程中都注意力集中，听讲认真，而且还能积极反馈，提出了不少建设性意见和建议。

　　整个设计学习过程对参与者的多元读写能力影响明显。首先，此次设计学习过程锻炼了学生的批评读写能力。提案写作过程始于课前的阅读和讨论，经历了课后提案选择、提案分析和提案汇报等环节，组长日志和个人访谈都显示，本组花费时间最多的环节是提案分析部分。在此过程中，组员们认真分析了提案选择、提案结构、提案理由、媒体与模态的选择，每个话题的讨论均始于组内提议，然后是充分论证，接着是批评分析，最后是否决或修正。正是在提议、论证、批评和修正的过程中，学生的批评读写能力得到了锻炼。其次，通过本次提案专题的设计学习，学生的媒体应用能力和模态选择能力有了明显提升。教师在课堂上对媒体和模态知识进行了系统的讲授。在小组活动过程中，组员在认真讨论研究方法与 PPT 媒体和模态选择的基础上，利用新媒体完成了调研，并提交了一个多模态 PPT，展现了组员对媒体和模态的操控能力。最后，微信平台的使用和提案写作的多模态化展现了学生在创新性方面的突破。从组长日志追踪和个人采访均可看出，本组最终放弃问卷调查和采访这种传统的研究方法，选择微信平台收集资料，是对新媒体的创造性应用。更重要的是，本组提案执笔者将文字与图像模态相结合，成功实现了提案的多模态创作，最终提交了一份包含语言模态、图像模态、布局模态和色彩模态的多模态提案。

17.5 小结

本章以新伦敦小组的设计学习理论为基础，研究了英语专业本科生高级写作提案专题的设计学习过程。研究发现，提案设计学习践行了以学生为中心的教学，也实现了学习方式由独立向合作的转变。虽然学生的学习经历了亲身经历、理论概念、批评分析和实践应用四个步骤，但是以上四个学习环节的顺序并不固定，每个环节消耗的时间也不等。同时，以小组设计学习的方式展开提案教学，学生参与度大幅提高，学习热情明显高涨。最重要的是，整个设计学习过程对参与者的多元读写能力影响明显。设计学习过程充分的分析和批判锻炼了学生的批评读写能力，调研对新媒体的利用和 PPT 的多模态设计证明了学生媒体和模态应用能力的提高，使用微信平台开展调研和尝试多模态提案写作是创新学习的体现。以上案例分析验证了设计学习分析框架的可行性，也证明了设计学习对学生多元读写能力，尤其是批评读写能力、媒体和模态应用能力、媒体和模态批评能力培养的有效性。但是，本研究只是一个案例分析，设计学习在培养本科生多元读写能力中的有效性还需要通过较长阶段的教学实践来验证。

第十八章　口头报告自我评价与多模态语篇构建能力

18.1 引言

外语课堂口头报告有很强的实用性。它能有效促进学生听说读写技能的综合发展（Al-Issa，2006）。口头报告能力对大学生的个人发展和适应现代社会的工作要求有重要意义。在网络与多媒体时代，学生的课堂口头报告通常是结合 PPT 共同完成的，PPT 还利用了声音、图片、图表、动画、视频、多模态等突出报告主题，增加报告趣味性、立体感，演示时又结合了眼神、面部表情、身势语等模态辅助传递报告者的意图。多模态语篇是结合语言、视觉、音频、身势语、空间中两个以上的符号系统来生成意义（Shanahan，2013）。课堂口头报告是一种多模态语篇，语言传递的只是一部分信息（Jewitt，2013）。与语言语篇相比，多模态语篇的交流过程、交际效果都有所不同。因此，语言语篇的评价标准不完全适用于课堂口头报告的评价。

Brown & Knight（1994）和 Ecclestone & Swann（1999）认为，评价能促进学生的学习。Wiliam 等（2004）认为，自我评价对提高学生成绩是非常有用的。在教育中，自我评价是指学习者对自己学习过程或学习效果进行的一种反思活动（Brown & Harris，2013）。学生自我评价是现代课堂评价尤其是形成性评价的一个重要组成部分。让学生在学习构建多模态语篇的过程中采用自我评价是提高学生多模态语篇质量的最好方式（Beach & Friedrich，2006）。在参与评分标准或清单设计并评价自己作品的过程中，学生能够最大限度地受益（Brown & Harris，2014）。

本章主要通过对口头报告的自我评价来探讨学生构建多模态语篇的过程。这个过程实际上涉及多元读写能力培养模式的所有四个阶段：教师指导和讲授是明确教授过程，做口头报告是实景实践过程，对口头报告做自我评价是批评框定过程，而根据以上三个过程，特别是批评框定创作口头语篇是应用创新过程。但本章的主要研究对象是批评框定过程，即如何做评价才能更有利于学生创作高质量的口头语篇。

目前，在我国的大学英语课堂教学中，评价多数情况下仍只是教师的独角戏，学生作为评价者参与课堂评价的机会比较少，在课堂口头报告的评价中尤其如此。研究自我评价在提高我国学生英语课堂口头报告能力中的作用具有重要的现实意义。

18.2 提出问题

本项目成员之一在一所二本院校教授综合英语。因为平时口头报告成绩占总成绩的 10%，所以学生都比较在意，常向教师询问自己的分数。在此过程中我们发现：大部分学生纠结于教师的评分，而不关心如何完善口头报告，提高自己的综合能力；有时，学生不完全认同教师的评分；学生大都不清楚教师评价的具体标准，从不考虑标准是如何建立的。这些都促使研究者思考一个问题：给学生评分只是促进学生学习的一种手段，引导学生参与评价过程是否可以帮助他们深入理解评价标准，全面、客观地看待自己的口头报告，做到知行合一，提高自己口头报告的水平呢？

为此，研究者设计了一个行动方案，针对上述问题进行了一些探索。首先，引导学生对照、分析自己口头报告与高质量的多模态语篇的区别，让他们从中感知课堂口头报告的评价内容与标准；然后，和学生一起设计、修订、完善口头报告自评清单，并引导学生利用自评清单对口头报告进行自评；最后，通过观察和访谈，分析上述行动是否有助于提高学生口头报告的质量。

18.3 行动方案

18.3.1 研究对象

本次行动研究的对象是某二本院校 2013 级商务英语专业某班的 33 名大一学生。他们大部分来自教育欠发达地区，口语、写作、听力水平普遍不高，很多学生此前没有做过口头报告。

学校选用的教材是外语教学与研究出版社出版的《现代大学英语：精读 1》（第二版）。教师在课后确定一个话题，要求学生在拓展课文内容的基础上，以单人、双人或小组为单位结合 PPT 进行口头阐述，在 3—5 分钟内完成报告演示。同时，教师给学生全程摄像，作为后期学生自评的原始语料。

行动研究历时一年。在第一学期，以加强学生语言知识学习、培养语言技能、熟悉口头报告的环节为主。从第二学期开始引导学生观摩"外研社杯"全国英语演讲比赛、TED 演讲等"模版"视频，在学生的口头报告中分别锚定优、良、中、差四个等级的报告各一份。帮助学生对照"模版"视频和已锚定的口头报告录像，回顾自己前期的课堂口头报告录像并进行自评，不断修正自己评价课堂口头报告这类多模态语篇的内容、标准。在创作、演示、自评课堂口头报告的反复实践中感受高质量多模态语篇的基本模式。第二学期末，教师通过访谈深入了解一年来学生对自评行动的感受与思考，结合平时课堂观察评估学生自评训练效果，全面总结本次行动研究的经验教训。

18.3.2 实施阶段

学生从第一学期开始参加的口头报告活动，存在参与人数少，学生兴趣不大、积极性不高，报告质量偏低等问题。在本阶段，教师应尽力：（1）对每个学生都以鼓励为主，尽量让其多开口说英语；（2）有意强调课堂口头报告训练的实践意义，如多向学生强调将来的面试、工作汇报、学术交流等都会要求他们做类似的定时定题的口头报告；（3）穿插讲解一些关于自评的基本原则、方法、过程、作用等内容。总之，教师要利用一切机会激发学生参加口头报告活动的兴趣。

此外，无论学生口头报告水平如何，教师都要按计划在学生演示口头报告时摄像，为学生下一步开展自评活动在思想、方法、语料等方面做好准备。

18.3.3 评价阶段

批评框定阶段主要由两个因素组成：评价与反思，即在对事实做出评价的基础上，反思这种结果产生的原因。

18.3.3.1 第一阶段评价

第二学期初，教师要求学生对上学期自己的某一口头报告录像进行自评。目的是了解学生会从哪些方面评价自己的口头报告，了解学生自评的能力和水平；观察学生如何看待、评价自己的课堂口头报告。教师要求学生书面记录自评的内容和相关标准。有 21 名学生上交了用汉语书写的自评材料，可归纳为以下三种情况。

（1）个别学生的自评材料只给出了错误的例子，没有评语。如："是 bring about 而不是 take about"；"单词 extension 音发错了"。

（2）多数学生的自评材料只有对某一方面内容的评价。如："我使用的词汇较丰富"；"我应尽量把口头报告做得更流利些"；"我没有大的语法错误，感觉逻辑很好"。

（3）只有三名学生的自评材料记录的评价内容和标准比较全面、有条理。如某同学的自评材料如下：

主题：我的口头报告主题是"我喜欢间谍片"。我认为间谍片动作惊险、故事情节曲折、扣人心弦，结局往往出乎意料。

组织：我的报告逻辑性较强，开头、主体、结尾各部分组织合理。

发音：adversary 的发音有问题。

语法：没发现有问题。

词汇：我有意使用了新学的词汇和短语。

总体评价：报告整体思路清晰，对自己口语的流利度和准确度还是很满意的。

汇总所有学生自评的书面记录材料，发现学生的自评包括了主题、结构、发音、语法、词汇、总体评价等方面的内容。学生判断自己口头报告水平时没有标准或标准不全面、不统一。因为以前从未做过，学生普遍认为这项自评任务非常困难。

18.3.3.2 第一阶段反思

在第一阶段，学生大多不能全面、有效地评价自己的口头报告，他们的自评行动是相对失败的。课后访谈发现，学生的自评过程主要存在以下问题。

（1）学生认为自评不计入平时成绩，教师要求写评语的时候，部分学生不重视，被动应付。

（2）评价任务对他们来说是一项挑战，他们认为评价内容过于宽泛，不知如何界定，也不知怎样写评语。

（3）因某种担忧不愿对自己做负面评价。如有学生谈道："如果我对自己的口头报告做出较低的评价，那么其他同学就会比我的平时分数高，这样可能会给老师留下不好的印象，所以尽量只评自己的优点。"

（4）关于自己的身势手势、表情、PPT质量以及它们与口语的结合度等方面，所有学生的自评都没有涉及。

针对第一阶段学生的困惑和学生评语中存在的问题，教师决定采取以下行动：（1）让学生进一步了解自评的作用、目标，纠正对自评的错误认识；（2）改进教师的指导方法，利用QQ、微信等交流平台增加互动、指导的时间和频次；（3）引导学生从多模态语篇的角度认识口头报告，增加相关评价项目，细化项目描述，构建和改进评价清单，提高自评行动的效率。

18.3.3.3 第二阶段评价

第二阶段的评价活动以引导学生构建全面、系统的评价清单为主。教师参照"外研社杯"全国英语演讲大赛的评分标准，引导学生认真观看自己的课堂口头报告视频和2012年"外研社杯"英语演讲大赛定题演讲题目"What We Cannot Afford to Loose"一等奖选手的视频，让每个学生都对照分析、体会自己和一等奖选手在主题、内容、结构，以及发音、语调、语速、肢体语言运用等方面的差距。

因课堂口头报告还要求展示 PPT，教师又引导学生认真观看了 TED 演讲视频"讲故事的技术"。让学生重点观察、分析、比较自己和演讲者的 PPT 在模态多样性应用、意义表征、视觉效果方面的差别；引导学生观察模态的搭配、协同，体会如何使用非语言模态材料来突出报告主题，PPT 之间如何过渡与衔接，身势语和 PPT 及其他模态如何协调融合。

经教师点拨，学生看完自己的口头报告录像和教师指定的模版视频后积极发言，主动参与这种对比评价活动。以 TED 演讲"讲故事的技术"为例，研究者梳理并总结了学生对演讲中 PPT 的探讨，有以下几个方面。（1）认为 TED 演讲中的 PPT 选用了图片、照片、动画、网址链接、便利贴、音乐、视频等多种模态与组合，形象直观，表现形式活泼。（2）认为针对演讲者的每句阐释话语，PPT 都辅以更直观的模态元素呈现给听众，不同模态的材料互相补充、共同协作来阐述理由、支持观点，易于理解。（3）PPT 按时间（从远古到现在）、空间（从现实世界到虚拟世界）、媒体（从岩画、纸质书到 3D 电影、电脑再到 Twitter 等社交平台）排序，呈现各种"讲故事的方式"，逻辑性强，各模态衔接非常自然。（4）认为 PPT 使用白底黑字或黑底白字的图片，色差明显，视觉冲击力强。此外，他们根据自己的观察、对比，不仅提到了第一阶段自评中自己意识到的内容和标准，还注意到演讲者声音、表情、眼神、身势语的变化，注意到图片、文字、视频和讲解语速的配合以及和听众互动的不同方式等以前未注意到的诸多细节。教师引导学生在和同学们交流、讨论的过程中，逐条梳理、记录了评价课堂口头报告的五个类别共 14 条评价内容，帮助学生厘清了应该从哪些方面来评价自己的口头报告。

为帮助学生客观地判断自己口头报告的质量，须采用锚定等级评定法。锚定等级时，把学生的口头报告分为优、良、中、差四个等级，邀请四位综合英语教师分别给随机抽取的 23 份口头报告评级，在评级一致的口头报告中每个等级确定一份作为锚定口头报告。之后，培训学生合理评价自己口头报告的等级，通过对照自评清单，让学生比较、体会锚定的不同等级口头报告的特征。最后让学生试评研究者选出的两个同一主题不同等级的口头报告，直到所有学生评级达成一致，确保大部分学生能够把握等级的一致性。用于试评的口头报告与《现代大学英语：精读 1》（第二版）Unit 9 中的内容相关，要求学生讲述一个人物的故事，突出某一主题。

第一个同学讲述的人物是夏伯渝。他在首届残疾人攀岩世锦赛中夺得两枚金牌，并获 2011CCTV 体坛风云人物"残疾人体育精神奖"。同学们在试评时谈到以下几点。（1）采用了倒叙的手法，通过比赛、颁奖场景引入人物，形象直观，给听众留下了悬念。（2）通过图片展示夏伯渝攀登珠峰时，冻伤引发癌变导致双小腿截肢（攀登珠峰、病房治疗的照片），通过视频片段展示他装上假肢后继续挑战攀登珠峰，由于天气、身体等客观原因不得不放弃（采访夏伯渝的视频片段），有图有文，声情并茂。（3）有个别单词发音错误，有些环节讲解和 PPT 展示内容的步调不一致，颜色搭配、字体字号搭配不太合理。（4）和同学互动少。同学们大都认为报告总体效果较好，和锚定的等级为良的口头报告最为接近，应算"良"。

另一个同学的报告讲述了"管鲍之交"。试评时学生谈到以下内容。（1）报告从两人青年时代的交往谈起，到学成后各为其主再到管仲被囚、鲍叔牙举荐，讲述两人的深厚友谊，选材能紧扣主题。（2）只采用了静态的图片。（3）PPT 页面文字过多，演示时只是读文字。（4）PPT 的底色和文字颜色搭配不合理。（5）没有和同学互动的话语、眼神、手势。同学们大都感觉报告比较枯燥，总体和锚定的等级为差的口头报告最为接近，只能算"差"。

至此，教师逐步引导学生形成了比较系统、全面的课堂口头报告的自评清单（见表 18.1）。学生可以利用清单逐项回顾自己的报告录像并确定评价等级；教师可以看出学生自评为某等级的原因，了解学生的想法，再根据学生口头报告的薄弱环节安排有针对性的训练与评价活动。

表 18.1 口头报告自评清单

项目类别	项目描述	项目自评等级				自评为某等级的原因（评语/例子）
		优	良	中	差	
主题	材料与主题的关联度					
	对主题的思考、升华					
语言	语音、语调、语速					
	用词准确、丰富					
	口语流利					
	语言简明、精炼					
多模态设计	使用多模态元素（书面语、图片、视频、音频等）增强效果					
	有效利用可选择媒体的供用特征					
	有效利用各模态关系（跨模态组合、互补、嵌入）					
	模态转移、衔接连贯，PPT 间的过渡自然流畅					
	模态协调性：站位、眼神、手势等身势语动作与话语、PPT 展示的内容协调					
逻辑性与创造性	语言叙述、PPT 制作、模态安排运用富于逻辑，具有创造性					
与听众互动	能吸引听众参与					
	能引发听众对主题进行思考					
总体评价						

18.3.3.4 第二阶段反思

本阶段活动的重点是引导学生从多模态设计的角度探讨课堂口头报告评价的维度，形成新的基于多模态语篇的评价清单。在学生谈到除语言以外的其他模态信息时，教师要及时引入、讲解模态的概念，帮助学生认识多模态语篇并思考其与语言语篇的区别，引导学生总结口头报告的多模态特征；分析报告人搭配图片、视频、声音、颜色、字体等的技巧，分析报告中模态协同、结合、重组的运用技巧，分析报告人突出主题的方式，鼓励学生创造性地运用现代技术处理图片、音视频等不同模态的符号，重新构建、设计意义以产生特别效果，提示学生注意多和听众互动以及运用各种身体语言的技巧。

通过给自己的报告划分等级，学生更容易理解那些抽象的标准，从而能够更加准确地评价自己的口头报告，认识到自己的差距，明确自己努力的目标。

18.3.3.5 第三阶段评价

在最后的 11—15 周，教师让学生利用自评清单给自己大一上学期的口头报告评定等级。之后，随机抽查学生的自评清单，针对学生出现的问题，教师又进行了一次有针对性的解释与引导，尽量确保每个学生都能准确应用自评清单。

为检验自评训练是否能提高学生构建课堂口头报告的能力，教师安排学生对自己本学期的最后一次口头报告录像进行评价。同时，教师也给每个学生的同一份口头报告评级，并一一对照学生的自评等级。共收回 31 份自评清单，其中和教师给出的总体评价等级一致的有 26 份，可以看出大部分学生已掌握自评方法。教师和 5 名自评等级与教师不一致的学生进行深入交流，了解他们自评时存在的误区，并有针对性地进行了示范评分，直到他们的自评等级和教师的达成一致。最后，统计 31 份评价清单总体评价的等级，结果如表18.2 所示。

表 18.2　总体评价统计结果

	优	良	中	差
人数	2	16	10	3
百分比	6.45%	51.61%	32.26%	9.68%

可以看出，一半以上的学生自评等级为"良"，学生的进步比较明显。通过分析学生在自评清单中的例子和评论，发现自评在以下几方面能促进学生的多模态语篇设计，提升其课堂口头报告的质量。

（1）有利于激发学生兴趣，助其树立自信心，克服害羞、恐惧等负面情绪。有学生调侃说："开始每次做课堂口头报告都像'赶鸭子上架'，后来感觉好多了。"

（2）有利于改进口头报告构建、呈现的方式，提升学生构建多模态语篇的能力。主要表现在模态选择、模态关系处理、模态意义设计等利用各种模态及组合增强表达效果。有学生说："以前我没有尝试过把不同的图片、视频结合起来看表达效果，没意识到这么做还要考虑多种因素。"

（3）有助于学生利用自评清单发现自己在模态搭配、PPT 页面布局、字体字号和颜色搭配等方面的不足。如："我需要加大字号，黄色背景配红色字体在放映时看不清楚"；"看了 TED 视频，对照自己的录像，我意识到语音语调不能总是平的"。

在"语音、语调、语速""各模态关系的利用""模态协调性"等分项的评价中，有不少同学勾选了"差"。通过访谈得知，有的学生来自偏远的农村，对电脑操作和利用软件处理图片及视频还比较陌生。还有的同学发音受方言影响，有一些顽固的错误。在"与听众互动"方面，大部分同学认为演示口头报告时顾不上考虑听众，"当时注意力都在自己身上，只怕漏掉什么"。

18.3.3.6 第三阶段反思

在第三阶段，大部分学生的表现有明显进步，在一定程度上验证了这种自评活动在提高学生多模态语篇的设计能力上是可行的、有效的。有利于学生在自评中发现差距，寻求缩小差距的办法。有利于学生认识、学习构建多模态语篇的方法，感受如何把图像、视频、音频等不同模态的元素重新组合，再次语境化，设计新的意义。有利于学生学会自我监控，针对自己的薄弱环节有意识地学习改进。有利于教师针对学生自评中普遍存在的问题，设计口头报告的主题及演示口头报告的必选环节，帮助学生提升课堂口头报告的质量。

当然，有些学生还存在一些问题：有的盲目乐观，总是过高估计自己的等级；有的在自评活动中图省事，不思考，采取应付的态度，随意给出评语；还有的经过一轮反复自评后对评价内容、等级标准还是没有形成系统认识，对自己口头报告的努力方向仍缺乏清晰客观的判断。

18.3.4　访谈

行动结束后，教师分别邀请 12 名自愿参加访谈的同学就自评清单和自评过程分享他们的看法。

访谈问题如下：

1）你能理解自评清单中的所有描述语吗？

2）你认为自评清单对提高口头报告水平有用吗？

3）你在自评的过程中有哪些收获？

就第一个问题，学生多次提到不理解"有效利用可选择媒体的供用特征""有效利用各模态关系（跨模态组合、互补、嵌入）"等描述语的含义。这是因为学生初次接触多模态术语，教师需要多结合学生报告中的实例讲解，把这些抽象的描述语具体化。

就第二个问题，10 名同学认为自评清单有用。他们谈到在准备和演示口头报告的时候，直言有自评清单"就像有一个模板"。如有学生说："我觉得这是一种很好的经历。我体会最深的是查阅、收集到相关图片后，不是直接将其插入到 PPT 里那么简单，而是要综合考虑图片和文字安排，是否和其他图片协调一致，做到既有美感，又能突出主题。"学生还谈到这个过程激发了他们的学习动机，帮助他们设定了学习目标，培养了他们的学习自主性。如有学生说："我知道了要注意哪些方面，填写清单能审视自己某些方面的优点和缺点，能更加客观地看待自己的水平。"学生还认为自评能帮助自己明确努力的方向："我能认识和感受到自评清单不同等级间的差异。我会对比自评清单，判断自己处于哪种水平，然后不断修改口头报告，争取做到最好。"

就第三个问题，学生普遍反映有收获。（1）认为自评行动记录了自己成长、进步的学习过程，有种成就感。学生认为，"录像记录了自己大部分的口头报告，能从中看到自己一年中的进步，回头看这些口头报告非常自豪"；"学会判断什么样的口头报告是成功的"；"我变得自信了，在公众场合讲话也不再难为情了"。（2）认为有利于全面细致地评价自己的口头报告。"在自评时，可以每次只聚焦于某一方面。多看几次就能发现一些平时没有注意到的细节，对提高自己口头报告能力很管用。"（3）认为有助于自己主动适应技术和媒体，设计、转化材料模态，思考突出主题的方法，增强 PPT 效果。"在老师和同学的帮助下，我已逐步做到熟练应用 Photoshop、Praat 等常用软件，合理搭配不同模态元素"；"我不再随意选择支持材料，会有意考虑不同模态的各种材料间的关系，考虑如何搭配才能达到内容与形式的统一"。（4）认为教师的指导和反馈有利于他们掌握自评方法，提高自评的准确性。"在老师的帮助下，我逐步学会使用评价清单，认清了自己的优势与短板。"

18.4　小结

本章用新伦敦小组的多元读写能力培养框架，特别是其中的批评框定部分，通过学生评价自己做的口头报告来探讨如何提高学生的创造口头语篇的能力。研究证明，用自我评价来提高口头报告的质量是可行的、有效的，大多数学生是认可的。构建自评清单和反复自评的过程很大程度上促进了学生的主动反思活动，他们普遍认为通过参与自评清单的设计，自己更容易领会做好口头报告应注意的各方面内容、技巧，对提高自己口头报告能力很有帮助。开始自评训练后，学生参与口头报告的焦虑感降低了，参加这项课堂活动的兴趣提高了，学生思考、设计、制作、演示课堂口头报告的能力得到了提高。当然，学生知道向哪个方向努力只是迈出了第一步，只有不断练习，不断改进，才能熟练、流畅、高质量地完成课堂口头报告的每个环节。无论哪种形式的评价都是用来促进教学，服务于学习目标。引导学生进行自评活动时，教师可以根据不同的课堂教学目标和学生实际情况"因地制宜"，增加或减少自评清单中相应评价项目的权重，或添加一些新的评价内容。

学生自评只是教师评价的一种辅助方法，一种有益补充，它不能代替教师评价。本研究中自评清单的类别、描述、等级等还只是一种简单的设定，存在一定的局限性，长期使用不利于学生发现自己的具体问题。希望本研究能给同人今后口头报告的课堂教学提供一个视角，起到抛砖引玉的作用。

第十九章　多元读写能力评估框架

19.1 引言

经济全球化和数字技术的快速发展，大大提升了人们运用各种符号资源和交流方式的可能性。语言只是生成意义的一种模态（Kress & van Leeuwen，2001：1），图像、动作、声音、身势语等其他符号资源在生成意义的不同模态中所占比重不断增加。使用多种意义表征和交流资源生成意义，已成为现代人应具有的基本能力。

在这种背景下，美国联邦教育部主持成立的"21世纪技能合作组织"（Partnership for 21st Century Skills，简称P21）和澳大利亚、美国等六个国家开展的"21世纪能力教学与评价"（Assessment & Teaching of 21st Century Skills，简称ATC21S）项目对21世纪学习者需要什么能力、怎么培养、如何评估等做了一些初步的探索。在教育领域，新伦敦小组提出了多元读写能力教学大纲，拓展了传统读写能力的范围；与之相应，以书面语、口语为主构成的传统语篇，也扩展到文化语言多样性背景下的多模态语篇。Healy（2008）和Kalantzis & Cope（2004）提出的"设计学习"教学模型，是培养现代外语人才的一种有效模式。这些研究在培养学生适应多模态、多媒体、多平台的学习环境和社会交流方面，做了许多有益的探索。目前，我国高校已普遍配置了多媒体教室，建立了广泛的网络学习平台。高校外语教师也在不断适应时代要求，实践合作学习、设计学习等新的教学理念和方法。他们常在课堂上就课文相关话题，要求学生利用不同模态的符号资源体系，运用相关数字技术，通过多媒体设备构建多模态语篇，借此培养学生的多元读写能力。

许多研究者（Cope & Kalantzis，2000；Jewitt，2009；Kress，1997，2003；Kress et al.，2005；Stein，2007）都强调，在多模态时代应重新考虑读写能力和英语教学的评估。目前，国内外对学生外语能力的测试（大规模测试、课堂测试）仍以纸质媒介为主，评估和测试的重点是学生对相关知识点的记忆、理解和运用，而使用不同模态的符号资源生成意义的能力还没有完全纳入现有的评估体系。为此，本章拟在我国大学生外语多元读写能力评估的理论框架方面做一些初步探索。

19.2 多元读写能力评估研究

自 1996 年新伦敦小组提出多元读写能力概念以来，国内外学界对多元读写能力的研究越来越多。关于多元读写能力评估有宏观的战略层面的研究，也有微观的和具体学科相结合的操作性较强的研究，还有针对多元读写某一方面能力评估的研究。具体而言有以下几个方面。

1）评估内容：Rosenberg（2010：7）认为，现代读写活动要求学习者不仅具备传统读写能力，还须发展多模态、批判、文化、媒体等读写能力。P21（2009）认为 21 世纪人才应发展"7 C"技能：（1）批判性思维和解决问题的能力（critical thinking）；（2）创新能力（creativity）；（3）协作能力、团队合作能力、领导能力（collaboration）；（4）跨文化能力（cross-cultural）；（5）交流、信息与媒体读写能力（communications）；（6）计算、信息和通信技术读写能力（computing）；（7）职业与独立学习能力（career）。张德禄、刘睿（2014）提出了新时期中国大学生多元读写能力模式（见表 19.1）。可以看出，P21 提出的 21 世纪人才应具有的技能和多元读写能力要求的技能是高度吻合的。

表 19.1 新时期中国大学生多元读写能力模式

能力类型	素质			专业		技术		操作	
多元能力	道德读写能力	社会交往读写能力	创新改革读写能力	语言和非语言读写能力	跨语言、跨文化读写能力	媒体技术读写能力	模态模式读写能力	选择和搜索能力	组织和领导能力

ATC21S 项目研究结果表明，可以在学校教授、学习和评估的有合作解决问题的能力（collaborative problem-solving），包括批判性思维能力、解决问题和合作的能力；通过数字网络学习的能力，包括信息读写能力、信息和通信技术读写能力、个人和社会责任感（Griffin & Care，2015：7-8）。Kalantzis & Cope（2012a：322-330）在设计学习的科学教育"新学习"项目中，借助网络

平台，对学习者的学科知识能力、合作能力、批判思维能力、数字技术能力、多模态能力做了一些评估研究。

总之，P21（2009）和ATC21S涉及的评估内容比较宏观、全面，没有和具体学科结合，也没有提及多模态能力。ATC21S提出哪些能力是学校可教可评的，因此更具操作性。"新学习"项目以科学学科为载体，提到模态评估应包含语言、听觉、视觉、身势语、空间、多模态等六要素，但没有提及不同模态间的关系。

2）**评估标准的设定**：P21提出，应针对不同年级和学科制定不同的能力评估标准。ATC21S认为，要先设计切实可行的任务，根据具体的任务特点和目标要求制定相应评估标准。"新学习"项目建立了科学课程网络学习平台，制定了学习过程中学生多元读写能力的评估标准。文秋芳等（2009：37）构建了我国外语专业大学生思辨能力量具的理论框架，提出了思辨能力的评估标准。美国图书馆协会（American Library Association，简称ALA）（1989）强调要在具体语域、学科、语境中评估信息读写能力，要运用批判性思维查找信息，其核心标准是判断信息的"含金量"、时效性与可信度。

3）**评估方法的运用**：P21和ATC21S项目都强调实时反馈的重要性，采用形成性评估和终结性评估相结合的方法。形成性评估能为教学提供实时反馈，便于快速调整教学方法，满足学生的需求。终结性评估指在一个项目结束或一个学期结束后，为检验效果而进行的"对学习的评估"。就课堂教学而言，形成性评估比终结性评估更有参考价值。

4）**评估的具体操作**：Voogt & Roblin（2012：316-317）认为，21世纪技能的表现形式较复杂，最好采用和某个具体学科相结合的办法来评估，一方面考查学生掌握教学大纲规定的课程内容知识情况，另一方面考查知识社会需要的能力情况。

综上所述，国外相关多元读写能力的评估是根据学习、就业环境的变化设定教育目标，并以项目为依托讨论学生应具备的21世纪技能，讨论某些课程（母语、数学、科学）教学中多元读写能力的总体评估原则，"新学习"项目还在中小学的科学课中提出了评估标准。这些对系统研究我国大学生外语多元读写能力的评估具有一定的启发和借鉴意义。

19.3 中国大学生多元读写能力评估框架

Kress 等（2005：39）认为，语篇是学习知识、理解主题、提高能力、展示思想的载体。Anstey & Bull（2006：41）认为，多元读写能力指在社会、文化、语言多样性的背景下，一个人能灵活、有策略、恰当地应用多种符号资源、多种读写能力构建多模态语篇。Wyatt-Smith & Kimber（2009：86）认为，评估动态、复杂的多模态语篇应遵循三个原则：（1）找到描述、构建多模态语篇的语言和元语言；（2）采用动态性工具而非静态标准来评估；（3）关注学习者完成任务的过程，而不仅仅是最终成品。可见，要评估学生多元读写能力离不开学生构建多模态语篇的过程及多模态语篇本身。因此，评估既要考虑构成多模态语篇的模态类型及在语篇中的功能，对学生模态选择、设计能力进行评估；还要观察学生在生成多模态语篇过程中的表现，对学生多元读写能力的发展水平做出恰当判断。

本章拟通过分析中国大学生外语人才的培养目标和语境，依托大学英语课堂教学，探索我国大学生多元读写能力的评估框架。

19.3.1 中国大学生外语人才的培养目标

2000 年经教育部批准实施的《高等学校英语专业英语教学大纲》，要求大学生具有扎实的英语语言基本功和相关专业知识、较强的能力、较高的素质；注重培养获取知识的能力、独立思考的能力和创新的能力，提高思想道德素质、文化素质和心理素质。在新的深化改革开放的时期，外国文化需要"引进来"，中国文化更要"走出去"。庄智象等（2011：77）提出国际化创新性外语人才应具有良好的语言基本功、极强的专业知识结构、创新型的思维能力和分析解决问题的实际能力，且具有国际视野参与国际事务和国际竞争的能力。张德禄、丁肇芬（2013：41）认为，新时期外语人才应具有良好的语言交际和多文化、多媒体、多模态交际能力，具有多学科知识和多种才能。

在 21 世纪，我国的外语人才很大程度上还要和国外的同行同台竞技。如前所述，21 世纪人才应具有的技能和多元读写能力要求的技能是高度吻合的，结合我国外语教学实际和多元读写能力的培养模式，新时期我国大学生外语人才的培养目标在教学中可具体细化为四个方面：专业能力（外语语言基本功、专业知识、跨文化交际能力）；合作解决问题的能力（批判性思维、合作能力、解决问题的能力）；数字网络学习能力（信息读写能力、信息和通信技术读写能力、个人和社会责任感）；多模态设计能力。

19.3.2　中国大学外语教学的语境

交流总在一定的社会文化语境中进行，语境会影响学生使用生成意义的模态。在教育领域，语境包括社会文化、学习空间、心理空间等。社会文化语境指价值取向、学校文化、道德准则、教育政策、教育设施、教育资源配置、教师职业发展、师生关系、班级文化等。学习空间指物理空间或虚拟的网络环境，包括教室空间、设施配置（多媒体和网络配置、桌椅排列）、班级容量、师生比例、教学资料、教学和评估时间分配等。心理空间指学生的认知和情感要素，如学习目标、态度、动机、策略等。

高等教育对外语人才的培养起着决定作用，课堂教学是其中最重要的一环。多媒体教室对学生的学习至关重要（Jewitt，2003：19）。教师对学生的评估主要发生在课堂，我们只能在这个语境中探索大学生多元读写能力的培养与评估。

19.3.3　多元读写能力评估的内容与标准

读、写不同模态符号组合的语篇，都需要了解包括语言、文字在内的各种符号背后的文化意义和语境意义；它是一个利用各种符号组合、设计、转化符号意义的多元读写过程，需要构建符号意义，评估无疑要着眼于相应的能力。

1）专业能力

专业能力包括外语语言基本功、专业知识、跨文化交际能力。语言基本功指听、说、读、写、译的语言基本技能，是外语多元读写能力的基本素质。在我国，《大学英语课程教学要求》《高等学校英语专业英语教学大纲》都给出了不同的等级和标准，对语言基本功的评估是可以通过传统测试方法实现的，这里不再赘述。

专业知识要考查学生是否掌握了目标语国家（或地区）的文学、历史、社会、政治和经济等方面广博的知识，还要考察学生的跨文化交际能力。评估这方面内容时要注意观察学生是否尊重外语国家文化差异，是否能理解外语国家的社会、文化背景，是否对外语国家不同的思想和价值观持开明的态度。总之，要观察学生对不同文化的敏感性、宽容性和认同度。

跨文化交际能力包括三个方面的能力：认知能力，指对目的文化知识的认识，以及对自身价值观的认识；情感能力，指对不确定性的容忍度、灵活性、共情能力、悬置判断的能力；行为能力，指解决问题的能力、建立关系的能力、在跨文化情境中完成任务的能力等。

2）合作解决问题的能力

合作解决问题的能力包括批判性思维能力、合作能力、解决问题的能力。合作是小组或团队成员为了共同目标一起工作或学习的过程，包含三个要素：交流、配合、回应。交流指学习者交换知识或观点达到最优化理解；配合一般理解为任务分工；回应指主动地、有洞察力地参与（Hesse et al.，2015：37-39）。

解决问题是学习者为达到一定的目标，利用各种认知活动和技能，经过一系列思维过程，使问题得以解决。合作解决问题的过程是应用批判性思维的过程。文秋芳等（2009：42）认为，外语学生的思辨能力（批判性思维能力）包括分析、推理、评估三种技能。分析技能包括归类、识别、比较、澄清、区分、阐释等；推理技能包括质疑、假设、推论、阐述、论证等；评估技能是指对假定、论证过程、结论等的评判技能。对思辨能力评估的标准有清晰性、相关性、逻辑性、深刻性与灵活性五个方面。

在合作解决问题中，学习者要能恰当地表达自己的观点，理解其他成员的观点、感受，学会与人沟通、分享，与人建立并保持良好关系。Hesse 等（2015：41）认为，合作属于社会技能，解决问题属于认知技能；合作重在管理参与者，解决问题重在管理任务。

社会技能包括参与、表达观点、社会调节三方面（ibid.：44）。参与指小组成员是否主动参加任务中的活动，是否主动和其他成员交流或对其他成员的信息做出回应。表达观点是交际能力的核心（Weinstein，1969：756），要注意观察学习者是否能采用移情、自我控制等方法表达观点。相互协商或采用妥协的社会调节技巧，有利于发挥团队成员不同的知识、观点、专业技能、解决问题的策略的综合优势。注意观察学生是否能客观认识所有成员的优点和缺点，明确所有成员在任务中的责任；观察学生沟通的方法、技巧、效率；观察学生接受批评或表扬时的态度、反应；观察学生是否具有全局观念，善于配合别人工作，勇于承担责任等。总之，在课堂内外要多注意观察评估学生的情商，并适当反馈，提请学生注意，帮助他们改进。

认知技能评估要注意观察学生管理资料的方式，学生对问题中各要素特点与预期目标的差距、相互关系的认识，学生剖析、转化问题，制定解决方案的能力，以及学生完成任务时是否敬业、高效、灵活。

3）数字网络学习能力

21世纪是网络的时代，是知识爆炸的时代，信息和通信技术的发展日新月异。数字网络学习能力包括信息读写能力、信息和通信技术读写能力、社会责任感等几个方面。

信息读写能力指学生对相关信息进行搜索、鉴别、分类、归纳、整合、评估、取舍的能力。信息和通信技术读写能力指学生应用各种软件或媒体的能力。作为信息的"消费者"，学生必须鉴别信息质量，它的核心是"可信度"（Lankes，2008：112），即信息的真实性、准确性、完整性、适时性。作为"创造者"，学生不仅需要有基本的操作能力，还要能够创造性地应用各种软件，重组信息资源，组合各种模态。社会责任感指学生能够深刻认识到个人在社会中的责任，恪守法律和社会文明道德等。

4）多模态设计能力

语篇意义构建是对多种模态系统的选择、组合、解读和设计的过程。Sadler（1989：139）认为，只有能区分、评估别人或自己作品的具体维度时，学习者才能用相应的标准改进自己的作品。因此，在课堂教学中，教师对学生模态设计能力的点评与反馈，可以帮助学生认识、体会高质量多模态语篇的构成要素，为学生把握模态选择原则、掌握模态运用平衡、体会不同模态的"功能负荷"（张德禄，2012a：10），以及模态设计等积累感性经验和理论知识。对模态设计能力的评估可分为四部分。

（1）"模态和模态供用特征"的理解运用。Jewitt（2008：247）认为，模态供用特征是与模态的物质和物理特性相关的交际和表现潜势。Kress（1997：8）指出，符号的使用受社会文化、社会政治的影响，每种模态都有自己特定的供用特征和受限性，要考虑各种模态如何入列（enlist）。如在使用文字时要考查学生对字体、字号、颜色等模态的选择、搭配，考查学生用于设计的模态是否符合社会文化、社会政治的要求，以及考查在实现交际目的中的效果、影响交流的程度等。

（2）模态或组合的"适合性"（aptness）。模态组合有三种形式（Rowsell，2013：4-5）：一是超模态组合（transmodal），指不同模态联合或合并，总体大于部分之和，如电影中视觉和声音组合；二是跨模态组合（intermodal），指两类独立存在、互相参照、互为补充的模态，如小说作品中的插图；三是嵌入模态组合（intramodal），指把不同的模态糅合在一起、共同生成意义，如服装设计利用不同颜色不同质地的布料（这里的颜色和质地是互相嵌入的）。Kress（1997：154）提出，不论什么种类的模态或任何意义表征的形式，总有把模态组合在一起的艺术。Kress（2010：79）称之为适合性，指最适合表现自己创造的产品的已有资源。教师要考查学生主要模态、次要模态的运用及设计模态或模态组合的适合性。

（3）模态转移的联想与创造能力。重新编辑、调整、修改某种模态表达另一种相关意义，需要模态转移（mode shifting）（Kalantzis & Cope，2012b：224）。这种模态组合方式恰似修辞中的"通感"，指利用联想、批判性思维和创新意识，使一种感觉和意义在模态间互通。模态转移的联想、创造就像把一首磁带歌曲改编成 MTV，在考查学生时要看转化是否增加了语篇的美感，增强了趣味性，丰富了表现的层次，加深了受众的印象。

（4）模态衔接。它直接影响语篇的意义生成，如视觉、听觉、文字等要素协调，标题、副标题、词汇选择，图像、颜色、空间布局等的关联，超文本链接的联系等。此外，语篇的内容和模态要匹配。考查学生每种模态的挑选、组合、分配、衔接过程是否恰当、合理、有创造性，模态之间是否协调一致。

19.3.4 课堂教学评估方法

教师要注意从多角度、多渠道收集相关信息，全面了解学生的学习过程。评估应以任务为中心，以学生完成任务过程中的表现为基础，以教师的课堂观察与感受为手段。教学中可采用 Kalantzis 等（2003：24）提出的多元读写能力评估方法：项目（project）评估、表现（performance）评估、小组（group）评估、档案袋（portfolio）评估。

项目评估是学生对任务的完成计划、模态设计、小组成员掌握的信息和通信技术情况、实施方案等进行全面的论证，根据学校教学语境比较不同方案的优劣、衡量多模态语篇实现可能性的过程。教师要与学生一起讨论方案的可行性，并通过质疑、提问等方式帮助学生分析方案，提出反馈意见。

表现评估注重评估的过程，指教师让学生在真实或模拟的生活环境中，运用以前获得的知识解决某个新问题或创造某种东西，以考查学生对知识与技能的掌握程度，评估学生使用多种知识的灵活性、创造性，以及解决问题、交流合作、批判性思维等多种复杂能力的发展水平。

小组评估指将小组所有成员的工作看作一个整体来评估，是同伴互评的延伸。因为很难将小组个体成员的贡献从小组共同的成绩中区分出来，小组评估时不认同个体成员的表现，目的就是让小组成员学会相互支持、取长补短，以团队的力量争取最佳效果。这对小组成员形成集体观念、促进小组成员的交流合作、培养小组成员的社会调节技巧是十分有效的。

档案袋评估能全程记录学生在构建多模态语篇的各个阶段的相关表现，有利于教师追踪学生的学习过程，了解每个学生相关技能的发展情况，评估学生能力与课堂教学目标的差距。它还提供同伴互评和自我评估的机会，有利于学生客观看待自己相关能力的水平。

不论采用哪种评估形式，在整个评估过程中都要运用观察法，通过提问、听取学生回答、观察学生表现等方式了解学生的学习情况，并在学生学习过程中及时给予反馈，帮助学生认识不足、树立信心、提高能力。

当然，我们也可以将一学期的多次评估综合起来，纳入结论性评估；或以此为基础，在项目或单元结束时，对学生学习目标实现情况和学习标准达成情况进行一次终结性评估。教师可以对表现好的学生以及高质量的多模态语篇给予特别关注，给出评语，说明原因。

19.3.5　课堂教学评估过程

在教学中，教师需要根据教学语境和学生的实际情况预设合理的学习目标和评估标准，需要尽量营造轻松、平等的课堂气氛，鼓励学生积极、大胆参与任务和设计过程。课堂上对学生外语多元读写能力的评估应视学生在输出多模态语篇的每个阶段的具体表现而灵活把握。学生输出多模态语篇大致有四个阶段，各阶段相应的评估注意事项如下。

（1）分析任务要求，确定任务主题和关键词。好的开始是成功的一半，从不同视角看待同一个问题是创造性学习的关键要素。在该阶段，教师要注意观察评估学生分析任务的视角，主题选择的战略高度（有没有全球视野、观点是否偏激），确定关键词的技巧（概念的内涵、外延）等。

（2）收集、整理相关设计资源。学生需要根据任务要求，搜索、阅读相关的网上语篇，理解语篇深层意义，解释语篇目的。通过小组合作学习，发挥各自的优势，利用批判性思维分析整理材料，共同确定设计资源。在该阶段，教师要主动参与学生的交流、讨论，点评学生收集的资料和整理归纳资料的方法；通过让学生陈述运用设计资源的计划，帮助学生分析、点评其合理性、创新性，鼓励学生开动脑筋大胆创新，提高学生的模态设计能力。

（3）选择合适的模态和体裁结构形成多模态语篇。学生根据主题需要设计语篇表现形式和大体组织结构，运用不同模态组合方式（超模态、跨模态、嵌入模态）重构设计资源，构建新语篇。在此过程中教师应注意观察学生选择模态和组织结构的模式、偏好，让学生陈述其模态设计、表达意义的理由，帮助学生分析他的设计。还要考虑所在学校的教学条件，预估多模态语篇实现的可能性。

（4）展示、改进多模态语篇。学生展示自己构建的新多模态语篇时，教师要注意观察评估 PPT 的整体效果，并点评反馈学生讲台站位、语速、语调、眼神交流、精神状态等细节。要鼓励学生适当运用身体模态展示自己。最后，要督促学生根据点评反馈改进多模态语篇。

以上四个阶段是根据任务不同阶段要求、目的不同而强行划分的，虽然各阶段体现出的多元读写能力各有侧重，但绝非相互孤立的过程。值得注意的是，多模态语篇的体裁结构具有一定的灵活性，学生可以充分利用自己的优势，发挥想象力，创造新的语篇，达到一定的效果后教师就应给予肯定、积极的评估。对相关能力较差的学生，采用"如果你能……就更好了"的句式反馈信息，任何时候都不给学生负面评价。

根据以上讨论，外语多元读写能力评估框架包括五个主要组成部分：核心能力、过程技能、评估方法、评估标准、评估过程（见图19.1）。

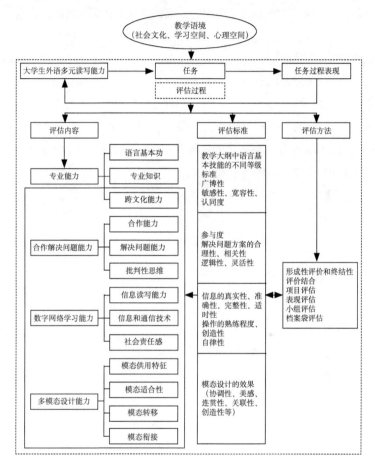

图 19.1 外语多元读写能力评估框架

19.4 小结

这个外语多元读写能力评估框架主要是在课堂教学过程中进行评估，有利于教师追踪学生课堂表现，判断学生能力与课堂教学目标的差距。教师在指导、引导、参与学生讨论的过程中，需要在关键节点对学生进行适当点拨，对学生在任务中的表现进行中肯评估，对学生最终构建的多模态语篇做出全面的评估与反馈；在完成任务的各个阶段，学生需要对照教师对设计产品和设计过程的评估重新思索、推敲以及改进自己产出的多模态语篇。这对提高学生相关读写能力，增强学生对相关模态、技术的把握能力无疑是十分有效的。

最后需要特别指出的是，笔者是在某二本院校进行了一些初步试验后，才构建了这个尚不成熟的外语多元读写能力评估框架，它在实际教学过程中的实施效果，还有待进一步研究验证。将评估框架转化为具体的测量工具还需要经过多次测试、调整、论证、循环，才有可能完善。此外，在合理设计评估任务，最大限度激发学生应用多元读写能力方面，在观察、记录学生完成任务的课外表现方面，都有待进一步研究。

第二十章 结 论

本章是本书的结论部分，重点总结全书的内容、本研究的创新点，以及本研究的理论意义和应用价值，最后指出本研究的局限性和将来的发展方向。

20.1 总结

本书共分为四个部分。

第一部分重点探讨了研究的背景，对国内外的研究现状进行了综述，并且探讨了我国外语专业和学科的发展趋势。这部分包括第一、二章。

第一章对与本研究相关的理论和所涉及的方面进行了综述。第一个方面是对外语专业本科生应该具备的能力的探讨，第二个方面是对本研究所涉及的基本理论的研究，包括多模态话语分析理论，包括涉及的不同理论角度、学科的融合和高科技研究方法的运用，以及运用多模态话语理论对教学的研究等，另外还有合法化语码理论、再符号化理论、体裁结构潜势理论、多模态互动理论等。

第二章重点探讨中国外语教育的发展趋势，包括在新时期外语地位的不断变化，以及外语教育发展的现状，特别是外语教育中存在的问题。针对存在的问题，本章探讨了外语教育的发展目标，认为外语教育的主要目标除了提高语言技能和学习语言知识以外，更重要的是引导和激励学生发展获取和处理多种知识、了解多种文明成果的兴趣和能力，发展跨/超学科能力，提高学生的多维认知水平，帮助学生构建适应全球化环境的多重文化心理和跨文化、超文化交流的能力。本章还根据教学目标探讨了人才培养的规格，认为新时期的外语人才应该能够：（1）比较好地掌握外语的意义潜势，熟悉英美文化特点及其表达方式；（2）很好地把握中国文化的特点，发展好中国文化的意义潜势，并能够自如地用外语来表达中国文化；（3）在中国文化和西方文化之间架起一座"桥梁"，使自己成为双方沟通和交流的连接点，即建立起所谓"第三文化"

(Kramsch, 2009)；(4) 在此过程中，时刻认识到自己是中国文化的代表和使者，利用这个过程来维护、传播和交流优秀的中华文明。最后，本章还探讨了外语教育的发展思路和策略，包括外语教育要学科化，与外语教育的工具化相辅相成，而不是相互矛盾，同时要建立合适的师资队伍，设计合适的课程设置和教学方式。

第二部分包括第三、四章，重点探讨外语专业本科生应该具备的多元能力结构，并且进行了实证和实验研究。

第三章论证外语专业本科生应该具备的多元能力。首先，探讨了不同类型、不同层次的能力，能力的内涵，以及前人对能力概念的研究，将能力概念从标准点、核心成分和特性标记几个层次来确定。其次，探讨了本科生应该具备的能力结构，包括交际能力、知识能力、思维能力、操作能力、职业能力和综合能力六个大的类别，共19个具体类别。再次，根据2000年教育部颁布的《高等学校英语专业英语教学大纲》，探讨了我国当代外语专业本科生应该具备的能力结构，包括外语交际能力、专业综合能力、跨专业能力、知识处理能力、文化综合能力、媒体模态操作能力、批评反思能力和社会交往能力八个高层能力类别，分为27个中层能力，同时解释了能力分类的视角。最后，探讨了外语专业本科生多元能力培养的构想，包括教学内容、教学模式和方法的改革及评价。

第四章是实证研究，通过问卷调查和定量分析等手段，探讨了所建构的外语专业本科生多元能力结构的适用性，在外语教育界的接受度等。首先，本章概述了上章探讨的支持本多元能力结构模式的动因。其次，概述了本研究的研究方法，首先是本研究采用的问卷调查法，包括其问卷和访谈的设计、实施方法、具体研究方法和实施步骤。再次，对研究结果进行了描述，包括数据统计、数据分析、对比分析和具体事例分析。最后，对研究结果进行了分析和讨论。

第三部分重点研究培养外语专业本科生应该具备的多元能力适用的理论模式，包括第五至九章，涉及多模态话语分析理论、多元读写能力理论、多模态话语中的再符号化理论、Maton 的合法化语码理论、体裁结构理论和多模态互动理论。

第五章探讨本研究的主要基础理论——多模态话语分析理论，包括多模态符号资源、多模态语篇和语法、多模态设计、模态间的关系等，以及多元读写能力理论，探讨了外语课堂教学中的模态选择在外语教学中的作用，多元读写能力培养模式，包括设计学习理论和由实景实践、明确教授、批评框定和转换实践四个部分组成的教学模式，以及设计理论在外语教学中培养多元能力的作用。多元读写能力理论为课程设置、方法选择和模态选择提供了一个完整、全面、适用性强的教学模式，可以为所有能力的培养提供基础教学模式。

第六章探讨外语教学中普遍出现的再符号化现象，包括再符号化的理论基础、再设计，同时建构了一个再符号化的分析框架，接着探讨了再符号化在教学特别是外语教学中的作用。在外语教学中，再符号化是教学内容再语境化的结果，特别是课本内容、教学大纲中的教学内容在外语课堂上实现的过程涉及多种符号的再符号化过程。本章论述了再符号化的两个主要形式——转换和联通，并且用教学实例做了说明。最后，本章探讨了再符号化引起的意义变化和产生的效果。

第七章探讨 Maton 的合法化语码理论中的语义波理论在外语教学中的作用。该理论重点关注知识的存在形式和结构，以及在外语教学中对知识的处理方式。知识的学习和掌握要经过意义的语境化过程。本章探讨了语义波理论中语义密度和语义引力的特点和变化方式，及其在外语教学中的几种不同的语境化和浓缩化过程，用历史课、地理课和大学英语课教学的实例呈现的不同语义波类型做了说明。同时，探讨了该理论应用于教学特别是外语教学的基本特点和规律，为外语知识的教学模式提供了理论框架。

第八章重点研究如何用体裁结构潜势理论来模式化教学的过程和程序。体裁理论本来是对语篇的意义结构及其与交际目的关系的研究，探讨社团成员分阶段、有目标的交际过程。本研究则把体裁研究的思路扩展到外语教学的设计和过程上，提出了外语课堂教学体裁结构，以及外语课堂教学体裁结构潜势概念。这个教学模式应用于外语教学的设计和行动中，使教学目标、教学程序以及教学方法与教学模态的选择联系起来，形成根据教学目标、课程类型选择教学程序和教学模态的系统模式。本章首先根据系统功能语言学理论建立一个体裁结构分析框架，然后探讨了课堂教学进程中每个体裁阶段对模态选择的特点；接着把该理论应用于学生的多元能力培养中，把体裁结构潜势理论与新伦敦小组的多元读写能力培养模式相结合，建立了外语教学中多元读写能力培养模式课堂教学多模态选择框架。

第九章探讨多模态互动理论如何应用于外语教学，特别是实景实践过程中的实践和行动过程。多模态互动理论也是社会功能理论的一种，但它聚焦于行动的层次和类别，特别是可以解释人类交际过程中几个交际活动同时进行时模态的综合选择过程和方式，对于外语教学作为行动过程的研究十分重要。本章首先探讨了多模态互动分析的理论基础和研究对象，包括活动类型、注意度或意识度、手段、介入点、模态及其密度、模态的结构配置和媒介，然后建立了一个多层次模态互动分析综合框架，最后用教学实例做了说明。

第四部分主要根据以上基础理论和分析模式及教学模式和已有的研究，探讨外语专业本科生多元能力培养模式，首先是总体的培养模式及选择程序和某些能力组的培养模式，包括第十至十六章。

第十章探讨外语专业本科生多元能力综合培养模式。在外语教学中，除了语言能力外，学生的综合素质是重要的培养对象，而综合素质是由多元能力组成的。第一，本章探讨了学生需要发展的综合素质和多元能力结构。第二，探讨了不同交际环境对学生能力结构类型的要求。第三，探讨了中国外语教学的不同阶段的特点，以及在目前的综合素质阶段的主要特点和任务。第四，探讨了不同能力培养方式，包括单一能力培养方式、多能力培养方式和融合式培养方式。从要培养的能力的类别来说，能力培养模式可以分为以知识为基础的、以实践为基础的、以方式为基础的和以认知及态度为基础的四个类别。第五，探讨了如何根据培养的能力类型在这四种培养模式中选择合适的教学模式，最终建立一个综合性外语专业本科生多元能力培养模式，同时探讨了课外自主学习与课内教学相结合的问题。

第十一章探讨外语专业本科生与知识相关的能力的培养模式，首先根据Bernstein的知识结构理论对知识类型进行模式化，然后探讨知识类型与知识学习的关系，探讨知识学习的语义发展模式，根据这些发展模式和知识类型组织外语教学，构建了学科知识能力的培养模式；用教学实例探讨了学科知识能力的教学程序，包括熟悉学生的已有知识资源、确定教学进程、讲解与指导、知识的语境化过程、知识的论证、批评和反思过程，以及知识的应用创新过程。

第十二章探讨外语专业本科生应该具备的多元能力的主要组成部分之一——思辨能力的培养模式。本章首先探讨论辩、评价与思辨能力的关系，认为思辨能力既包括逻辑推理能力、论辩能力，同时也包括评价能力；然后探讨如何通过论辩和评价构建思辨能力培养模式，包括课程的基本框架、论辩过程、论辩方式以及验证和创新；最后探讨了模式构建的四个特点：综合性、融合性、灵活性、潜势和实际相互结合。

第十三章探讨通过外语教学过程中的评价环节来培养学生的道德素养，由态度和思想决定的多元能力。本章首先引入评价理论，以及教学过程中的评价阶段，然后结合已有研究探讨了通过这个阶段进行学生品德教育的教学模式，包括四个阶段的循环：理论概念、经历行为、评价思辨和应用创新，最后进行了讨论，将外语教学中品德教育与立场和思想问题相联系，通过发现问题、讨论、分析和辨别、评价进行品德教育。

第十四章探讨外语专业本科生超文化交际能力的培养模式。超文化交际能力是跨文化交际能力发展到一定阶段的必然结果，同时也是国际化、全球化发展的必然结果。本章首先探讨了超文化概念的内涵，以及超文化交际能力的意义，包括容忍模糊、心胸开阔、认知灵活、尊重对方、适应环境、对语言和非语言行为敏感、创新思维等特征，然后根据已有的研究成果，探讨了超文化交际能力的培养模式，包括该模式构建的理论基础、培养模式的构建思路和过程，以及其总体培养模式和每个阶段的具体培养程序。

第十五章探讨外语专业本科生超学科能力培养模式。超学科能力是跨学科能力和多学科能力发展的必然结果，是新时期学科融合、问题导向研究的必然趋势。本章首先探讨了超学科概念、超学科能力的内涵，以及已有的研究和超学科知识结构的特点。其次，探讨了超学科知识融合的三个层次，包括科学技术知识与日常生活知识的融合、层级知识结构与水平知识结构的融合、层级知识结构内部学科之间的融合。再次，探讨了超学科能力培养模式和培养程序，包括确定主题、选择问题、选择相关学科知识、教学设计、教学过程、反思与评价、应用与创新。最后探讨了超学科能力培养的特点。

第十六章探讨信息媒体技术能力培养模式。信息媒体技术能力是当代外语大学生必备的能力，是适应信息化、数字化、多元化时代的需要。本章首先探讨了信息能力、媒体能力、技术能力的研究现状，以及与培养这些能力相关的培养模式。其次，探讨了可用于培养信息媒体技术能力的相关基础理论，包括Bernstein的知识结构理论、Maton的合法化知识结构理论。再次，探讨了信息媒体技术能力培养模式的构建，构建了信息媒体技术能力综合培养模式，包括预备阶段、知识讲授、实景实践、批评思辨、应用与创新，及其每个阶段内的次级教学模式。最后，对相关问题进行了讨论。

第五部分为教学实施和实践，以例证的方式，重点探讨相关的多元能力培养模式如何在具体的教学实践中实施。相关的案例包括提案写作、课堂口头报告和多元能力评估框架。这个部分包括第十七至二十章。

第十七章以提案写作能力为例，探讨写作能力培养模式构建。写作能力是学生的跨文化和超文化交际能力的重要组成部分。本章首先探讨了设计学习理论与写作教学的关系；其次探讨了设计学习的分析框架；再次探讨了高级写作提案教学的设计学习过程，主要包括培养目标与写作教学模式的设计；最后探讨了这个教学模式与多元能力培养的关系。

第十八章以口头报告后学生的自我评价为例，探讨如何通过多元读写能力培养模式中的评价阶段培养多模态语篇构建能力。口头报告常常是外语技能教学的一个重要环节。本章首先探讨了行动方案，包括研究对象、实施阶段和评价阶段，通过三个阶段的学生自我评价与三个阶段的反思，探讨了学生对自己的语篇构建能力的认识，然后通过访谈进一步了解了学生对自评清单中的描述语的认识，对自评请单作用的认识，以及他们在自评过程中有什么收获，确定了提高学生的口头语篇构建能力的基本思路和方法。

第十九章探讨如何构建多元读写能力评估框架。评估是评价所构建的多元读写能力培养框架是否有效的主要手段。本章对多元读写能力评估的已有研究进行综述，在评估内容、评估标准、评估方面和评估的具体程序上探讨了这一领域需要做进一步研究的方面；然后从培养目标、评估的语境、评估的内容和标准、评估的方法和过程等方面探讨了中国大学生外语人才的培养框架。

第二十章是结论，重点是总结本书的内容，归纳各章及各个研究的创新点，说明研究的价值、局限性，以及未来的研究方向。

20.2 主要创新

1）本研究重点是探索新时期外语专业本科生应该具备的能力，以及对如何培养这些能力提出一套可选择的培养模式。据此，本研究论述了中国外语教育的发展趋势，探讨了中国外语教育的发展目标及其存在的问题，以及新时期外语人才的基本规格和应该具备的四个特质：(1) 掌握外语的意义潜势；(2) 很好地把握中国文化的特点，(3) 充当中国文化和西方文化间的"桥梁"；(4) 充当中国文化的代表和使者。本研究还探讨了外语教育的发展思路和策略。

2) 据此，本研究探讨和构建了外语专业本科生应该具备的多元能力结构，包括八个大类，27 个小类，并且通过问卷调查等方式进行了实证和实验研究，证实了所构建的外语专业本科生多元能力结构模式的可接受性和在师生中的认可度，并探讨了这种结果产生的原因，最后还提出了实施本外语专业本科生多元能力结构模式的思路、方法和措施。

3) 为本研究所使用的理论在教学特别是多元读写能力培养教学中的应用，构建了如下培养模式。(1) 通过多模态话语分析理论，以及由此产生的多元读写能力培养模式，建立了设计学习理论，以及一个完整、全面、适用性强的多元能力培养选择系统。(2) 通过社会符号学的再符号化理论，构建了再符号化的分析模式，并且应用于教学中，构建了一个外语教学必然涉及的再语境化教学模式。(3) 通过 Maton 的合法化语码理论中的语义波理论，探讨了外语教学中的几种不同的语境化和浓缩化过程，用实例对不同的语义波类型做了说明，为外语教学知识的教学模式提供了理论框架。(4) 通过体裁结构潜势理论，将教学目标、教学程序以及教学方法与教学模态的选择联系起来，构建了外语教学多元读写能力培养模式课堂教学多模态选择框架。(5) 通过多模态互动理论构建了以教学行动为主要研究目标的多层次模态互动分析综合框架，最后用教学实例做了说明。

4) 本研究根据以上基础理论和分析模式及教学模式，构建了外语专业本科生多元能力培养选择模式，包括总体培养模式及选择程序和某些能力组的培养模式，构建的具体教学模式如下。(1) 根据 21 世纪全球化、多元化、国际化时代对外语人才的需求，探讨不同能力培养方式，包括单一能力培养方式、多能力培养方式和融合式培养方式；同时根据培养的能力类型，建立了一个综合性外语专业本科生多元能力培养模式，以及与其配套的课外自主学习与课内教学相结合的课外自主学习模式。(2) 根据 Bernstein 的知识结构理论、Maton 的合法化语码理论以及新伦敦小组的多元读写能力培养模式，构建了外语教学中学科知识培养模式。(3) 根据新伦敦小组的多元读写能力培养模式和体裁结构潜势理论，以论辩和评价构建了批评思辨能力培养模式。（4）根据新伦敦小组的多元读写能力培养模式和体裁结构理论，以评价为基点，构建了品德教育培养模式。（5）根据 Bernstein 的知识结构理论和 Maton 的合法化语码理论、新伦敦小组的多元读写能力培养模式和体裁结构理论，结合超文化交际理论，构建了跨／超文化交际能力培养模式。（6）根据 Bernstein 的知识结构理论和 Maton 的合法化语码理论、新伦敦小组的多元读写能力培养模式和体裁结构潜势理论，结合超学科理论，发现了超学科知识融合的普 – 专、文 – 理、专 – 专三个层次，以及超学科知识融合的过程和方式。（7）根据 Bernstein 的知识结构理论和 Maton 的合法化语码理论、新伦敦小组的多元读写能力培养模式和体裁结构潜势理论，结合信息媒体技术能力的特点，构建了信息媒体技术能力综合培养模式。

5）研究相关的多元能力培养模式如何在具体的教学实践中实施。（1）研究以提案写作的方式来培养学生的与写作能力相关的多元能力；（2）研究以口头报告的形式来培养学生与口语能力相关的多元能力；（3）构建了包括评估内容、评估标准、评估方面和具体操作步骤的多元能力培养的评估框架。

20.3 研究的价值及应用

本研究具有较强的理论价值。本研究在理论上的贡献主要集中在两个方面。

1）外语专业本科生在新时期应该具备的多元能力结构：所构建的多元能力框架，一方面对多元能力从层次上进行划分，形成了一个两个层次加具体特征的能力层级模式，不仅可以认识宏观能力的类型，从宏观上将能力与教学模式、自主学习以及学生将来从事的职业和事业联系起来，同时也从微观上认识到，要培养这种能力需要从哪些具体方面入手，把培养任务分割为具体的教学任务实施，同时也可以据此确定具体的能力特征，形成多元能力的特征系统，一方面是对能力的认识有具体的特征可以考量，另一方面也可以对于不同的能力类型采用具体特征的方式进行考核和测试。

2）外语专业本科生多元能力培养模式：首先，这个模式对新伦敦小组的多元读写能力培养模式进行了扩展，一方面在每个模块根据要培养的不同能力的特点，增加了次范畴，对这些模式有了更加深刻的认识和理解，并且使这些模块的教学实践更具操作性。另一方面，它使新伦敦小组的多元读写能力培养模式融入实际的课堂教学中，形成了培养多元能力特别是某个组的能力的整体教学模式，使新伦敦小组的多元能力培养模式教学程序化，从而使这个理论更易于用于探索中国外语教学中多元能力培养的理论模式和框架的构建。其次，这个模式不仅延伸和扩展了新伦敦小组的多元读写能力培养模式，同时也整合了 Bernstein 的知识结构理论和 Maton 的合法化语码理论，从而增强了模式的知识处理在培养多元读写能力方面的作用；整合了系统功能语言学的体裁结构理论，从而使新伦敦小组的多元读写能力模式在中国外语课堂教学中程序化；整合了多模态话语分析理论及其再符号化理论，从而使外语教学模式把不同的教学模式，及其在不同语境中的转换和替换理论化；整合了多模态互动理论，从而使这个教学模式能够从教学行动上探讨外语教学中学生多元能力的培养模式。最后，本模式把系统概念、选择概念、阶段性、层级性、功能性等基本概念和思路引入外语专业本科生多元能力培养的过程和模式中，为将来新时代外语专业本科生应该具备的结构及其培养模式的研究提供了坚实的基础。

　　本研究的应用性是主要研究目标。首先，本研究首先为在中国培养适应新时期需求的外语高级多能人才提供了一个有效的、可选择的培养模式。这个模式与以前主要强调技能的模式相比具有整体性、全面性、素养性特点，适合于培养具有多元能力的人才。其次，本研究为突出培养不同的能力组合提供了一个选择模式。这个模式的特点是它既具有培养所有能力的基础和主干部分，如知识学习、实践能力、批评思辨能力、实践与创新能力等，同时，又可以根据当下要培养的能力选择不同的阶段和组成部分来构建一个次级的教学模式和教学程序，用于培养这组能力。这个模式也为教学方法的改革提供了有效的理论框架和实用模式。有人说，现在进入了"后方法时代"（陈力，2009），但笔者认为，主要是方法的使用方式发生了变化。以前是以方法来决定教学目标、教学程序、模态的选择等，如交际教学法强调交际性，所以一切方式都以交际为主；任务教学法则以完成某项任务为主，注重能力的培养，但可能会忽视知识的系统积累和应用。而本模式则根据培养模式选择教学的整体模式、教学阶段；根据不同教学阶段的目标选择合适的方法；根据所使用的教学方法和环境条件，选择合适的教学模态，形成教学实践的全过程。最后，这个模式也使得教学方法的选择与教学目标和教学模式的选择紧密联系起来，更利于做出正确合理、快速有效的选择，提高教学设计的效率和效果。教学目标是核心，教学的一切选择都应该围绕实现教学目标展开；教学模式是实现目标的基础，所以教学模式是围绕实现教学目标选择的；而教学方式的选择分布于不同的教学阶段，用于实现局部目标，从而组成宏观目标。

20.4 研究的局限性与未来的研究方向

本研究由于涉及范围广，因素多，相关理论模式及其之间关系复杂，因此还存在一定的局限性。

首先，本多元能力培养模式不是一个单一的、固定的教学模式，而是一个可以根据具体目标灵活选择的模式，可以通过它产生无数新的教学模式，以适应新的培养目标，所以，这个模式的有效性需要很长时间的实践才能证实。本研究虽然是以许多已有的研究和大约 100 多个小时的外语教学录像为依托，但对于不同能力的实践教学和教学效果分析仍然不足。这是本研究的一个突出的局限性。

其次，外语专业本科生应该具备的多元能力结构也在不断地演化和变化。例如，在本项目启动阶段，外语专业本科生的能力结构仍然以素质教育、多元能力建设为主，但近几年来，国际化、全球化、网络化和超文化交际能力变得更加突出。新的外语专业本科生多元能力培养模式的完成就预示着更新现有模式需求的来临，也就是说，研究的新模式永远跟不上新的需求的步伐，但模式的预见性和无限接近现实和将来的需求表现了这个模式的质量和水平。在这方面，本模式还有改进和完善的空间。

最后，在外语专业本科生多元能力结构构建中，由于作者视野的局限性以及相关资料和相关因素理解的局限性，可能有一些外语专业本科生必需的能力没有被突显或包括在内。同时，在外语专业本科生多元能力培养模式构建中，由于作者对教学理论、外语学习理论、外语教育和教学方法理论等的学习不够，还可能有些更加有效的理论、措施和基本模式没有考虑在内。

从上面的局限性可见，对外语专业本科生多元能力培养模式进行改革是个不断持续的过程，永远在路上。

首先，外语专业本科生应该具备的能力类别和具体能力，要随着时代的发展而不断变化，所以要不断探索和完善这个能力结构，跟上时代的步伐，不仅立足于现在的需求，更重要的是要具有预见性，要探讨随着时代的发展，远期、中期和近期的将来需要具备什么能力的人才，然后根据需求探索能力结构的模式以及具体能力的类型。人才的培养应该以将来的需求为主，现时的需要为辅，因为学生的培养需要较长的时间，而他们到社会上能够发挥比较大的作用更是需要较长的时间。根据将来所需能力类型及具体能力的情况，结合在教学理论和方法上的新发展，我们需要改善原有的培养模式，使其能为将来培养合格的高层次外语人才服务。

其次，除了对能力类别和具体能力的研究，对具体能力特征也需要进行深入细致的研究。能力是个抽象概念，它的具体表现才是真正的能力，但确定这些具体表现或者特征需要做更加深入的研究。特征与能力之间也不是完全对应的，不是完全的包含关系，而是具有重叠、跨界等关系。所以，比较深入和理想的研究结果是构建出一个外语专业本科生多元能力特征系统网络，根据能力特征与系统网络的特征，以及它们之间的关系探讨这些能力的培养模式。

再次，对能力的研究大部分采用定性的研究方法，因为能力的确定是由人做出的，具有很强的主观性。以前采用的大部分所谓定量的方法，也是在主观基础上的客观，即通过问卷调查等方法，看大多数人的意见是什么，根据同意的人的数量确定能力的类别和特点。这种方法还是要继续用，但是这样出来的结果具有一定的主观性，还需要探索更加客观的方法来提高研究成果的可信度。例如，从特征入手，让被试从事相关的实践活动，根据其在实践中表现出来的能力确定能力的特征和类型，及其能力的大小。采用这种方式，再结合定量的方式，会大大提高研究成果的可信度和效度。

最后，将来的研究任务不仅是完善和改进已有的模式，而且还要根据新的形势的需要，以及新理论和学科的发展，发展新的模式；同时，还要根据这种新的需求发展新的教学和学习策略，使外语专业本科生多元能力培养研究与学生总体素质和特色研究结合为一体，更有利于培养高层次、高素质、多能力外语人才。

参考文献

ALA. (1989). *Presidential committee on information literacy: Final report.* Chicago: American Library Association.

Al-Issa, A. (2006). Ideologies governing teaching the language skills in the Omani ELT system. *Journal of Language & Learning, 4,* 218-231.

Anstey, M., & Bull, G. (2006). *Teaching and learning multiliteracies: Changing times, changing literacies.* Newark: International Reading Association.

Bakhtin, M. M., & Medvedev, P. N. (1991). *The formal method in literary scholarship: A critical introduction to sociological poetics.* (A. J. Wehrle, Trans.). Baltimore: The Johns Hopkins University Press.

Bakhtin, M. (1986). *Speech genres and other late essays.* Austin: University of Texas Press.

Baldry, A., & Thibault, P. J. (2006). *Multimodal transcription and text analysis.* London: Equinox.

Baldry, A., & Thibault, P. J. (2008). Applications of multimodal concordances. *Journal of Language and Communication Studies, 41,* 11-41.

Bamford, A. (2003). *The visual literacy white paper.* Sydney: Adobe Systems.

Bannon, D. (2009). *The elements of subtitles: A practical guide to the art of dialogue, character, context, tone and style in subtitling.* New York: Troy Hasbrouck.

Bateman, J. (2008). *Multimodality and genre: A foundation for the systematic analysis of multimodal documents.* New York: Palgrave Macmillan.

Bateman, J. A., & Schmidt, K. H. (2012). *Multimodal film analysis.* London: Routledge.

Beach, R., & Friedrich, T. (2006). Response to writing. In C. A. MacArthur, S. Graham, & J. Fitzgerald (Eds), *Handbook of writing research* (pp. 222-234). New York: The Guilford Press.

Berestneva, O., Marukhina, O., Benson, G., & Zharkova, O. (2015). Students' competence assessment methods. *Procedia - Social and Behavioral Sciences, 166,* 296-302.

Bergmann, J., & Sams, A. (2012). *Flip your classroom: Reach every student in every class every day.* Washington, D. C.: ISTE.

Bernstein, B. (1973). *Class, codes & control: Vol II.* London: Routledge & Kegan Paul.

Bernstein, B. (1999). Vertical and horizontal discourse: An essay. *British Journal of Sociology of Education, 20*, 157-173.

Bernstein, B. (2000). *Pedagogy, symbolic control and identity*. Oxford: Rowman & Littlefield.

Berry, E. E., & Epstein, M. (1999). *Transcultural experiments: Russian and American models of creative communication*. New York: St. Martin's Press.

Blanchett, H., Powis, C., & Webb, J. (2012). *A guide to teaching information literacy: 101 tips*. London: Facet Publishing.

Boeriis, M., & Holsanova, J. (2012). Tracking visual segmentation. *Visual Communication, 11*(3), 259-281.

Bok, D. (2006). *Our underachieving colleges: A candid look at how much students lean and why they should be learning more*. Princeton: Princeton University Press.

Brown, S., & Knight, P. (1994). *Assessing learners in higher education*. London: Kogan Page.

Brown, G. T. L., & Harris, L. R. (2013). Student self-assessment. In J. H. McMillan (Ed.), *The sage handbook of research on classroom assessment* (367-393). Thousand Oaks: Sage.

Brown, G. T. L., & Harris, L. R. (2014). The future of self-assessment in classroom practice: Reframing self-assessment as a core competency. *Frontline Learning Research, 2* (1), 22-30.

Bruce, B. C. (2003). *Literacy in the information age: Inquiries into meaning making with new technologies*. Newark: International Reading Association.

Bruce, C., & Candy, P. (2000). Information literacy programs: People, politics and potential. In C. Bruce, & P. Candy (Eds), *Information literacy around the world: Advances in programs and research* (pp. 3-10). Wagga: Centre for Information Studies.

Brutt-Griffler, J. (2002). *World English: A study of its development*. Clevedon: Multilingual Matters.

Bucher, H., & Niemann, P. (2012). Visualizing science: The reception of powerpoint presentations. *Visual Communication, 11*(3), 283-306.

Byram, M., Holmes, P., & Savvides, N. (2013). Intercultural communicative competence in foreign language education: Questions of theory, practice and research. *The Language Learning Journal, 41*, 251-253.

Canale, M. (1983). From communicative competence to communicative language pedagogy. In J. C. Richards, & R. Schmidt (Eds), *Language and Communication* (pp. 2-27). London: Longman.

Canale, M., & Swain, M. (1980). Theoretical bases of communicative approaches to second language teaching and testing. *Applied Linguistics, 1* (1), 1-47.

Chomsky, N. (1965). *Aspects of the theory of syntax.* Cambridge: The MIT Press.

Christie, F., & Macken-Horarik, M. (2007). Building verticality in subject English. In F. Christie, & J. Martin (Eds), *Language, knowledge and pedagogy: Functional linguistic and sociological perspectives* (pp. 156-183). London: Continuum.

Cook, V. (1991). The poverty of the stimulus argument and multicompetence. *Second Language Research, 7* (2), 103-117.

Cook, V. (1992). Evidence for multicompetence. *Language Learning, 42* (4), 557-591.

Cook, V. (2012). Multicompetence. In C. Chapelle (Ed.), *The encyclopedia of applied linguistics* (pp. 3768-3774). Oxford: Wiley-Blackwell.

Cope, B., & Kalantzis, M. (2000). *Multiliteracies, literacy learning and the design of social futures.* New York: Routledge.

Cope, B., & Kalantzis, M. (2015). *A pedagogy of multiliteracies: Learning by design.* London: Palgrave Macmillan.

Cox, C. N., & Lindsay, E. B. (2008). *Information literacy instruction handbook.* Chicago: Association of College and Research Libraries.

Dickinson, L. (1987). *Self-intruction in language learning.* Cambridge: Cambridge University Press.

Djonov, E. N. (2005). *Analyzing the organization of information in websites.* Ph. D. Thesis. Sydney: University of New South Wales.

Djonov, E., & Zhao, S. (2014). *From multimodal to critical multimodal studies.* London: Routledge.

Draper, D. (2010). *Comprehension strategies: Visualising & visual literacy.* Northern Adelaide: DECS.

Dvorghets, O. S., & Shaturnaya, Y. A. (2015). Developing students' media literacy in the English language teaching context. *Procedia - Social and Behavioral Sciences, 200,* 192-198.

Ecclestone, K., & Swann, J. (1999). Litigation and learning: Tensions in improving university lecturers' assessment practice. *Assessment in Education, 6* (3), 377-389.

Eggins, S. (2004). *An introduction systemic functional linguistics.* London: Continuum.

El Refaie, E. (2003). Understanding visual metaphor. *Visual Communication, 2* (1), 75-95.

Enos T., & Brown, S. C. (1992). *Defining the new rhetoric*. London: Sage.

Epstein, M. (1999). From culturology to transculture. In E. E. Berry, & M. Epstein (Eds), *Transcultural experiments: Russian and American models of creative communication* (pp.15-30). New York: St. Martin's Press.

Epstein, M. (2009). Transculture: A broad way between globalism and multiculturalism. *American Journal of Economics and Sociology, 1*, 68.

Felten, P. (2008). Visual literacy. *Change: The Magazine of Higher Learning, 40* (6), 60-64.

Feng, D. (2012). *Modeling appraisal in film: A Social semiotic approach*. Ph. D. Thesis. Singapore: National University of Singapore.

Fillmore, C. J. (1982). Frame semantic. In The Linguistics Society of Korea (Ed.), *Linguistics in the Morning Calm* (111-122). Seoul: Hanchin.

Finley, T. (2014). *Common core in action: 10 visual literacy strategies*. Retrieved June 15, 2014, from http://www.edutopia.org/blog/ccia-10-visual-literacy-strategies-todd-finley.

Finnemann，N. O. (2016). Hypertext configurations: Genres in networked digital media. *Journal of the Association for Information Science and Technology, 162* (2), 1-5.

Fitzallen, N., Reaburn, R., & Fan, S. (2014). *The future of education research: Perspectives from beginning researchers*. Boston: Sense Publishers.

Forceville, C. (1996). *Pictorial metaphor in advertising*. London: Routledge.

Forceville, C. (2007). Book review: Multimodal transcription and text analysis. *Journal of Pragmatics, 39*, 1235-1238.

Forceville, C. (2009). Nonverbal and multimodal metaphor in a cognitivist framework. In C. Forceville, & E. Urios-Aparisi (Eds), *Multimodal metaphor* (pp. 19-43). Berlin: Mouton de Gruyter.

Frentz, T. S., & Farrell, T. B. (1976). Language-action: A paradigm for communication. *Quarterly Journal of Speech, 62*, 333-349.

Frey, A., & Ruppert, J. (2013). Structuring and detecting competence. In K. Beck, & O. Zlatkin-Troitschanskaia (Eds), *From diagnostics to learning success: Proceedings in vocational education and training* (pp. 185-198). Rotterdam: Sense Publishers.

Gibbons, M., Limoges, C., Nowotny, H., Schwartzman, S., Scott, P. & Trow, M. (1994). *The new production of knowledge: The dynamics of science and research in contemporary societies*. London: Sage.

Gibson, J. J. (1977). The theory of affordances. In R. Shaw, & J. Bransford (Eds),

Perceiving, acting, and knowing: Toward an ecological psychology (pp. 62-82). Hillsdale, NJ: Erlbaum.

Gidlöf, K., Holmberg, N., & Sandberg, H. (2012). The use of eye-tracking and retrospective interviews to study teenagers' exposure to online advertising. *Visual Communication, 11* (3), 329-345.

Goatly, A. (2007). *Washing the brain: Metaphor and hidden ideology.* Amsterdam: John Benjamins.

Goodwin, M. H., & Alim, H. S. (2010). "Whatever (neck roll, eye roll, teeth suck)": The situated coproduction of social categories and identities through stancetaking and transmodal stylization. *Journal of Linguistic Anthropology, 20* (1), 179-194.

Griffin, P., & Care, E. (2015). *Assessment and teaching of 21st century skills: Methods and approach.* New York: Springer.

Grosjean, F. (1989). Neurolinguists, beware! The bilingual is not two monolinguals in one person. *Brain and Language, 36,* 3-15.

Grosjean, F. (2008). *Studying bilinguals.* Oxford: Oxford University Press.

Gu, Y. (2006). Multimodal text analysis: A corpus linguistic approach to situated discourse. *Text & Talk, 26* (2), 127-167.

Gu, Y. (2009). From real-life situated discourse to video-stream data-mining. *International Journal of Corpus Linguistics, 14* (4), 433-466.

Halliday, M. A. K. (1973). *Explorations in the functions of language.* London: Edward Arnold.

Halliday, M. A. K. (1978). *Language as social semiotic: The social interpretation of language and meaning.* London: Edward Arnold.

Halliday, M. A. K. (1990). New ways of meaning: The challenge to applied linguistics. *Journal of Applied Linguistics, 6,* 7-36.

Halliday, M. A. K. (1994). *Introduction to functional grammar.* London: Edward Arnold.

Halliday, M. A. K. (2003). *On language and linguistics.* London: Continuum.

Halliday, M. A. K. (2008). *Complementarities in language.* Beijing: The Commercial Press.

Halliday, M. A. K., & Hasan, R. (1989). *Language, text and context: Aspects of language in a social-semiotic perspective.* Oxford: Oxford University Press.

Halliday, M. A. K., & Matthiessen, C. (2004). *An introduction to functional grammar.* London: Edward Arnold.

Halliday, M. A. K., & Matthiessen, C. (2014). *Halliday's introduction to functional grammar.* London: Routledge.

Healy, A. (2008). *Multiliteracies and diversity in education: New pedagogies for expanding landscapes.* Melbourne: Oxford University Press.

Hepp, A. (2015). *Transcultural communication.* Chichester, West Sussex: Wiley-Blackwell.

Heritage, J. (1995). Conversation analysis: Methodological aspects. In U. M. Quasthoff (Ed.), *Aspects of oral communication* (pp. 391-418). Berlin: Walter de Gruyter.

Hesse, F., Care, E., Buder, J., Sassenberg, K. & Griffin, P. (2015). A framework for teachable collaborative problem solving skills. In P. Griffin, & E. Care (Eds), *Assessment and teaching of 21st century skills: Methods and approach* (pp. 37-56). New York: Springer.

Hiippala, T. (2017). An overview of research within the genre and multimodality framework. *Discourse, Context and Media, 20,* 276-284.

Holec, H. (1981). *Autonomy in foreign language learning.* Oxford: Pergamon.

Hunston, S., & Thompson, G. (Eds). (2000). *Evaluation in text: Authorial stance and the construction of discourse.* Oxford: Oxford University Press.

Hyland, K. (1998). *Hedging in scientific research articles.* Amsterdam: John Benjamins.

Hymes, D. H. (1967). Models of the interaction of language and social setting. *Journal of Social Issues, 23* (2), 8-38.

Hymes, D. H. (1972). On communicative competence. In J. B. Pride, & J. Holmes (Eds), *Sociolinguistics* (pp. 269-293). Harmondsworth: Penguin Books.

Iedema, R. (2001). Resemiotization. *Semiotica, 1* (4), 23-39.

Iedema, R. (2003). Multimodality, resemiotization: Extending the analysis of discourse as multi-semiotic practice. *Visual communication, 2,* 29-57.

Jakobson, R. (1959). On linguistic aspects of translation. In R. A. Brower (Ed.), *On translation* (pp. 189-227). Cambridge: Harvard University Press.

Jantsch, E. (1970). Inter-and transdisciplinary university: A systems approach to education and innovation. *Policy Sciences, 1* (4), 403-428.

Jantsch, E. (1972). Towards interdisciplinarity and transdisciplinarity in education and innovation. In L. Apostel et al. (Eds), *Problems of teaching and research in universities, organisation for economic cooperation and development (OECD) and center for educational research and innovation (CERI)*(pp. 97-121).Washington, D. C.: OECD Publications Center.

Jewitt, C. (2003). *Reshaping literacy and learning: A multimodal framework for technology mediated learning.* London: London University.

Jewitt, C. (2005). Multimodality, "reading," and "writing" for the 21st century. *Discourse: Studies in the Cultural Politics of Education, 26* (3), 315-331.

Jewitt, C. (2008). Multimodality and literacy in school classrooms. *Review of Research in Education, 32*, 241-267.

Jewitt, C. (2009). *The Routledge handbook of multimodal analysis.* London: Routledge.

Jewitt, C. (2013). Multimodal teaching and learning. In C. A. Chapelle (Ed.), *The encyclopedia of applied linguistics* (pp. 4109-4144). Oxford: Blackwell.

Jewitt, C., & Kress, G. (2003). *Multimodal literacy.* New York: Peter Lang.

Juan-Garau, M., & Jacob, K. (2015). Developing English learners' transcultural skills through content- and task-based lessons. *System, 54*, 55-68.

Kachru, B. (1988). The sacred cows of English. *English Today, 4* (4), 3-8.

Kalantzis, M., & Cope, B. (2000). A multiliteracies pedagogy: A pedagogical supplement. In B. Cope, & M. Kalantzis (Eds), *Multiliteracies: Literacy learning and the design of social futures* (pp. 237-246). London: Routledge.

Kalantzis, M., Cope, B., & Harvey, A. (2003). Assessing multiliteracies and the new basics. *Assessment in Education, 10* (l), 15-26

Kalantzis, M., & Cope, B. (2004). Design for learning. *E-Learning, 1* (1) , 38-93.

Kalantzis, M., Cope, B., & The Learning by Design Project Group. (2005). *Learning by design.* Altona: Common Ground Publishing.

Kalantzis, M., & Cope, B. (2012a). *New learning: Elements of a science of education.* Cambridge: Cambridge University Press.

Kalantzis , M., & Cope, B. (2012b). *Literacies.* New York: Cambridge University Press.

Kalantzis, M., Cope, B., Chan, E., & Leanne, D. (2016). *Literacies.* Cambridge: Cambridge University Press.

Kellner, D., & Share, J. (2007). Critical media literacy, democracy, and the reconstruction of education. In D. Macedo, & S. R. Steinberg (Eds), *Media literacy: A reader* (pp. 3-23). New York: Peter Lang.

Kerin, R. (2009). Digital portraits: Teacher education and multiliteracies pedagogy. In V. Carrington, & M. Robinson (Eds), *Digital literacies: Social learning and classroom practices* (pp. 131-147). Los Angeles: Sage.

Klein, J. T. (2008). Education. In G. H. Hadorn et al. (Eds), *Handbook of transdisciplinary research* (pp. 399-410). Dordrecht: Springer.

Knox, J. (2009). *Multimodal discourse on online newspaper homepages.* Ph. D. Thesis. Sydney: University of Sydney.

Kraidy, M. M. (2005). *Hybridity, or the cultural logic of globalization.* Philadelphia: Temple University Press.

Kramsch, C. (1993). *Context and culture in language teaching.* Oxford: Oxford University Press.

Kramsch, C. (2009). Third culture and language education. In V. Cook, & W. Li (Eds), *Contemporary applied linguistics: Language teaching and learning.* (Vol. 1, pp. 233-254). London: Continuum.

Kress , G. (1997). *Before writing, rethinking the paths to literacy.* New York: Routledge.

Kress, G. (2000). Design and transformation: New theories of meaning. In B. Cope, & M. Kalantzis (Eds), *Multiliteracies: Literacy learning and the design of social futures.* London: Routledge.

Kress, G. (2003). *Literacy in the new media age.* London: Routledge.

Kress, G. (2010). *Multimodality: A social semiotic approach to contemporary communication.* London: Routledge.

Kress, G., & van Leeuwen, T. (1996). *Reading images: The grammar of visual design.* London: Routledge.

Kress, G., & van Leeuwen, T. (1998). Front pages: (The critical) analysis of newspaper layout. In A. Bell, & P. Garrett (Eds), *Approaches to media discourse* (pp. 186-219). Oxford: Blackwell.

Kress, G., & van Leeuwen, T. (2001). *Multimodal discourse: The modes and media of contemporary communication.* London: Arnold.

Kress, G., Jewitt, C., Ogborn, J., & Tsatsarelis, C. (2001). *Multimodal teaching and learning: The rhetorics of the science classroom.* London: Continuum.

Kress, G., Jewitt, C., Bourne, J., Franks, A., Hardcastle, J., Jones, K., & Reid, E. (2005). *English in urban classrooms: A multimodal perspective on teaching and learning.* London: Routledge.

Lakoff, G. (1972). Hedges: A study in meaning criteria and the logic of fuzzy concepts. *Journal of Philosophical Logic, 2* (4), 458-508.

Lakoff, G., & Johnson, M. (1980). *Metaphors we live by.* Chicago: University of Chicago Press.

Lankes. R. D. (2008). Trusting the internet: New approaches to credibility tools. In M. J. Metzger, & A. J. Flanagin (Eds), *Digital media, youth, and credibility* (pp. 101-121). Cambridge: The MIT Press.

Lemke, J. (1993). Discourse, dynamics, and social change. *Cultural Dynamics, 6* (1), 243-275.

LeVine, P., & Scollon, R. (2004). *Discourse and technology: Multimodal discourse analysis*. Washington, D. C.: Georgetown University Press.

Lim, V. F. (2011). *A systematic functional multimodal analysis approach to pedagogical discourse*. Ph. D. Thesis. Singapore: National University of Singapore.

Lipman, M. (1991). *Thinking in education*. Cambridge: Cambridge University Press.

Llurda, E. (2000). On competence, proficiency, and communicative language ability. *International Journal of Applied Linguistics, 10* (1): 85-96.

Lyster, R. (2007). *Learning and teaching languages through content*. Amsterdam: John Benjamins.

Machin, D. (2007). *Introduction to multimodal analysis*. New York: Bloomsbury Publishing.

Manovich, L. (2011). Media visualization. Retrieved June 18, 2021, from http://manovich. net/DOCS/media_visualization.2011.pdf.

Marlow, D. (2004). Writing under the gun: A multimodal analysis of technical trouble ticket of iText genre. Muncie: Ball State University.

Martin, J. R. (1992). *English text: System and structure*. Amsterdam: John Benjamins.

Martin, J. R. (2008). Language, register and genre. In J. R. Martin (Wang Zhenhua, Ed.), *Register studies: The collected works of J. R. Martin.* (Vol. 4, pp. 47-68). Shanghai: Shanghai Jiaotong University Press.

Martin, J. R. (2011). Bridging troubled waters: Interdisciplinarity and what makes it stick. In Christie, F. & Maton, K. (Eds.), *Disciplinarity: Functional linguistics and sociological perspectives* (pp. 35-361). London: Conitiuum.

Martin, J. R. (2012). *Forensic linguistics, vol. 8: Collected works of J. R. Martin* (Wang Zhenhua, Ed.). Shanghai: Shanghai Jiaotong University Press.

Martin, J. R. (2013). Embedded literacy: Knowledge as meaning. *Language and Education, 24*, 23-37.

Martin, J. R., & White, P. (2005). *The language of evaluation: Appraisal in English*. London: Palgrave Macmillan.

Martin, J. R., & Rose, D. (2008). *Genre relations: Mapping culture*. London: Equinox.

Martinec, R. (2000). Types of process in action. *Semiotica, 130* (3-4), 243-268.

Martinec, R., & Salway, A. (2005). A system for image–text relations in new (and old) media. *Visual Communications, 4* (3), 337-371.

Maton, K. (2006). Invisible tribunals. In A. Sadovnik (Ed.), *Proceedings of the fourth international Basil Bernstein symposium* (pp. 225-254). Newark: Rutgers University.

Maton, K. (2009). Cumulative and segmented learning: Exploring the role of curriculum structures in knowledge-building. *British Journal of Sociology of Education, 30* (1), 43-57.

Maton, K. (2011). Theories and things: The semantics of disciplinarity. In F. Christie, & K. Maton (Eds), *Disciplinarity: Functional linguistic and sociological perspectives* (pp. 62-84). London: Continuum.

Maton, K. (2013). Making semantic waves: A key to cumulative knowledge-building. *Linguistics and Education, 24* (1), 8-22.

Maton, K. (2014a). *Knowledge and knowers: Towards a realist sociology of education.* London: Routledge.

Maton, K. (2014b). Building powerful knowledge: The significance of semantic waves. In E. Rata, & B. Barrett (Eds), *The future of knowledge and the curriculum* (pp. 181-197). London: Palgrave Macmillan.

Meeth, L. R. (1978). Interdisciplinary studies: Integration of knowledge and experience. *Change: The Magazine of Higher Learning, 10,* 6-9.

Metros, S. E., & Woolsey, K. (2006). Visual literacy: An institutional imperative. *Education Review, 41* (3), 80-81.

Miller, C. R. (1984). Genre as social action. *Quarterly Journal of Speech, 70,* 151-167.

Mills, K. A. (2006). Critical framing in a pedagogy of multiliteracies. In J. Rennie (Ed.), *Voices, vibes, visions: Hearing the voices, feeling the vibes, capturing the visions - Proceedings of the AATE/ALEA National Conference 2006* (pp. 1-15). Darwin, Queensland.

Mohan, B. A. (1986). *Language and content.* Reading: Addison-Wesley.

Moore, R. (2013). *Bernstein: The thinker and the field.* London: Routledge.

Morris, M. H., Webb, J. W., Fu, J., & Singhal, S. (2013). A competency-based perspective on entrepreneurship education: Conceptual and empirical insights. *Journal of Small Business Management, 51* (3), 352-369.

Neville, M. (2015). Improving multimodal literacy by learning by design. In B. Cope, & M. Kalantzis (Eds), *A Pedagogy of multiliteracies: Learning by design* (pp. 210-230). London: Palgrave Macmillan.

New London Group. (1996/2000). A pedagogy of multiliteracies: Designing social futures. *Harvard Educational Review, 66* (1), 60-92. Reprinted in B. Cope, & M. Kalantzis (Eds), *Multiliteracies: Literacy learning and the design of social futures.* London: Routledge.

Newfield, D. (2014). Transformation, transduction and the transmodal moment. In C. Jewitt (Ed.), *The Routledge handbook of multimodal analysis* (pp. 100-113*)*. London: Routledge.

Newfield, D., & Stein, P. (2000). The multiliteracies project: South African teachers respond. In B. Cope, & M. Kalantzis (Eds), *Multiliteracies: Literacy learning and the design of social futures* (pp. 291-308*)*. London & New York: Routledge.

Ng, W. (2015). Digital literacy: The overarching element for successful technology integration. In Wan Ng, *New digital technology in education: Conceptualizing professional learning for educators* (pp. 125-145). Switzerland: Springer.

Nixon, H. (2001). Literacy, ICTs and disadvantage: An "unspeakable" topic? In C. Durrant, & C. Beavis (Eds), *P(ICT)ures of English* (pp. 191-209*)*. Adelaide: AATE/ Wakefield Press.

Norris, S. (2002). The implication of visual research for discourse analysis: Transcription beyond language. *Visual Communication, 1,* 97-121.

Norris, S. (2004). *Analyzing multimodal interaction: A methodological framework.* London: Routledge.

Norris, S. (2007). The micropolitics of personal national and ethnicity identity. *Discourse and Society, 18,* 653-674.

Norris, S. (2009). Modal density and modal configurations: Multimodal actions. In C. Jewitt (Ed.), *Routledge handbook for multimodal discourse analysis* (pp. 86-89*)*. London: Routledge.

Norris, S. (2011a). *Identity in (inter)action: Introducing multimodal (inter)action analysis.* Berlin & New York: Mouton de Gruyter.

Norris, S. (2011b). Three hierarchical positions of deictic gesture in relation to spoken language: A multimodal interaction analysis. *Visual Communication, 10* (2), 129-147.

Norris, S., & Maier, C. D. (2014). *Interactions, images and texts.* Berlin & New York: Mouton de Gruyter.

O'Halloran, K. L. (2005). *Mathematical discourse: Language, symbolism and visual images.* London: Continuum.

O'Halloran, K. L., & Smith, B. (Eds). (2011). *Multimodal studies: Exploring issues and domains.* London: Routledge.

O'Halloran, K. L., Tan, S. Smith, B. A., & Podlasov, A. (2011). Multimodal analysis within an interactive software environment: Critical discourse perspectives. *Critical Discourse Studies, 8* (2), 109-125.

O'Halloran, K. L., Marissa, K. L. E., Podlasov, A., & Tan, S. (2013). Multimodal digital semiotics: The interaction of language with other resources. *Text & Talk, 33* (4-5), 665-690.

O'Rourke, M. (2005). Multiliteracies for 21st century schools. *ANCN Snapshot, 2,* 1-14.

O'Toole, M. (1994). *The language of displayed art.* London: Leicester University Press.

Ortiz, F. (1970). *Cuban counterpoint: Tobacco and sugar.* New York: Vintage Books.

P21. (2009). *Framework Definitions.* Retrieved June 17, 2021, from http: //www.p21.org/ documents/P21_Framework_Definitions.pdf.

Paltridge, B. (1997). *Genre, frames and writing in research settings.* Amsterdam: John Benjamins.

Paul, R. W., & Elder, L. (2006). *Critical thinking: Tools for taking charge of your learning and your life.* New Jersey: Pearson Prentice Hall.

Paul, R. W. & Elder, L. (2009). *The Miniature Guide to Critical Thinking: Concepts and Tools.* Dillon Beach: Foundation for Critical Thinking Press.

Pearce, W. B., & Conklin, F. (1979). A model of hierarchical meanings in coherent conversation and a study of indirect responses. *Communication Monographs, 46,* 76-87.

Pennycook, A. (2007). *Global Englishes and transcultural flows.* London: Routledge.

Piaget, J. (1972). Epistemologie des relations: Interdisciplinaires. In Ceri (Ed.), *L'interdisciplinarite': Problemes d'enseignement et de recherche dans les universite's* (pp. 131-144). Paris: UNESCO/OECD.

Richards, J. C., & Rodgers, T. S. (1986). *Approaches and methods in language teaching.* Cambridge: Cambridge University Press.

Rosenberg, A. J. (2010). Multiliteracies and teacher empowerment. *Critical Literacy, Theories and Practices, 4* (2), 7-15.

Rowsell, J. (2013). *Working with multimodality: Rethinking literacy in a digital age.* New York: Routledge.

Royce, T. (2007). Intersemiotic complementarity: A framework for multimodal discourse analysis. In T. Royce, & W. Bowcher (Eds), *New directions in the analysis of multimodal discourse* (pp. 63-110). London: Lawrance Erlbaum Associates Publishers.

Rychen, D. S., & Salganik, L. H. (Eds). (2005). The definition and selection of key competencies. *Mep_interieur, 5,* 3-19.

Sadler, D. (1989). Formative assessment and the design of instructional systems. *Instructional Science, 18,* 119-44.

Scollon, R. (1998). *Mediated discourse as social interaction.* London: Longman.

Scollon, R. (2001). *Mediated discourse: The nexus of practices*. London: Routledge.

Scollon, R., & Scollon, S. W. (2004). *Nexus analysis: Discourse and the emerging internet*. London: Routledge.

Seidlhofer, B. (1999). Double standard: Teacher education in the expanding circle. *World Englishes, 2*, 233-245.

Semali, L. (2002). *Transmediation in the classroom: A semiotics-based media literacy framework*. New York: Peter Lang.

Shanahan, E. L. (2013). Composing "kid-friendly" multimodal text: When conventions, instruction, and signs come together. *Written Communication, 30* (2),194-227.

Simons, G. F., Vázquez, C., & Harris, P. R. (1998). *Transcultural leadership: Empowering the diverse workforce*. Houston: Gulf.

Sinclair, J. McH., & Coulthard, M. (1975). *Towards an analysis of discourse: The English used by teachers and pupils*. London: Oxford University Press.

Snow, M. A., & Brinton, D. M. (1997). *Content-based classroom: Perspectives on integrating language and content*. London: Longman.

Sommer, R. (2001). *Fictions of Migration: Ein Beitrag zur Theorie und Gattungstypologie des Zeitgenössischen Interkulturellen Romans in Großbritannien*. Trier: Wissenschaftlicher Verlag Trier.

Stein, P. (2003). The Olifantsvlei fresh stories project: Multimodality, creativity and fixing in the semiotic chain. In Jewitt, C., & G. Kress (Eds), *Multimodal literacy* (pp. 123-138). New York: Peter Lang.

Stein, P. (2007). *Multimodal pedagogies in diverse classrooms: Representation, rights and resources*. London: Routledge.

Stokols, D. (2013). Training the next generation of transdisciplinarians. In M. O. O' Rourke，S. Crowley, S. D. Eigenbrode，& J. D. Wulfhorst (Eds), *Enhancing communication and collaboration in interdisciplinary research* (pp. 56-81*)*. Los Angeles: Sage.

Strijbos, J., Engels, N., & Struyven, K. (2015). Criteria and standards of generic competences at bachelor degree level: A review study. *Educational Research Review, 14*: 18-32.

Swain, M. (1985). Communicative competence: Some roles of comprehensible input and comprehensible output in its development. In S. Gass, & C. Madden (Eds), *Input in second language acquisition* (pp. 235-253). Rowley: Newbury House.

Tan, S. (2011). Facts, opinions, and media spectacle: Exploring representations of business news on the internet. *Discourse and Communication, 5*, 169-194.

Thibault, P. J. (1991). *Social semiotics as praxis: Text, social meaning making and Nabokov's* Ada. Oxford: University of Minesota Press.

Thwaites, T. (2003). Multiliteracies: A new paradigm for arts education. *ACE Papers, 13*, 14-29.

Ting-Toomey, S. (1999). *Communicating across cultures*. New York: Guilford.

Tseng, C. (2009). *Cohesion in film and the construction of filmic thematic configuration*. Unpublished Ph. D. thesis. Bremen: University of Bremen.

UNESCO. (2002). *A UNESCO-APNIEVE Sourcebook No. 2 for Teachers, Students and Tertiary Level Instructors*. Bangkok: UNESCO.

UNESCO. (2003). *A transdisciplinary approach to education: An instrument for action*. UNESCO Information Brief on the UN Decade for Education for Sustainable Development. Paris: UNESCO.

UNESCO. (2005). *Convention on the protection and promotion of the diversity of cultural expressions*. Paris: UNESCO.

van de Kerkhof, M., & Leroy, P. (2000). Recent environmental research in the Netherlands: Towards post-normal science? *Futures, 32* (9), 899-911.

van Dijk, T. A. (2008). *Discourse and context: A sociocognitive approach*. Cambridge: Cambridge University Press.

van Leeuwen, T. (1999). *Speech, music, sound*. London: Macmillan.

van Leeuwen, T. (2005). *Introducing social semiotics*. London: Routledge.

Ventola, E. (1988). *The structure of social interaction: A systemic approach to the semiotics of service encounter*. London: Frances Pinter.

Voogt, J., &. Roblin, N. P. (2012). A comparative analysis of international frameworks for 21st century competences: Implications for national curriculum policies. *Journal of Curriculum Studies, 44* (3), 299-321.

Weinstein, E. A. (1969). The development of interpersonal competence. In D. A. Goslin (Ed.), *Handbook of socialization: Theory and research* (pp. 753-75). Chicago: Rand McNally.

Welsch, W. (1999). Transculturality: The puzzling form of cultures today. In M. Featherstone, & S. Lash (Eds), *Spaces of culture: City, nation, world* (pp. 194-213). London: Sage.

Wheelahan, L. (2012). *Why knowledge matters in curriculum: A social realist argument*. London: Routledge.

Widdowson, H. (2013). *Defining issues in English language teaching*. Shanghai: Shanghai Foreign Language Education Press.

Wiliam, D., Lee, C., C. Harrison, C., & Black, P. (2004). Teachers developing assessment for learning: Impact on student achievement. *Assessment in Education: Principles, Policy & Practice, 11*(1), 49-65.

Witsel, M., & Boyle, A. (2017). The ontology of teaching in transcultural contexts: Four voices of competence. *Journal of Hospitality, Leisure, Sport & Tourism Education, 21*, 154-162.

Wyatt-Smith, C., & Kimber, K. (2009). Working multimodally: Challenges for assessment. *English Teaching: Practice and Critique, 8* (3), 70-90.

Yus, F. (2009). Visual metaphor versus verbal metaphor: A unified account. In C. Forceville, & E. Urios-Aparisi (Eds), *Multimodal metaphor* (pp. 147-172). Berlin: Mouton De Gruyter.

阿尔贝·雅卡尔，2004，《"有限世界"时代的来临》，刘伟译。南宁：广西师范大学出版社。

陈国华，2008，关于我国英语教育现状和政策的分析和建议，《中国外语》(2)，4-6+14。

陈国华，2010，重新认识英语和英语教育的地位，《外语教学与研究》(4)，291-293。

陈力，2009，外语教学法的"后方法"时代，《基础英语教育》(3)，3-8+13。

程晓堂，2014，关于当前英语教育政策调整的思考，《课程·教材·教法》(4)，58-64。

褚孝泉，1997，通感考，《复旦学报》(4)，87-91。

戴炜栋，2009，中国高校外语教育30年，《外语界》(1)，2-4+13。

戴炜栋，2000，总结经验，发扬传统，以改革精神建设新型外国语大学——在上外五十周年校庆大会上的讲话，《外国语》(1)，3-6。

戴炜栋，2014，坚持英语教育的重要性，稳步推进高考外语改革，《外国语》(6)，5-6。

董玲，2010，英语课外活动：学习者的主动建构，《外国中小学教育》(5)，63-65。

方琰，1998，语境·语篇·体裁，载余渭深、李红、彭宣维编，《语言的功能——系统、语用和认知》。重庆：重庆大学出版社。

冯德正、邢春燕，2011，空间隐喻与多模态意义建构——以汽车广告为例，《外国语》(3)：58-64。

冯奕兢、李艺，2003，从记忆知识到创新能力的跃迁——师范生教育技术能力训练研究与实践，《电化教育研究》(11)，29-32。

高等学校外语专业教学指导委员会英语组，2000，《高等学校英语专业英语教学大纲》。北京：外语教学与研究出版社。

高一虹，2002，跨文化交际能力的培养："跨越"与"超越"，《外语与外语教学》(10)，27-31。

高一虹，2008，跨文化意识与自我反思能力的培养——"语言与文化"、"跨文化交际"课程教学理念与实践，《中国外语教育》(2)，59-68。

高一虹，2015，投射之"屏幕"与反观之"镜子"——对中国英语教育三十年冷热情绪的思考，《外语教学理论与实践》(1)，1-7+94。

葛俊丽、罗晓燕，2010，新媒介时代外语教学新视角：多元识读教学法，《外语界》(5)，13-19。

龚灿，2015，芬兰教改：重点培养跨学科能力，《今日教育》(9)，66-67。

顾曰国，2006，基于角色的建模语言，《第十二届 CODATA 国际学术大会论文集》，21-47。

桂诗春，2015，我国英语教育的再思考——实践篇，《现代外语》(5)，687-704。

韩亚文、冯羽，2016，超学科视角下语言学研究生创新人才培养模式研究，《当代教育理论与实践》(7)，63-65。

何炜、何云，2012，发达国家数字战略及新媒体在文化教育上的应用，《现代教育技术》(4)，88-92。

胡壮麟，2013，系统功能语言学家的超学科研究，《外语与外语教学》(3)，1-5。

胡壮麟、董佳，2006，意义的多模态构建——对一次 PPT 演示竞赛的语篇分析，《外语电化教学》(3)，3-12。

黄源深，1998，思辨缺席，《外语与外语教学》(7)，1-19。

黄源深，2010，英语专业课程必须彻底改革——再谈"思辨缺席"，《外语界》(1)，11-16。

蒋逸民，2009，作为一种新的研究形式的超学科研究，《浙江社会科学》(1)，8-16。

李霄翔、杨豫，2005，全球化进程中的英语教育与人的现代化，《南京社会科学》(12)，62-67。

李昕辉，2001，我国英语教育史初探，《青岛远洋船员学院学报》(3)，24-31。

李颖，2013，全英文授课模式的动因论——超学科分析的视角，《中国外语》(1)，47-53。

连淑能，2013，再与外语学生谈综合素质，《当代外语研究》(3)，1-7。

刘贤伟、马永红、马星，2014，美国超学科人才培养的实践——以加州大学欧文分校社会生态学院为例，《高教探索》(6)，52-57。

刘艳萍，2010，思辨能力培养与英语辩论课———位美国教师在华教学的个案研究，《外语艺术教育研究》(1)，46-50。

柳祥旭、柏安茹，2017，超学科教育理念下的中小学教学探索，《中国教育技术装备》(20)，67-68。

孟彬、马捷、张龙革，2006，论知识的生命周期，《图书情报知识》(3)，92-95。

任裕海，2014，跨文化教育的超越之维——全球化视域下超文化能力的发展路径，《教育理论与实践》(31)，8-12。

石中宝，1987，外语应用人才的能力结构，《上海大学学报》(3)，36-38。

孙有中等，2011，英语专业写作教学与思辨能力培养座谈，《外语教学与研究》(4)，603-608。

汤斌，2014，Maton 的合理化语码理论与系统功能语言学的合作，《现代外语》(1)，52-61。

王惠萍，2010，英语阅读教学中多模态识读能力的培养，《外语界》(5)，20-25+10。

王琪、李淑芝，2002，外语能力培养策略研究，《北方论丛》(5)，86-89。

王守仁，2001，加强本科英语专业"学科"的建设——兼评《北大英语精读》，《外语与外语教学》(2)，42-43。

王银泉，2013，从国家战略高度审视我国外语教育的若干问题，《中国外语》(2)，13-24+41。

韦琴红，2009，多模态化与大学生多元识读能力研究，《外语电化教学》(2)，28-32。

韦琴红，2010，超文本化与大学生多元识读能力培养模式研究，《杭州电子科技大学学报》(4)，44-47。

文秋芳，2008，论外语专业研究生高层次思维能力的培养，《学位与研究生教育》(10)，29-34。

文秋芳、周燕，2006，评述外语专业学生思维能力的发展，《外语学刊》(5)，76-80。

文秋芳、王海妹、王建卿、赵彩然、刘艳萍，2010，我国英语专业与其他文科类大学生思辨能力的对比研究，《外语教学与研究》(5)，350-355。

文秋芳、王建卿、赵彩然、刘艳萍、王海妹，2009，构建我国外语类大学生思辨能力量具的理论框架，《外语界》(1)，37-43。

毋育新、王欣荣、杨晶晶、刘伟、李洁、韩思远，2004，通过课外活动提高日语专业本科生综合能力的研究，《外语教学》(4)，74-76。

肖川，2002，《教育的理想与信念》。长沙：岳麓书社。

辛志英，2008，话语分析的新发展——多模态话语分析，《社会科学辑刊》(5)，208-211。

徐锦芬，2013，课外合作学习对大学生英语自主学习能力影响的实证研究，《解放军外国语学院学报》(5)，39-43。

徐锦芬、朱茜，2013，国外语言自主学习研究 30 年——回顾与展望，《外语电化教学》(1)，15-20。

杨娜、吴鹏，2016，论辩话语分析视域下的批判性思维研究——以《高级商务英语》教学为例，《外语界》(1)，44-52。

张德禄，2002，语类研究理论框架探索，《外语教学与研究》(5)，339-344。

张德禄，2009a，多模态话语分析综合理论框架探索，《中国外语》(1)，24-30。

张德禄，2009b，多模态话语理论与媒体技术在外语教学中的应用，《外语教学》(4)，15-20。

张德禄，2010，多模态外语教学的设计与模态调用初探，《中国外语》(3)，48-53+75。

张德禄，2012a，多模态学习能力培养模式探索，《外语研究》(2)，9-14。

张德禄，2012b，论多模态话语设计，《山东外语教学》(1)，9-15。

张德禄，2016，中国英语教育的发展与未来，《当代外语研究》(1)，14-22+30。

张德禄，2017，多模态论辩修辞框架探索，《当代修辞学》(1)，1-8。

张德禄、丁肇芬，2013，外语教学多模态选择框架探索，《外语界》(3)，39-46+56。

张德禄、李玉香，2012，多模态课堂话语的模态配合研究，《外语与外语教学》(1)，39-43。

张德禄、刘睿，2014，外语多元读写能力培养教学设计研究——以学生口头报告设计为例，《中国外语》(3)，45-52。

张德禄、王璐，2010，多模态话语模态的协同及在外语教学中的体现，《外语学刊》(2)，97-102。

张德禄、张时倩，2014，论设计学习——多元读写能力培养模式探索，《解放军外国语学院学报》(2)，1-8。

张德禄等，2015，《多模态话语分析理论与外语教学》。北京：高等教育出版社。

张义君，2011，英语专业学生多元识读能力实证研究，《外语界》(1)，45-52。

张征，2010，多模态 PPT 演示教学与学生学习绩效的相关性研究，《中国外语》(3)，54-58。

张佐成、陈瑜敏，2011，多模态话语分析三大理论方法述评，《中国英语教育》(1)，1-10。

赵晓庆、许庆瑞，2006，技术能力积累途径的螺旋运动过程研究，《科研管理》(1)，40-46。

赵秀凤，2011，概念隐喻研究的新发展——多模态隐喻研究——兼评 Forceville & Urios-Aparisi《多模态隐喻》，《外语研究》(1)，1-10+112。

仲伟合，2015，《英语类专业本科教学质量国家标准》指导下的英语类专业创新发展，《外语界》(3)，2-8。

周频，2012，论科学轨道上的语言学学科建设，《当代外语研究》(10)，2-8。

周岩厦，2008，中国早期英语教育评述，《合肥工业大学学报》(2)，166-170。

朱永生，2007，多模态话语分析的理论基础与研究方法，《外语学刊》(5)，82-86。

朱永生，2008，多元读写能力研究及其对我国教学改革的启示，《外语研究》(4)，10-14。

朱永生，2015，论语义波的形成机制，《外国语》(4)，48-57。

庄智象、韩天霖、谢宇、严凯、刘华初、孙玉，2011，关于国际化创新型外语人才培养的思考，《外语界》(6)，71-78。

本书主要缩略语

AOM — agent-oriented modeling

AS — assignments

BI — background information

CB — class beginning

CT — conceptualization & theorization

DD — discussion & debate

EAP — English for academic purposes

FI — finish

IE — interpretation and evaluation

LCT — legitimation code theory

MC — main content

MCA — multimodal corpus authoring

MOOC — massive open online course

PA — practice and application

PCA — pre-class activity

PPT — PowerPoint

QD — question & discussion

RE — review

SD — semantic density

SE — situated experiencing

SG — semantic gravity

SUM — summary

TO — teaching objective

TR — teaching requirements

UNESCO — United Nations Educational, Scientific and Cultural Organization

XML — extensible markup language

汉英术语对照表

B	伴随模态	accompanying mode
	本义	denotative meaning
	比喻语码	figurative code
	必要成分	obligatory element
	编码取向	coding orientation
	标准点	standard
	表达层	expression plane
	表情	facial expression
	表现功能	representational function
	表现评估	performance assessment
	表现意义	representational meaning
C	层次	strata (strada)
	层级	hierarchy
	层级知识	hierarchical knowledge
	层级知识结构	hierarchical knowledge structure
	超模态组合	transmodal
	超文本	hypertext
	超文化	transculture
	超文化交际	transcultural communication
	超文化交际能力	transcultural communication competence
	超学科	transdiscipline
	超学科能力	transdisciplinary competence
	超专业能力	transsubject competence
	成员	member
	诚实	veracity

	触觉模态	tactile modality
	创新改革读写能力	creation and reform literacy
	创新能力	creativity
	创新维度	creative dimension
	创造性应用	applying creatively
	垂直话语	vertical discourse
	词汇语法	lexicogrammar
	措施	means
D	搭配关系	match
	单符号的	monosemiotic
	单模态	monomodal
	档案袋评估	portfolio assessment
	道德读写能力	moral literacy
	道德素养	moral qualities
	低层活动	lower-level action
	地位关系	taxis relation
	第三文化	the third culture
	定框	framing
	定位	anchorage
	读写教学	literacy pedagogy
	对比	contrast
	对话	dialogue
	对话性	dialogicity
	多媒体	multimedia
	多模态	multimodality
	多模态分析	multimodal analysis
	多模态互动	multimodal interaction
	多模态互动分析	multimodal interaction analysis

	多模态话语分析	multimodal discourse analysis (MDA)
	多模态交际	multimodal communication
	多模态设计	multimodal design
	多模态设计学习	multimodal design for learning
	多模态体裁	multimodal genre
	多模态协同	multimodal synergy
	多模态选择	multimodal selection/choice
	多模态选择原则	principle of multimodal selection
	多模态研究	multimodal research
	多模态语法	multimodal grammar
	多学科	multidiscipline
	多元读写能力	multiliteracy
	多元能力	multicompetence
F	翻转课堂	flipped classroom
	反思型教学法	reflective pedagogy
	反应	reaction
	反映语言	language as reflection
	方法／角度	method/perspective
	非语言读写能力	nonlinguistic literacy
	非语言模态	nonverbal mode
	分布	distribution
	分布层	distribution stratum
	分离	segregation
	分析化	analyzing
	风格	style
	符号	sign
	符号活动	sign activity
	符号链条	semiosis chain

	符号模态	semiotic mode
	符号生成	semiosis
	符号系统	semiotic system
	符号学	semiotics
	符号意义潜势	semiotic meaning potential
	符号原则	semiotic principle
	符号资源	semiotic resource
	符合语法	grammaticality
G	改写	paraphrase
	概念	concept
	概念功能	ideational function
	概念化	conceptualizing
	概念意义	ideational meaning
	感觉	sense perception
	高层活动	higher-level action
	隔离	separation
	个库	repertoire
	个体态度能力	personal attitude competence
	根茎语码	rhizomatic code
	工具操作能力	operational competence
	功能负荷	functional load
	功能性分析	analyzing functionally
	功能语言学	functional linguistics
	供用特征	affordance
	关怀能力	caring ability
	关键模态	key mode
	关键能力	key competence
	规范	normality

H	含义	connotation/connotative meaning
	行动方案	schedule of activities
	行动语言	language as action
	合法化语码理论	legitimate code theory
	合适性	aptness
	合适性应用	applying appropriately
	合作解决问题的能力	collaborative problem-solving
	核心成分	core component
	核心模态	core mode
	互补性	complementarity
	互补原则	complementarity principle
	互动功能	interactional function
	互动意义	interactional meaning
	互动性	interactivity
	话语	discourse
	话语层	discourse stratum
	话语范围	field of discourse
	话语方式	mode of discourse
	话语基调	tenor of discourse
	话语实践	discourse practice
	话语意义层	discourse semantics plane
	活动系统	activity system
J	机构式教育	institutional pedagogy
	基础维度	foundational dimension
	级差	graduation
	计算机技术	computer technology
	技术能力	technological competence
	建筑	architecture

	讲解问题型	instruction with questions
	讲解型	instruction-based
	交际策略能力	communicative strategy competence
	交际模态	communicative mode
	交际人种学	ethnography of communication
	交流	interaction
	焦点活动	focus action
	教学法	pedagogy
	阶段	phase
	介入	engagement
	介入点	site of engagement
	浸入法	immersion method
	经济读写能力	economic literacy
	经验功能	experiential function
	经验意义	experiential meaning
	敬重	esteem
	具象化	embodiment
	聚焦	focus
K	科技读写能力	technological literacy
	可行性	feasibility
	可信度	reliability
	可选成分	optional element
	恪守本性能力	observing natural goodness competence
	课外活动	extracurricular activities
	控制型	control
	口头	orality
	口头报告	oral report
	口语	spoken language

	跨模态组合	intermodal
	跨文化读写能力	cross-cultural literacy
	跨文化交际能力	cross-cultural communication competence
	跨学科	interdiscipline
	扩展	expansion
L	类比	analogy
	类型学	typology
	累积式学习	cumulative learning
	累积式知识建构	cumulative knowledge-building
	礼貌	propriety
	理论化	theorizing
	力度	force
	连贯	coherence
	连接	connection
	联通	transduction
	领导能力	leadership
	流媒体	streaming media
	路径	path-venue
	论辩	argumentation
	逻辑功能	logical function
	逻辑意义	logical meaning
	逻辑语义关系	logical semantic relation
M	盲语	braille
	媒体 / 媒介	media
	媒体读写能力	media literacy
	媒体技术读写能力	media-technological literacy
	媒体能力	media competence
	美学读写能力	aesthetic literacy

	密度	density
	明确教授	overt instruction
	铭刻	inscribe
	模糊语	hedging
	模拟型	imitation
	模式	model
	模态	mode
	模态读写能力	mode literacy
	模态复杂度	modal complexity
	模态间	intermodal
	模态间关系	intermodal relation
	模态结构配置	modal configuration
	模态密度	modal density
	模态强度	modal intensity
	模态衔接	cohesion between modes
	模态选择	mode selection
	模态转移	mode shifting
	目标	objective
	慕课	MOOC
N	内包	embedding
	能力	ability/competence/capacity
	能力结构	competence structure
	能指	signifier
	凝固活动	frozen action
	凝视	gaze
P	判断	judgment
	培养	training
	PPT 演示	PPT presentation

	批评读写能力	critical literacy
	批评反思	critical reflection
	批评分析	critical analyzing
	批评话语分析	critical discourse analysis (CDA)
	批评框定	critical framing
	批评维度	critical dimension
	批评性分析	analyzing critically
	片段式教育	segmental pedagogy
	片段式学习	segmented learning
	品德教育	moral education
	平凡语码	prosaic code
	评估	assessment
	评价	appraisal/evaluation
	评价理论	appraisal theory
	评判能力	assessment capacity
Q	前景背景连续体	foreground-background continuum
	嵌入模态组合	intramodal
	强化	reinforcement/intensification
	强化关系	enhancement relation
	强语法	strong grammar
	亲身经历	experiencing
	情感	affect
	情感读写能力	emotional literacy
	情节	episode
	情景类型	situation type
	情景语境	context of situation
	权力词汇	power word
	权力话语	power discourse

	权力三项	power trio
	权力语法	power grammar
	全球化能力	globalization competence
R	人才培养	personnel training
	人格魅力	personality charm
	人际功能	interpersonal function
	人际能力	social relation competence
	人际意义	interpersonal meaning
	人文素养	qualities in humanities and liberal arts
	人文维度	human dimension
	人种学研究	ethnographic research
	认知	cognition
	任务教学法	task-based approach
	任务型	task-based
	韧性	tenacity
	弱语法	weak grammar
S	设计	design
	设计过程	designing
	设计学习	learning by design
	社会承责能力	social responsibility
	社会读写能力	social literacy
	社会符号多模态	social semiotic multimodality
	社会符号学	social semiotics
	社会功能分析	socio-functional analysis
	社会交往读写能力	social interaction literacy
	社会交往能力	social communication competence
	社会教育学	sociological education
	社会距离	social distance

	社会时间地点	social-time-place
	社会实践	social practice
	社会态度能力	social attitude competence
	社会语言学	socio-linguistics
	身势	posture
	生产	production
	声调	pitch
	时间性	temporality
	实践应用	applying
	实景实践	situated practice
	矢量	vector
	视觉模态	visual modality
	视觉图像	visual image
	视觉语法	visual grammar
	适合性	appropriateness
	手势	gesture
	手语	sign language
	书面语	written language
	数学符号	mathematical symbolism
	数字读写能力	digital literacy
	数字网络	digital network
	水平话语	horizontal discourse
	水平知识	horizontal knowledge
	水平知识结构	horizontal knowledge structure
	思辨能力	critical thinking
	思维能力	thinking competence
	思想道德素质	ideological and moral quality
	随堂训教	classroom teaching and practicing

	所指	signified
	索引	index
T	他言	heterogloss
	态度	attitude
	讨论型	discussion-based
	特定体裁意义潜势	specific generic meaning potential
	特征标记	quality indicator
	提案写作	proposal/motion
	体裁 / 语类	genre
	体裁结构	generic structure
	体裁结构潜势	generic structure potential
	调节	adjustment
	听觉模态	auditive modality
	听觉音响	aural sound
	通感	synaesthesia
	通用语	lingua franca
	投射	projection
	凸显	saliency
	突出 / 凸现	prominence
	图像	icon/image
	图像手势	iconic gesture
	团队合作能力	teamwork
	拓扑学	topology
W	味觉模态	gustatory modality
	文化读写能力	cultural literacy
	文化素质	cultural quality
	文化语境	context of culture
	无意识模态	unconscious mode

X	习性	habitus
	系统功能语法	systemic functional grammar (SFG)
	系统功能语言学	systemic functional linguistics (SFL)
	系统网络	system network
	衔接	cohesion
	相关模态	relevant mode
	项目评估	project assessment
	象征	symbol
	小组评估	group assessment
	协调关系	synergy
	心理素质	psychological quality
	欣赏	appreciation
	新读写能力	new literacy
	新技术	new technology
	新伦敦小组	New London Group
	新媒体	new media
	新媒体语篇	new media text
	新修辞学	the new rhetoric
	信息价值	information value
	信息媒体技术能力	information medium technological competence
	信息能力	information competence
	信息搜索能力	information searching competence
	兴趣	interest
	修辞方式	rhetorical mode
	修辞框架	rhetorical framing
	嗅觉模态	olfactory modality
	虚拟性	simulation
	选择搜索能力	choice and search literacy

	学科融合能力	discipline integration competence
	学习成绩	achievement
	学习者路径	learner's pathway
	学习重点	learning focus
	循德立志	observing morality and fostering ideal
	循德守法能力	moral and legal literacy
	循环圈	circle
Y	延展	extension
	言据性	evidentiality
	言语	parole
	眼神	expression in the eye
	已有设计	available design
	意识形态	ideology
	意义解包	meaning unpacking
	意志能力	tenacity competence
	引发	invoke
	隐喻	metaphor
	应用化	applying
	有意识模态	conscious mode
	语境构型	contextual configuration
	语境交互	contextual interdependency
	语篇	text
	语篇功能	textual function
	语篇意义	textual meaning
	语气	mood
	语言	langue
	语言读写能力	language literacy
	语义波	semantic wave

	语义化学科知识	semanticized disciplinary knowledge
	语义密度	semantic density
	语义性	semanticity
	语义性原则	principle of semanticity
	语义引力	semantic gravity
	语音语调	pronunciation and intonation
	语用学	pragmatics
	语域	register
	元功能	meta-function
	原型理论	prototypical theory
	约束	binding
	阅读路线	reading path
	韵律	rhythm
Z	载体	vehicle
	再符号化	resemiotization
	再设计	redesign
	再语境化	recontextualization
	真实型	authenticity
	整合	integration
	整合语码	integration code
	整体分析	holistic analysis
	政治读写能力	political literacy
	政治正确能力	political correctness literacy
	知识处理能力	knowledge processing competence
	知识过程	knowledge process
	知识建构	knowledge construction
	知识结构	knowledge structure
	知识结果	knowledge outcome

	知识目标	knowledge objective
	知识融合	integration of knowledge
	肢体模态	body mode
	指导型	guidance-based
	中介话语分析	mediated discourse analysis
	中介活动	mediated action
	终生学习能力	lifelong learning ability
	重复成分	recursive element
	重新打包	repacking
	主题	theme/topic
	主题语码	motif code
	主要代码	principal modality
	注意度或意识度	level of attention/awareness
	专业化	specialization
	专业能力	expertise
	转换	transformation
	转换实践	transformed practice
	转模态	transmodal
	转模态操作	transmodal operation
	转模态时刻	transmodal moment
	转译	translation
	准许	sanction
	姿势	gesticulation
	自言	monogloss
	自主学习	autonomous learning
	综合素质	comprehensive quality
	总库	reservoir
	组成	composition

	组篇功能	compositional function
	组篇意义	compositional meaning
	组织领导能力	organization and leadership literacy
	作品	work